U0103600

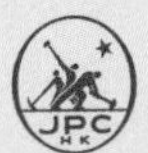
JPC
HK

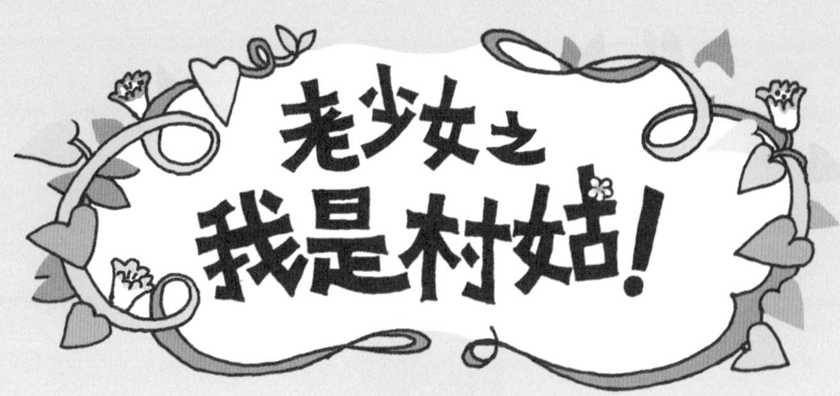
老少女之
我是村姑!

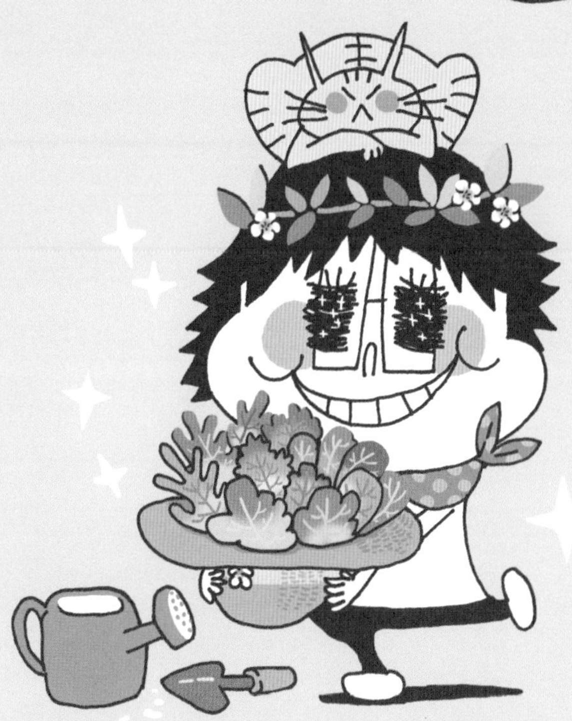
Stella So.

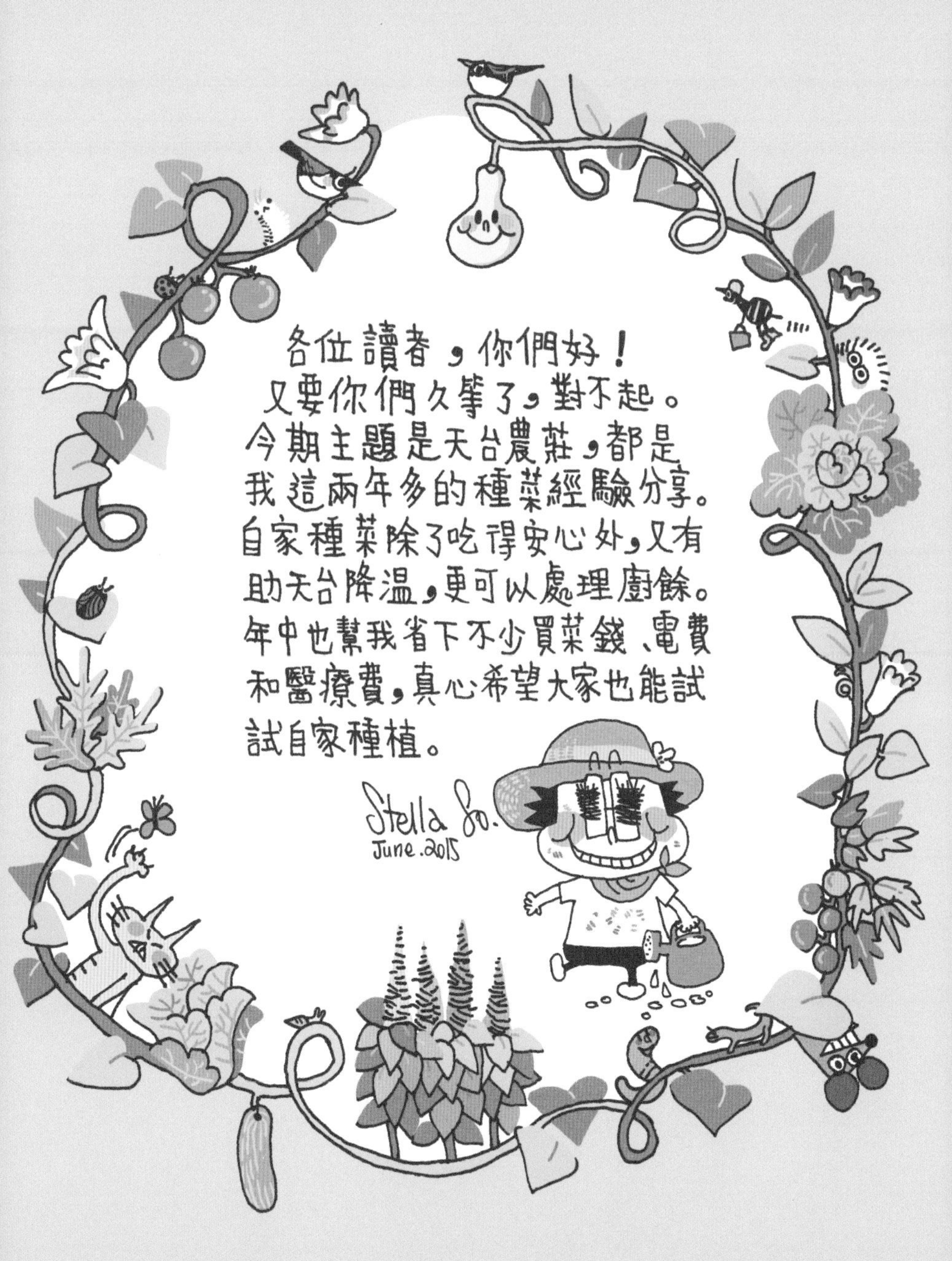
各位讀者，你們好！
又要你們久等了，對不起。
今期主題是天台農莊，都是
我這兩年多的種菜經驗分享。
自家種菜除了吃得安心外，又有
助天台降溫，更可以處理廚餘。
年中也幫我省下不少買菜錢、電費
和醫療費，真心希望大家也能試
試自家種植。
Stella So.
June.2015

CHAPTER 1
單身食堂

水仙篇

剝水仙的工具：

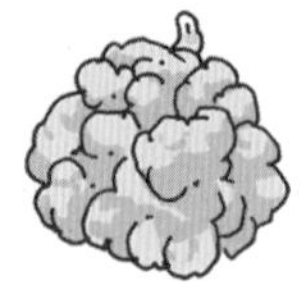

甲. 從街市買來的新鮮水仙球

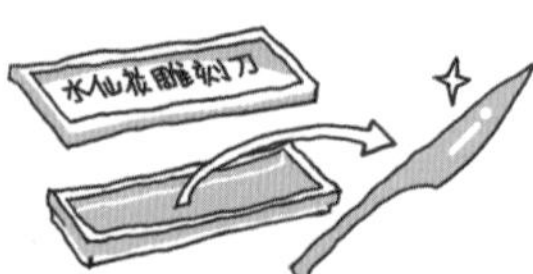

乙. 水仙花專用雕刻刀

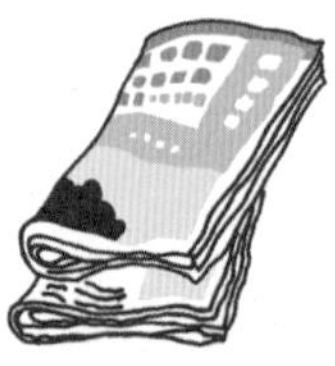

丙. 鋪地用報紙

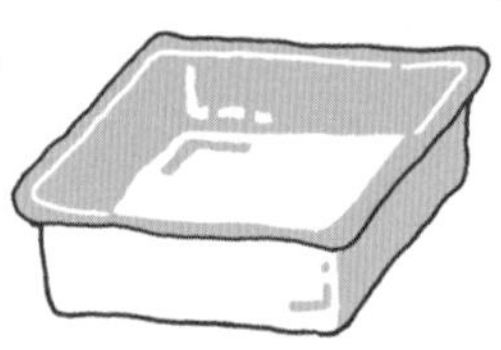

丁. 可盛水的大盤子

剝水仙的方法：

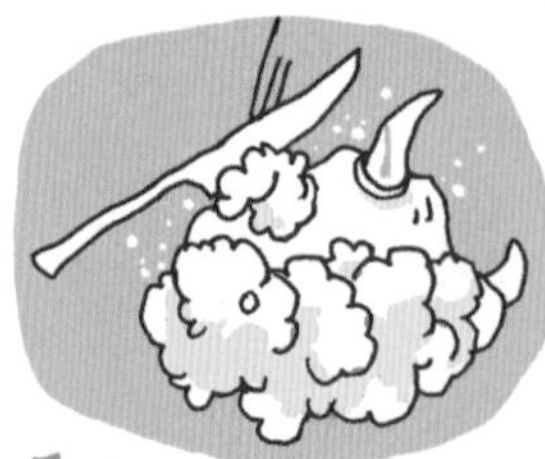

1. 先把水仙球表面上的塘泥用刀批走

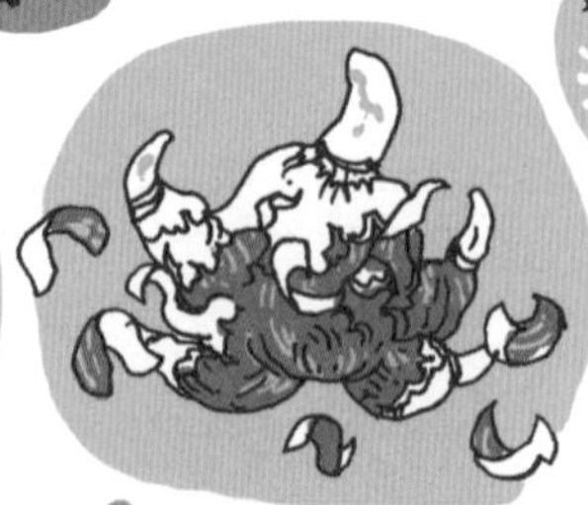

2. 用手把水仙球上的衣撕下來

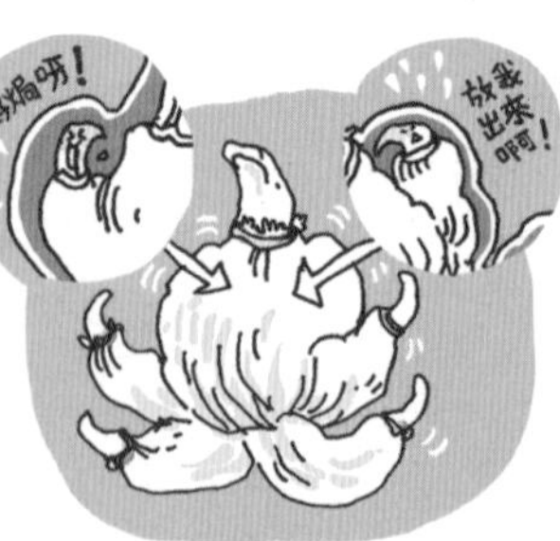

3. 用手仔細地檢查水仙球突起的地方，看看有沒有隱藏的芽仔。

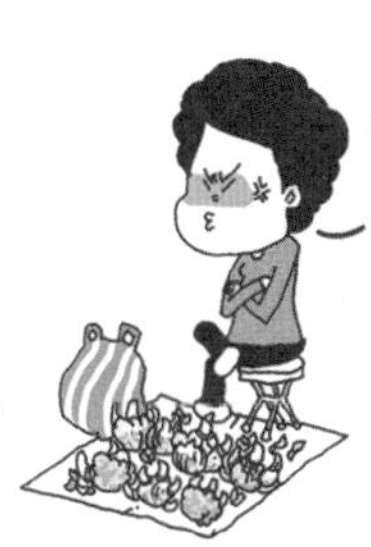

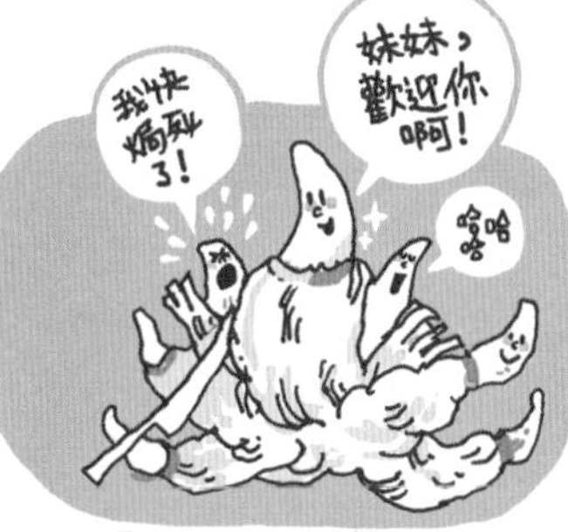

4. 在隱藏的水仙芽上，用刀把水仙球的外皮輕輕剝開，讓水仙芽露出頭來。

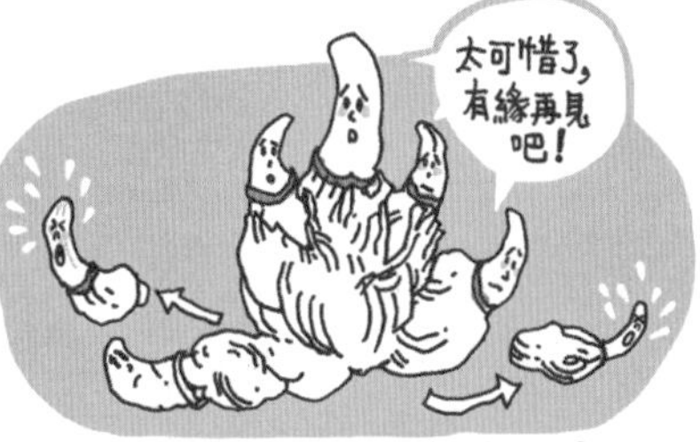

5. 如果在粗壯的芽旁邊發現瘦弱的小芽時，很對不起，以媽媽的經驗，它們是長不出花朵的，可以拿掉它們。

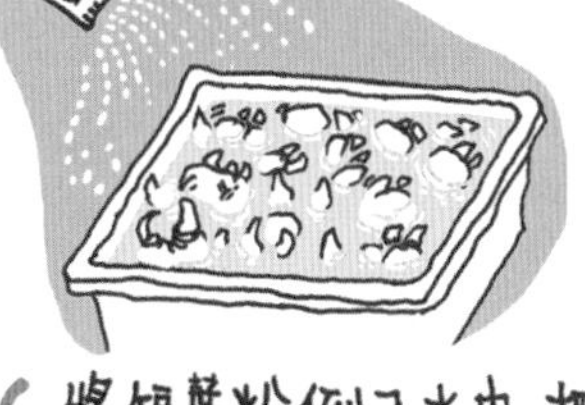

6. 將短葉粉倒入水中，把水仙球浸水一整天。水仙球將會出現很多潺，要把它們洗乾淨。

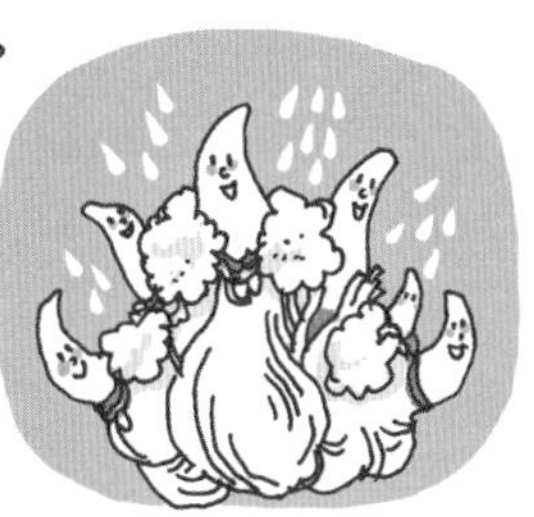

7. 在水仙芽與芽之間放上濕棉花，讓每支芽都吸收充夠的水份。

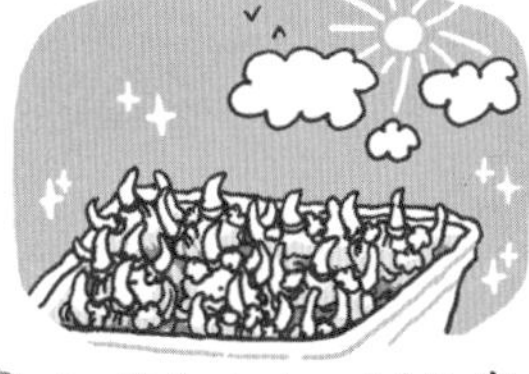

8. 把眾多水仙球排滿盤內，倒入適量的水，在陽光下擺放十五天，每天換水，直至葉子長度適中便可放入小盤子作室內種植了。

年糕篇

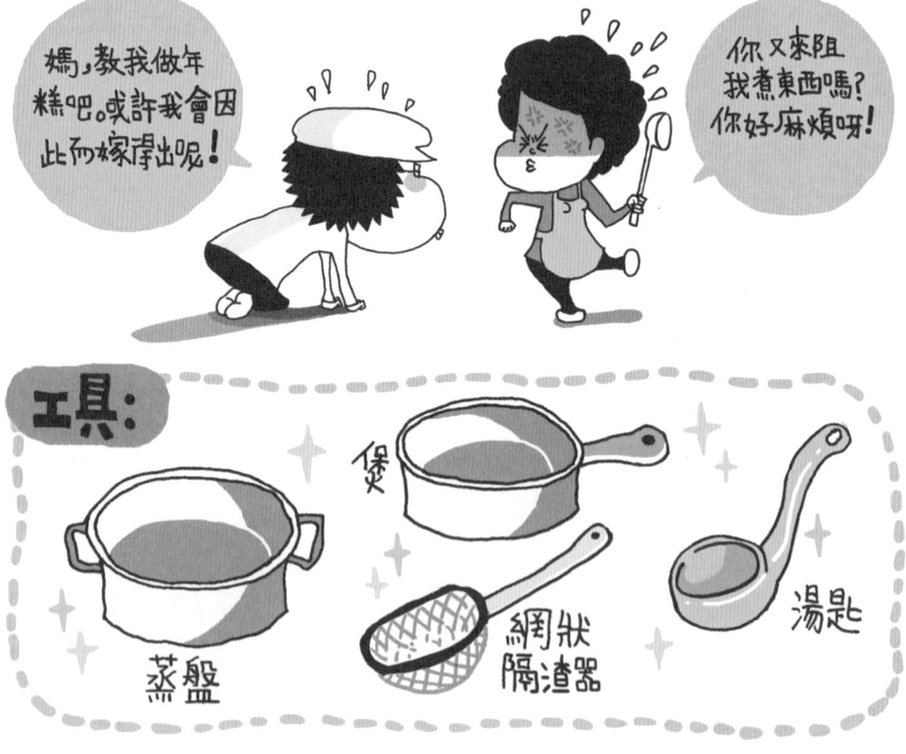

做年糕的材料：

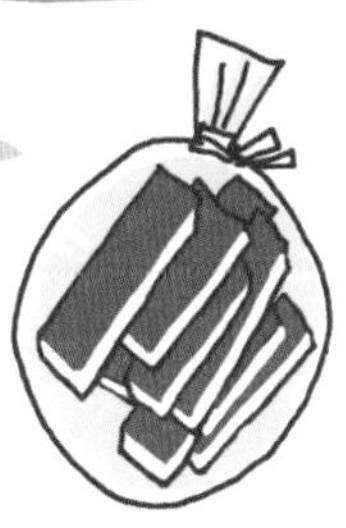

片糖一斤

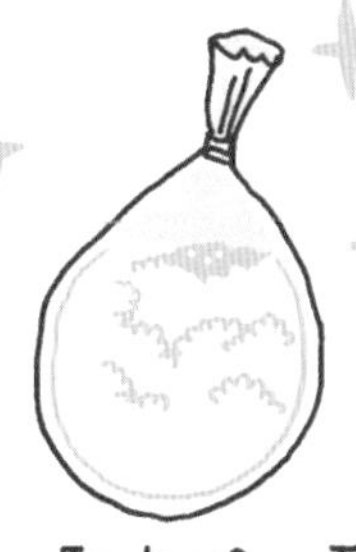

糯米粉一斤

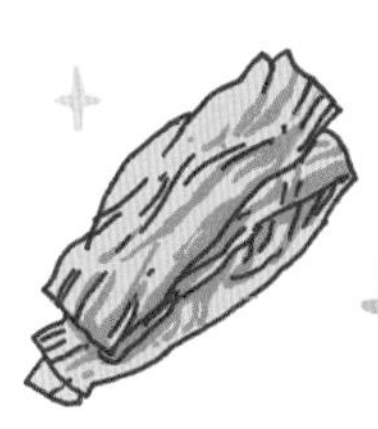

原塊大腐皮一片

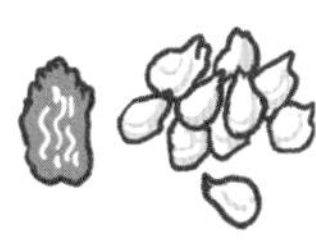

紅棗一粒，
瓜子肉一堆。

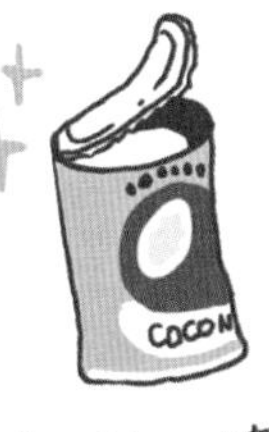

椰汁一罐

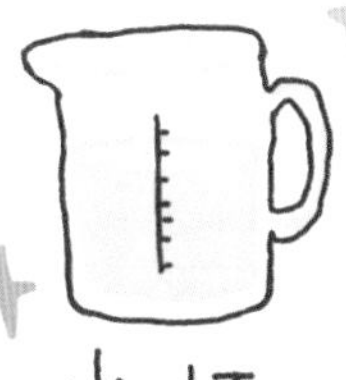

水一杯

程序：

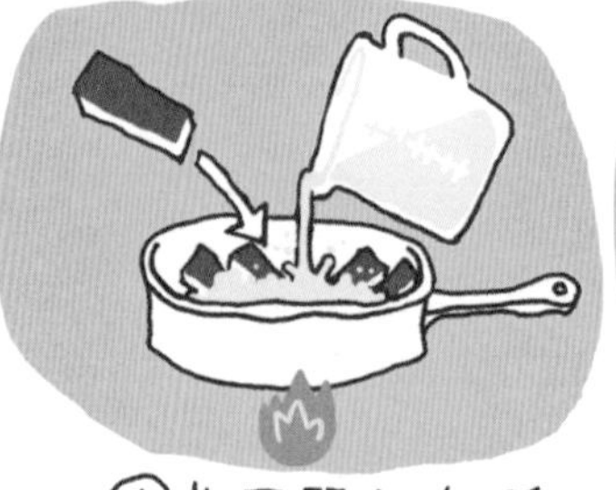

① 先用開水將一斤片糖煮溶

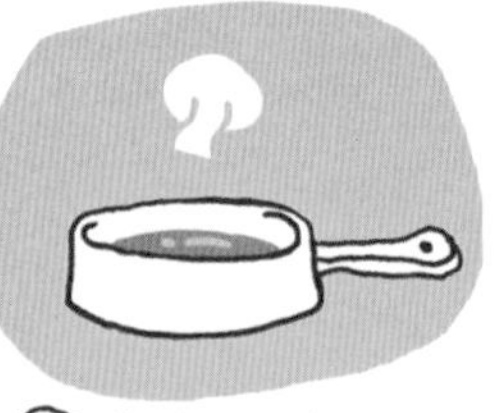

② 待熱片糖水變涼

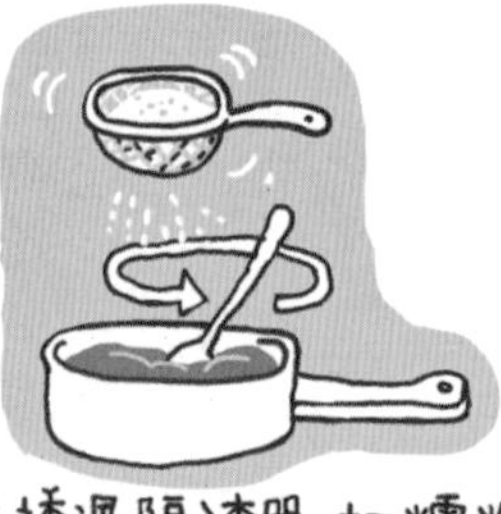

③ 透過隔渣器，把糯米粉平均倒入涼了的片糖水中，並持續攪拌。

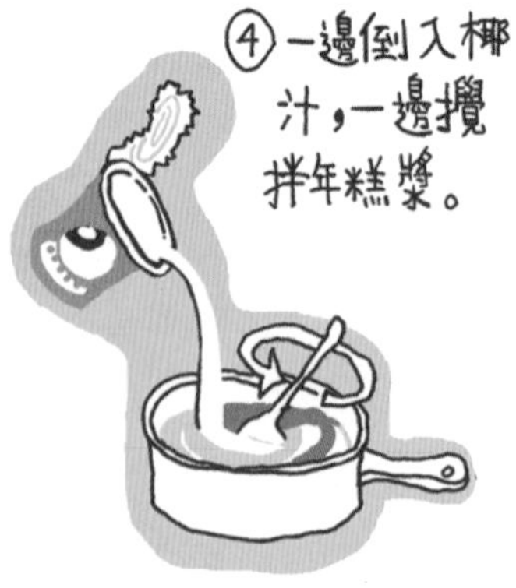

④ 一邊倒入椰汁，一邊攪拌年糕漿。

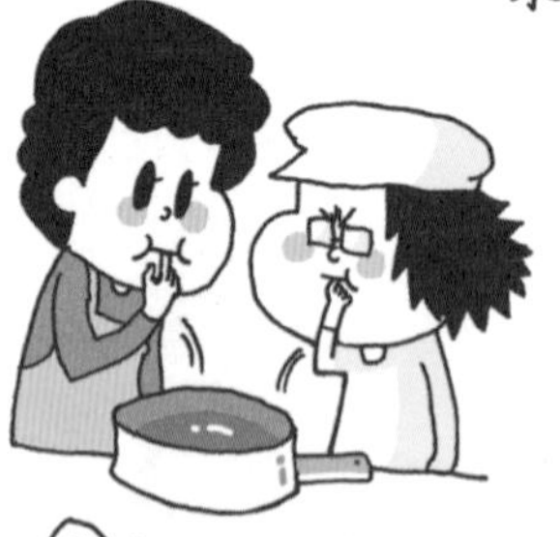

⑤ 然後一起試味，如果太甜可以加少量水。

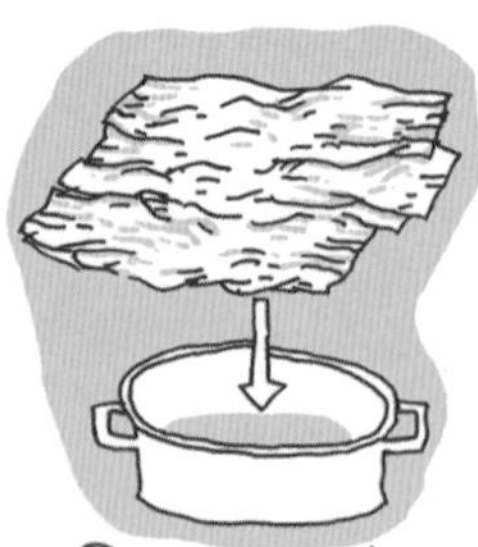

⑥ 把原塊腐皮蓋在蒸盤上

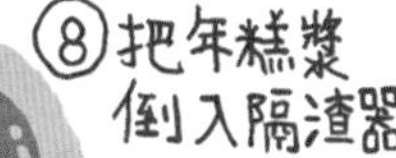

⑦用手把腐皮壓出蒸盤形狀來墊底，防止年糕黏底。

⑧把年糕漿倒入隔渣器

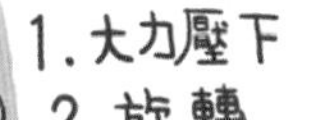

⑨用湯匙大力壓下年糕漿，透過隔渣器令漿液更順滑地流入蒸盤中。

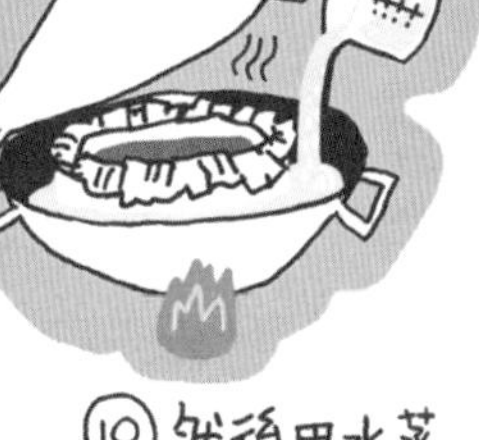

⑩然後用水蒸四十五分鐘

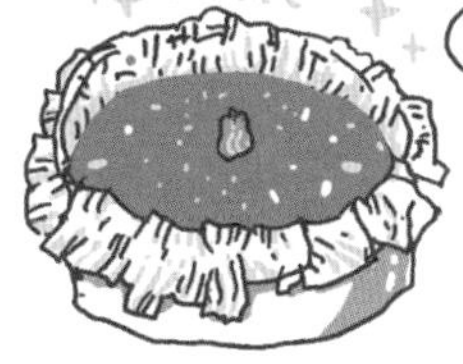

⑪年糕蒸好後，放紅棗和瓜子肉作點綴，這樣便完成了！

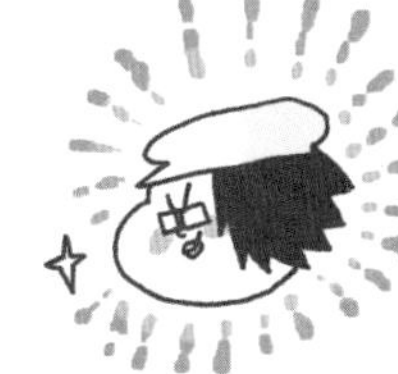

這樣我便入得廚房出得廳堂了！

蘿蔔糕篇

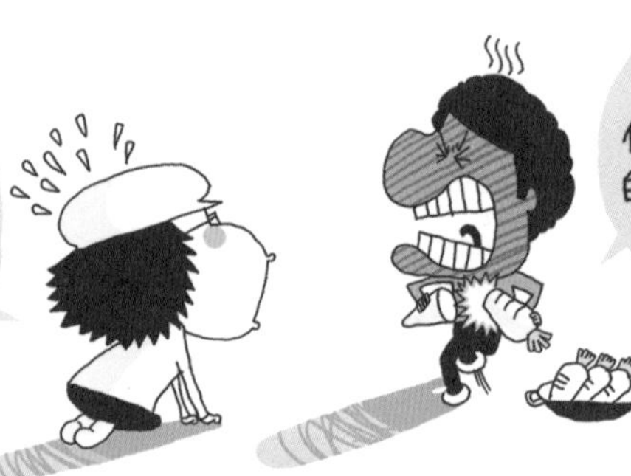
媽，你教我蒸蘿蔔糕吧！好像沒有男人不喜歡吃蘿蔔糕的，這樣我或者可能嫁得出呢！
你又來阻我煮東西？我不是叫你到附近商場大堂的大桃花下繞三個大圈嗎？！

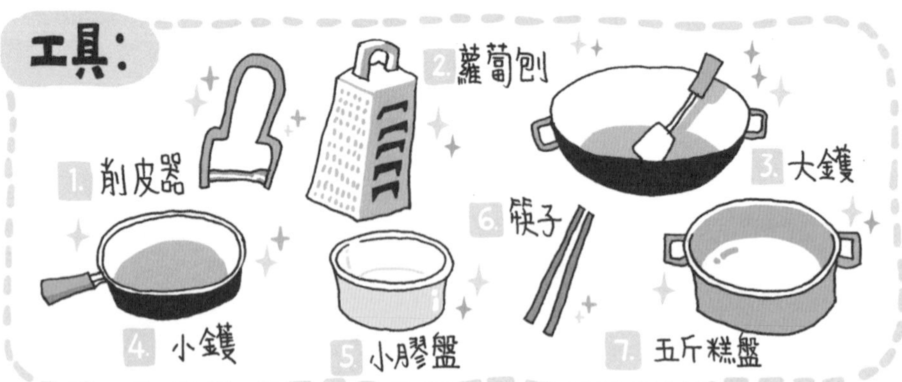
工具：
1. 削皮器
2. 蘿蔔刨
3. 大鑊
4. 小鑊
5. 小膠盤
6. 筷子
7. 五斤糕盤

做蘿蔔糕的材料：

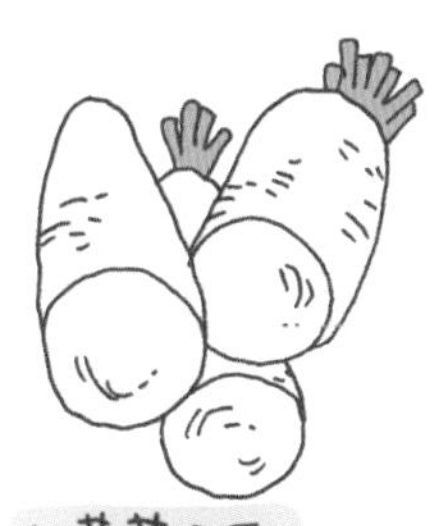

1. 蘿蔔五斤

為防蘿蔔花心，可買已折斷的蘿蔔，但要盡快用，以免變壞。

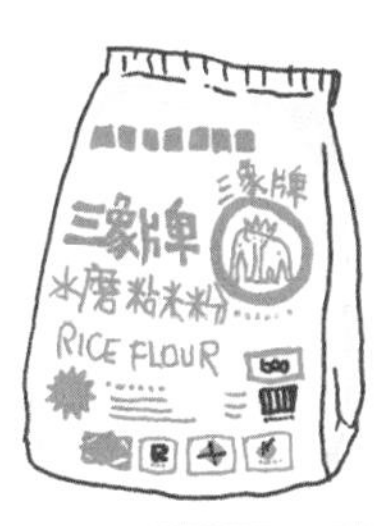

2. 粘米粉一斤

可令蘿蔔絲變硬成糕的法寶

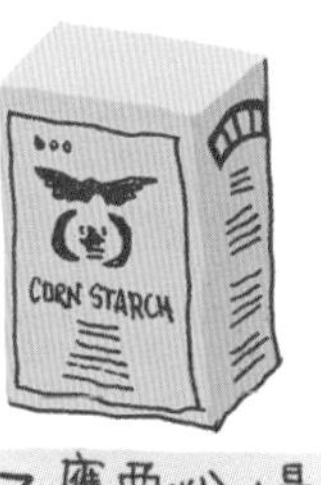

3. 鷹粟粉少量

可令蘿蔔糕更滑更可口

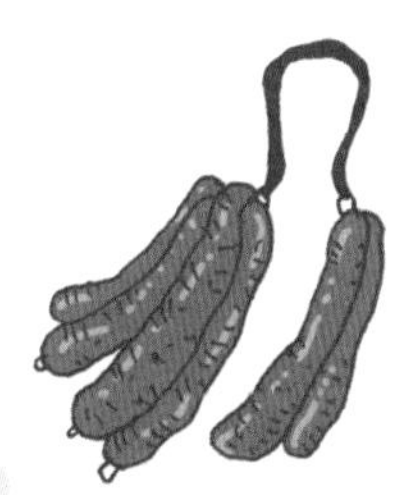

4. 臘腸

臘腸四條，膶腸兩條。

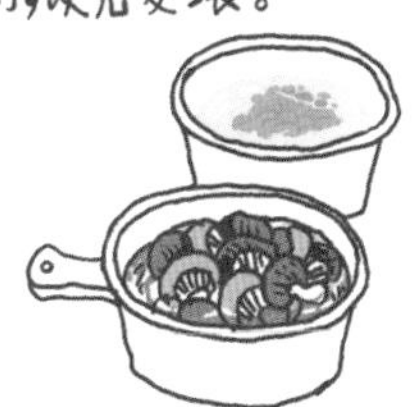

5. 冬菇及蝦米

請預先浸水，冬菇更要加熱。

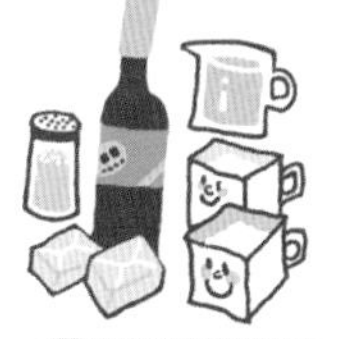

6. 調味料

兩粒雞粉粒、豉油、糖、鹽、生油及胡椒粉。

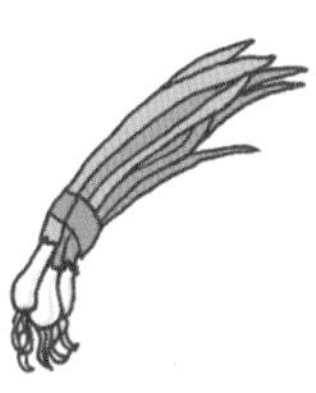

7. 蔥一紮

預備材料：

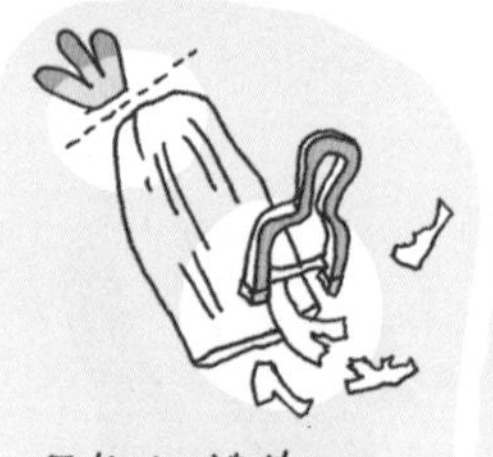

1. 先把蘿蔔切頭切尾和削皮，然後洗乾淨。

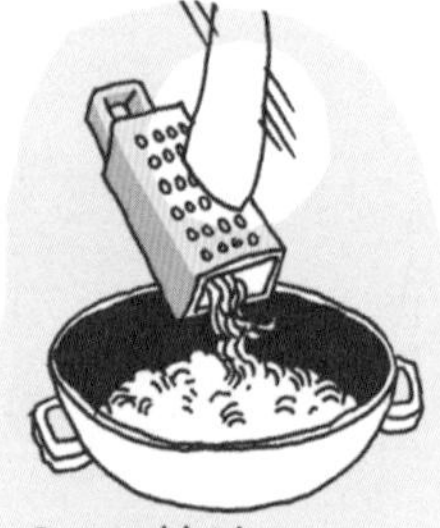

2. 把蘿蔔刨成絲狀

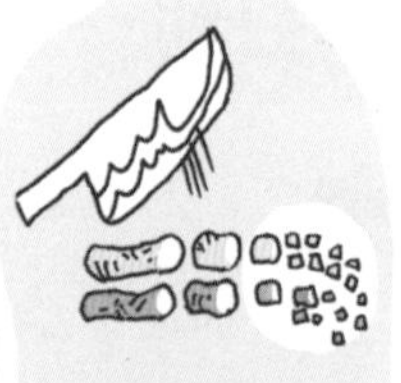

3. 將臘腸和膶腸切粒

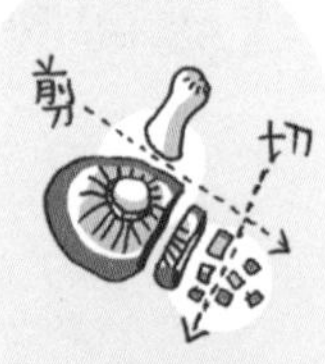

4. 把冬菇莖剪去後切粒

程序：

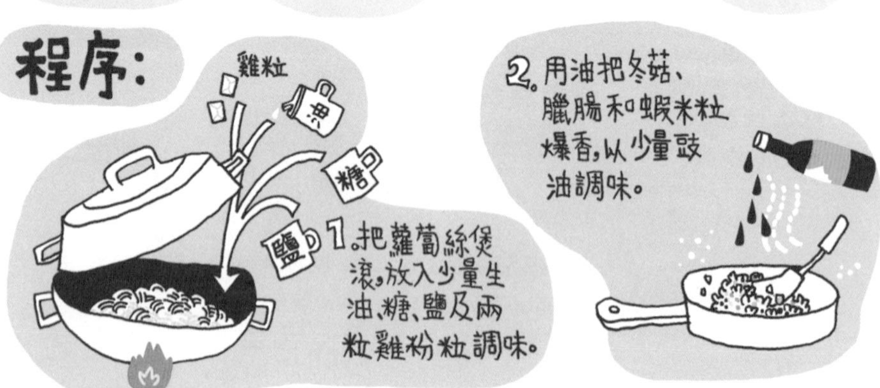

1. 把蘿蔔絲煲滾，放入少量生油、糖、鹽及兩粒雞粉粒調味。

2. 用油把冬菇、臘腸和蝦米粒爆香，以少量豉油調味。

蘿蔔水

3. 當蘿蔔絲煲滾後會滲出大量蘿蔔水，把其盛起。

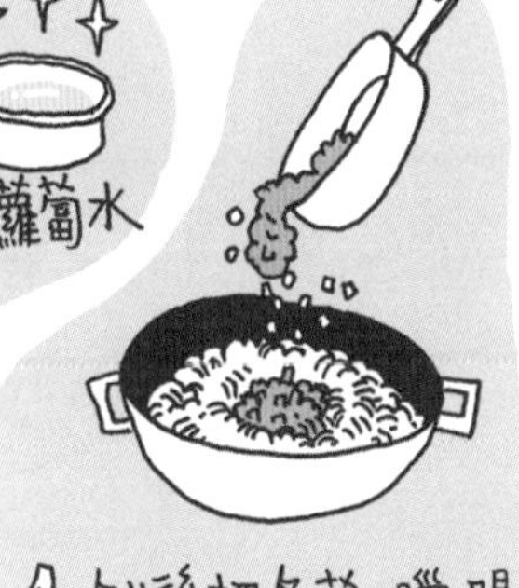

4. 然後把冬菇、臘腸及蝦米粒倒入蘿蔔絲中。

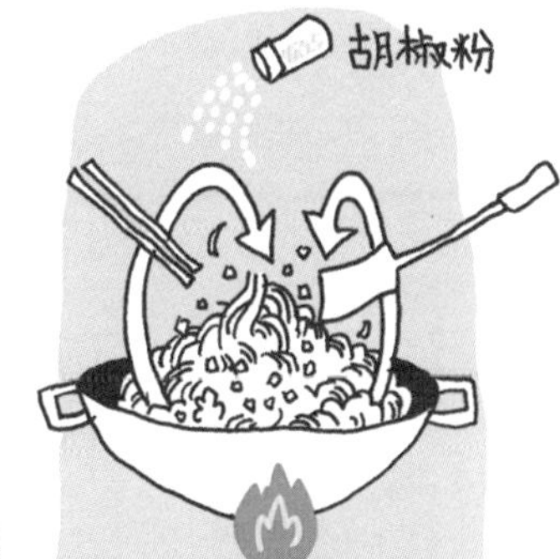

5. 邊煲邊攪拌蘿蔔絲和配菜粒，可放少量胡椒粉調味。

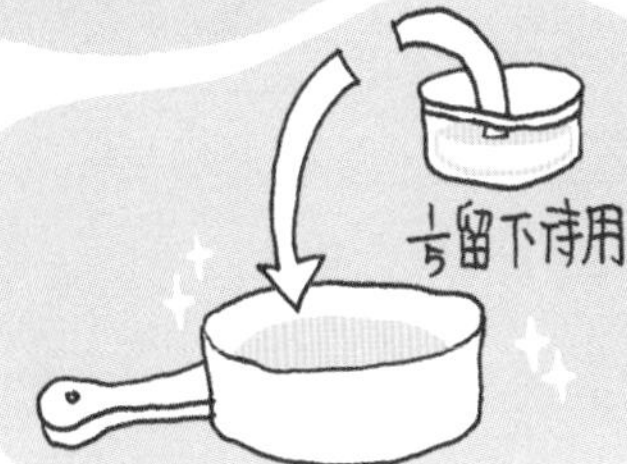

6. 把之前留下的大部份蘿蔔水倒入小鑊中，小部份留下待用。

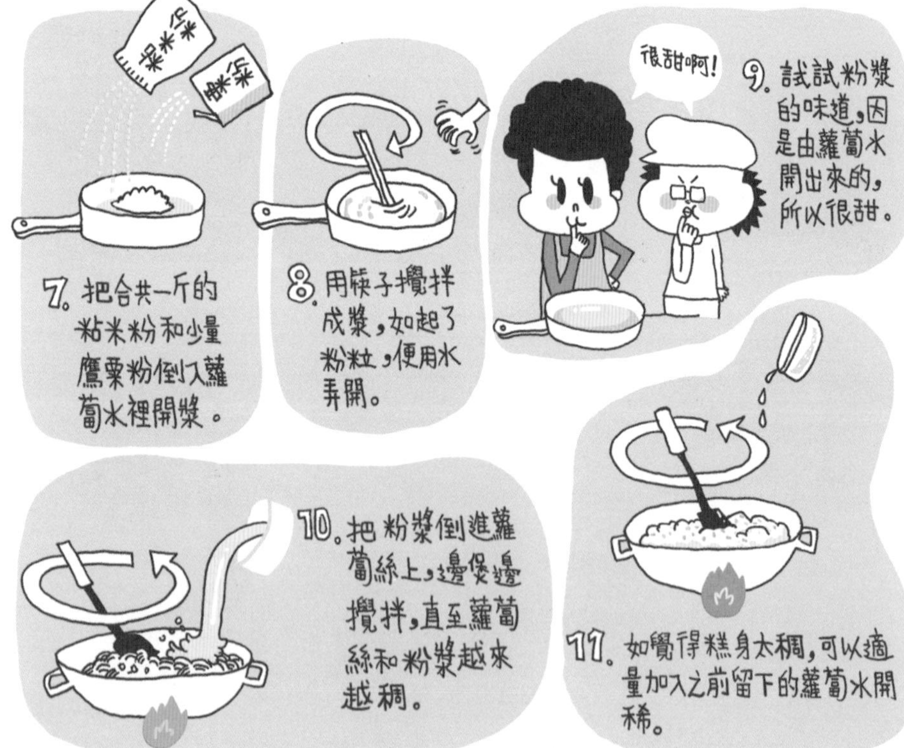
7. 把合共一斤的粘米粉和少量鷹粟粉倒入蘿蔔水裡開漿。
8. 用筷子攪拌成漿，如起了粉粒，便用水弄開。
很甜啊！
9. 試試粉漿的味道，因是由蘿蔔水開出來的，所以很甜。
10. 把粉漿倒進蘿蔔絲上，邊煲邊攪拌，直至蘿蔔絲和粉漿越來越稠。
11. 如覺得糕身太稠，可以適量加入之前留下的蘿蔔水開稀。

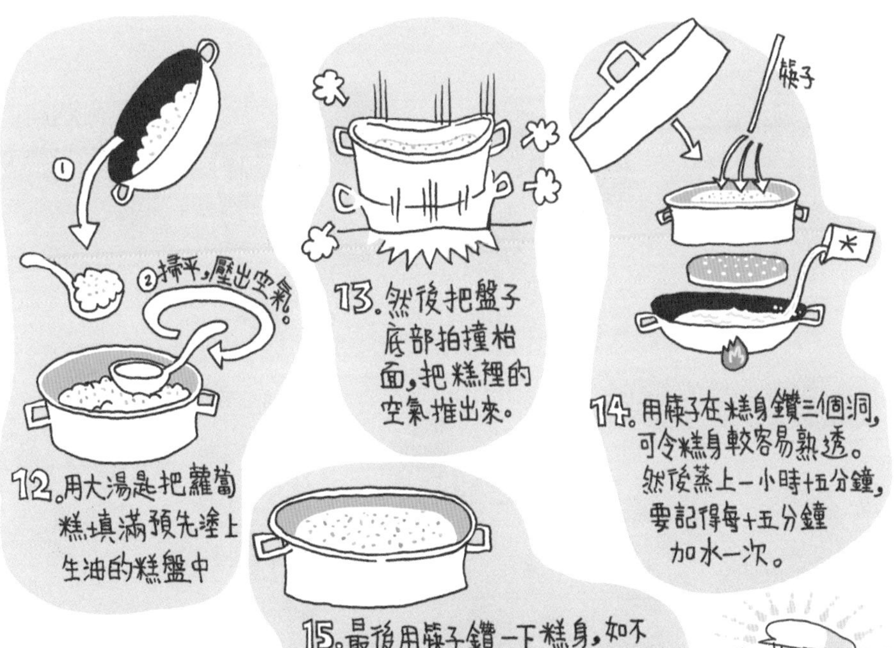

①
②掃平，壓出空氣。
12。用大湯匙把蘿蔔糕填滿預先塗上生油的糕盤中
13。然後把盤子底部拍撞枱面，把糕裡的空氣推出來。
筷子
14。用筷子在糕身鑽三個洞，可令糕身較容易熟透。然後蒸上一小時十五分鐘，要記得每十五分鐘加水一次。
15。最後用筷子鑽一下糕身，如不黏著筷子便算蒸好了。這時可灑上少量蔥作點綴，便大功告成了！
這適我一定嫁得出！

全盒湯丸篇

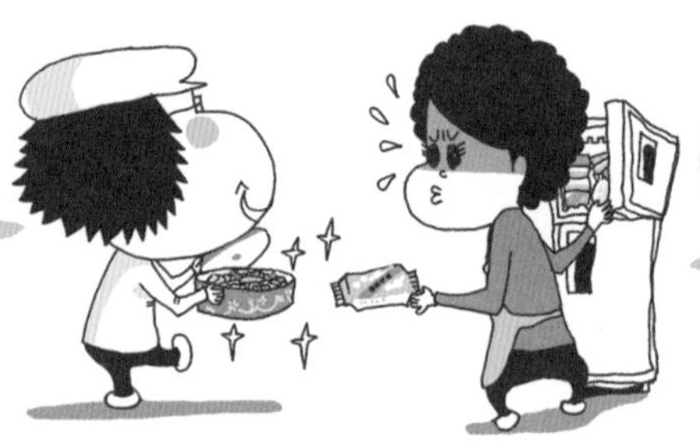
媽，你看全盒
剩下這麼多糖果，
不如我們做湯
丸？
今時今日還要
自己做湯丸？我
已經買了很多
現成的了！

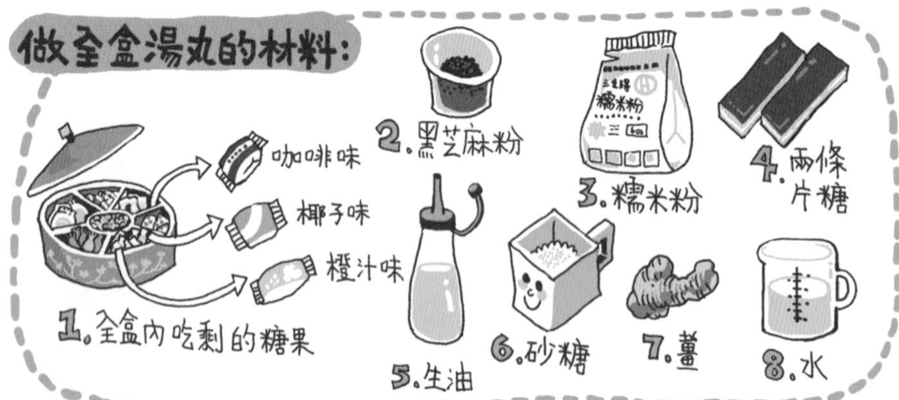
做全盒湯丸的材料：
咖啡味
椰子味
橙汁味
1. 全盒內吃剩的糖果
2. 黑芝麻粉
3. 糯米粉
4. 兩條片糖
5. 生油
6. 砂糖
7. 薑
8. 水

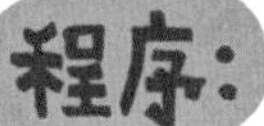

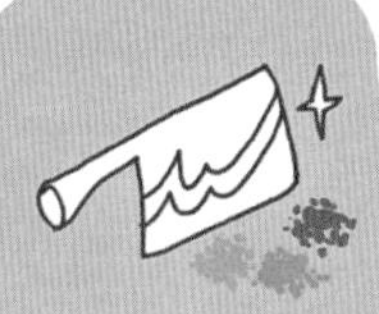

1. 把不同口味的糖果切粒，切得越細粒越好。

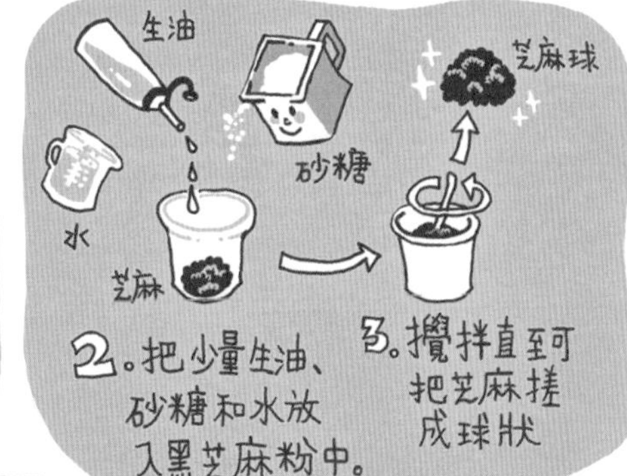

2. 把少量生油、砂糖和水放入黑芝麻粉中。

3. 攪拌直至可把芝麻搓成球狀

4. 把糯米粉倒入小盤中

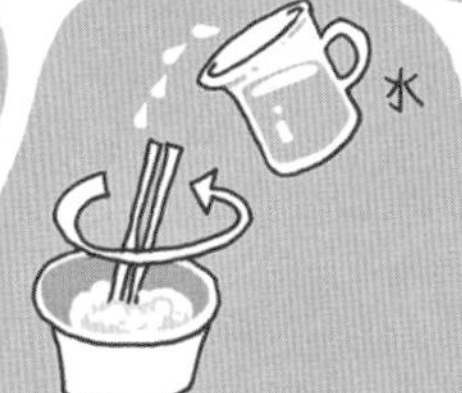

5. 一邊攪拌一邊按需要逐少加入食水，直至可以攪拌成麵粉糰為止。

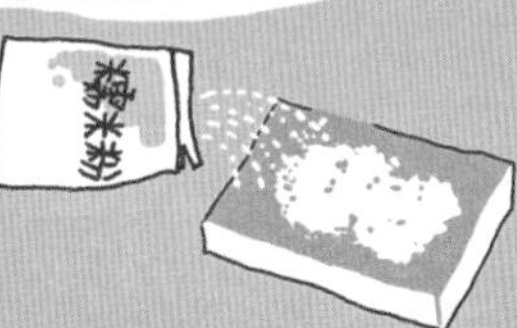

6. 先把少量糯米粉灑在砧板上，令粉糰和雙手乾爽，較易處理。

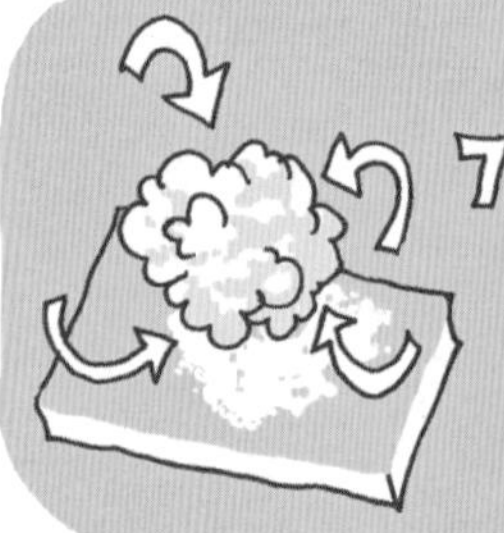

7。把麵粉糰搓揉，黏度適中便可以了。

8。把粉糰搓成長條形，平均分出份量相同的粉球。

咖啡味　椰子味

黑芝麻　橙汁味

9。把粉糰壓成粉皮，不要太厚也不能太薄，然後放入不同口味的糖果粒或芝麻。

10。然後把粉皮搓成湯丸，小心糖粒外露。

11。把片糖和薑片放入水中煲成糖水

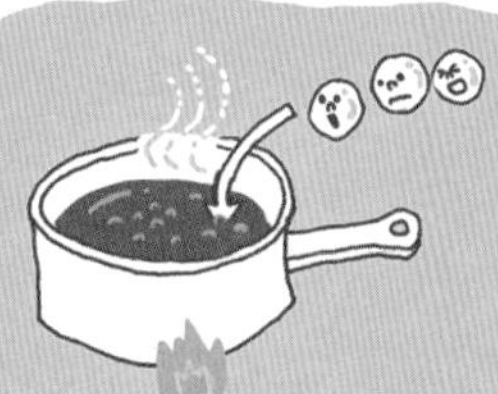

12。把湯丸放入滾了的糖水裡，煲大概五分鐘，直至看到原本沉底的湯丸浮起來為止。

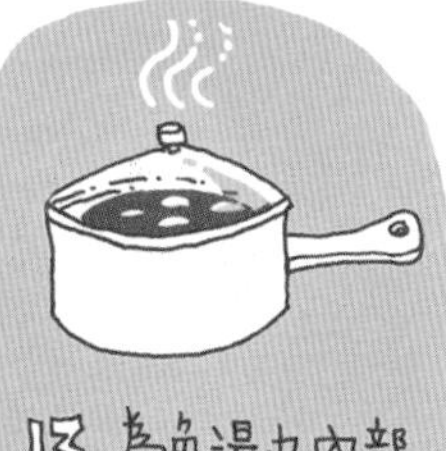

13。為免湯丸內部未熟透，宜熄火蓋上蓋蒸三分鐘。

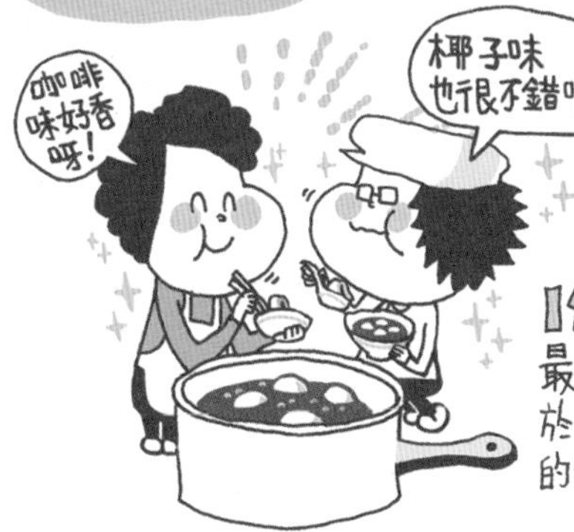

14。
最快樂的時刻莫過於吃到不同新奇味道的湯丸了

腐竹糖水

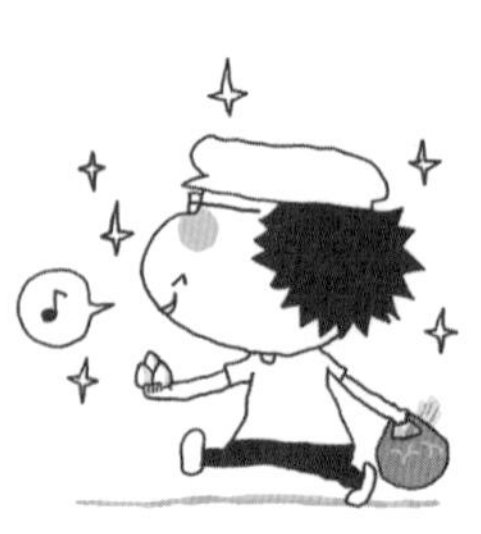

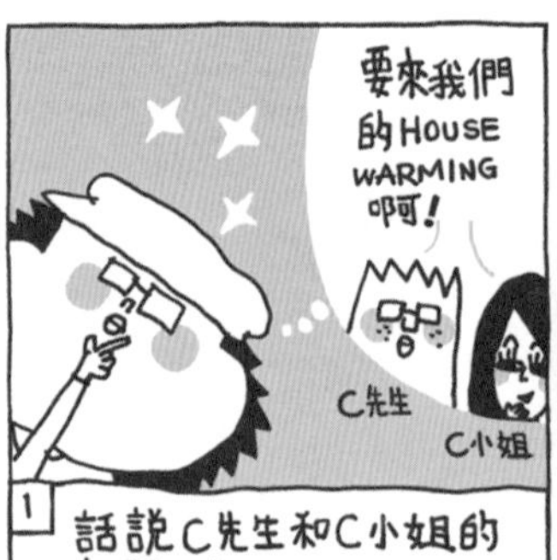
要來我們的HOUSE WARMING呀！
C先生
C小姐
1
話說C先生和C小姐的新居入伙了

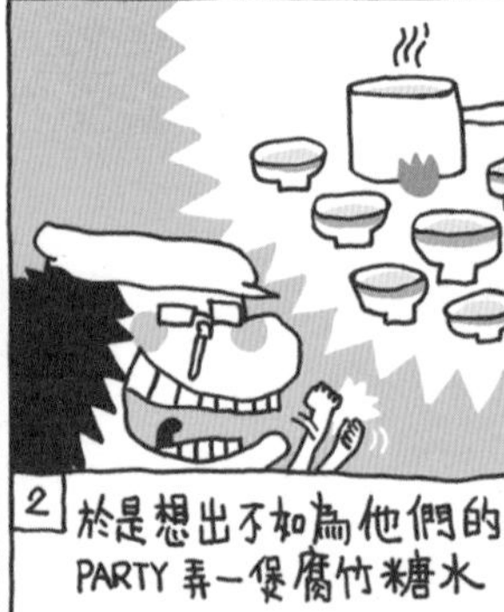
2
於是想出不如為他們的PARTY弄一煲腐竹糖水

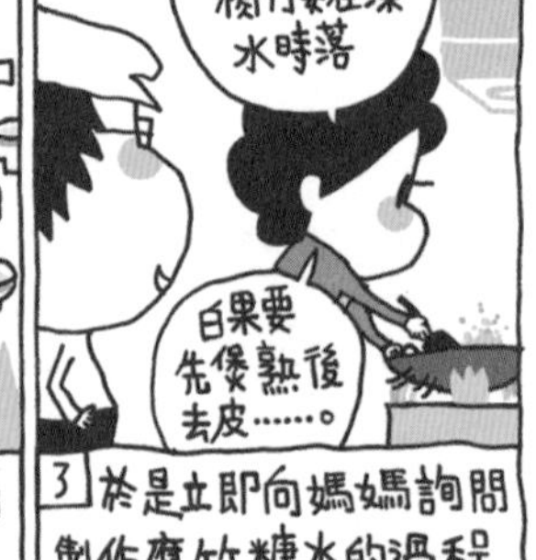
腐竹要在凍水時落
白果要先煲熟後去皮……。
3
於是立即向媽媽詢問製作腐竹糖水的過程

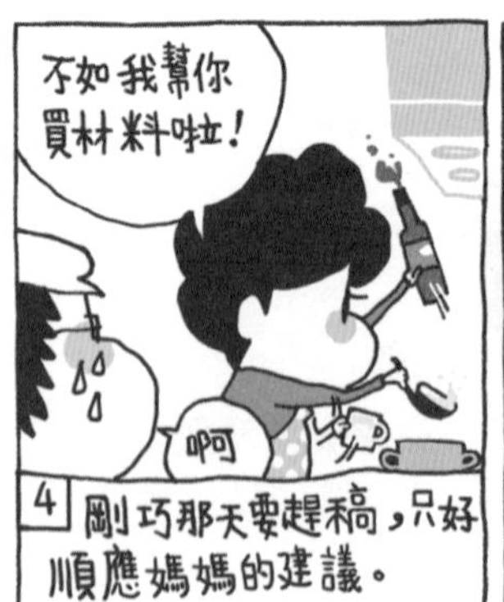
不如我幫你買材料啦！
呵呵
4
剛巧那天要趕稿，只好順應媽媽的建議。

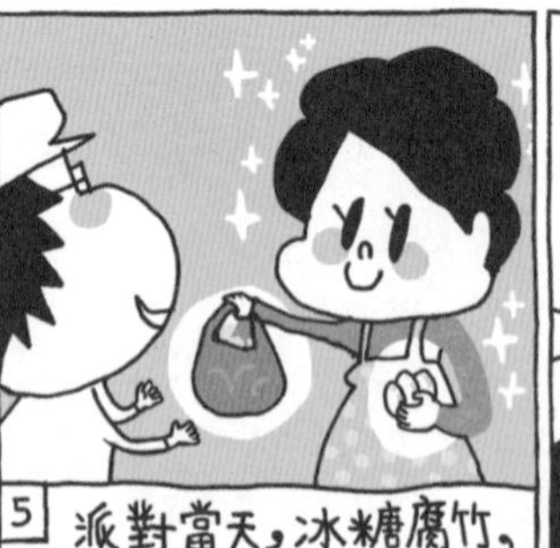
5
派對當天，冰糖腐竹、白果和三隻雞蛋一應俱全。

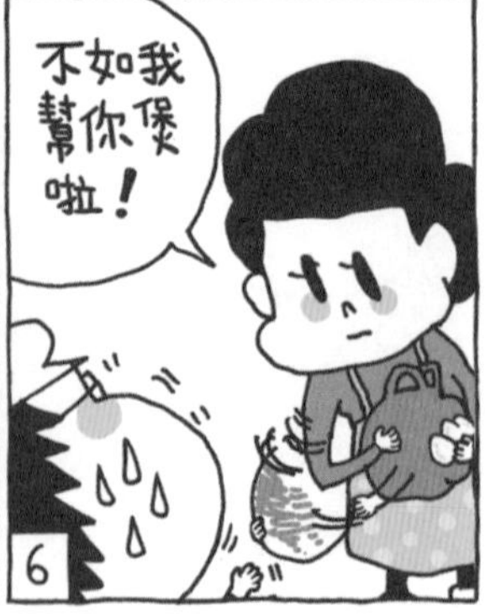
不如我幫你煲啦！
6

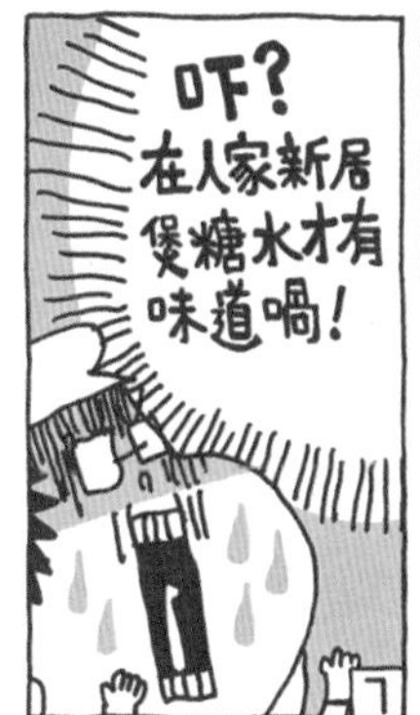

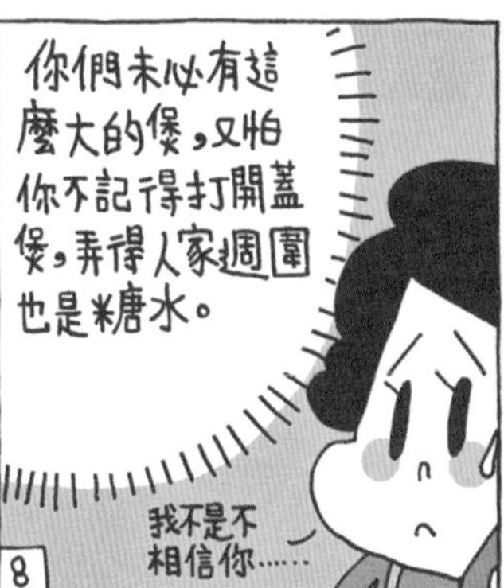

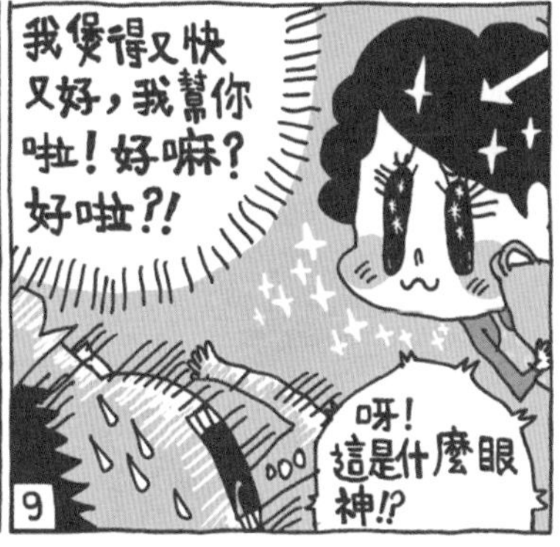

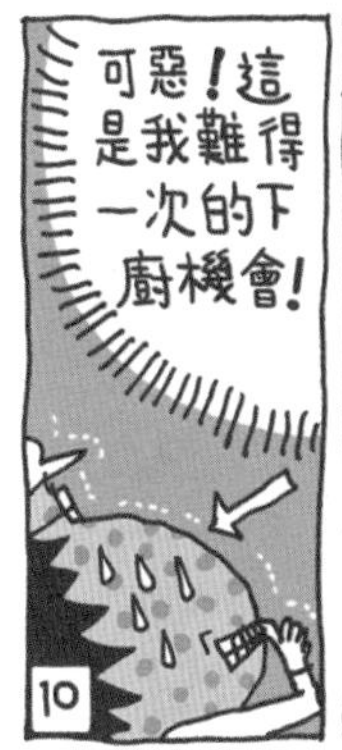

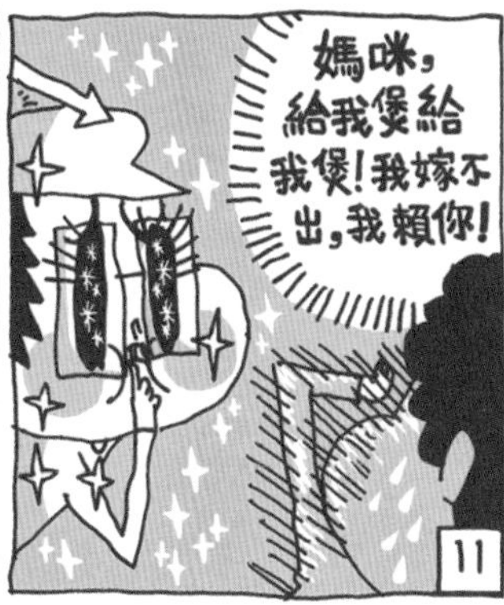

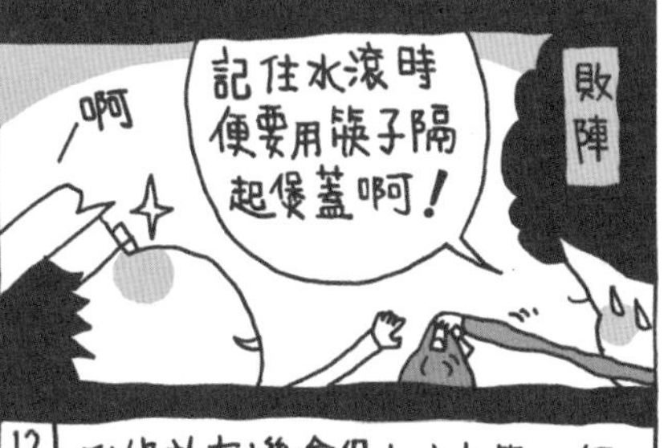

12 我終於有機會煲上人生第一鍋白果腐竹糖水了

鹹柑桔。一

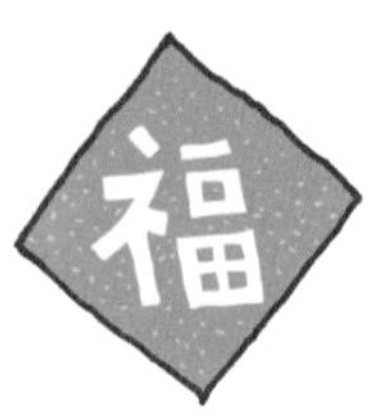

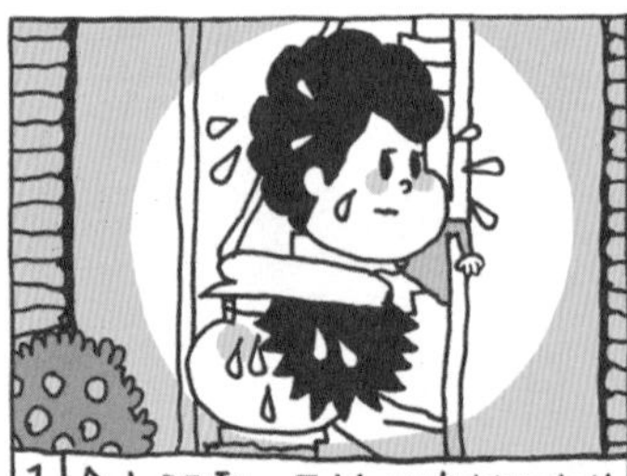

1 今次行動，要趁我家樓下有放桔在門外的魚店關門後才進行；另外，也順道請來蘇師奶幫手。

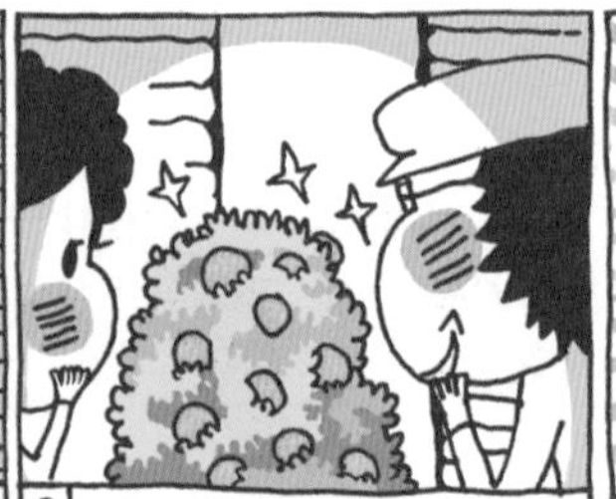

2 摘柑桔不能太早也不能太晚，太早摘走人家的桔不太好意思，太晚又被搶先一步。

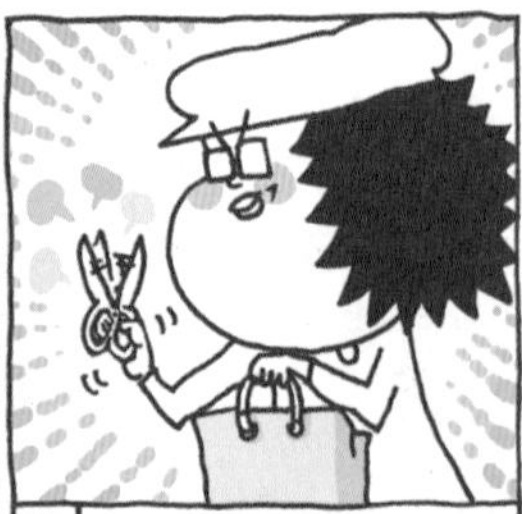

3 行動很簡單，一把剪刀一個袋便可以了。

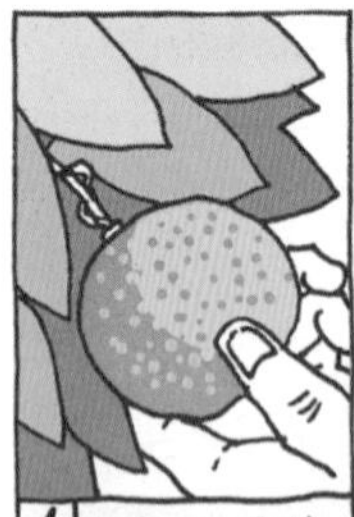

4 多數桔其實暗中都給鐵線連結著的

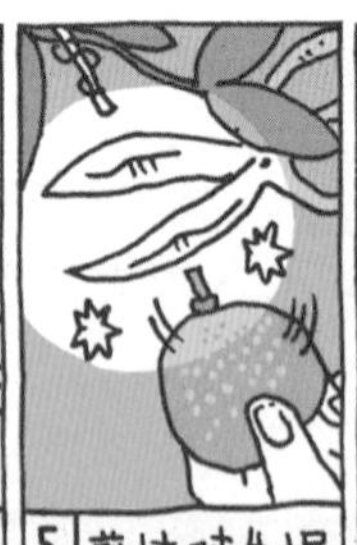

5 剪桔時先握著桔，再小心剪剩小截莖。

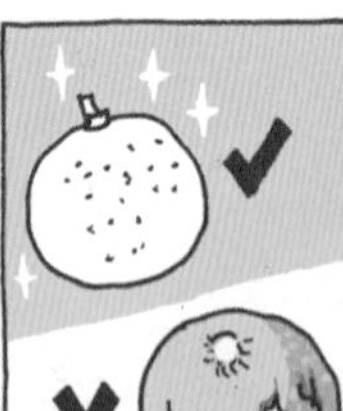

6 浸鹹柑桔要留下莖，沒有莖或裂開的桔不可用。

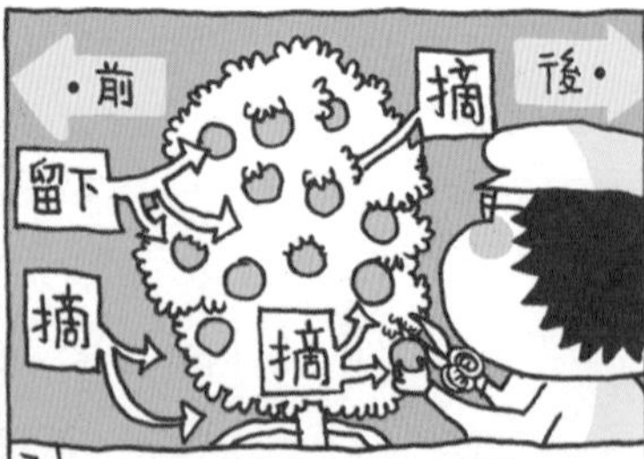

7 為了令桔摘走後不太顯眼，所以我會先摘走桔樹後面、下面及裡面的柑桔。

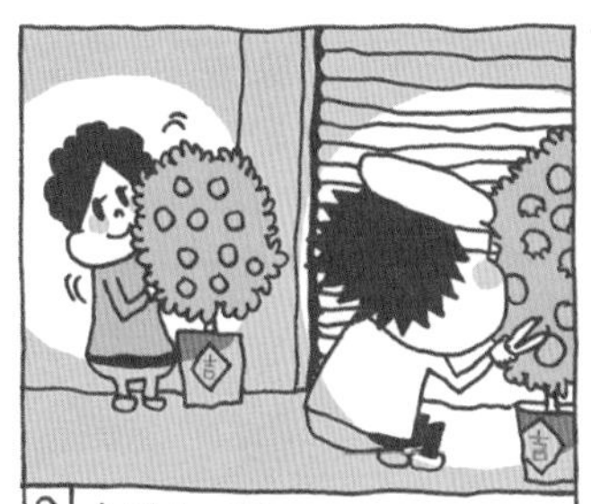

8 多講無謂，我和媽媽立即分頭行動。

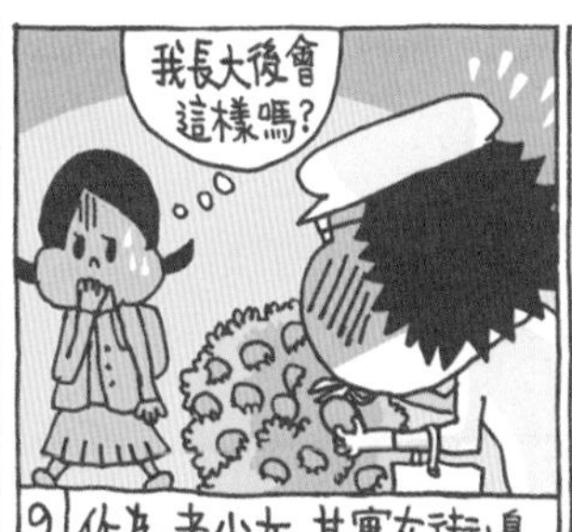

9 作為老少女，其實在街邊剪桔是絕對沒有難度的。

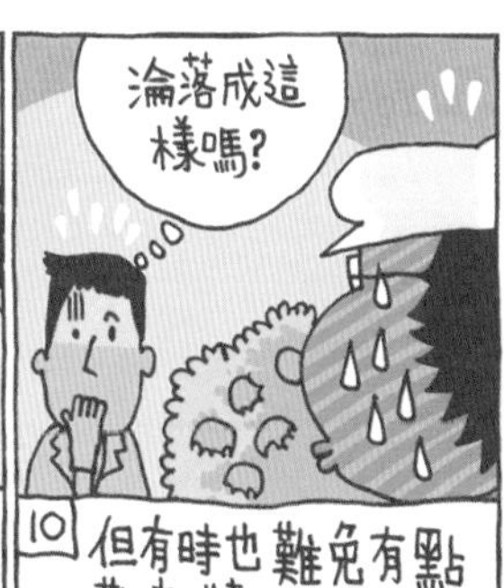

10 但有時也難免有點難為情……。

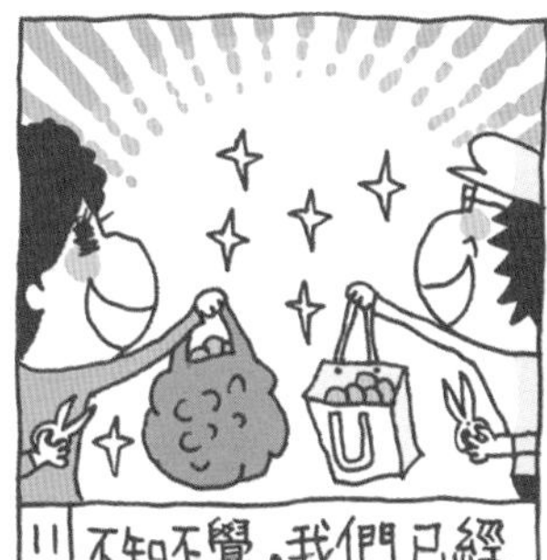

11 不知不覺，我們已經摘走不少桔仔了，呵呵！

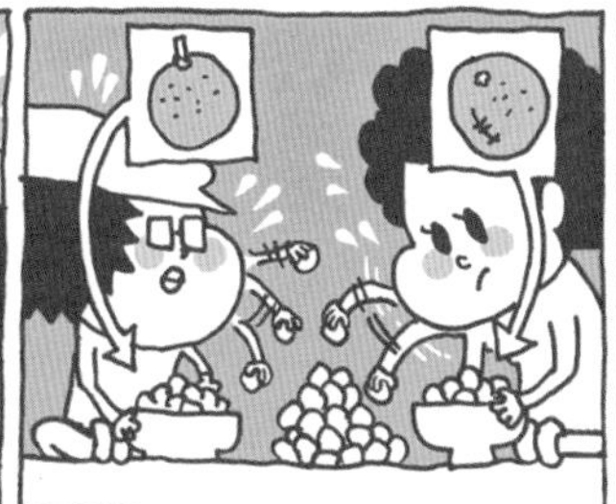

12 回到家，我們便把桔分類，完好有莖的歸我，其他的給媽。

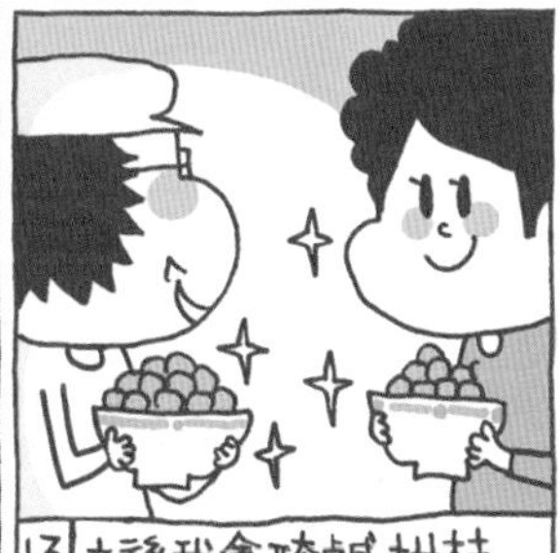

13 之後我會醃鹹柑桔，而媽會弄甜柑桔醬。

鹹柑桔。二

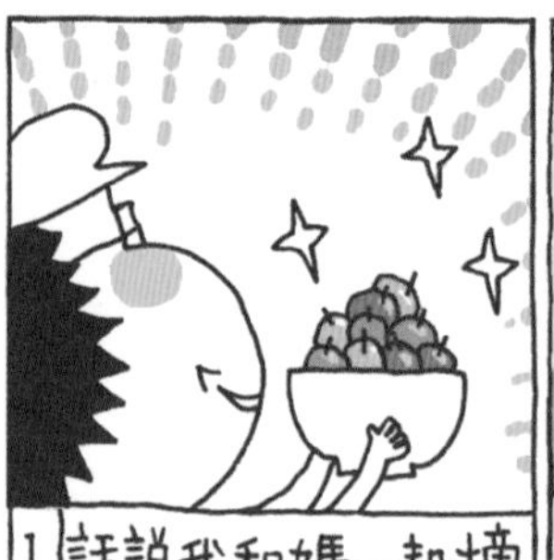
1 話說我和媽一起摘
了很多桔

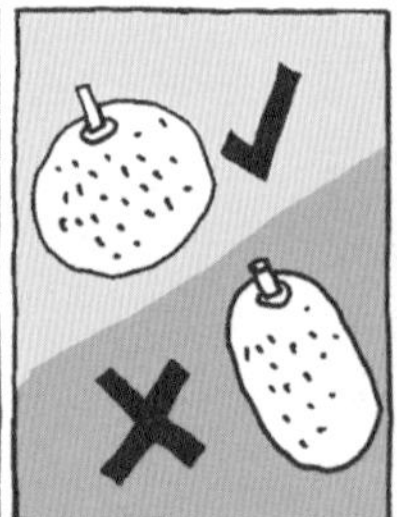
2 記住要摘圓
的而不是長的

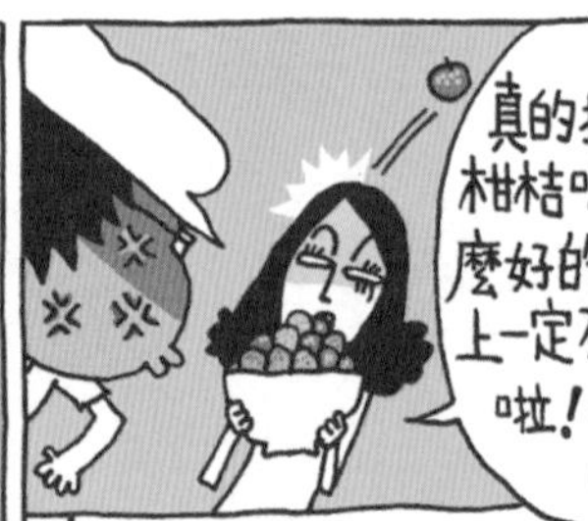
啊呵!! 你
真的摘了這麼多
柑桔嗎？長得這
麼好的柑桔表面
上一定有大量農藥
啦！不如放棄
囉……。
3 一切準備就緒時，C小姐
竟然退縮，真是太可惡了！該死！

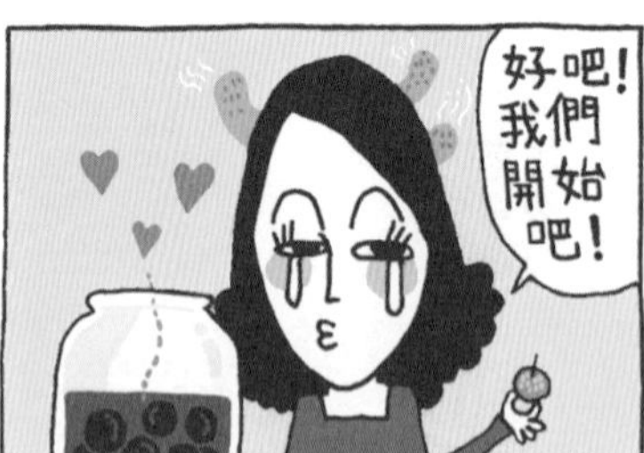
好吧！
我們
開始
吧！
4 話說C小姐還在享受她婆婆
留給她的百年柑桔，但她深深
明白終有一天會享受完。

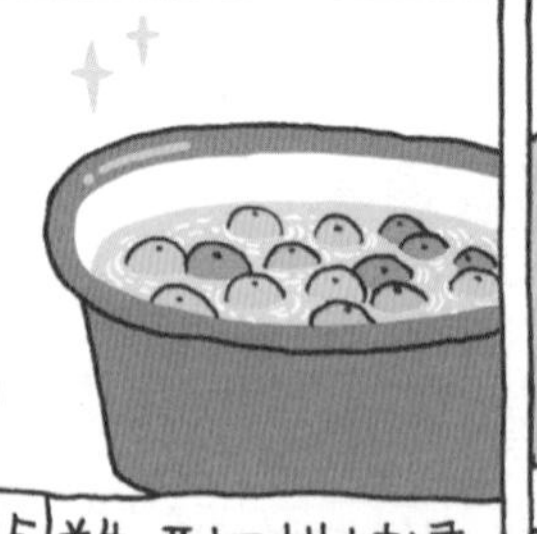
5 首先，要把柑桔浸
清水一段時間。

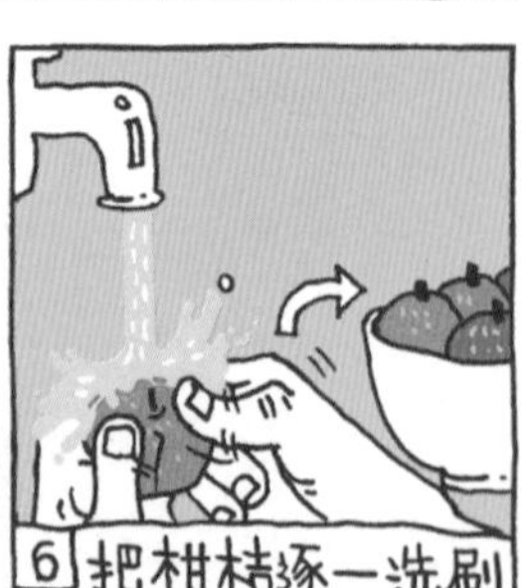
6 把柑桔逐一洗刷
乾淨，小心不要把
莖刷走。

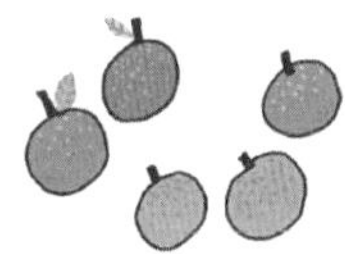

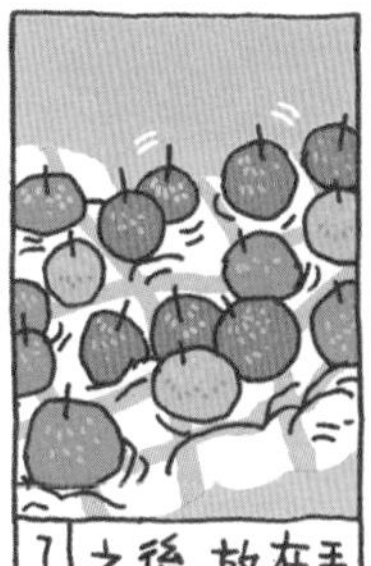

7 之後，放在毛巾上吸水。

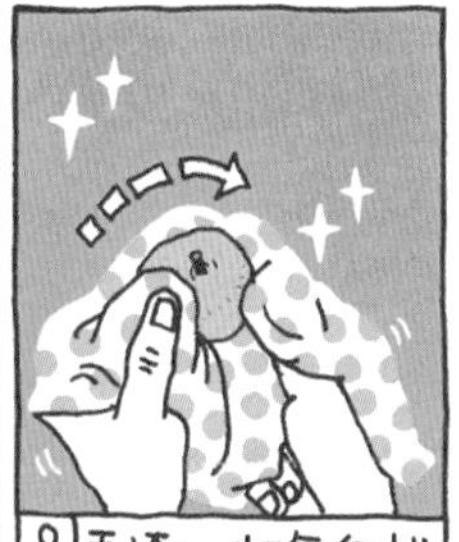

8 再逐一把每個柑桔抹乾淨

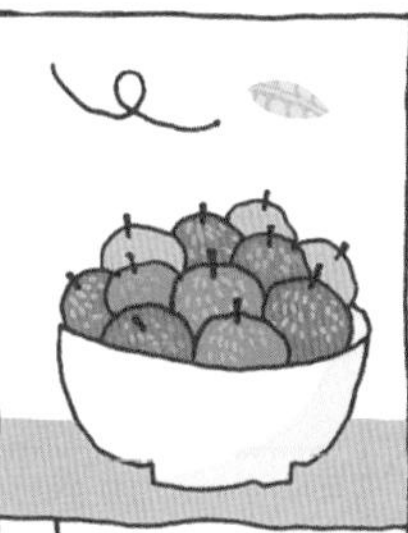

9 把柑桔風乾待用

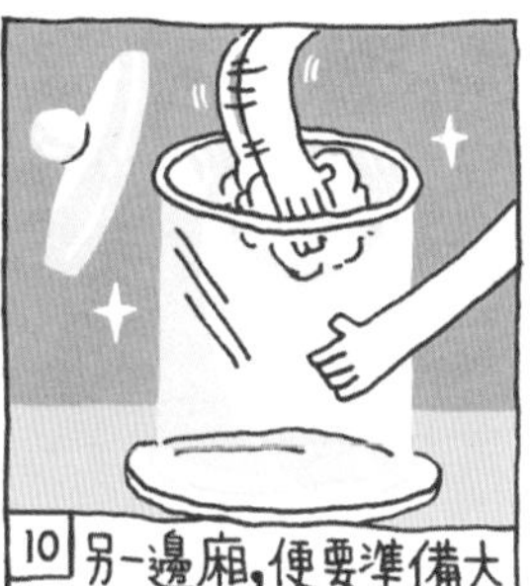

10 另一邊廂，便要準備大玻璃樽了，要抹乾淨和風乾樽身內外。

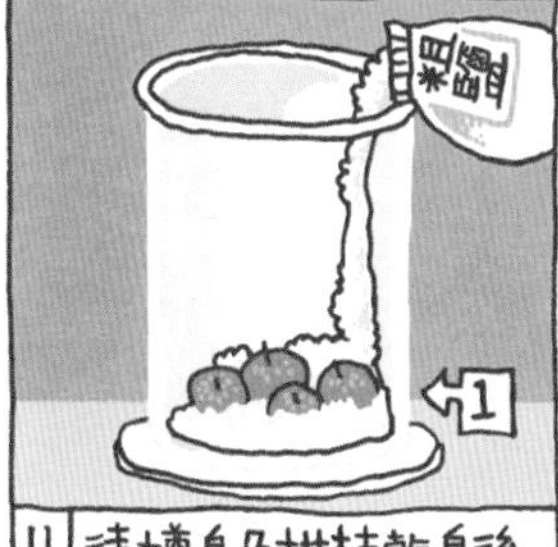

11 待樽身及柑桔乾身後，便將柑桔密麻麻地平放，再倒入粗鹽。

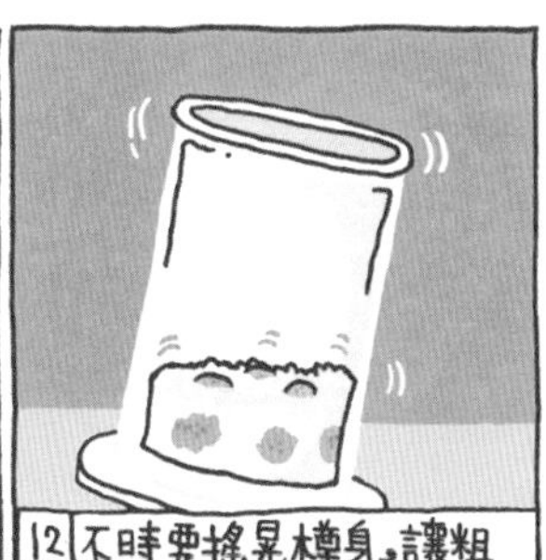

12 不時要搖晃樽身，讓粗鹽滲入每個微小的罅隙，直至將柑桔淹沒。

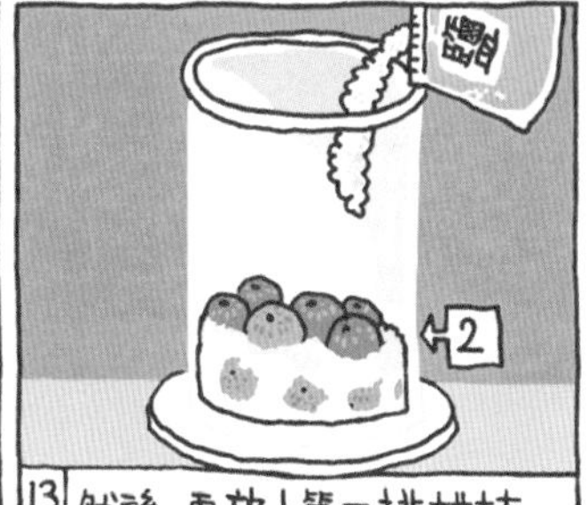

13 然後，再放上第二排柑桔，倒入第二層粗鹽。

鹹柑桔.三

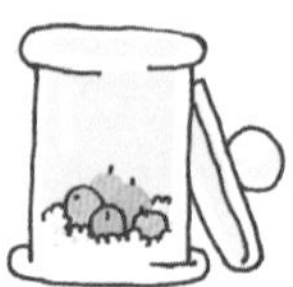

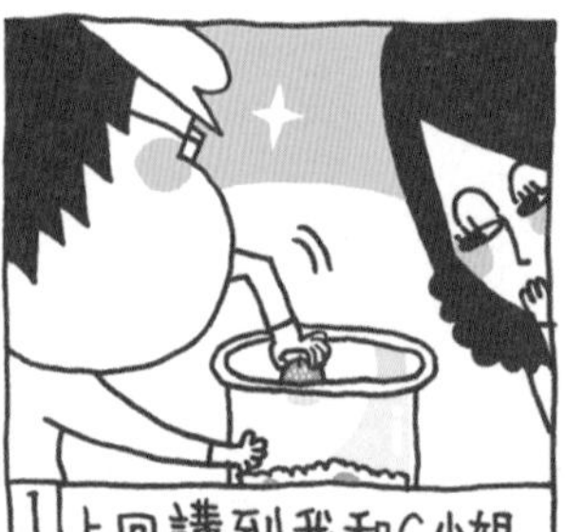

1 上回講到我和C小姐一同把瞬間即逝的青春醃成鹹柑桔。

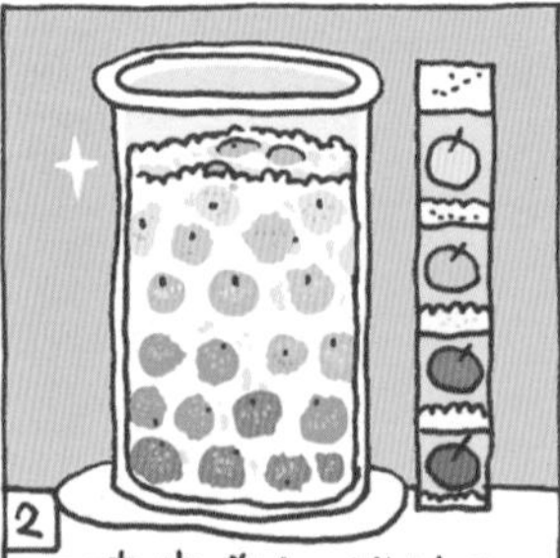

2 而玻璃樽內，柑桔和鹽逐層地排滿了。

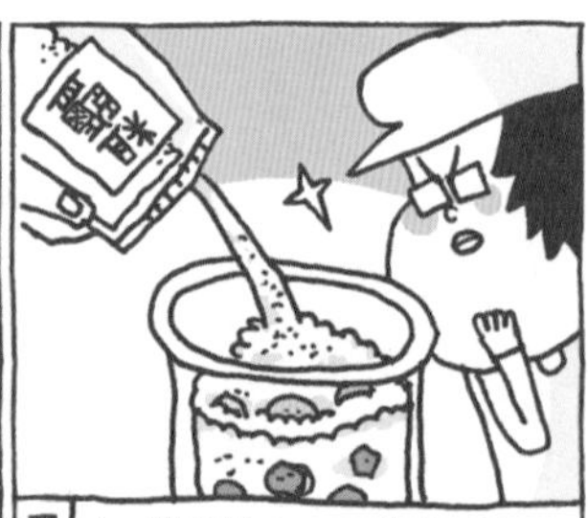

3 粗鹽要把所有柑桔覆蓋，否則柑桔會發霉。

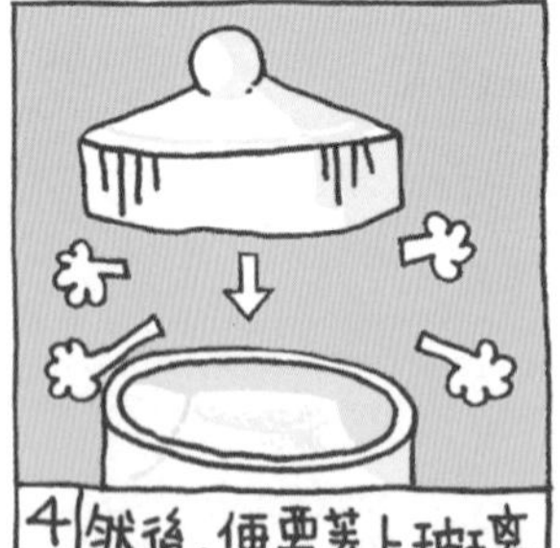

4 然後，便要蓋上玻璃樽蓋，確保完全密封。

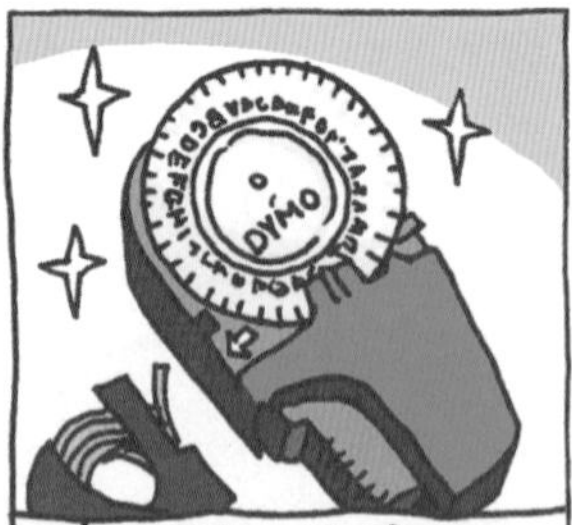

5 再從床下底拿出老爸留下的陳年DYMO

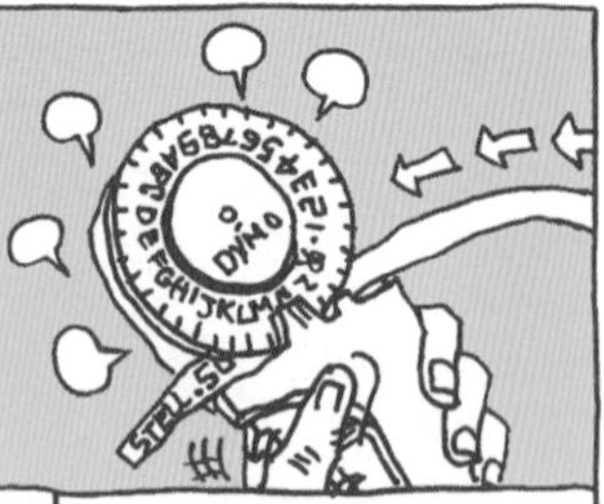

6 把醃製日期和自己名字打印出來

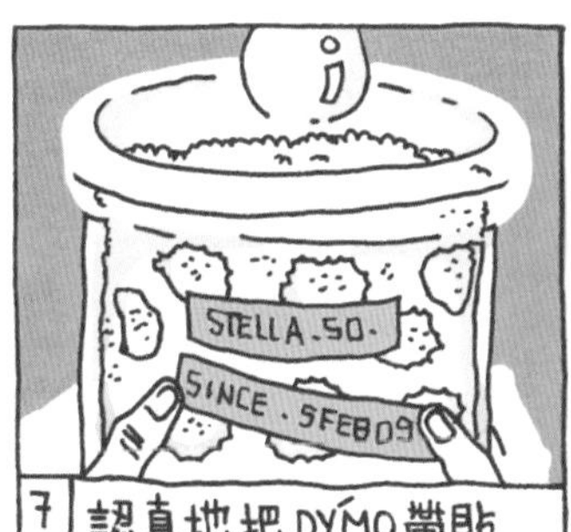

7 認真地把DYMO帶貼在玻璃樽上

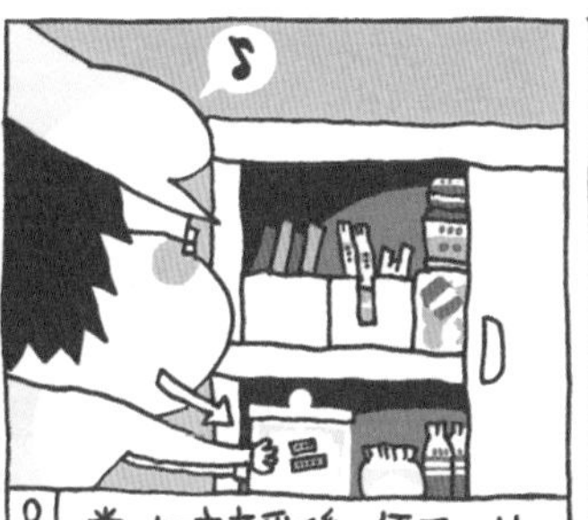

8 當一切辦妥後，便可以放入廚櫃的千年暗角處。

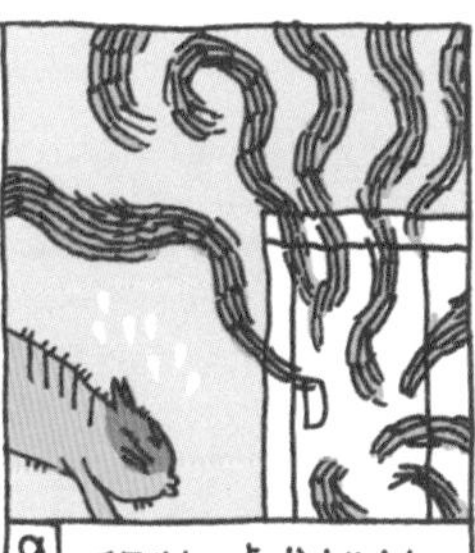

9 很快，鹹柑桔便會吸收日月精華。

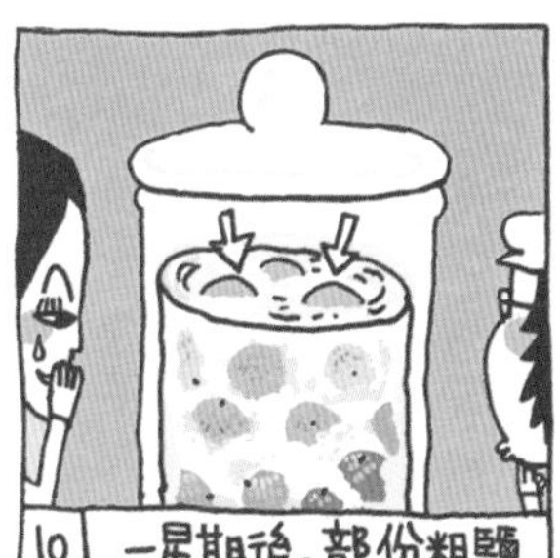

10 一星期後，部份粗鹽會融化，頂部的柑桔便會外露出來。

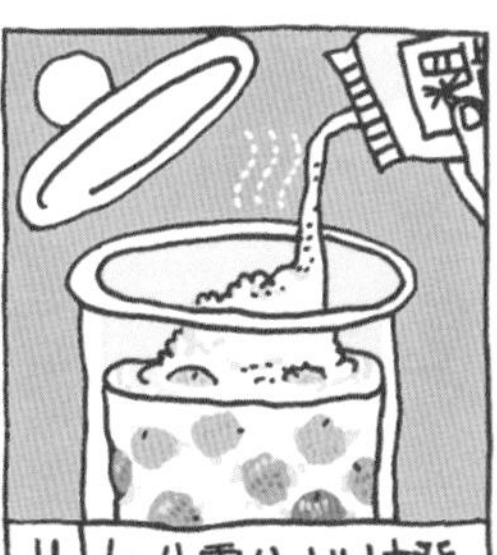

11 如外露的柑桔發霉，便要丟掉，然後再加上粗鹽蓋頂。

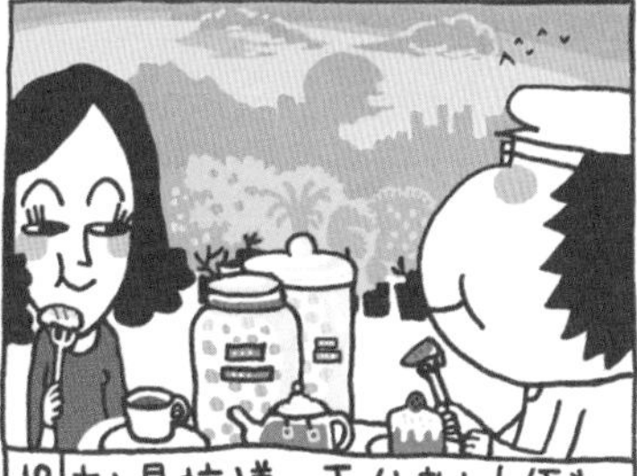

12 就是這樣，兩位老少女便為十年後的幸福渡過了時尚愜意的一天。

麵包屋.一

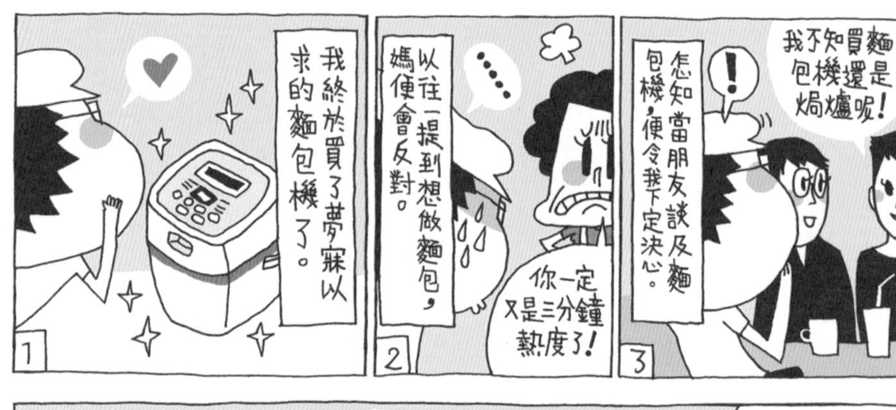

我終於買了夢寐以求的麵包機了。
以往一提到想做麵包，媽便會反對。
你一定又是三分鐘熱度了！
怎知當朋友談及麵包機，便令我下定決心。
我不知買麵包機還是焗爐呢！

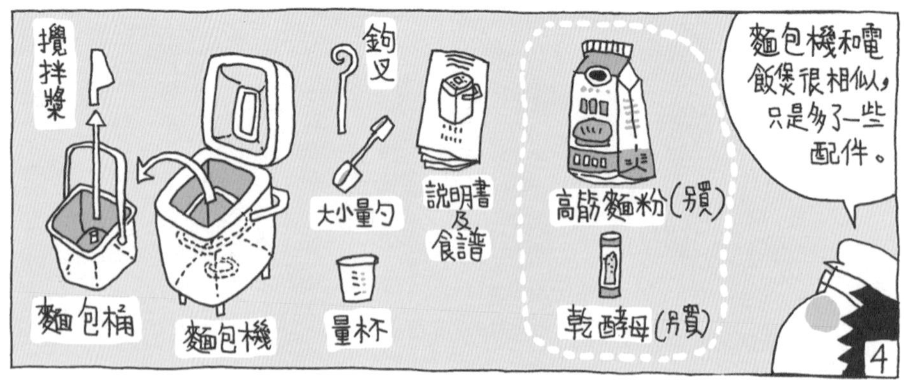

麵包機和電飯煲很相似，只是多了一些配件。
攪拌槳
鉤叉
大小量勺
說明書及食譜
高筋麵粉(另買)
乾酵母(另買)
麵包桶
麵包機
量杯

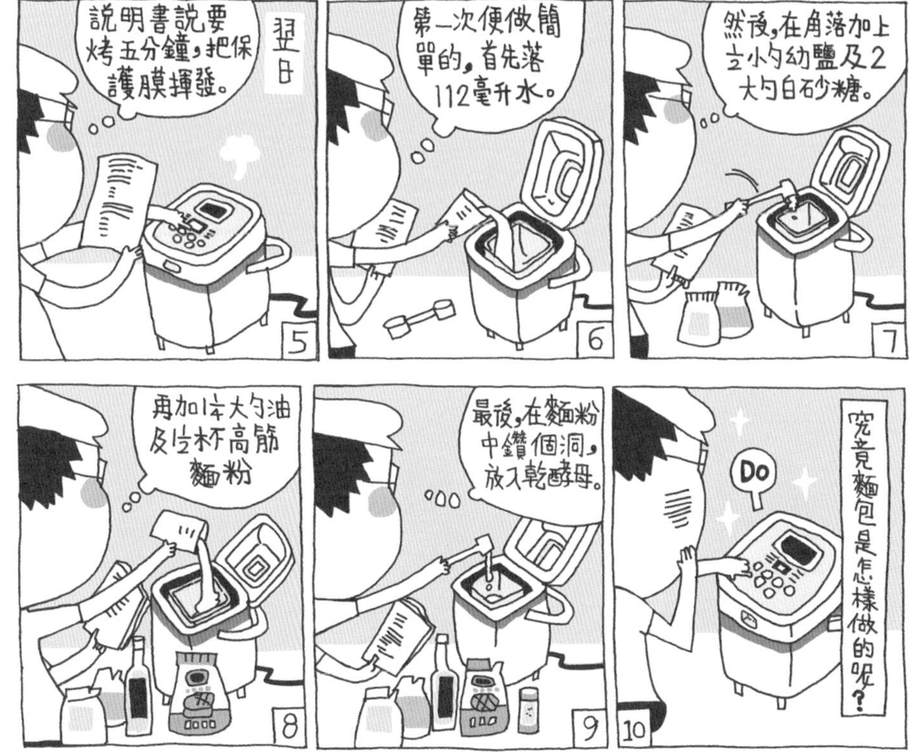

說明書說要烤五分鐘，把保護膜揮發。
翌日
5
第一次便做簡單的，首先落112毫升水。
6
然後，在角落加上½小勺幼鹽及2大勺白砂糖。
7
再加1¼大勺油及1½杯高筋麵粉
8
最後，在麵粉中鑽個洞，放入乾酵母。
9
DO
究竟麵包是怎樣做的呢？
10

麵包屋。二

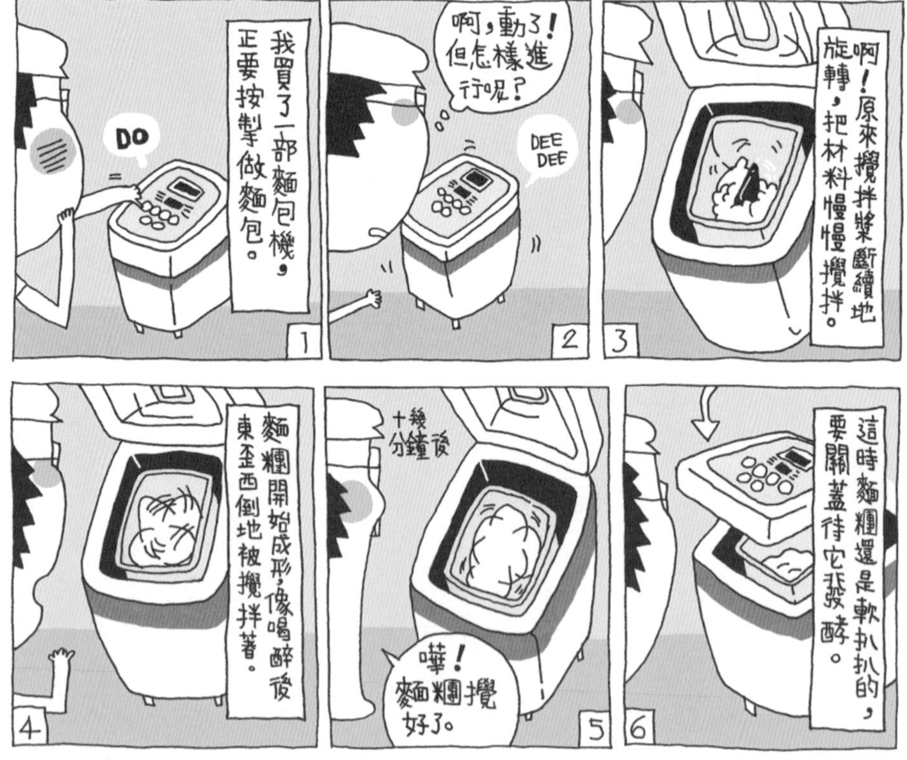
我買了一部麵包機，
正要按掣做麵包。
DO
1
啊，動了！
但怎樣進
行呢？
DEE
DEE
2
啊！原來攪拌槳斷續地
旋轉，把材料慢慢攪拌。
3
麵糰開始成形，像喝醉後
東歪西倒地被攪拌著。
4
十幾
分鐘後
嘩！
麵糰攪
好了。
5
這時麵糰還是軟扒扒的，
要關蓋待它發酵。
6

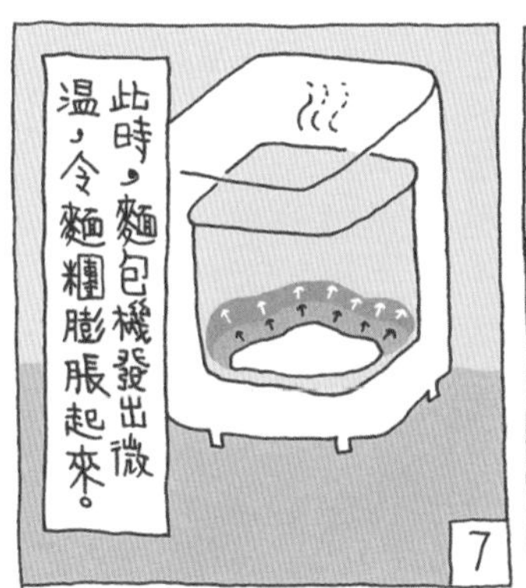
此時，麵包機發出微溫，令麵糰膨脹起來。
7

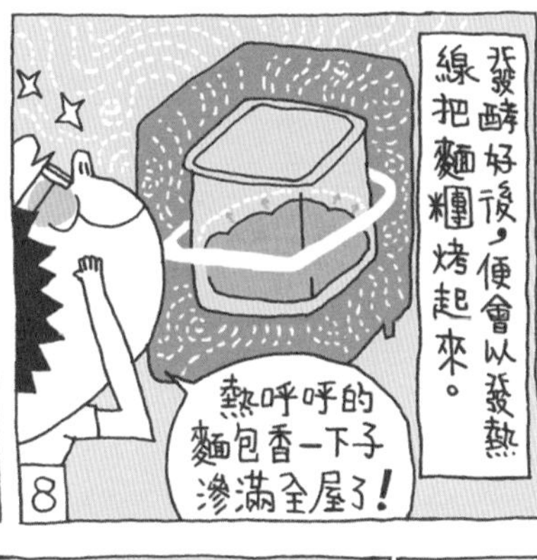
發酵好後，便會以發熱線把麵糰烤起來。
熱呼呼的麵包香一下子滲滿全屋了！
8

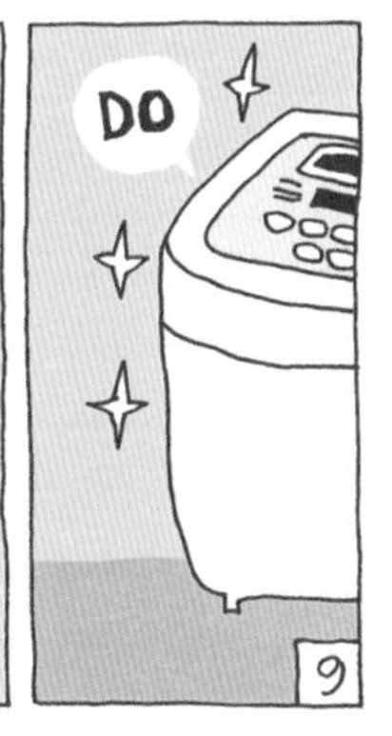
DO
9

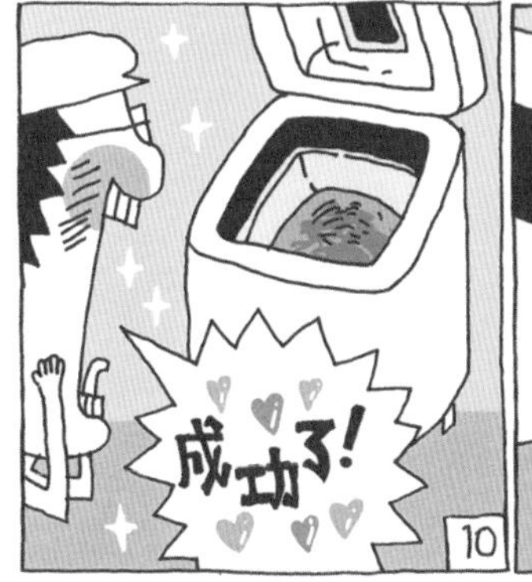
成功了！
10

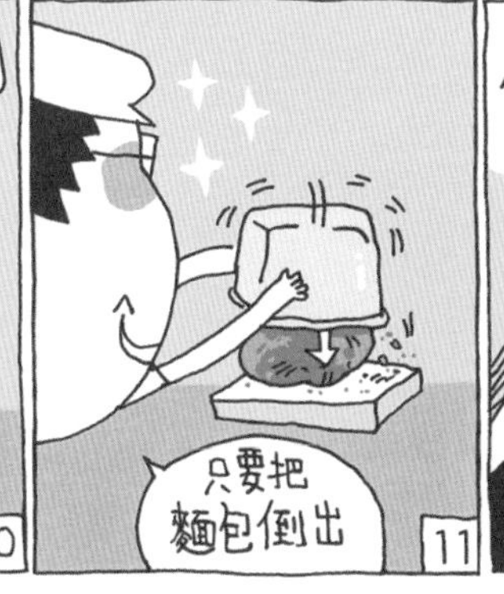
只要把麵包倒出
11

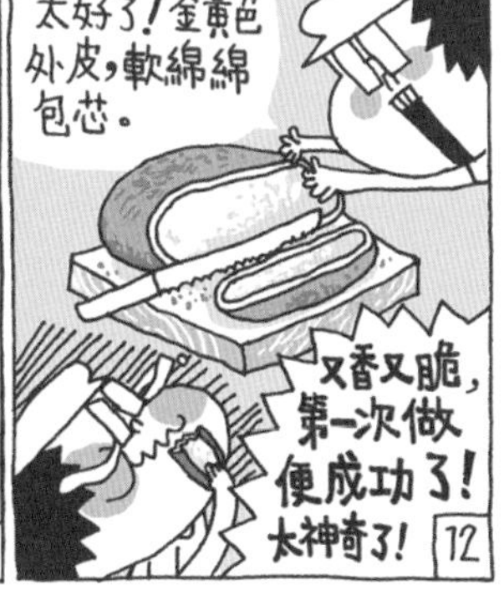
太好了！金黃色外皮，軟綿綿包芯。
又香又脆，第一次做便成功了！太神奇了！
12

麵包屋．三

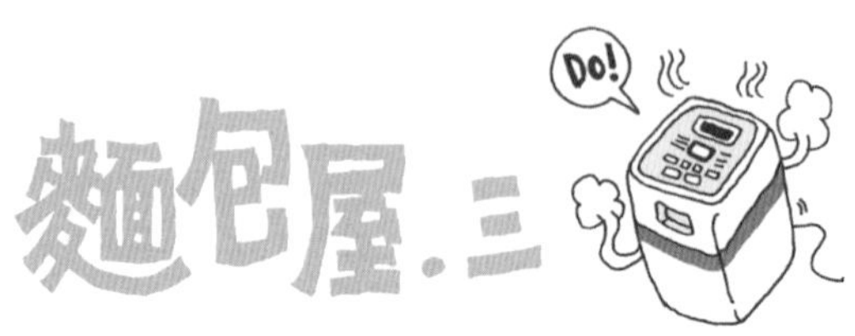
DO!

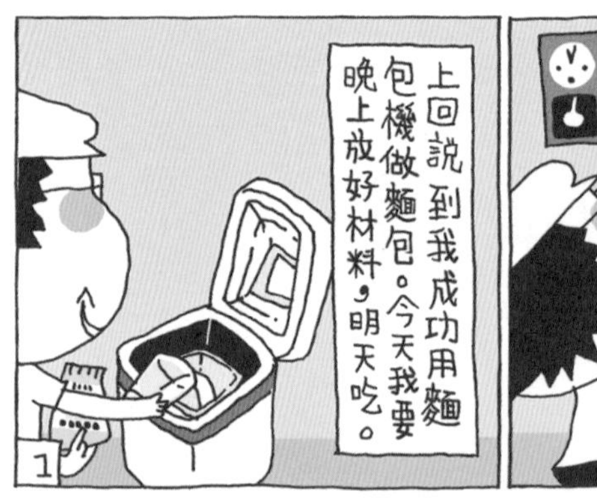
上回說到我成功用麵包機做麵包。今天我要晚上放好材料，明天吃。

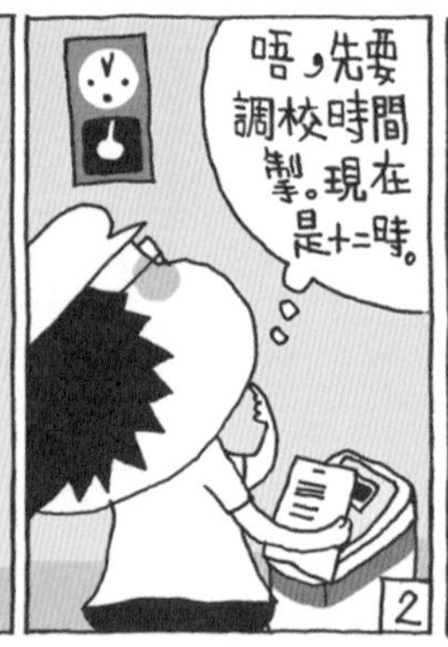
唔，先要調校時間掣。現在是十二時。

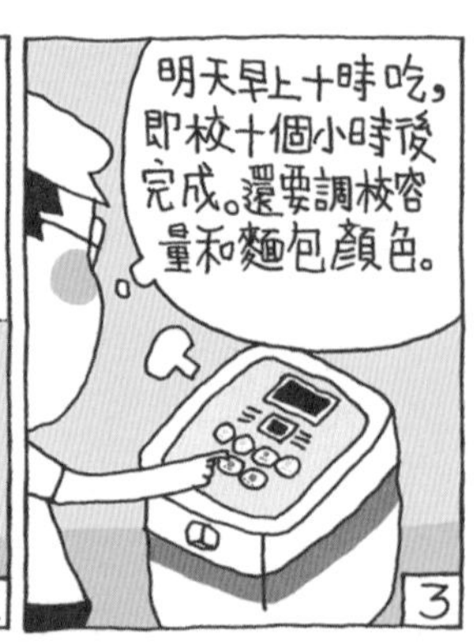
明天早上十時吃，即校十個小時後完成。還要調校容量和麵包顏色。

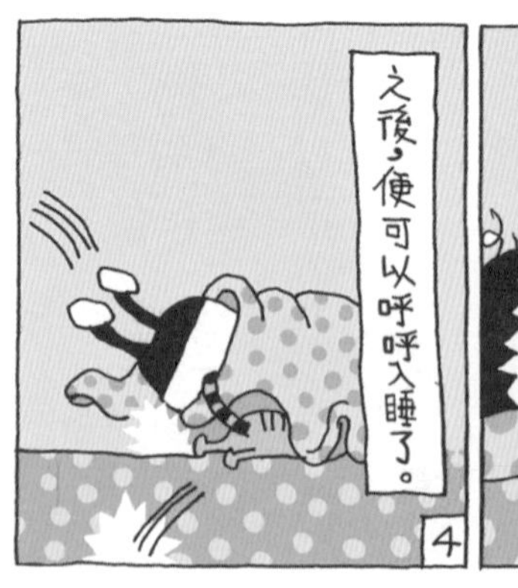
之後，便可以呼呼入睡了。

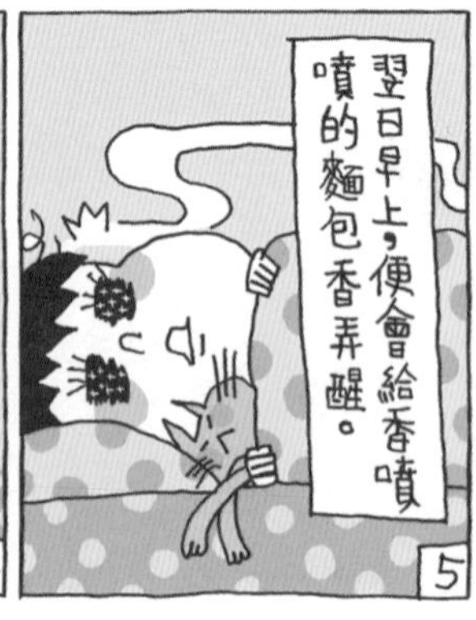
翌日早上，便會給香香噴噴的麵包香弄醒。

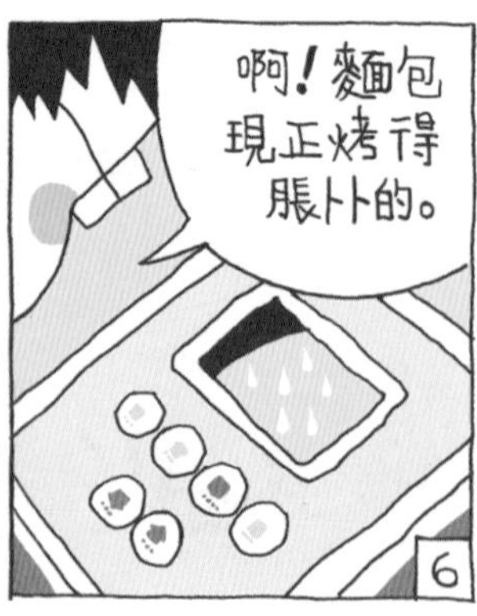
啊！麵包現正烤得脹卜卜的。

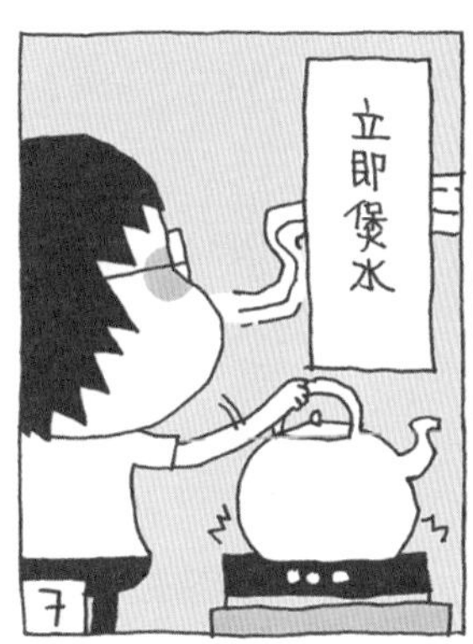
立即煲水

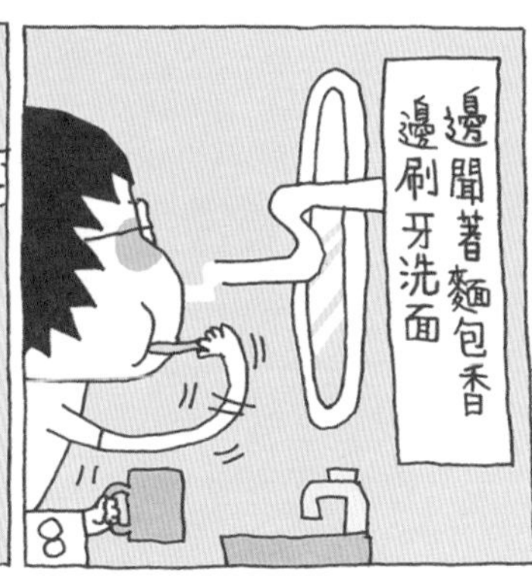
邊聞著麵包香
邊刷牙洗面

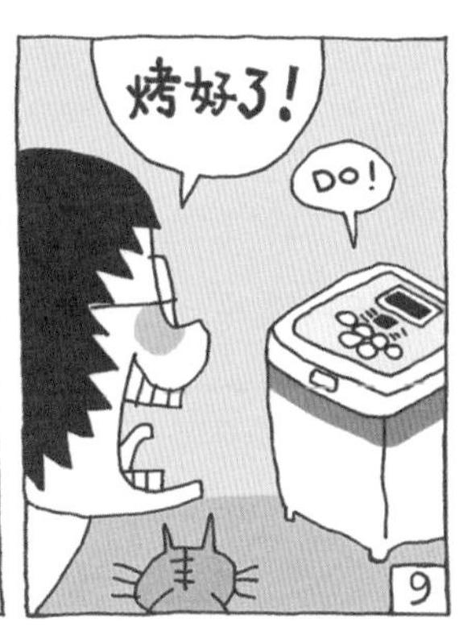
烤好了！
DO！

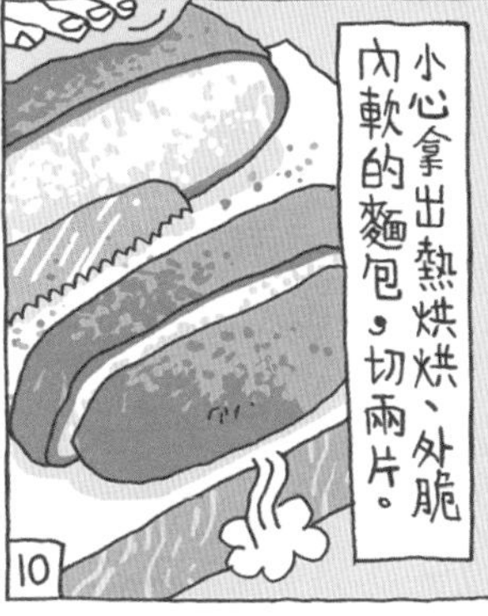
小心拿出熱烘烘、外脆
內軟的麵包，切兩片。

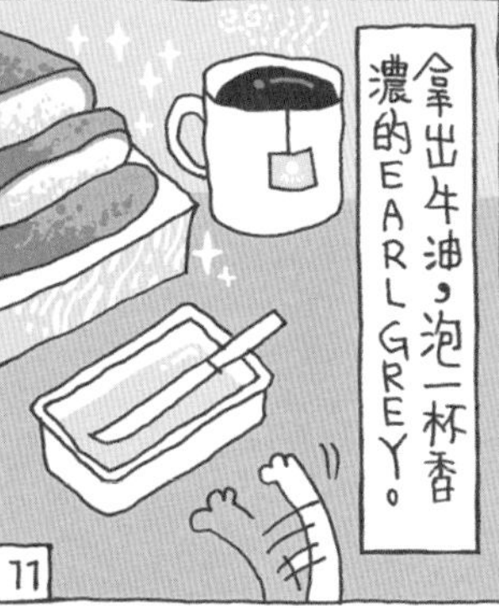
拿出牛油，泡一杯香
濃的EARL GREY。

呵呵，立即
在FACEBOOK
分享！
老少女的華麗早晨
便是這樣開始了

麵包屋．四

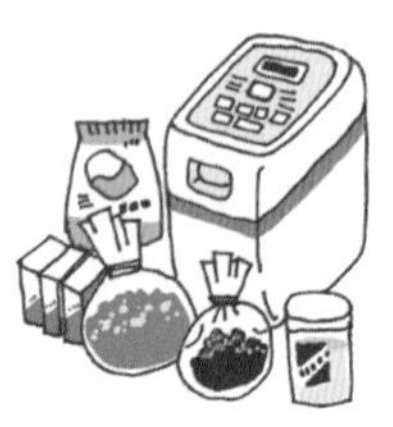

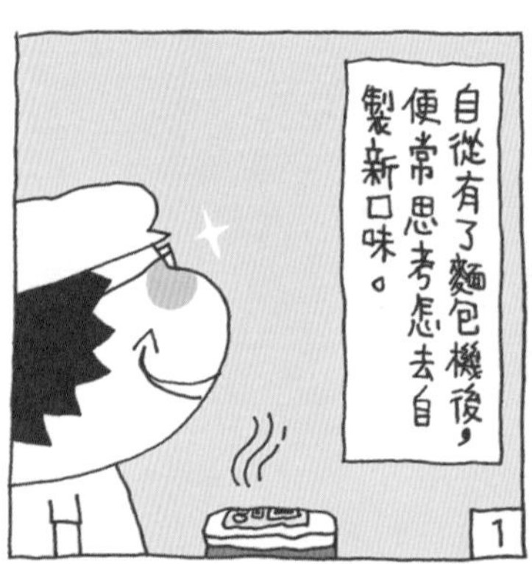
自從有了麵包機後，便常思考怎去自製新口味。
1

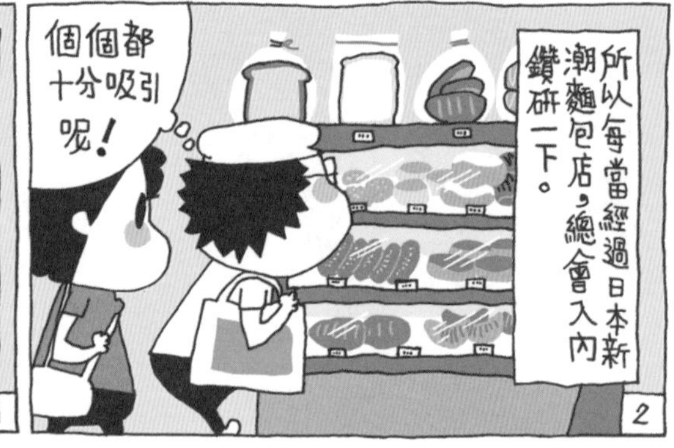
所以每當經過日本新潮麵包店，總會入內鑽研一下。
個個都十分吸引呢！
2

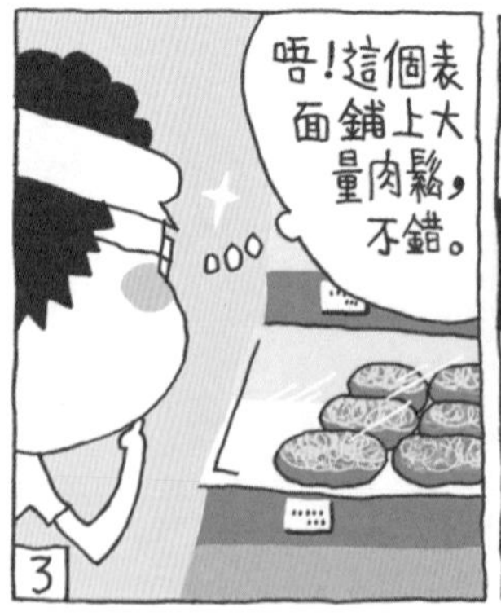
唔！這個表面鋪上大量肉鬆，不錯。
3

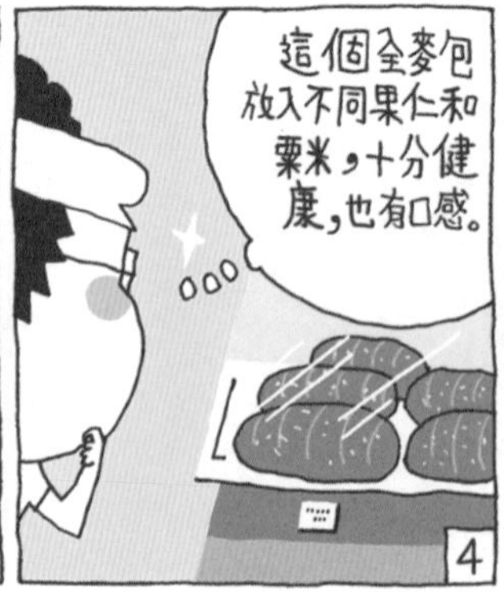
這個全麥包放入不同果仁和粟米，十分健康，也有口感。
4

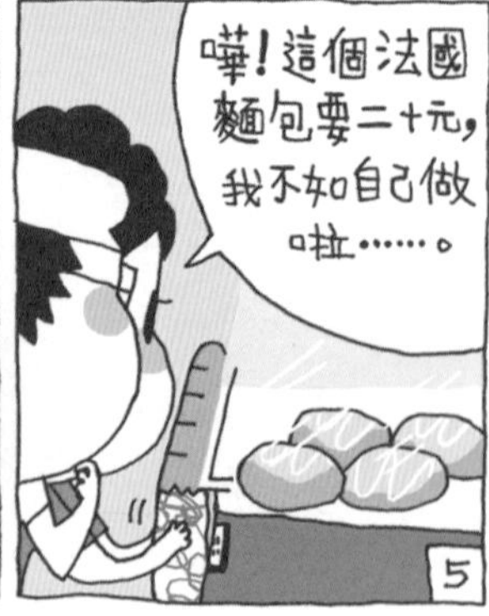
嘩！這個法國麵包要二十元，我不如自己做啦……。
5

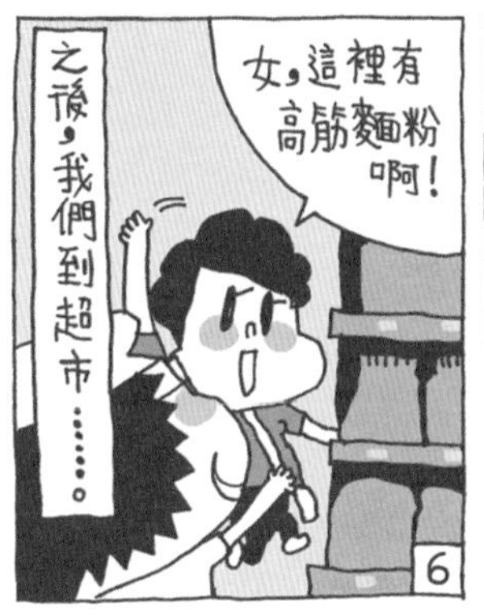
之後，我們到超市……。
女，這裡有高筋麵粉啊！

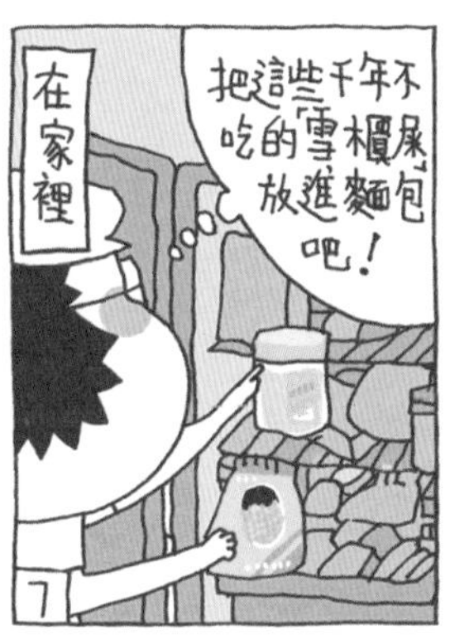
在家裡
把這些千年不吃的「雪櫃屎」放進麵包吧！

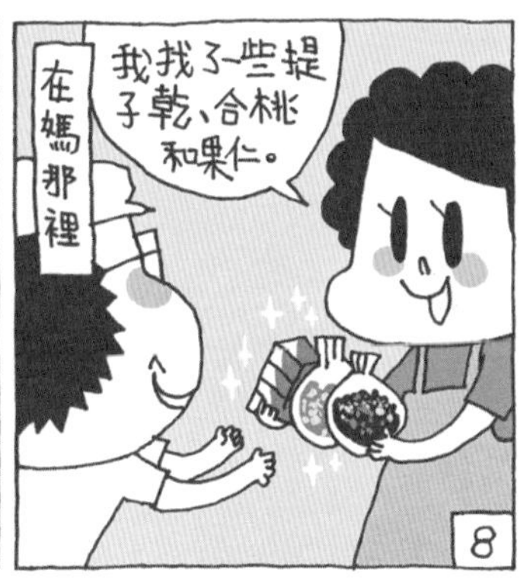
在媽那裡
我找了一些提子乾、合桃和果仁。

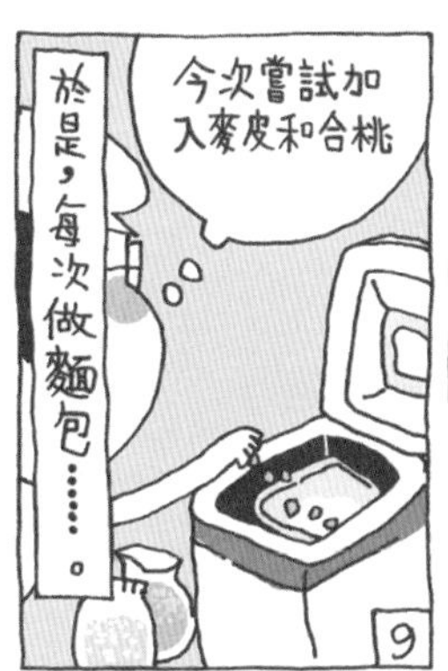
於是，每次做麵包……。
今次嘗試加入麥皮和合桃

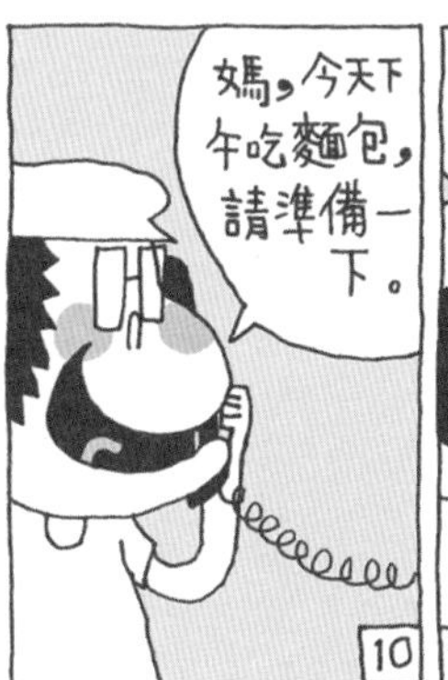
媽，今天下午吃麵包，請準備一下。

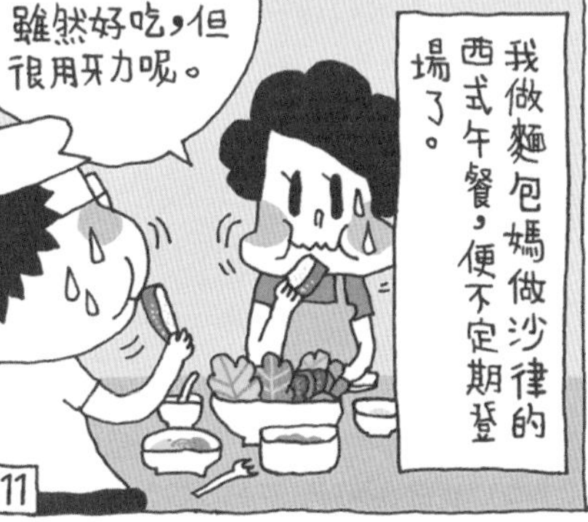
我做麵包媽做沙律的西式午餐，便不定期登場了。
雖然好吃，但很用牙力呢。

早晨全餐

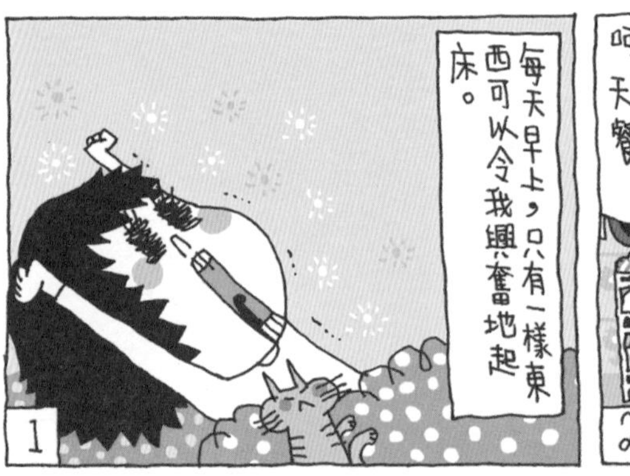
每天早上，只有一樣東西可以令我興奮地起床。

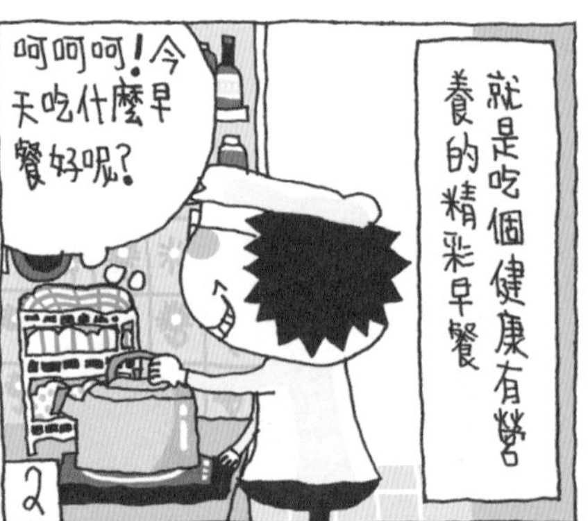
就是吃個健康有營養的精彩早餐
呵呵呵！今天吃什麼早餐好呢？

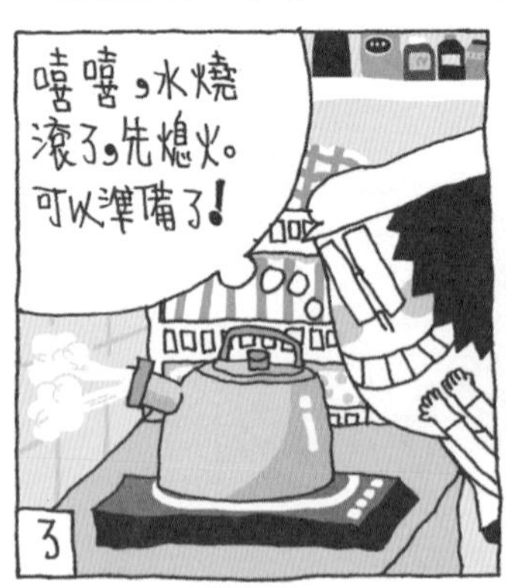
嘻嘻，水燒滾了，先熄火。可以準備了！

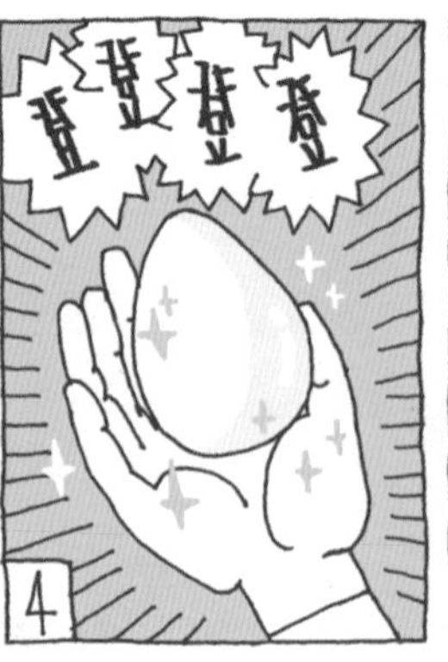
登登登登

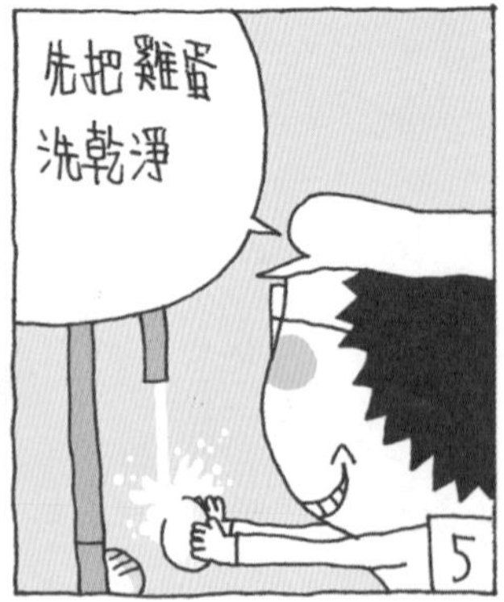
先把雞蛋洗乾淨

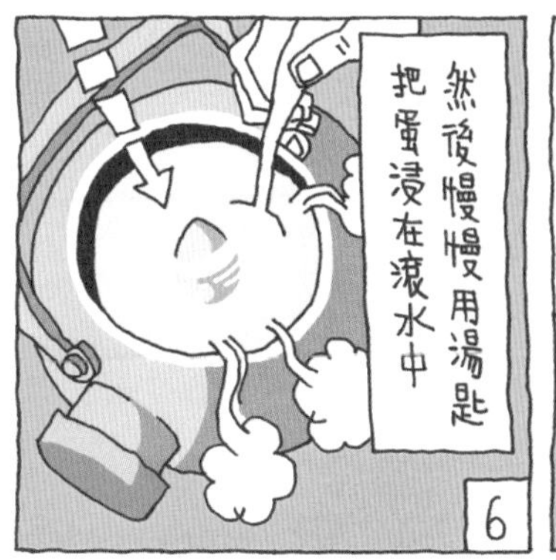

然後慢慢用湯匙把蛋浸在滾水中
6

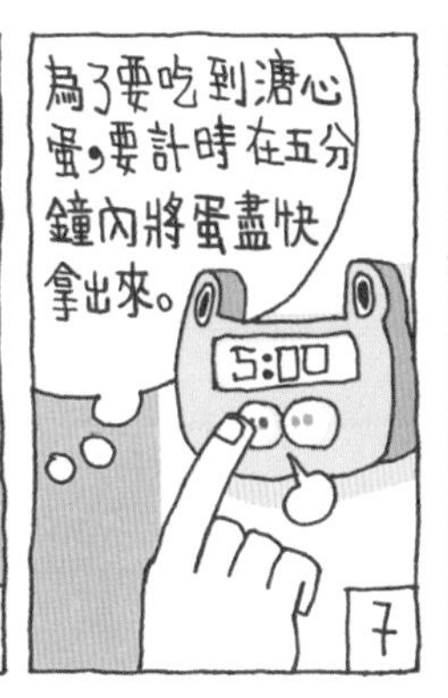

為了要吃到溏心蛋，要計時在五分鐘內將蛋盡快拿出來。
5:00
7

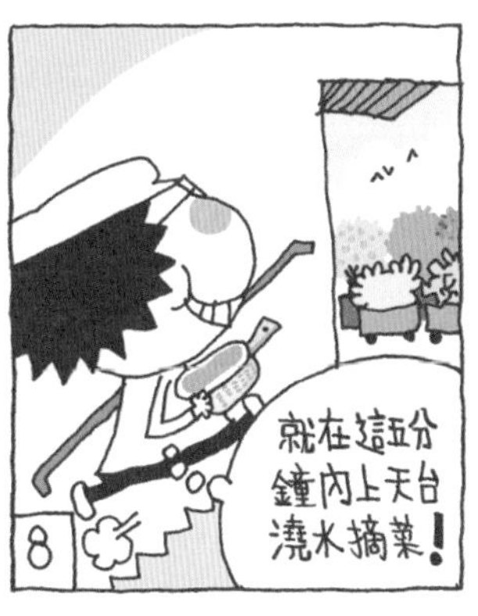

就在這五分鐘內上天台澆水摘菜！
8

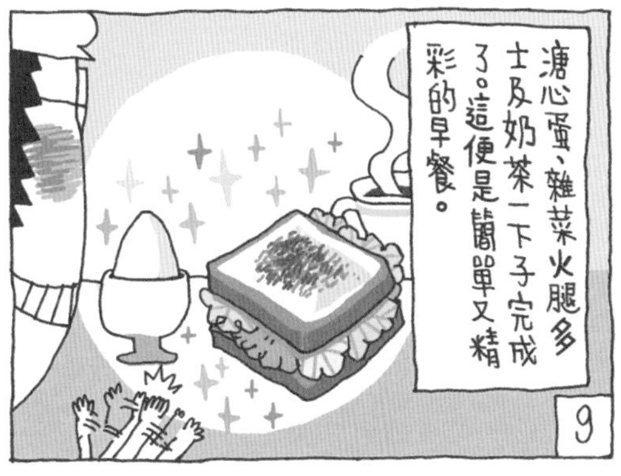

溏心蛋、雜菜火腿多士及奶茶一下子完成了。這便是簡單又精彩的早餐。
9

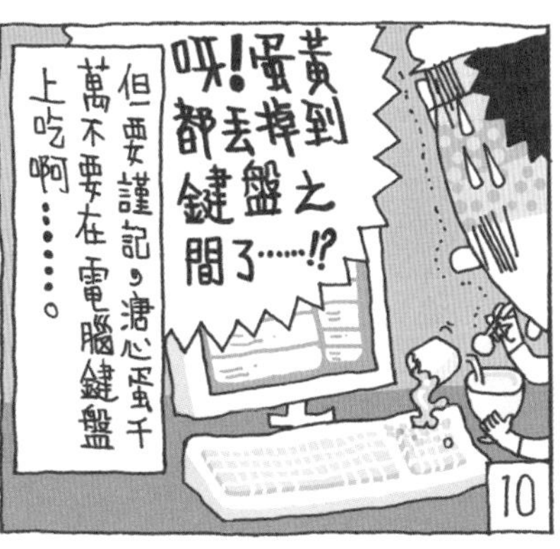

但一要謹記，溏心蛋千萬不要在電腦鍵盤上吃啊……。
呀！蛋黃都丟掉到鍵盤之間了……!?
10

CHAPTER 2
城市村姑

木工篇

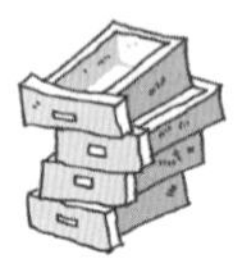

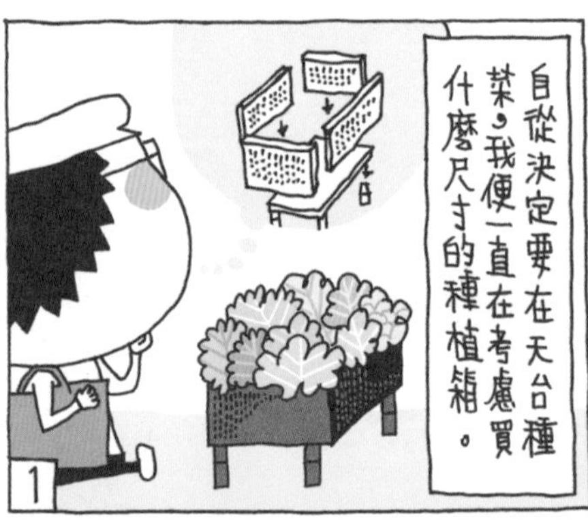
自從決定要在天台種
菜，我便一直在考慮買
什麼尺寸的種植箱。
1

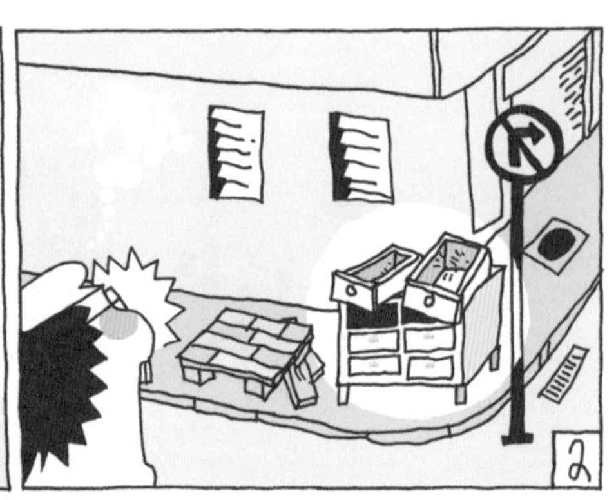
2

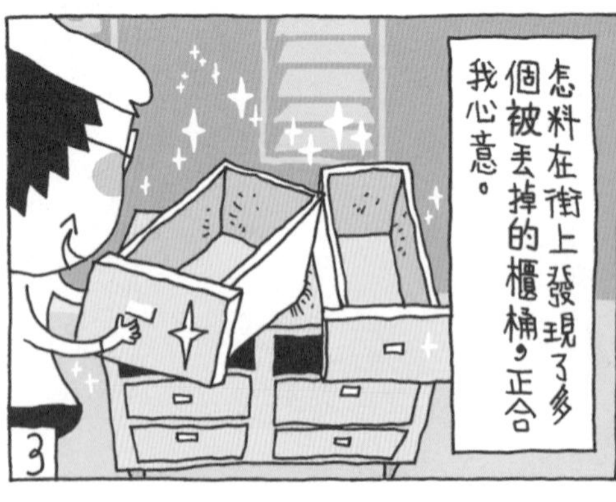
怎料在街上發現了多
個被丟掉的櫃桶，正合
我心意。
3

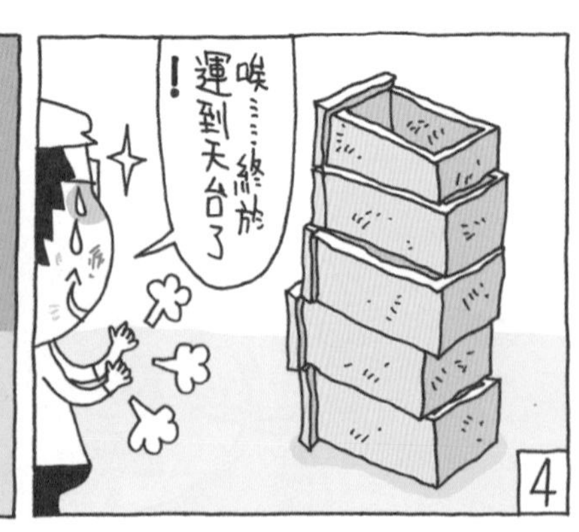
唉⋯⋯終於
運到天台了
！
4

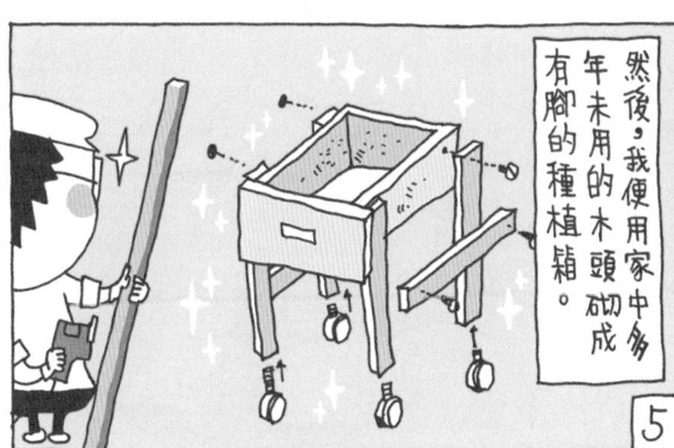
然後，我便用家中多
年未用的木頭砌成
有腳的種植箱。
5
再在櫃桶底下鑽上
幾個洞，種植箱便
完成了。
6

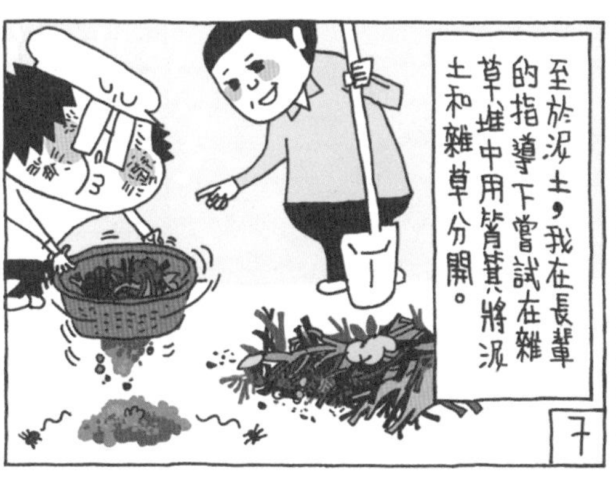
至於泥土，我在長輩
的指導下嘗試在雜
草堆中用筲箕將泥
土和雜草分開。
7

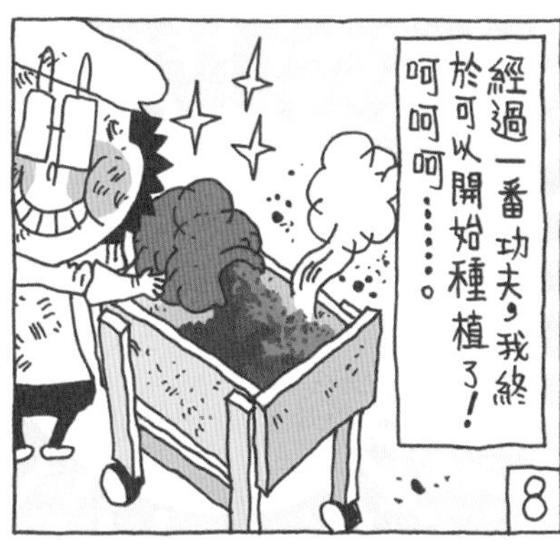
經過一番功夫，我終
於可以開始種植了！
呵呵呵……。
8

荷蘭豆篇

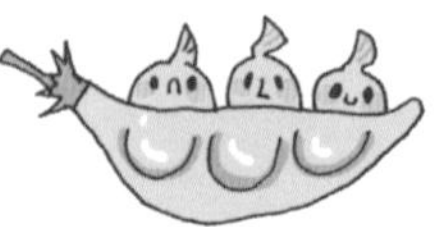

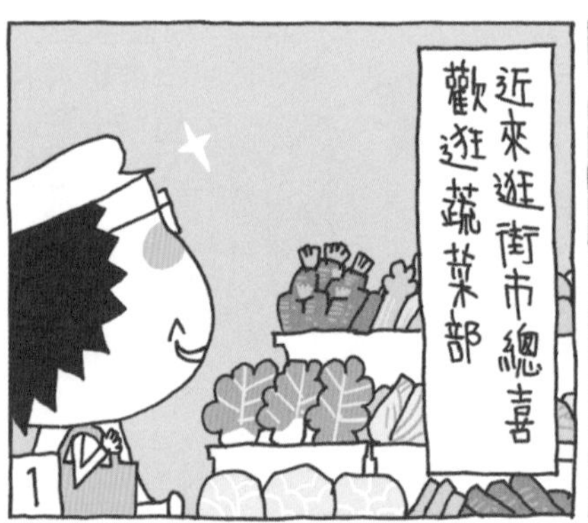
近來逛街市總喜歡逛蔬菜部

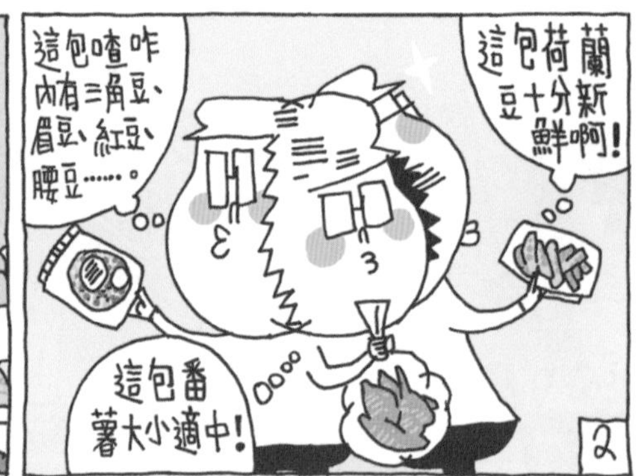
這包嗜咋內有三角豆、眉豆、紅豆、腰豆……。
這包荷蘭豆十分新鮮啊！
這包番薯大小適中！

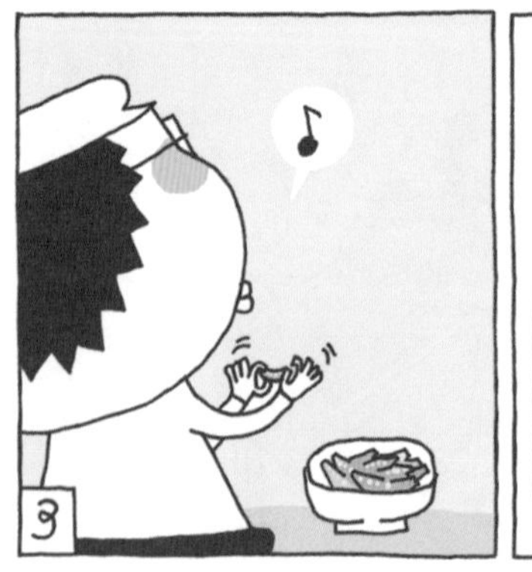

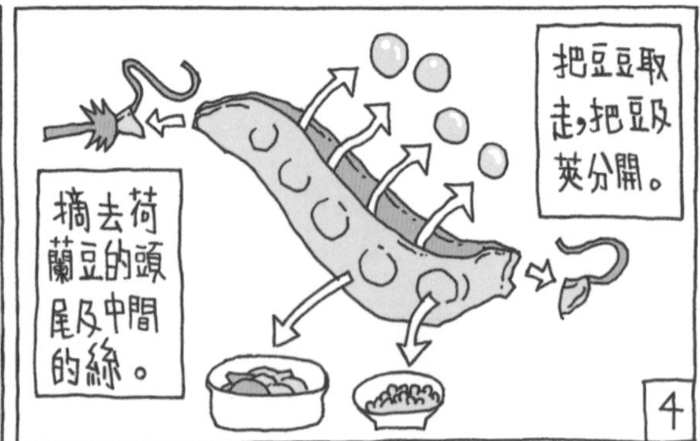
摘去荷蘭豆的頭尾及中間的絲。
把豆豆取走，把豆及莢分開。

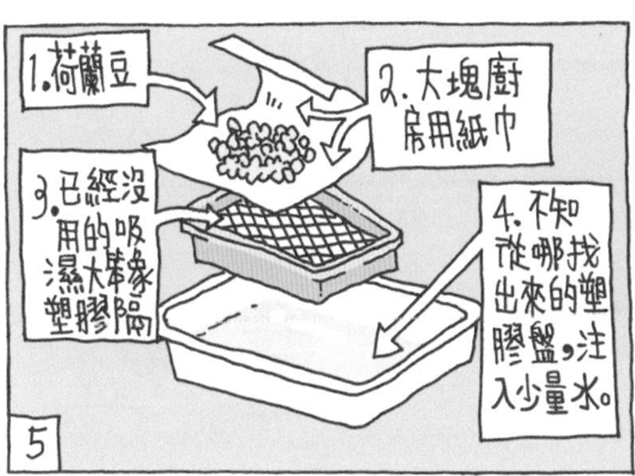
1.荷蘭豆
2.大塊廚房用紙巾
3.已經沒用的吸濕大笨象塑膠隔
4.不知從哪找出來的塑膠盤，注入少量水。
5

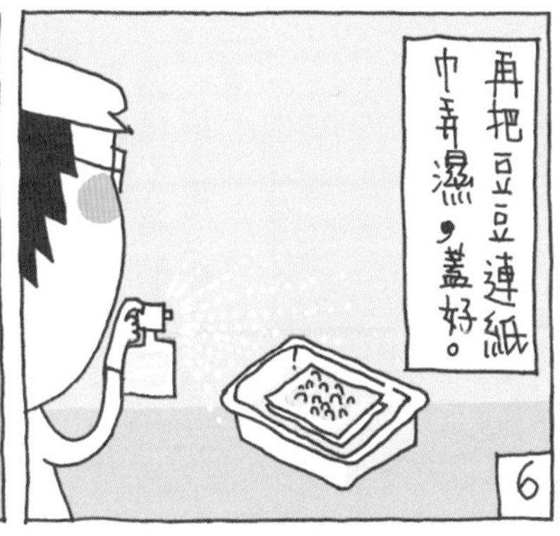
再把豆豆連紙巾弄濕，蓋好。
6

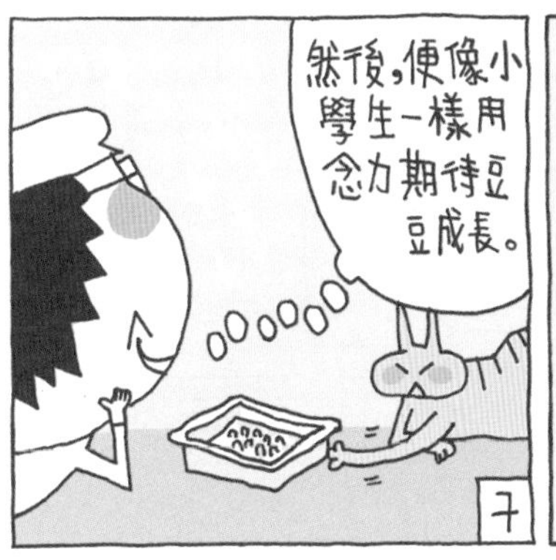
然後，便像小學生一樣用念力期待豆豆成長。
7

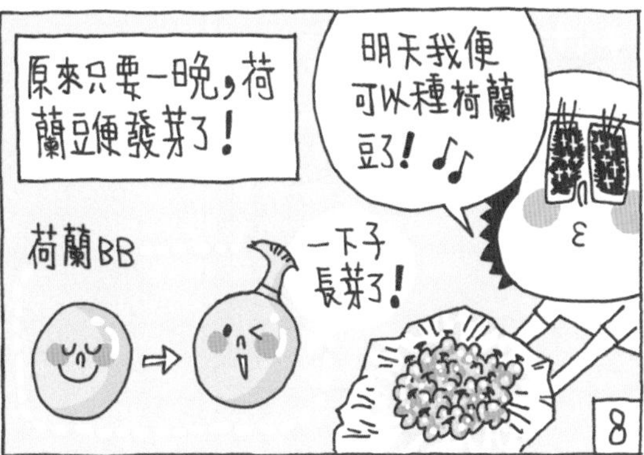
原來只要一晚，荷蘭豆便發芽了！
明天我便可以種荷蘭豆了！♪♪
荷蘭BB
一下子長芽了！
8

八寶粥篇

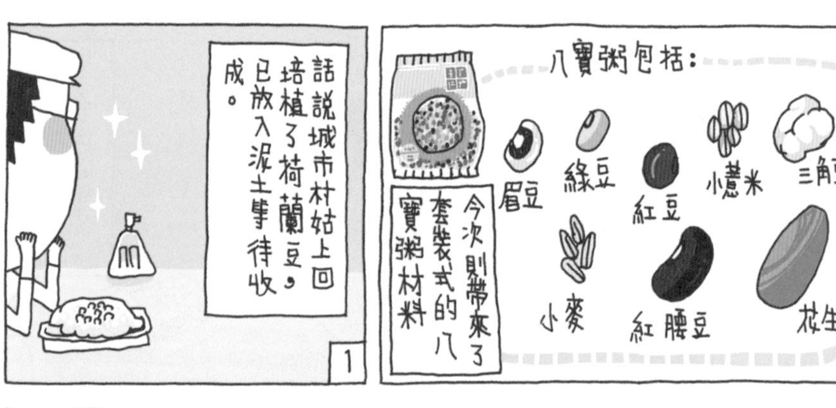
話說城市村姑上回培植了荷蘭豆，已放入泥土等待收成。
1
今次則帶來了套裝式的八寶粥材料
八寶粥包括：
眉豆
綠豆
紅豆
小薏米
三角豆
小麥
紅腰豆
花生
2

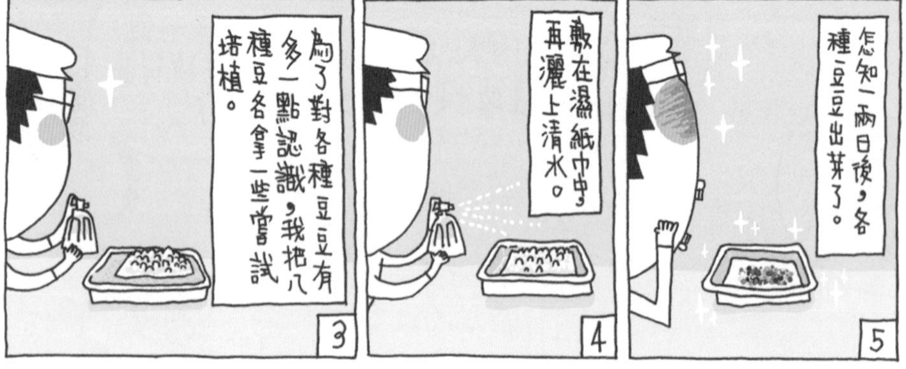
為了對各種豆豆有多一點認識，我把八種豆各拿一些嘗試培植。
3
敷在濕紙巾中，再灑上清水。
4
怎知一兩日後，各種豆豆出芽了。
5

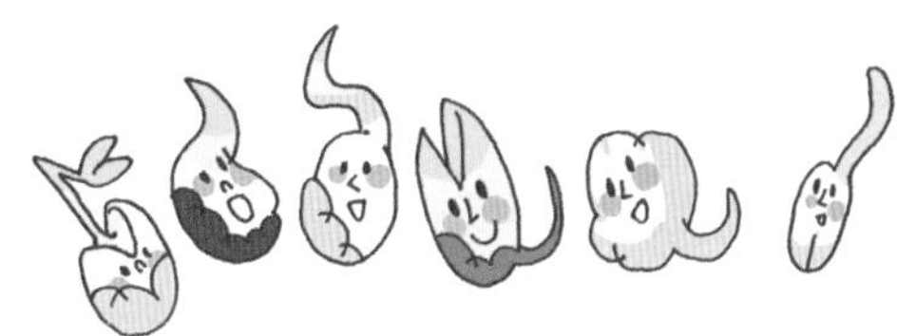

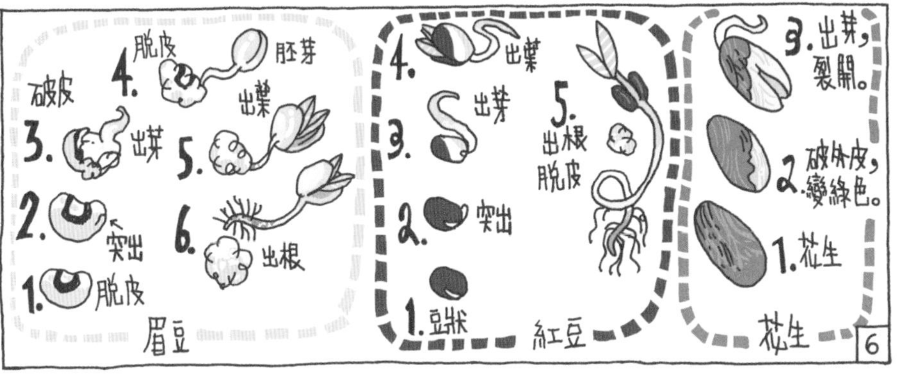

破皮
4. 脫皮
胚芽
3. 出芽
出葉
5.
2. 突出
6. 出根
1. 脫皮
眉豆
4. 出葉
3. 出芽
5. 出根 脫皮
2. 突出
1. 豆狀
紅豆
3. 出芽，裂開。
2. 破外皮，變綠色。
1. 花生
花生
6

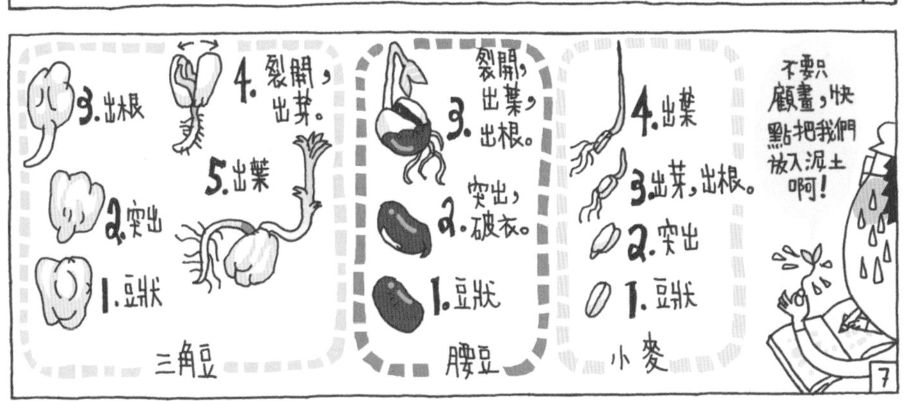

3. 出根
4. 裂開，出芽。
5. 出葉
2. 突出
1. 豆狀
三角豆
3. 裂開，出葉，出根。
2. 突出，破衣。
1. 豆狀
腰豆
4. 出葉
3. 出芽，出根。
2. 突出
1. 豆狀
小麥
不要只顧畫，快點把我們放入泥土啊！
7

種子篇

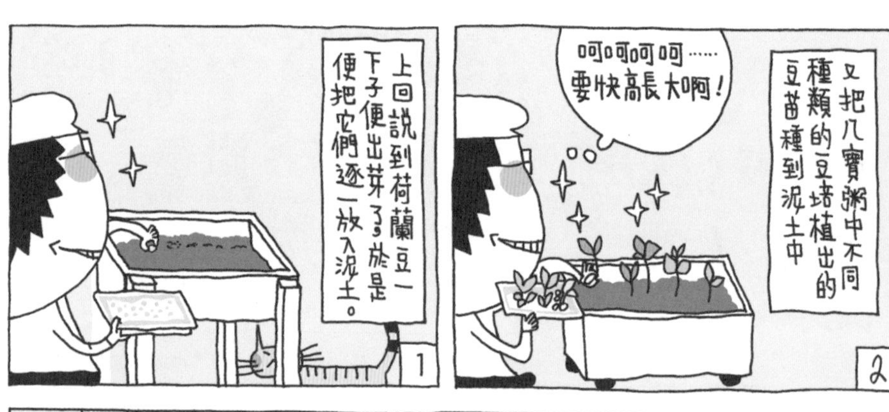
上回說到荷蘭豆一下子便出芽了，於是便把它們逐一放入泥土。
1
又把八寶粥中不同種類的豆培植出的豆苗種到泥土中
呵呵呵呵……
要快高長大啊！
2

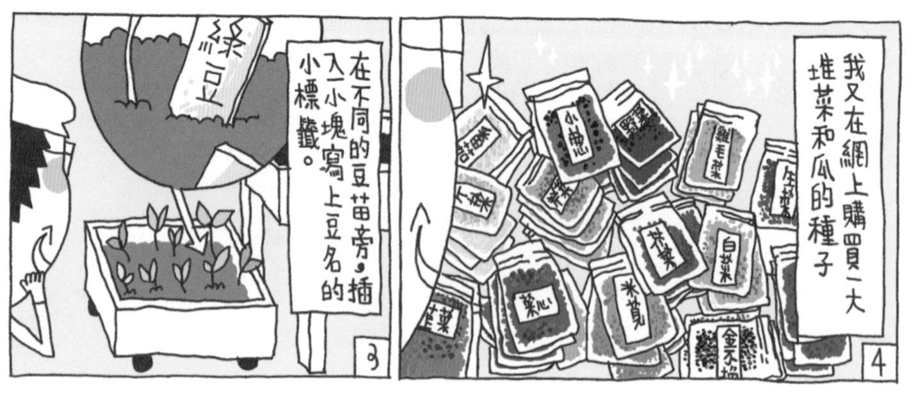
在不同的豆苗旁，插入一小塊寫上豆名的小標籤。
綠豆
3
我又在網上購買一大堆菜和瓜的種子
雞毛菜
芥菜
白菜
菜心
米莧
4

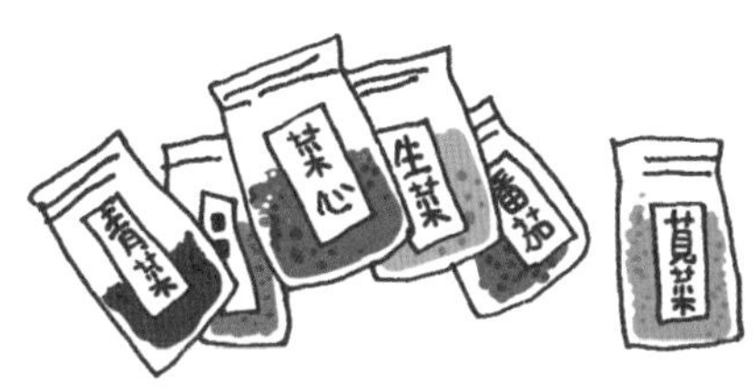
青菜
菜心
生菜
番茄
莧菜

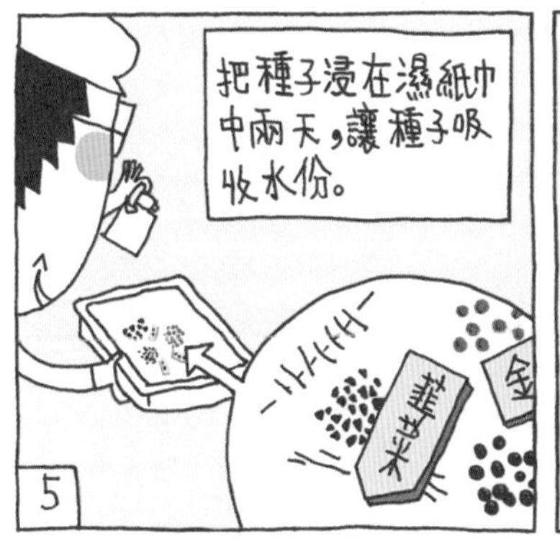
把種子浸在濕紙巾中兩天，讓種子吸收水份。
莧菜
金
5

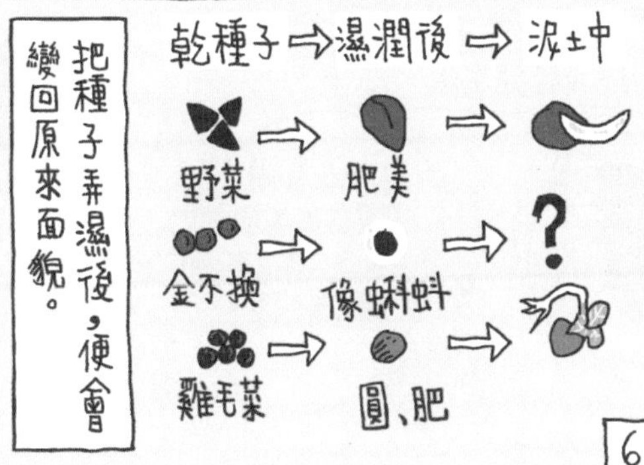
把種子弄濕後，便會變回原來面貌。
乾種子→濕潤後→泥土中
野菜
肥美
金不換
像蝌蚪
?
雞毛菜
圓、肥
6

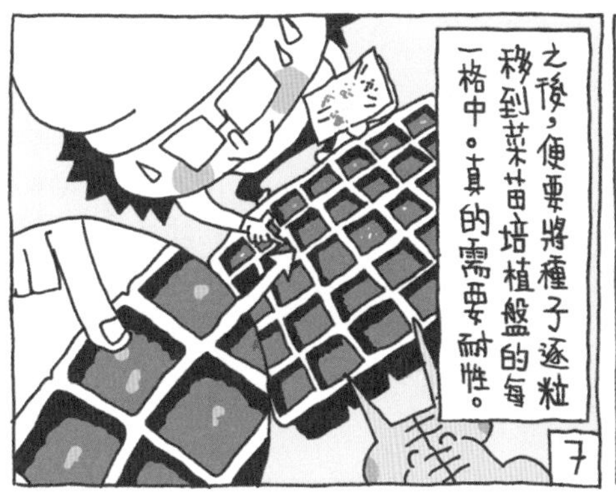
之後，便要將種子逐粒移到菜苗培植盤的每一格中。真的需要耐性。
7

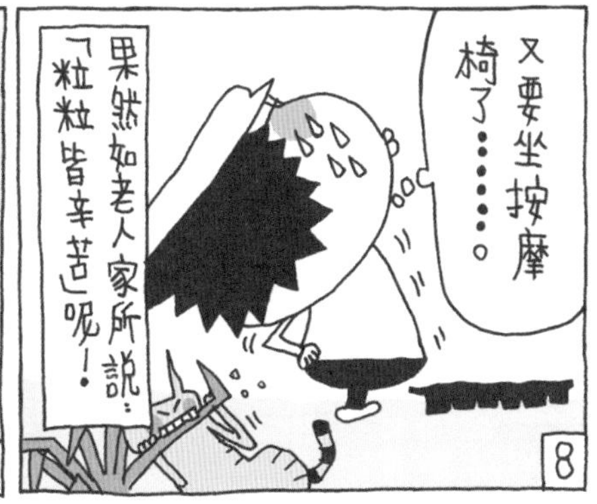
果然如老人家所說：「粒粒皆辛苦」呢！
又要坐按摩椅了……。
8

野草篇

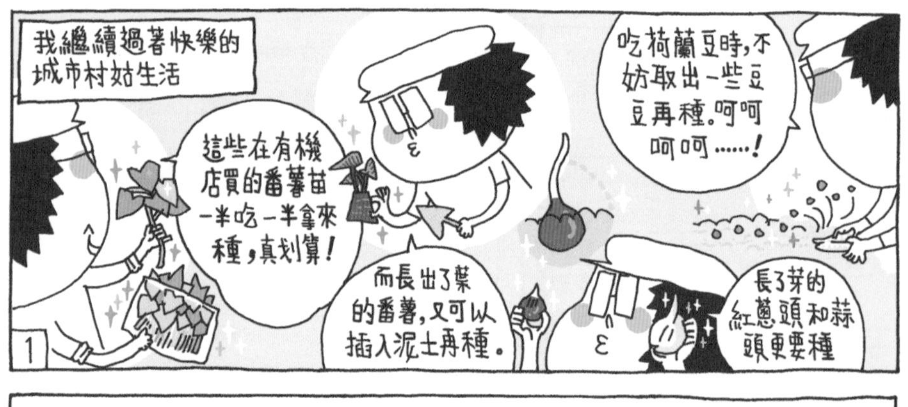
我繼續過著快樂的
城市村姑生活
這些在有機
店買的番薯苗
一半吃一半拿來
種，真划算！
吃荷蘭豆時，不
妨取出一些豆
豆再種。呵呵
呵呵……！
而長出了葉
的番薯，又可以
插入泥土再種。
長了芽的
紅蔥頭和蒜
頭更要種
1

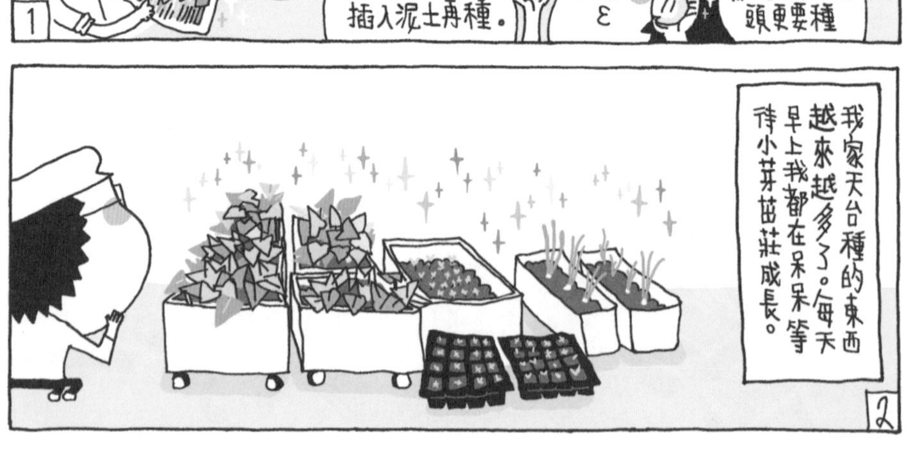
我家天台種的東西
越來越多了。每天
早上我都在呆呆等
待小芽苗茁成長。
2

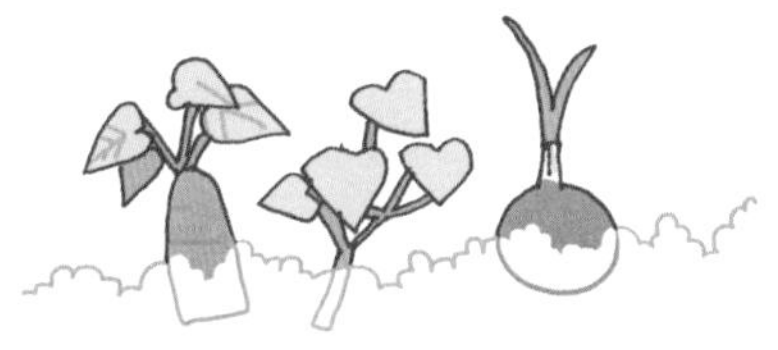

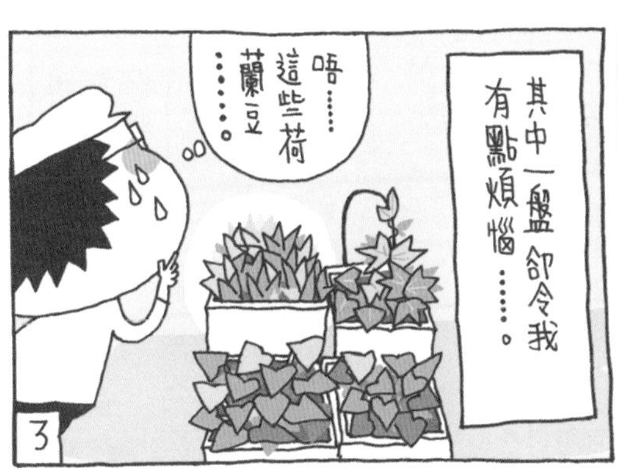
3
其中一盤卻令我有點煩惱……。
唔……這些荷蘭豆……。

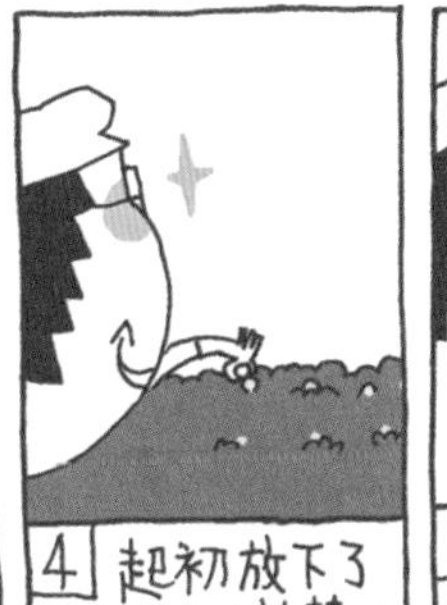
4
起初放下了一排排的荷蘭豆

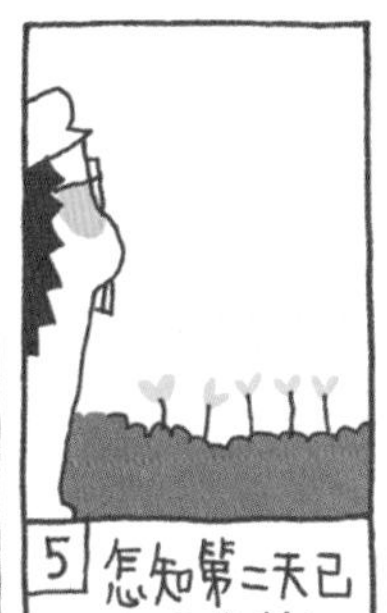
5
怎知第二天已經長出芽了

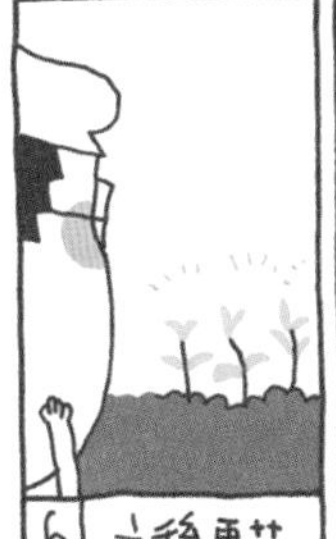
6
之後更茁壯成長

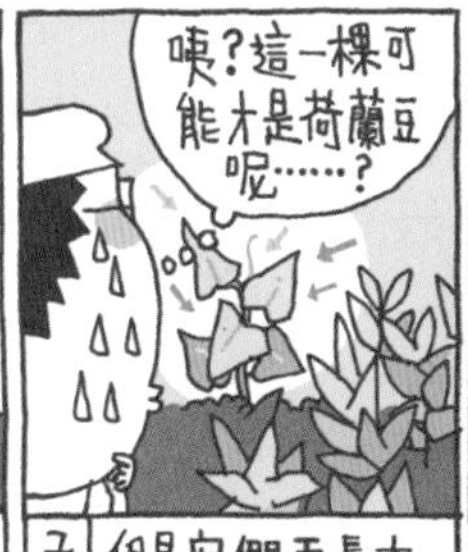
咦？這一棵可能才是荷蘭豆呢……？
7
但是它們再長大些，卻發現當中有兩種不同的植物。

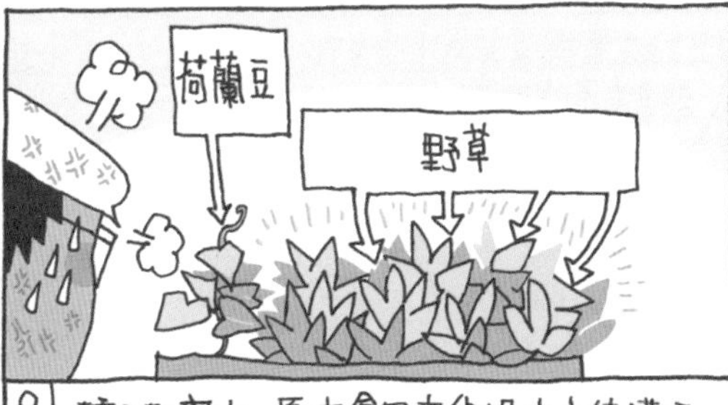
荷蘭豆
野草
8
種了那麼久，原來拿回來的泥土中佈滿了野草的種子。現在菜圃培植了一整片野草呢！

粉蝶BB篇

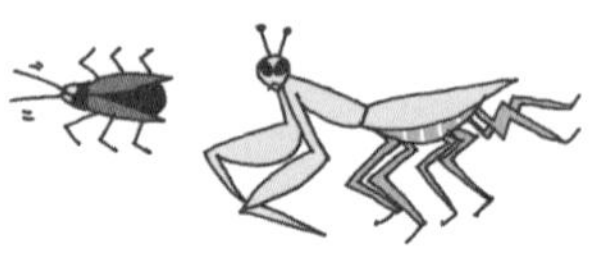

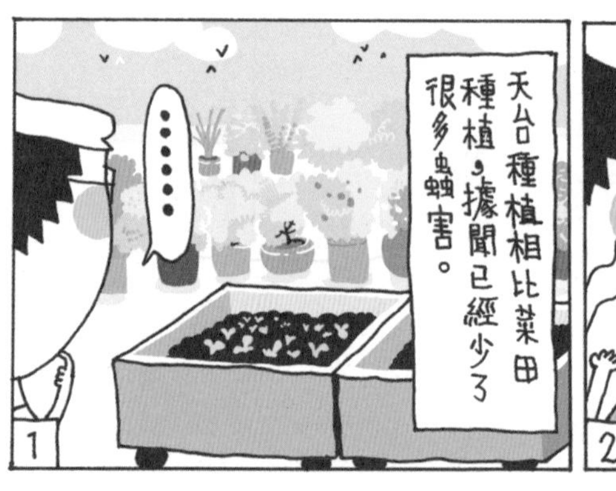
……
天台種植相比菜田種植，據聞已經少了很多蟲蝕害。

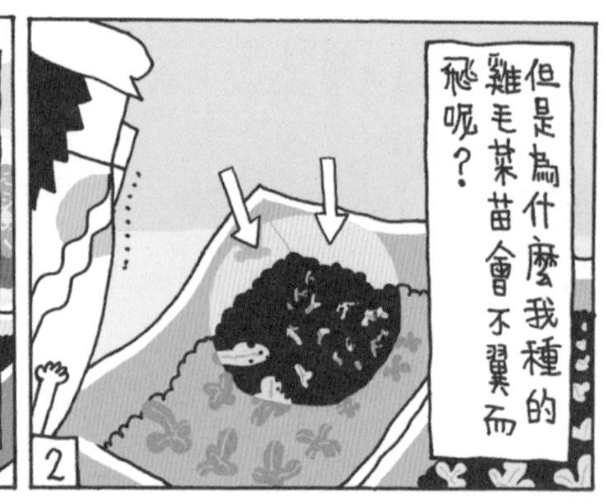
但是為什麼我種的雞毛菜苗會不翼而飛呢？

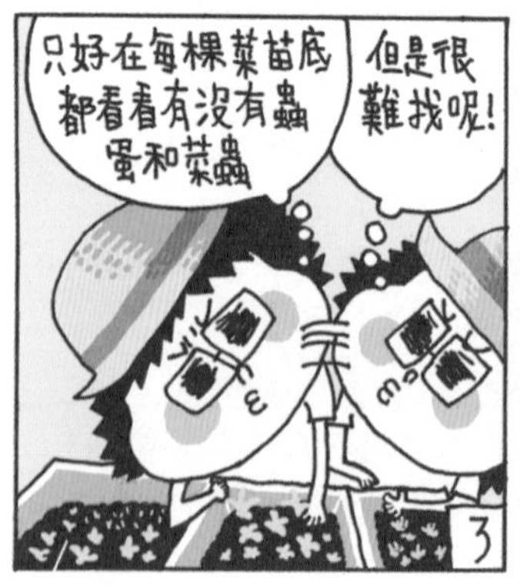
只好在每棵菜苗底都看看有沒有蟲蛋和菜蟲
但是很難找呢！

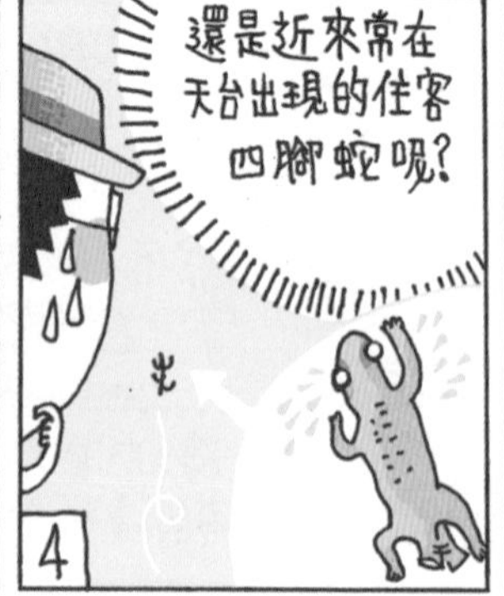
還是近來常在天台出現的住客四腳蛇呢？

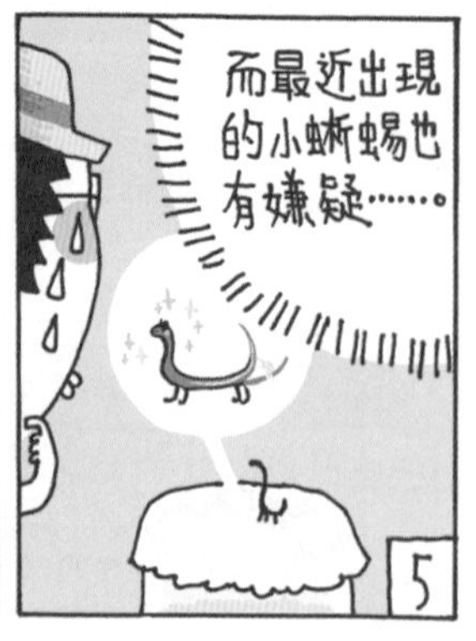
而最近出現的小蜥蜴也有嫌疑……。

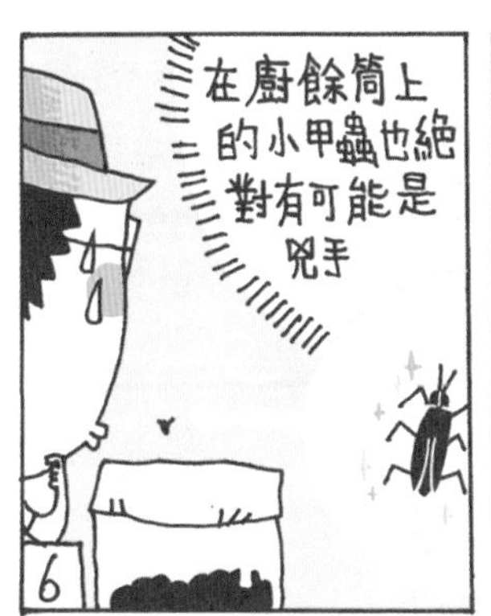
在廚餘筒上的小甲蟲也絕對有可能是兇手
6

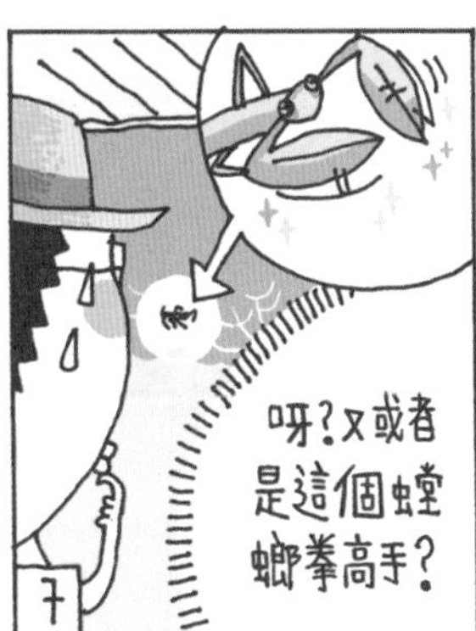
呀？又或者是這個螳螂拳高手？
7

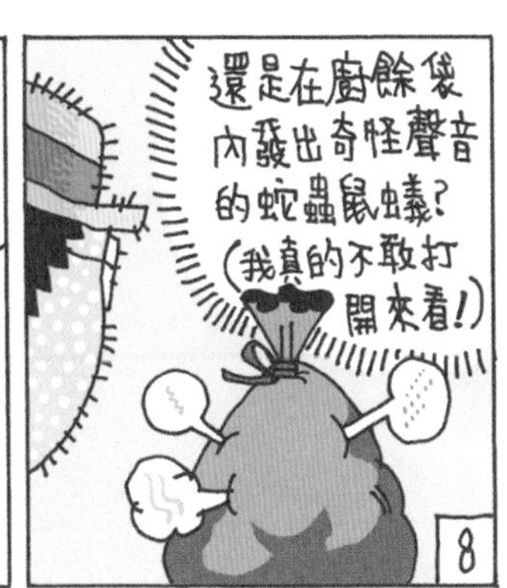
還是在廚餘袋內發出奇怪聲音的蛇蟲鼠蟻？
（我真的不敢打開來看！）
8

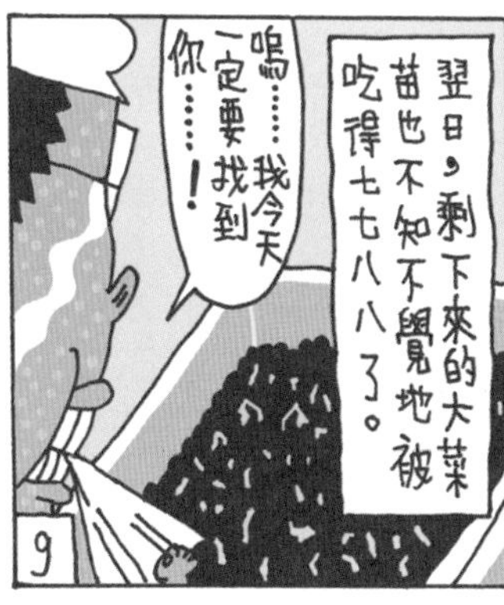
翌日，剩下來的大菜苗也不知不覺地被吃得七七八八了。
嗚……我今天一定要找到你……！
9

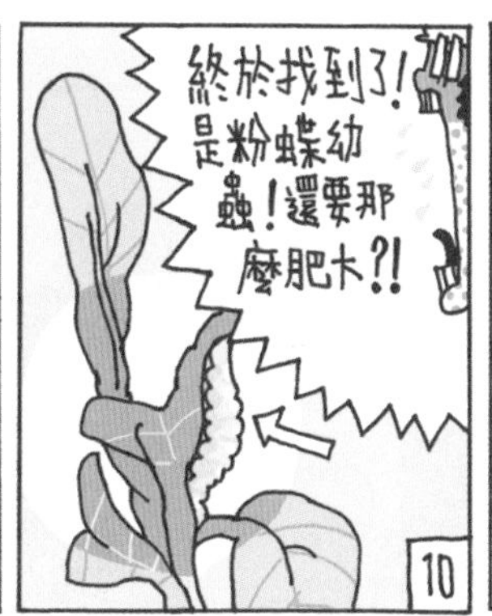
終於找到了！是粉蝶幼蟲！還要那麼肥大?!
10

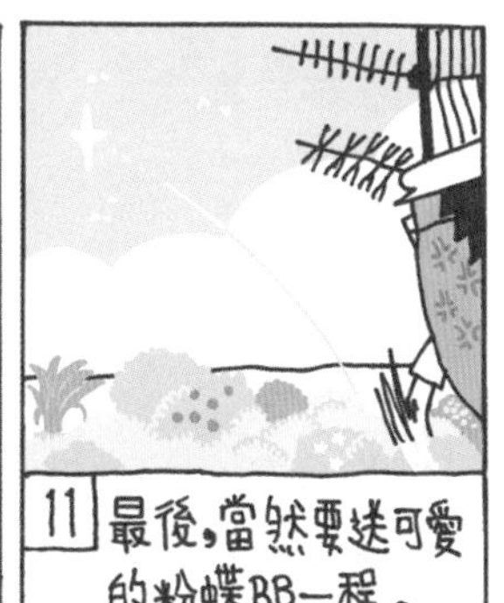
11 最後，當然要送可愛的粉蝶BB一程。

捉蟲篇·一

傻瓜……

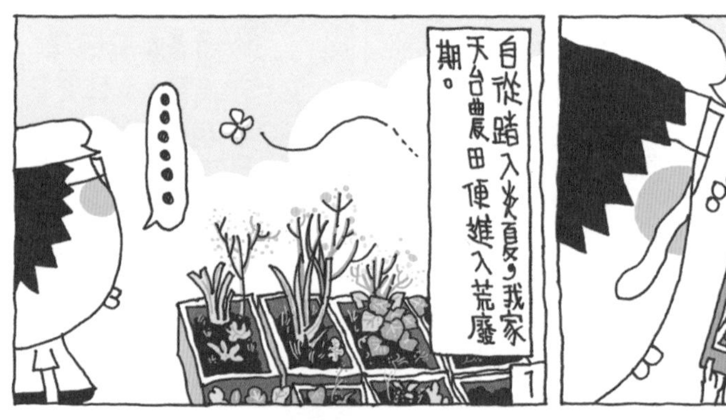
自從踏入炎夏，我家天台農田便進入荒廢期。
……

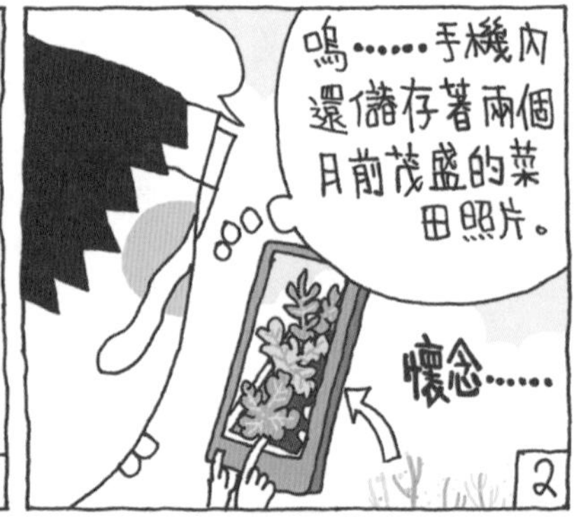
嗚……手機內還儲存著兩個月前茂盛的菜田照片。
懷念……

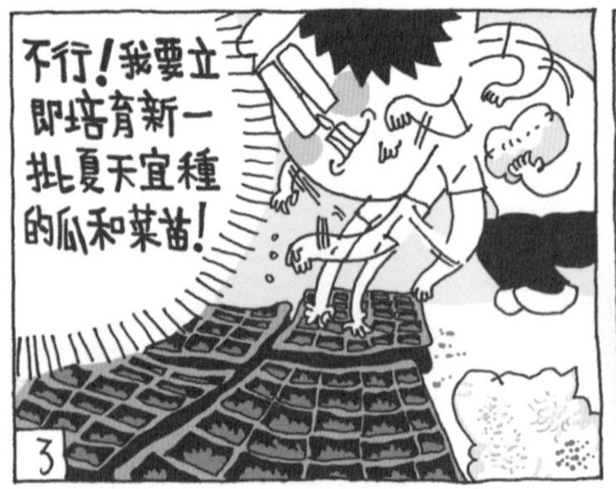
不行！我要立即培育新一批夏天宜種的瓜和菜苗！

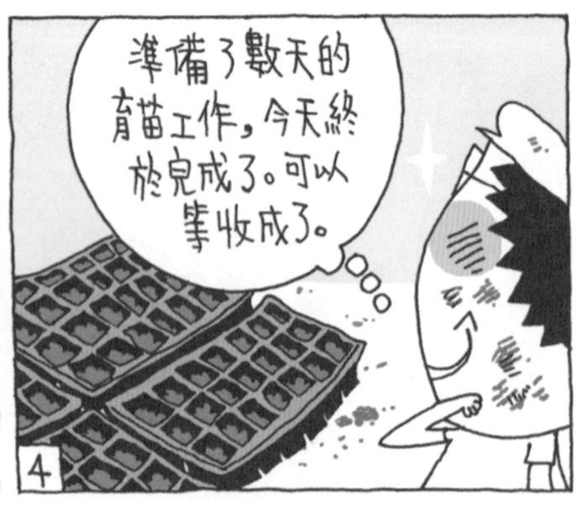
準備了數天的育苗工作，今天終於完成了。可以等收成了。

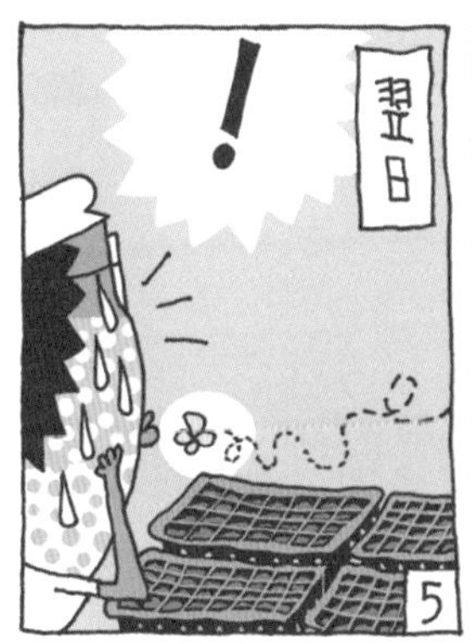
翌日
!
5

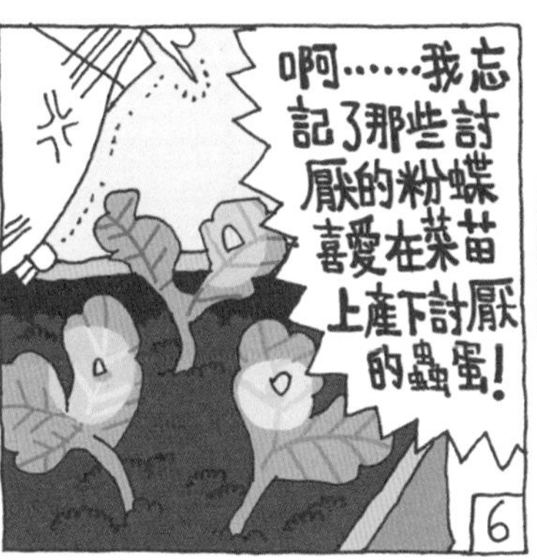
啊……我忘記了那些討厭的粉蝶喜愛在菜苗上產下討厭的蟲蛋！
6

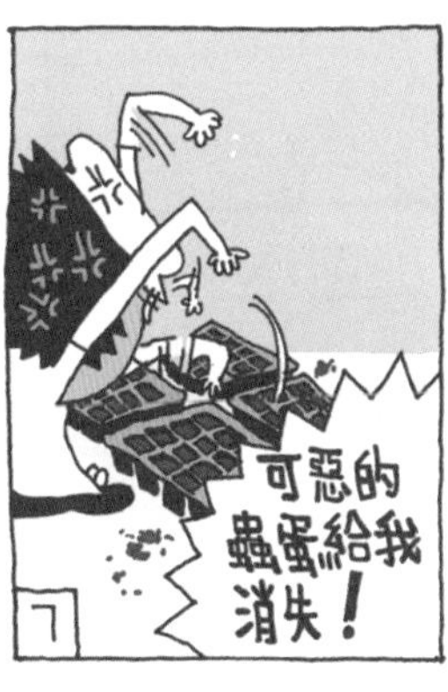
可惡的蟲蛋給我消失！
7

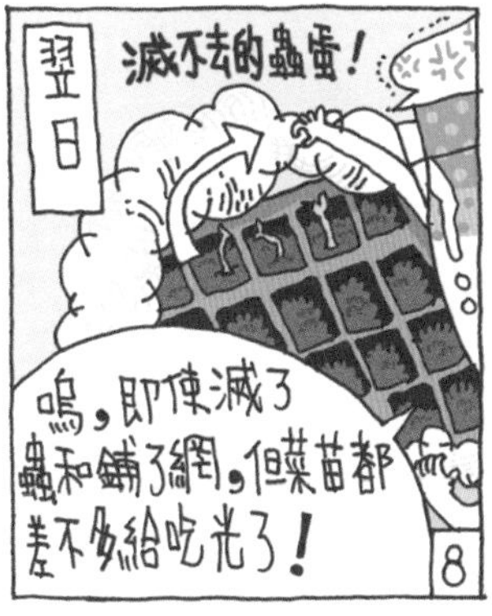
翌日
滅不去的蟲蛋！
嗚，即使滅了蟲和鋪了網，但菜苗都差不多給吃光了！
8

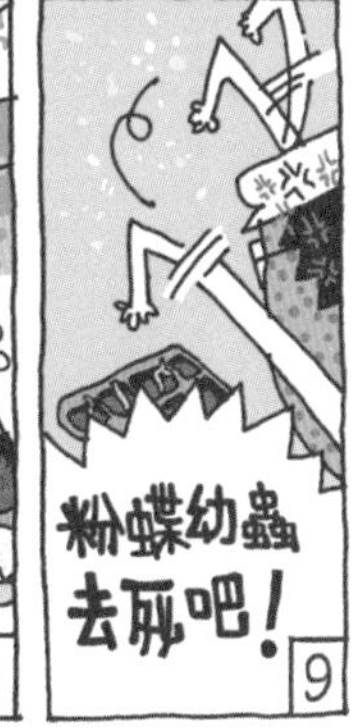
粉蝶幼蟲去死吧！
9

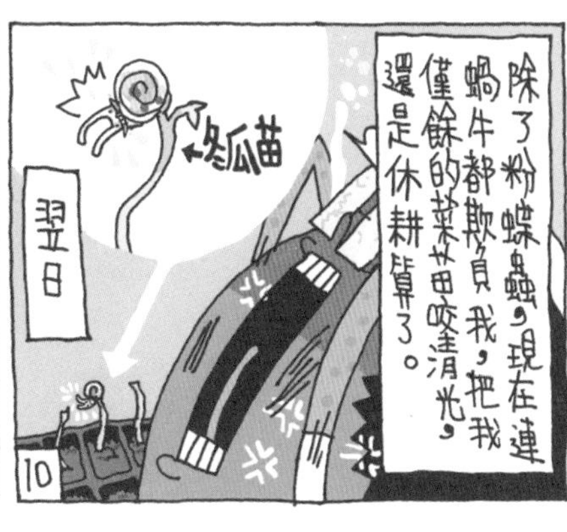
翌日
冬瓜苗
除了粉蝶蟲，現在連蝸牛都欺負我，把我僅餘的菜苗咬清光，還是休耕算了。
10

捉蟲篇．二

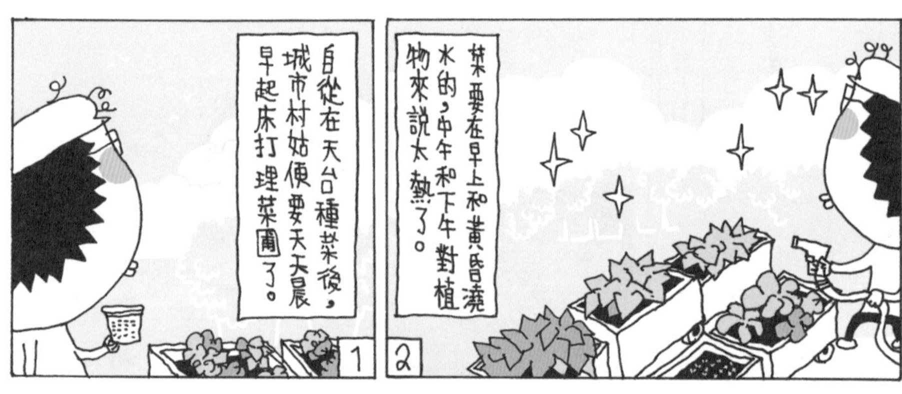
自從在天台種菜後，城市村姑便要天天晨早起床打理菜圃了。
1
菜要在早上和黃昏澆水的，中午和下午對植物來說太熱了。
2

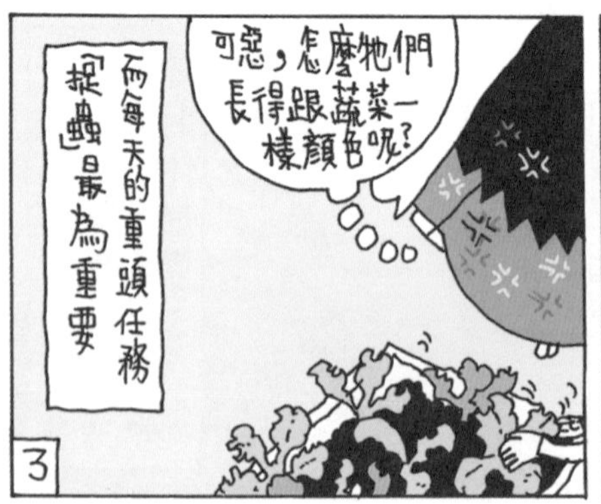
而每天的重頭任務「捉蟲」最為重要
可惡，怎麼牠們長得跟蔬菜一樣顏色呢？
3

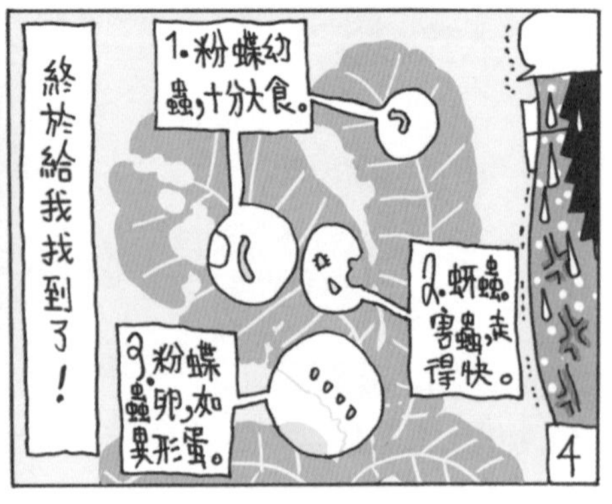
終於給我找到了！
1. 粉蝶幼蟲，十分大食。
2. 蚜蟲。害蟲，走得快。
3. 粉蝶蟲卵，如異形蛋。
4

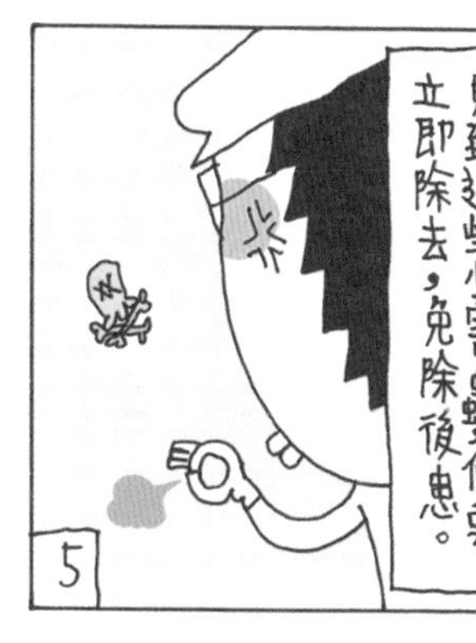
見到這些小害蟲，便要立即除去，免除後患。
5

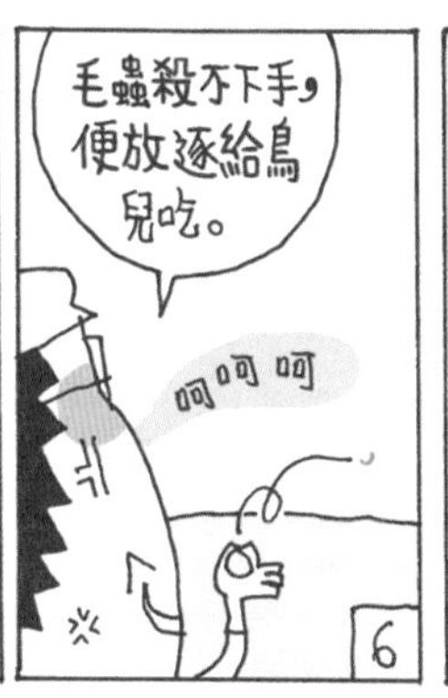
毛蟲殺不下手，便放逐給鳥兒吃。
呵呵呵
6

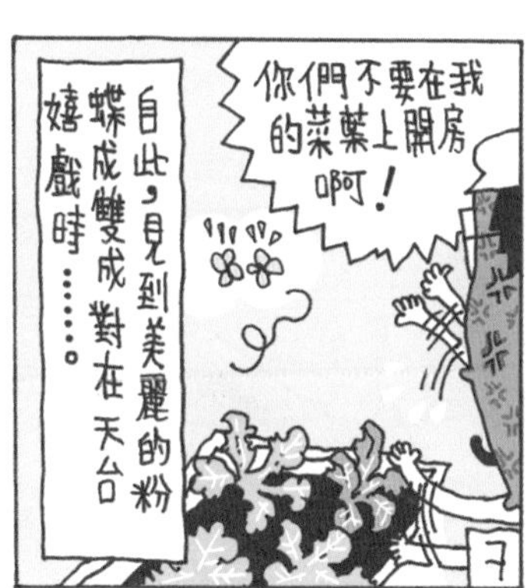
自此，見到美麗的粉蝶成雙成對在天台嬉戲時……
你們不要在我的菜葉上開房啊！
7

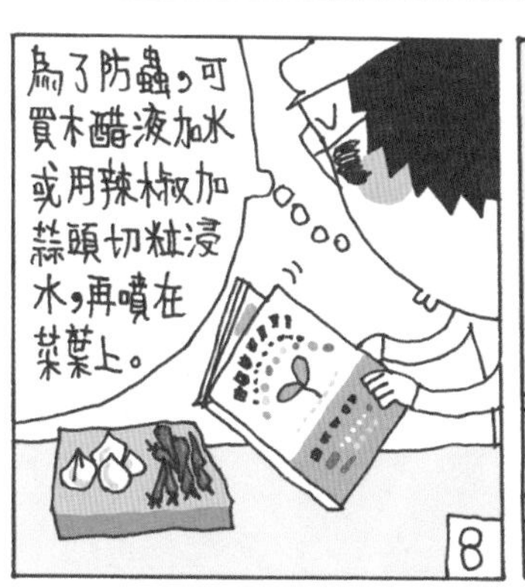
為了防蟲，可買木醋液加水或用辣椒加蒜頭切粒浸水，再噴在菜葉上。
8

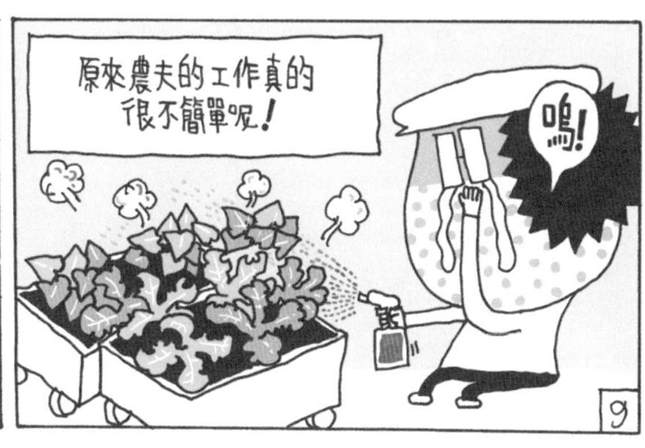
原來農夫的工作真的很不簡單呢！
嗚！
9

蚜蟲篇．一

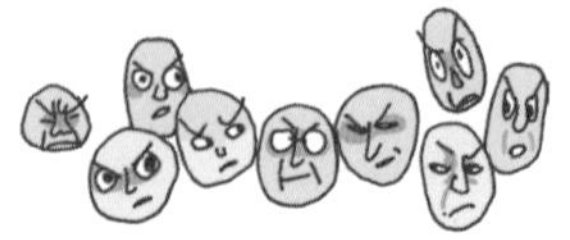

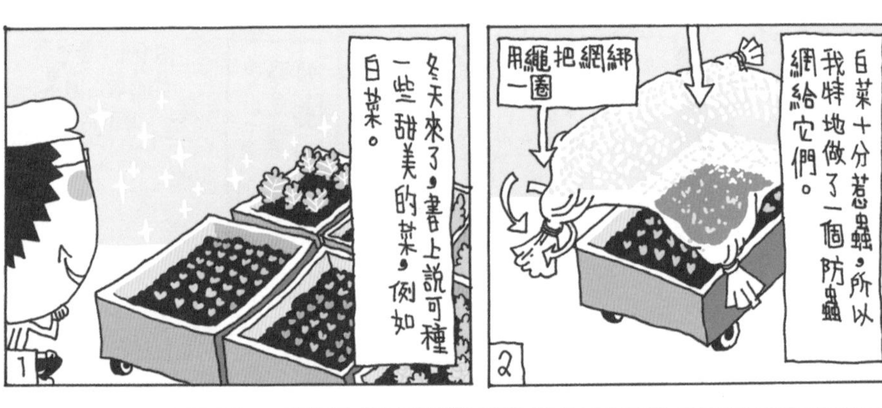

冬天來了，書上說可種一些甜美的菜，例如白菜。
白菜十分惹蟲蟲，所以我特地做了一個防蟲網給它們。
用繩把網綁一圈

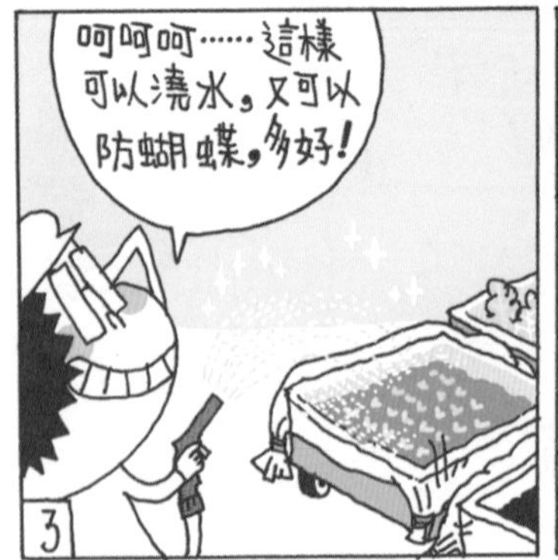

呵呵呵……這樣可以澆水，又可以防蝴蝶，多好！

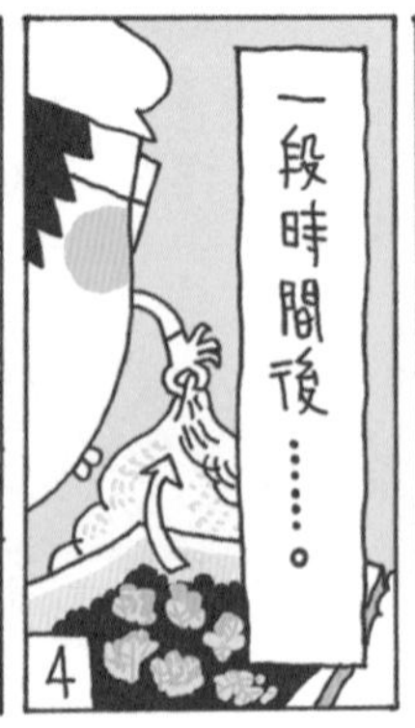

一段時間後……。

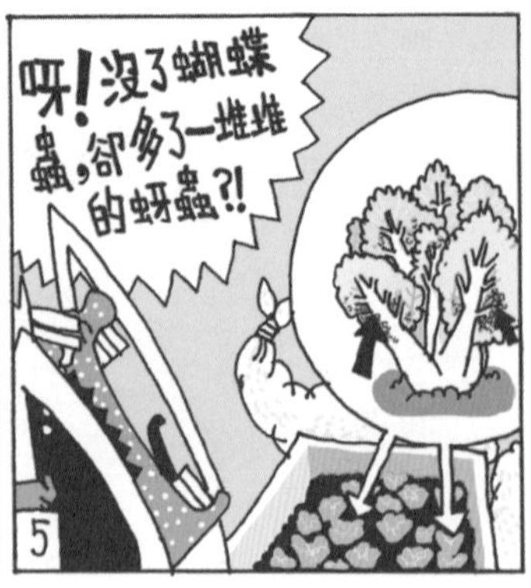

呀！沒了蝴蝶蟲，卻多了一堆堆的蚜蟲?!

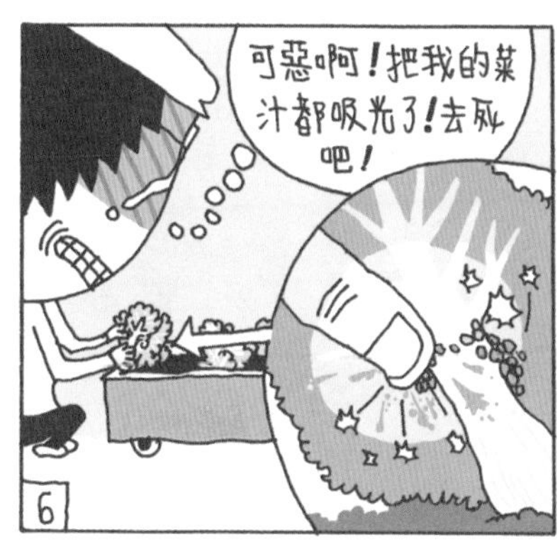
可惡啊！把我的菜汁都吸光了！去死吧！
6

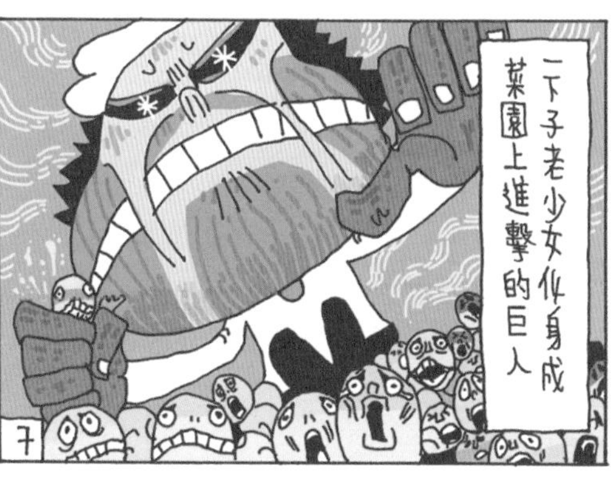
一下子老少女化身成
菜園上進擊的巨人
7

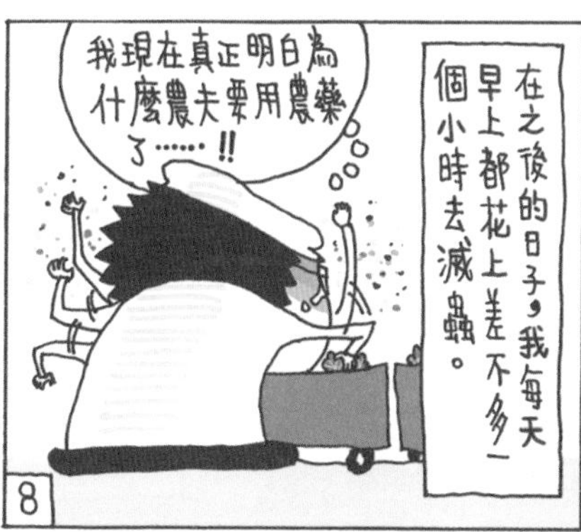
我現在真正明白為什麼農夫要用農藥了……!!
在之後的日子，我每天
早上都花上差不多一
個小時去滅蟲。
8

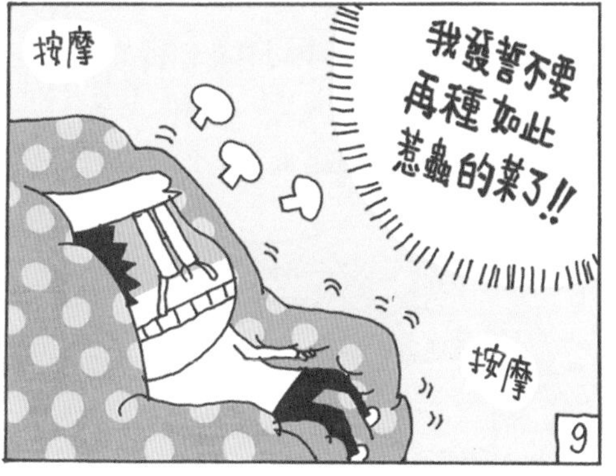
按摩
我發誓不要再種如此惹蟲的菜了!!
按摩
9

蚜蟲篇．二

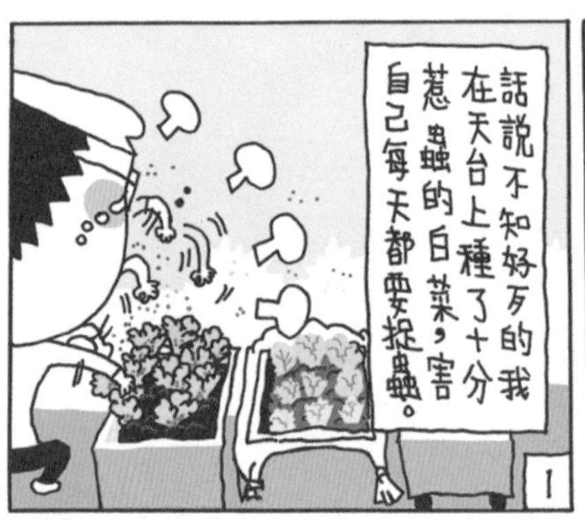
話說不知好歹的我
在天台上種了十分
惹蟲的白菜，害
自己每天都要捉蟲。
1

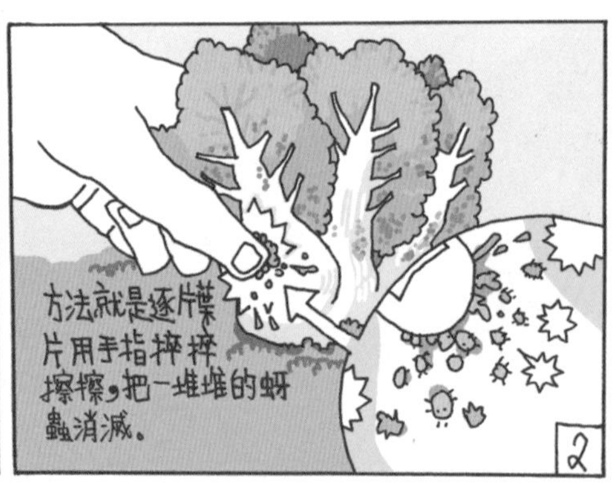
方法就是逐片葉
片用手指捽捽
擦擦，把一堆堆的蚜
蟲消滅。
2

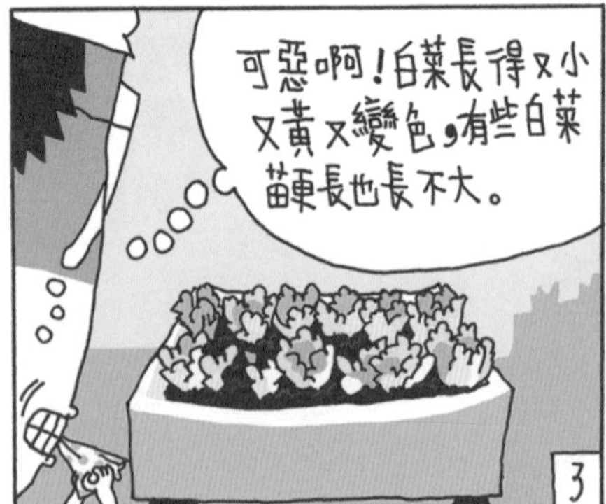
可惡啊！白菜長得又小
又黃又變色，有些白菜
苗更長也長不大。
3

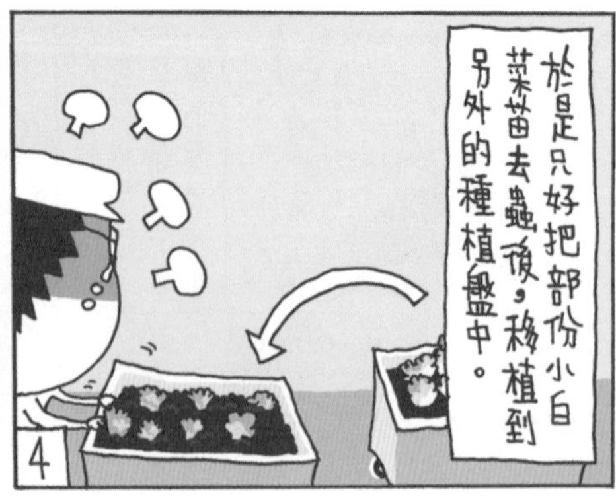
於是只好把部份小白
菜苗去蟲後，移植到
另外的種植盤中。
4

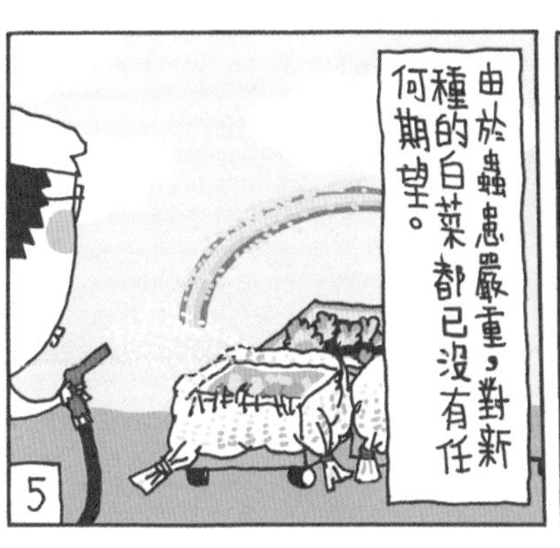
由於蟲患嚴重，對新種的白菜都已沒有任何期望。
5

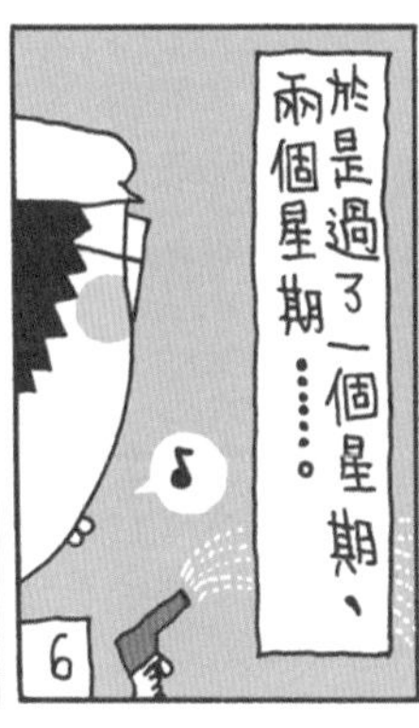
於是過了一個星期、兩個星期……。
6

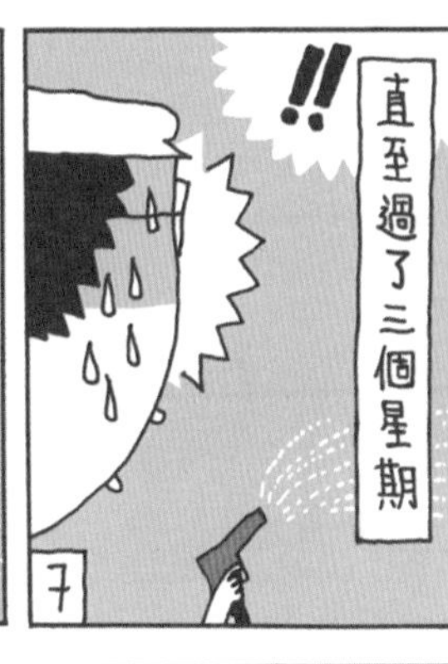
直至過了三個星期
!!
7

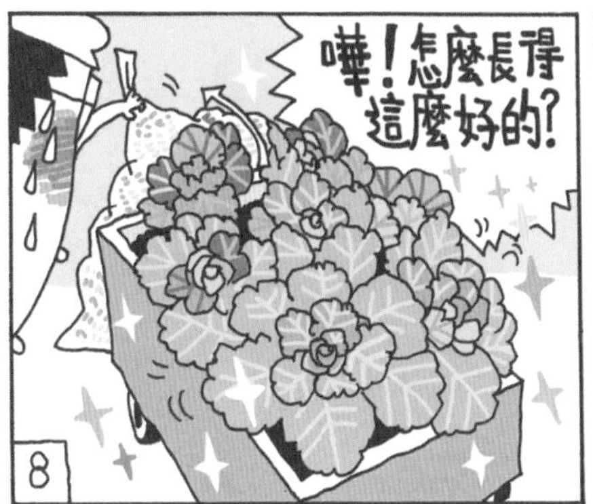
嘩！怎麼長得這麼好的？
8

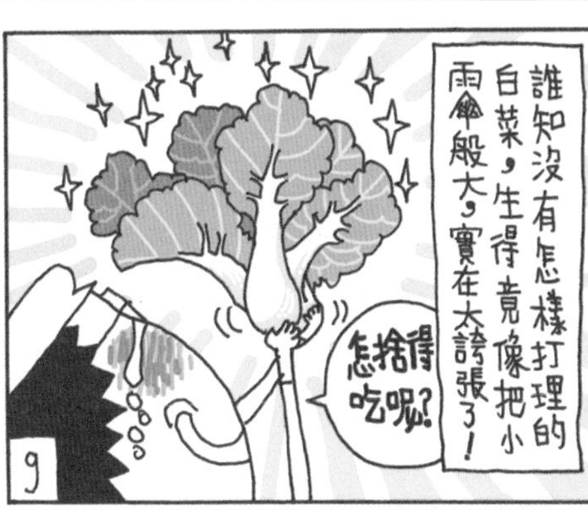
誰知沒有怎樣打理的白菜，生得竟像把小雨傘般大，實在太誇張了！
怎捨得吃呢？
9

毛毛蟲篇

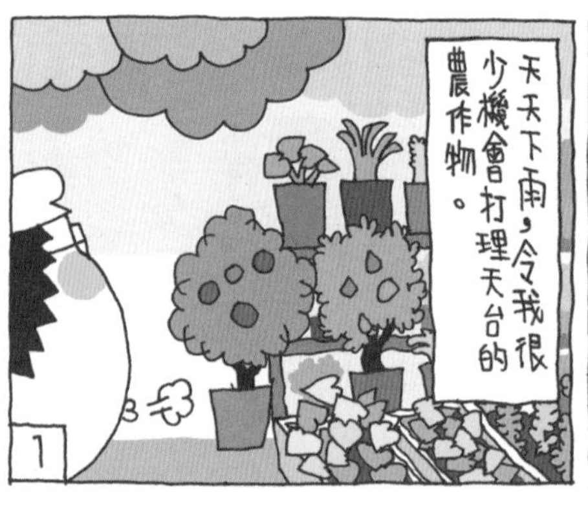
天天下雨，令我很少機會打理天台的農作物。

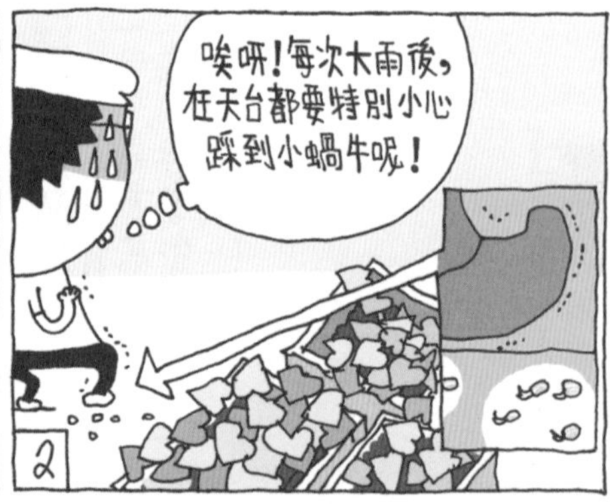
唉呀！每次大雨後，在天台都要特別小心踩到小蝸牛呢！

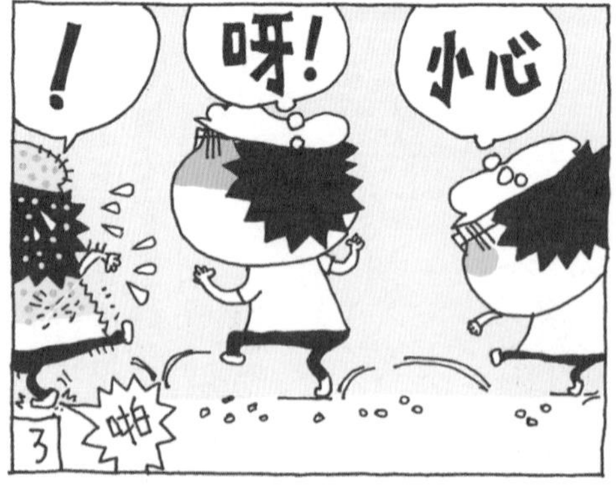
!
呀！
小心
啪

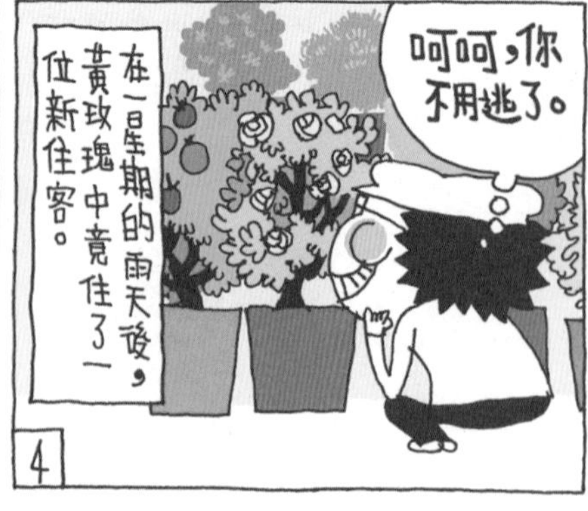
在一星期的雨天後，黃玫瑰中竟住了一位新住客。
呵呵，你不用逃了。

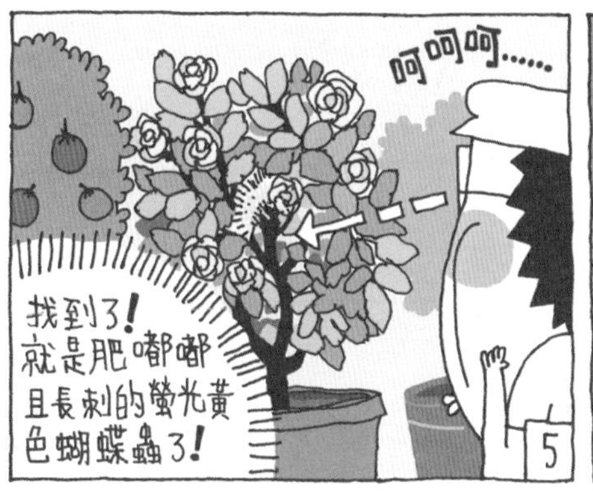
呵呵呵……
找到了！
就是肥嘟嘟
且長刺的螢光黃
色蝴蝶蟲了！
5

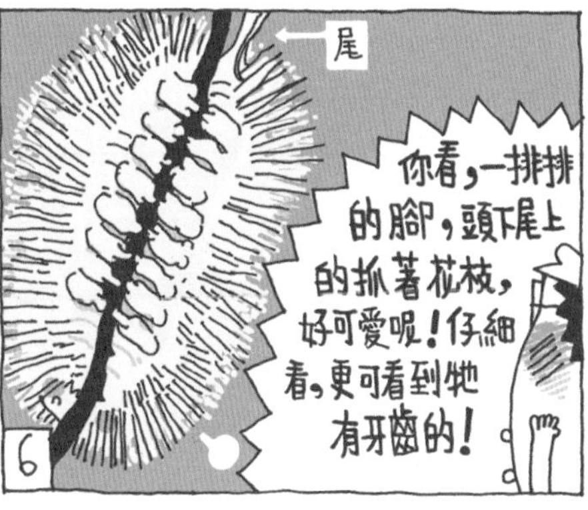
尾
你看，一排排
的腳，頭下尾上
的抓著花枝，
好可愛呢！仔細
看，更可看到牠
有牙齒的！
6

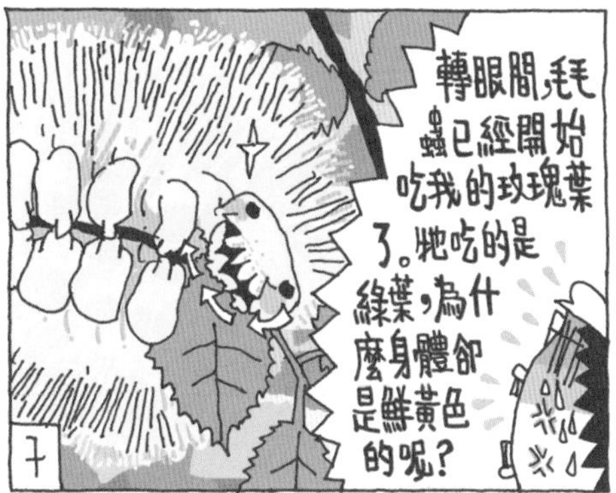
轉眼間，毛毛
蟲已經開始
吃我的玫瑰葉
了。牠吃的是
綠葉，為什
麼身體卻
是鮮黃色
的呢？
7

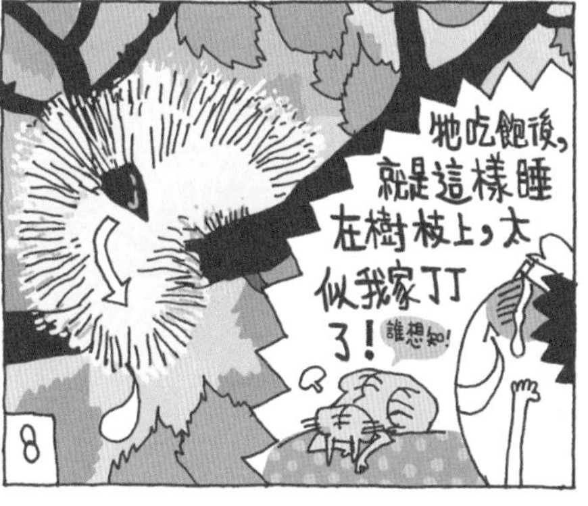
牠吃飽後，
就是這樣睡
在樹枝上，太
似我家丁丁
了！
誰想知！
8

蚯蚓BB篇

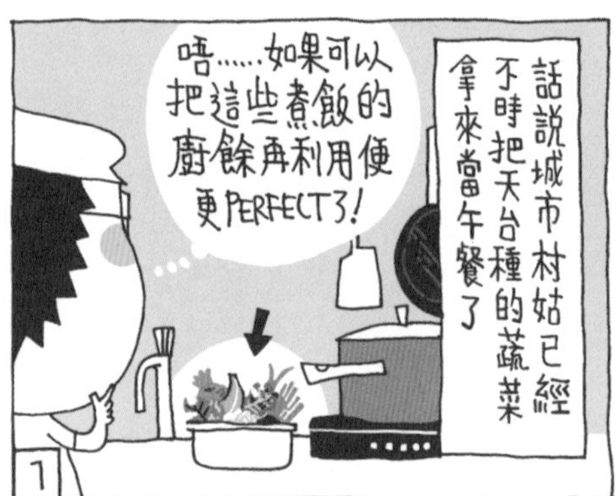
話說城市村姑已經不時把天台種的蔬菜拿來當午餐了
唔……如果可以把這些煮飯的廚餘再利用便更PERFECT了!

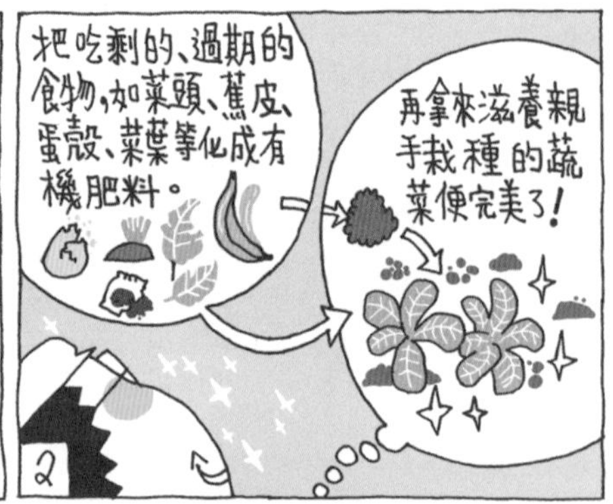
把吃剩的、過期的食物,如菜頭、蕉皮、蛋殼、菜葉等化成有機肥料。
再拿來滋養親手栽種的蔬菜便完美了!

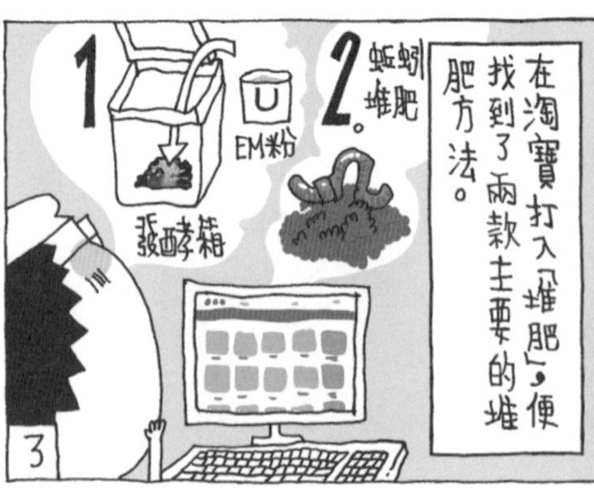
在淘寶打入「堆肥」,便找到了兩款主要的堆肥方法。
1
EM粉
發酵箱
2。蚯蚓堆肥

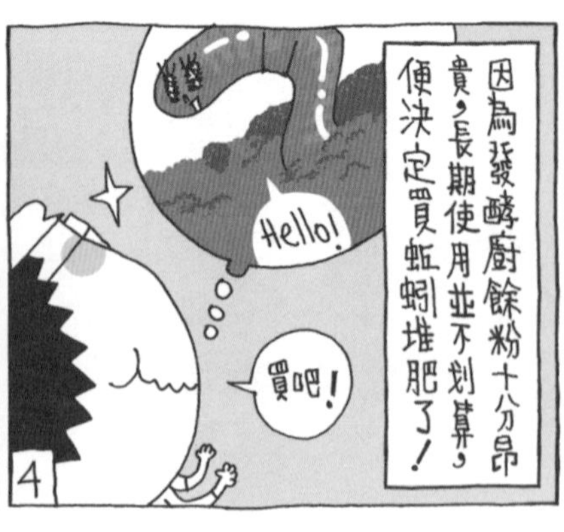
因為發酵廚餘粉十分昂貴,長期使用並不划算,便決定買蚯蚓堆肥了!
Hello!
買吧!

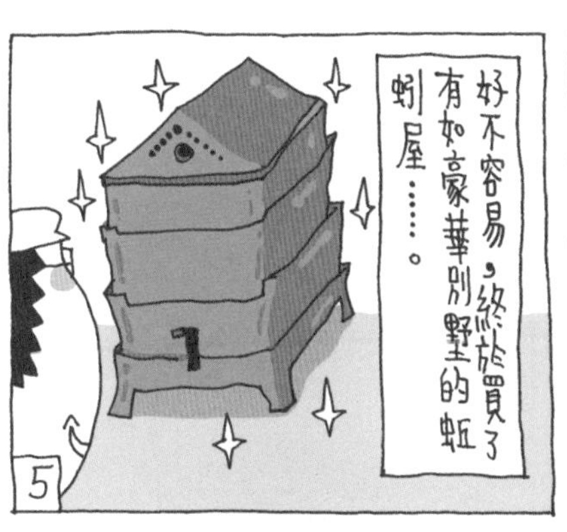

好不容易，終於買了有如豪華別墅的蚯蚓屋……。
5

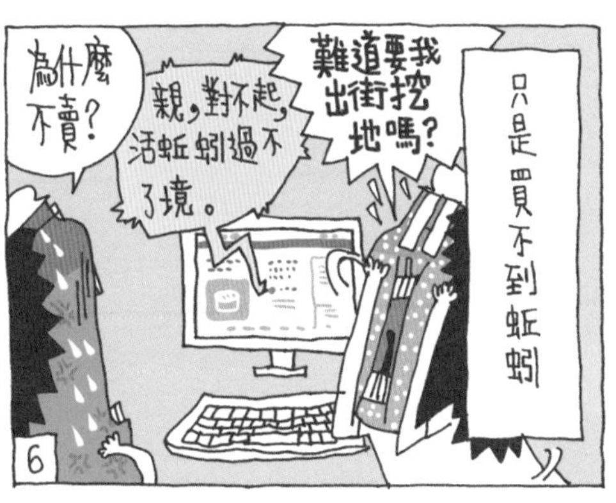

只是買不到蚯蚓
難道要我出街挖地嗎？
親，對不起，活蚯蚓過不了境。
為什麼不賣？
6

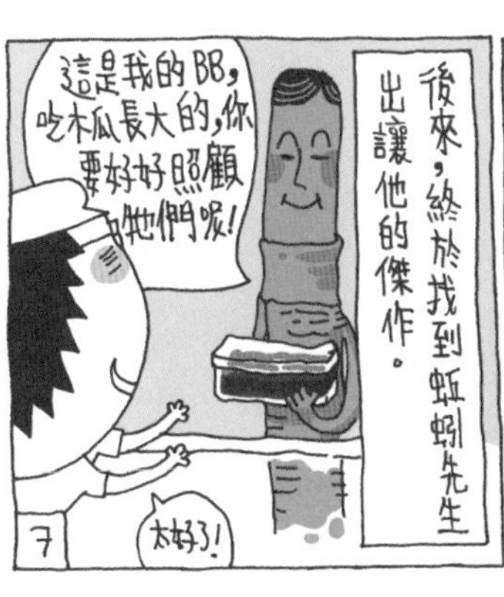

後來，終於找到蚯蚓先生出讓他的傑作。
這是我的BB，吃木瓜長大的，你要好好照顧牠們呀！
太好了！
7

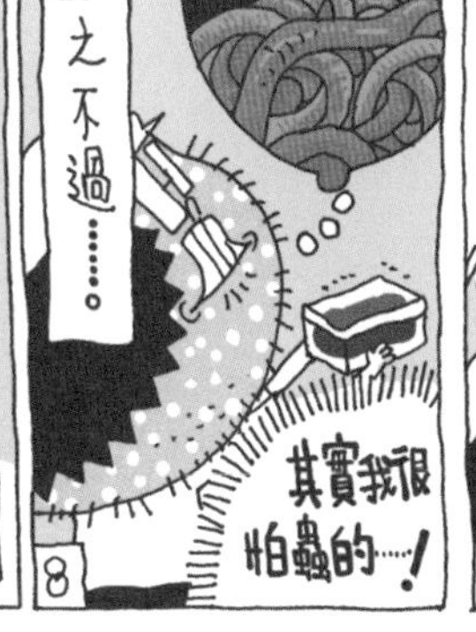

之不過……。
其實我很怕蟲的……！
8

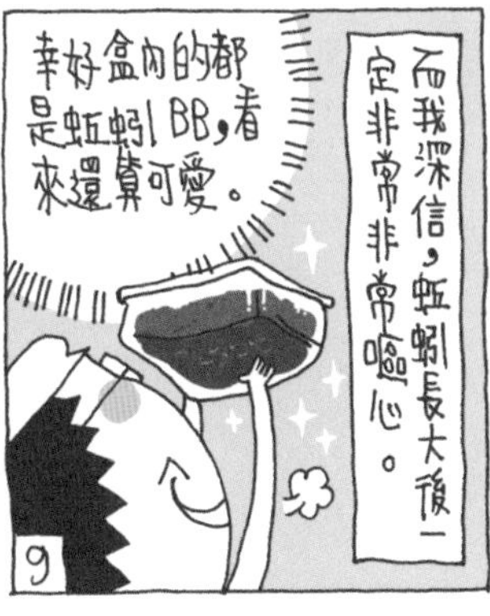

而我深信，蚯蚓長大後一定非常非常噁心。
幸好盒內的都是蚯蚓BB，看來還算可愛。
9

蚯蚓箱篇．一

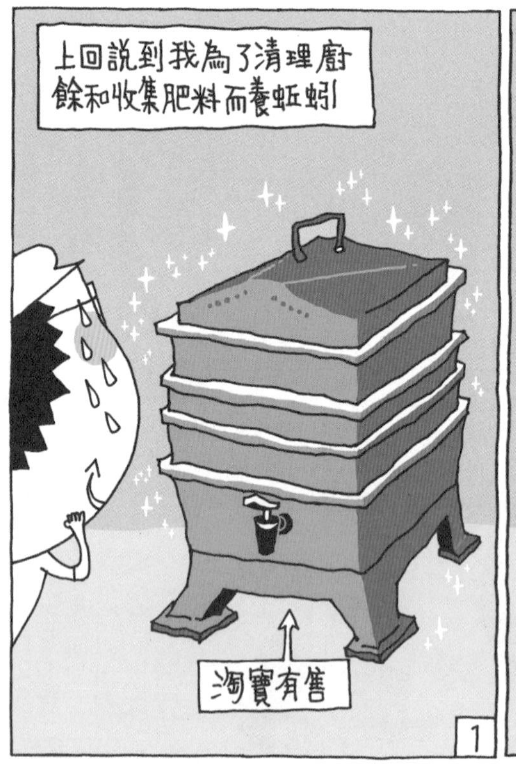
上回說到我為了清理廚餘和收集肥料而養蚯蚓
淘寶有售
1

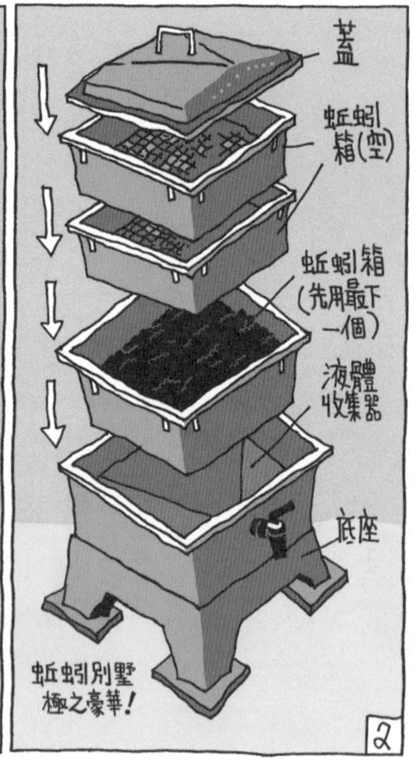
蓋
蚯蚓箱(空)
蚯蚓箱（先用最下一個）
液體收集器
底座
蚯蚓別墅極之豪華！
2

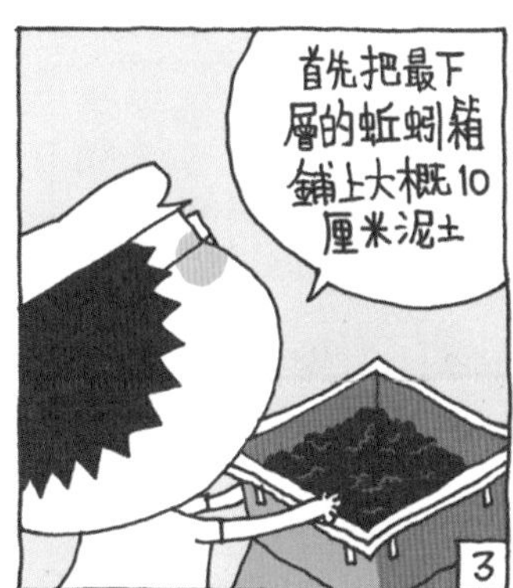
首先把最下層的蚯蚓箱鋪上大概10厘米泥土
3

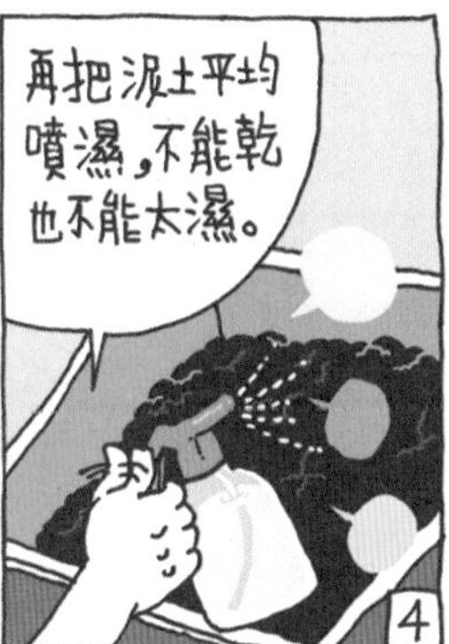
再把泥土平均噴濕，不能乾也不能太濕。
4

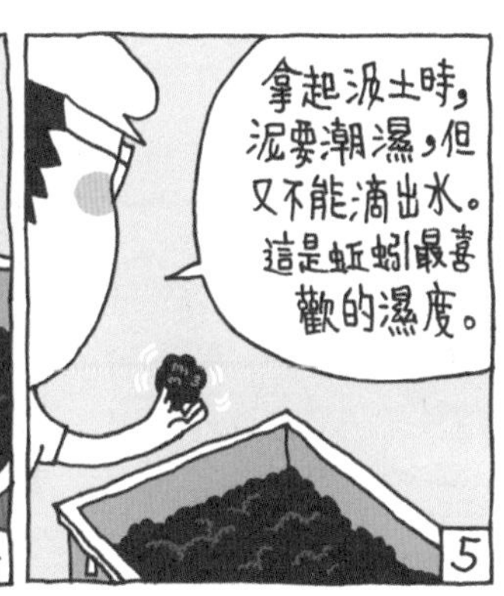
拿起泥土時，泥要潮濕，但又不能滴出水。這是蚯蚓最喜歡的濕度。
5

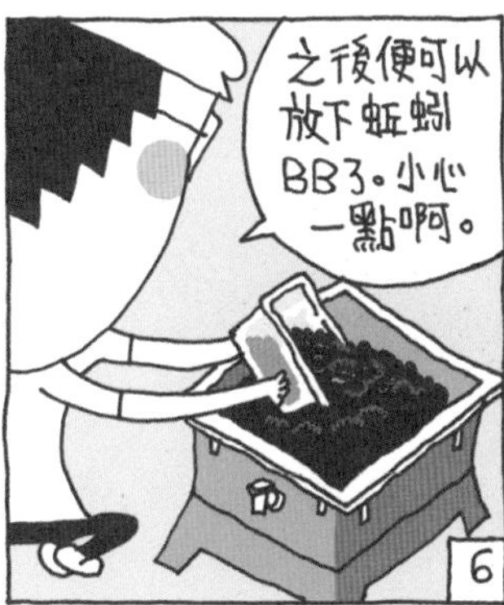
之後便可以放下蚯蚓BB了。小心一點啊。
6

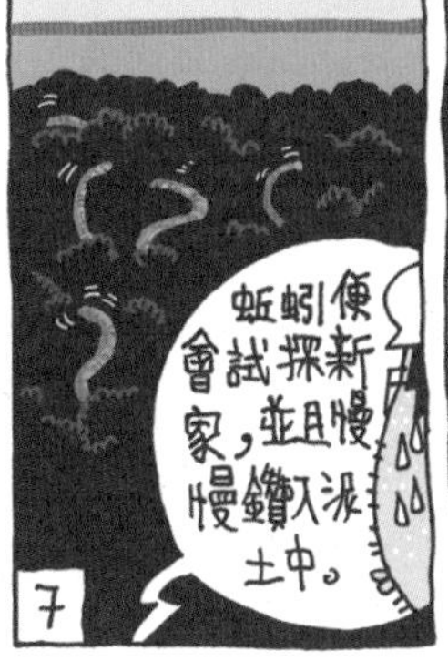
7
蚯蚓便會試探新家，並且慢慢鑽入泥土中。

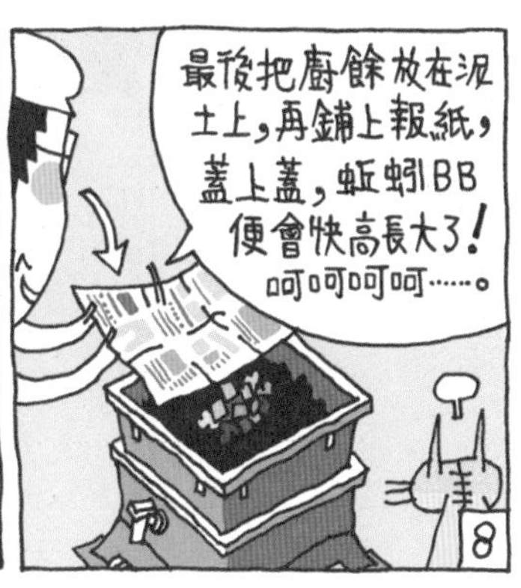
最後把廚餘放在泥土上，再鋪上報紙，蓋上蓋，蚯蚓BB便會快高長大了！
呵呵呵呵……。
8

蚯蚓箱篇．二

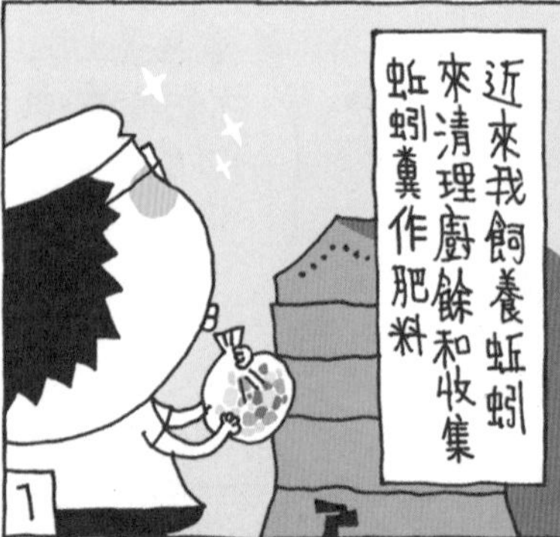
近來我飼養蚯蚓來清理廚餘和收集蚯蚓糞作肥料
1

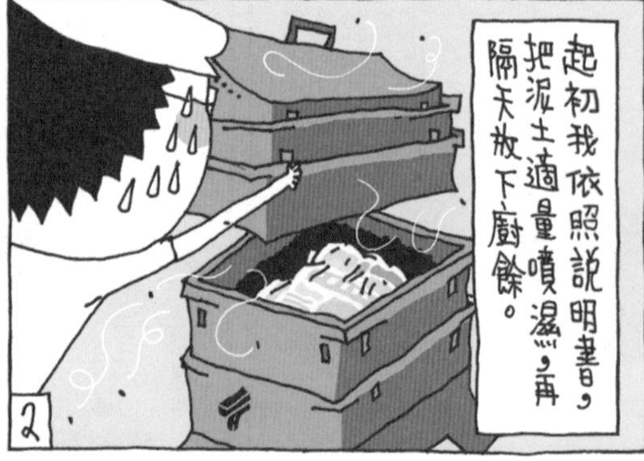
起初我依照說明書，把泥土適量噴濕，再隔天放下廚餘。
2

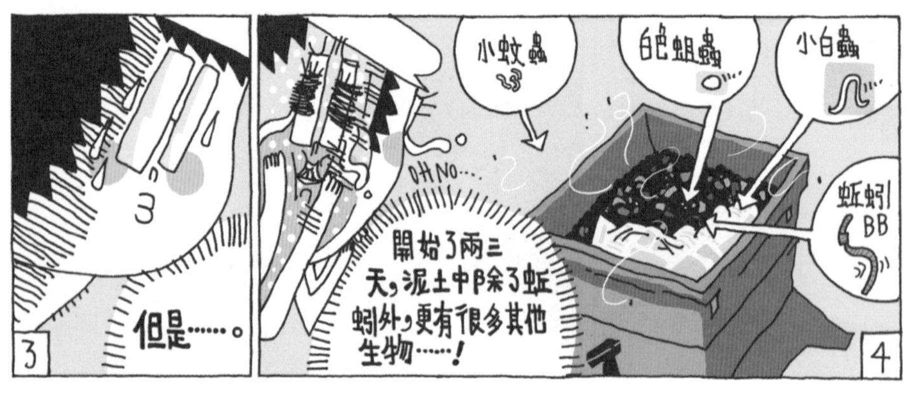
但是……。
3
OH NO….
開始了兩三天，泥土中除了蚯蚓外，更有很多其他生物……！
小蚊蟲
白色蛆蟲
小白蟲
蚯蚓BB
4

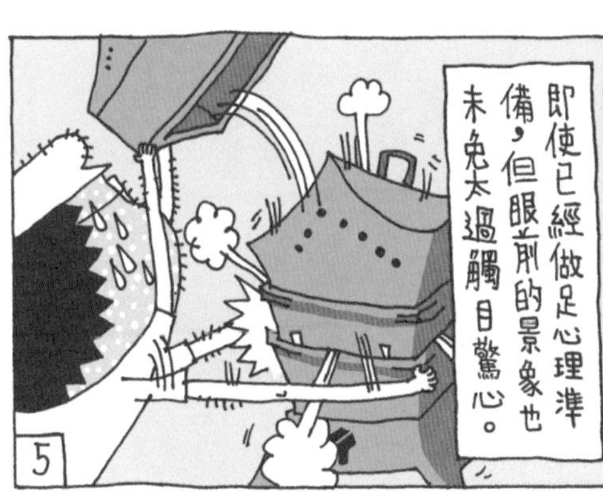
即使已經做足心理準備，但眼前的景象也未免太過觸目驚心。
5

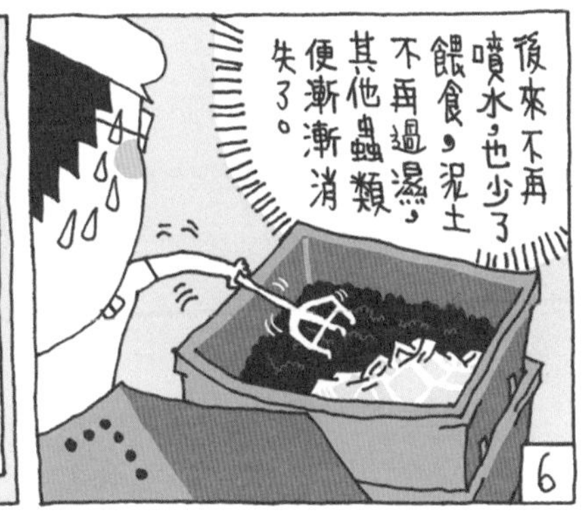
後來不再噴水，也少了餵食，泥土不再過濕，其他蟲類便漸漸消失了。
6

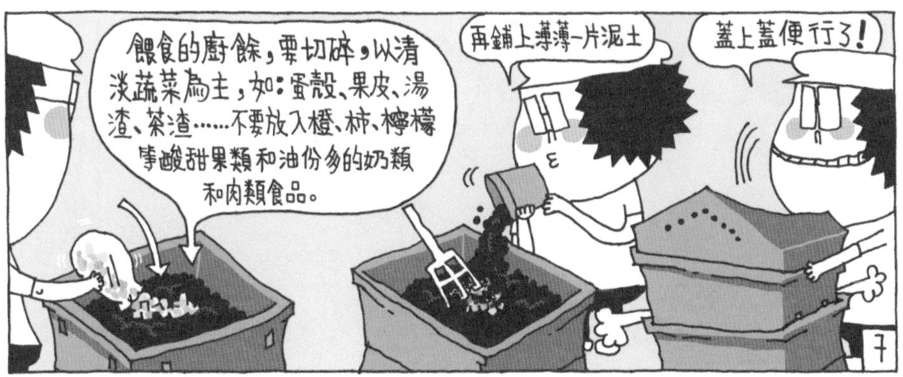
餵食的廚餘，要切碎，以清淡蔬菜為主，如：蛋殼、果皮、湯渣、茶渣……不要放入橙、柿、檸檬等酸甜果類和油份多的奶類和肉類食品。
再鋪上薄薄一片泥土
蓋上蓋便行了！
7

蚯蚓箱篇。三

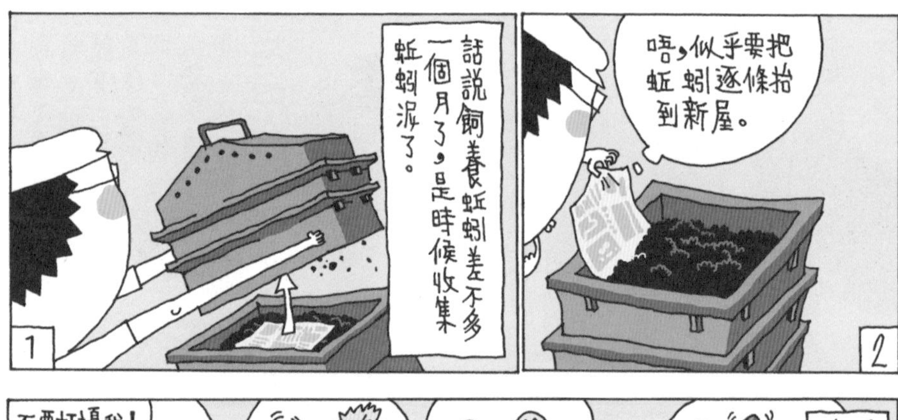
話說飼養蚯蚓差不多一個月了，是時候收集蚯蚓泥了。
唔，似乎要把蚯蚓逐條拾到新屋。

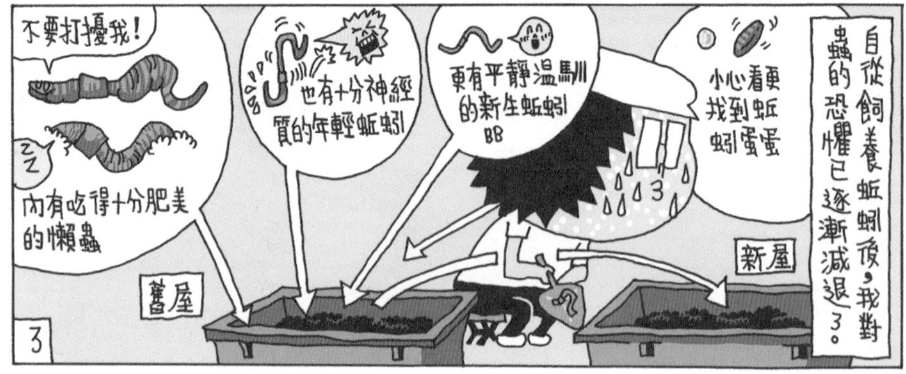
自從飼養蚯蚓後，我對蟲的恐懼已逐漸減退了。
不要打擾我！
內有吃得十分肥美的懶蟲
也有十分神經質的年輕蚯蚓
更有平靜溫馴的新生蚯蚓BB
小心看更找到蚯蚓蛋蛋
舊屋
新屋

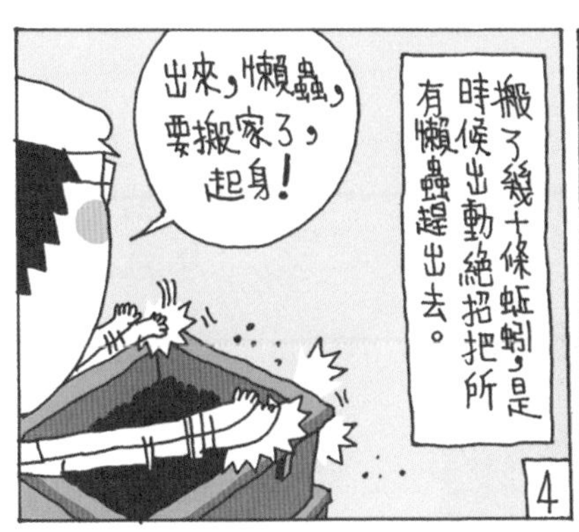
搬了幾十條蚯蚓，是時候出動絕招把所有懶蟲趕出去。
出來，懶蟲，要搬家了，起身！
4

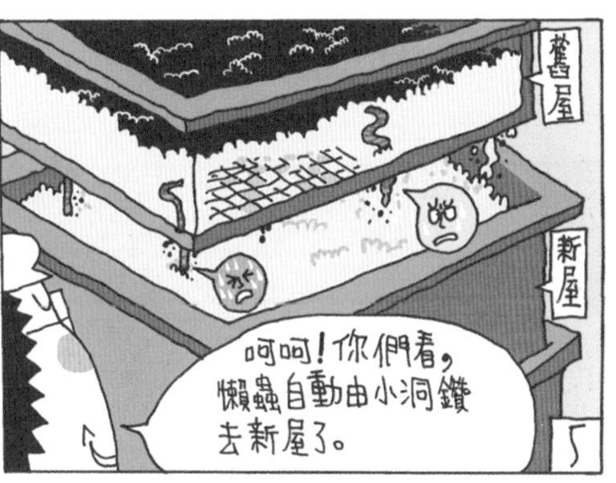
舊屋
新屋
呵呵！你們看，懶蟲自動由小洞鑽去新屋了。
5

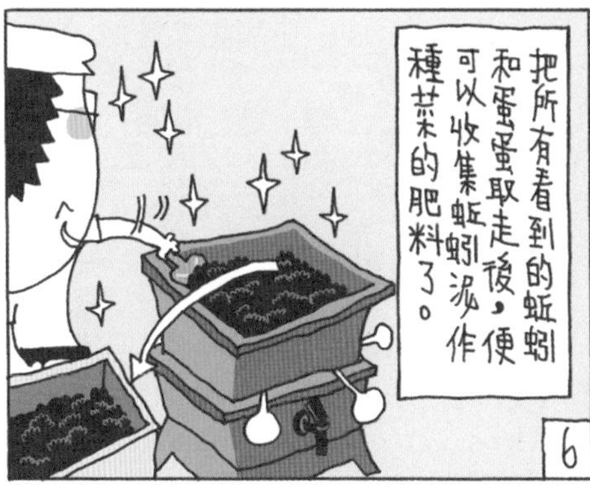
把所有看到的蚯蚓和蛋蛋取走後，便可以收集蚯蚓泥作種菜的肥料了。
6

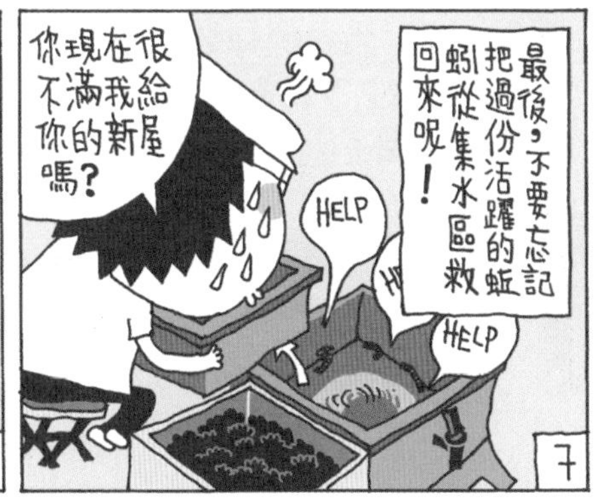
最後，不要忘記把過份活躍的蚯蚓從集水區救回來呢！
你現在很不滿我給你的新屋嗎？
HELP
HELP
7

堆肥篇.一

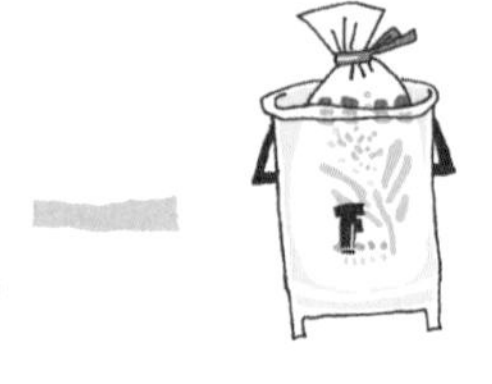

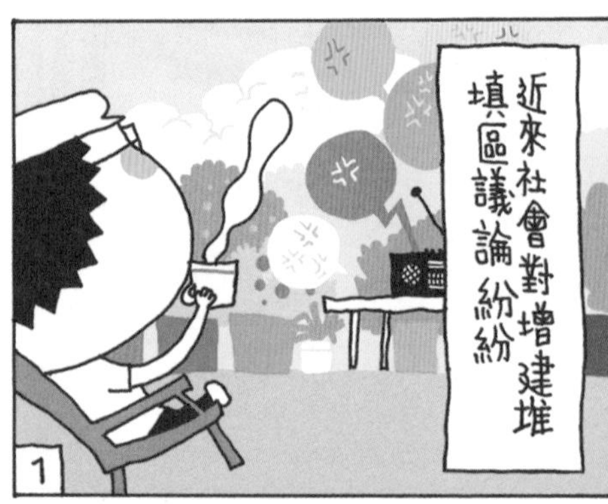
近來社會對增建堆填區議論紛紛

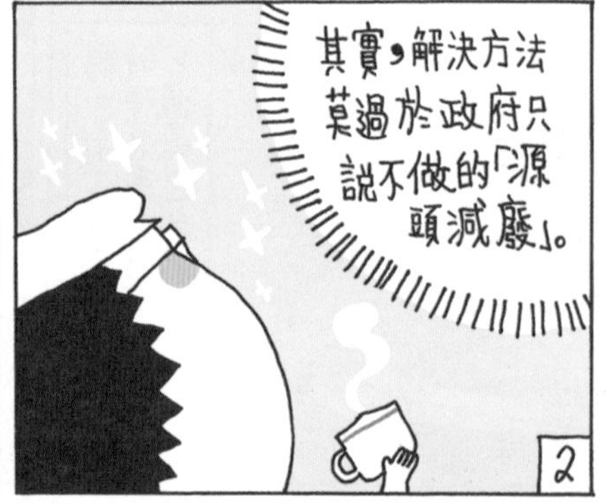
其實，解決方法莫過於政府只說不做的「源頭減廢」。

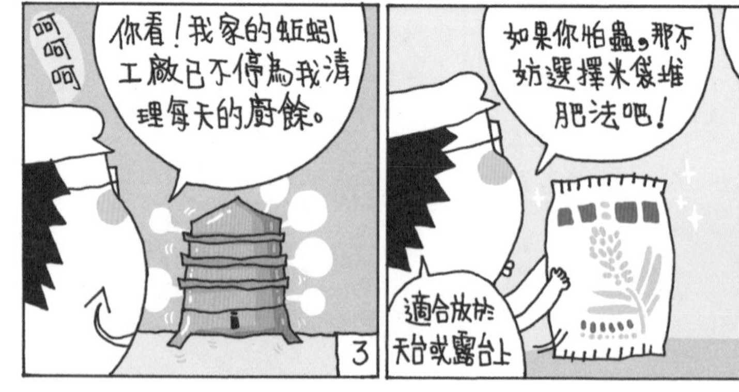
呵呵呵
你看！我家的蚯蚓工廠已不停為我清理每天的廚餘。
如果你怕蟲，那不妨選擇米袋堆肥法吧！
適合放於天台或露台上
先把米袋放入一個有洞的桶

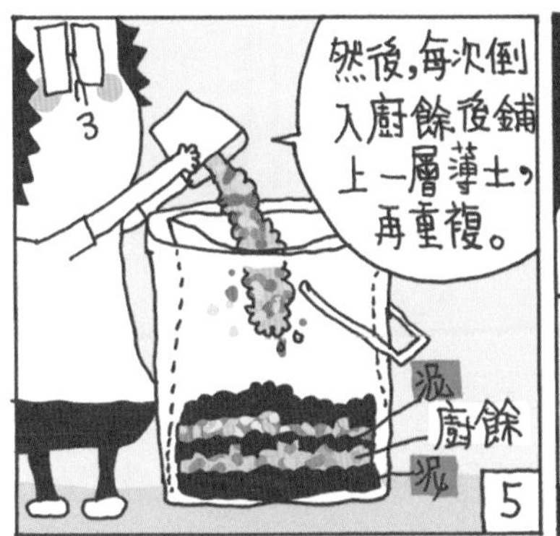
然後，每次倒
入廚餘後鋪
上一層薄土，
再重複。
泥
廚餘
泥
5

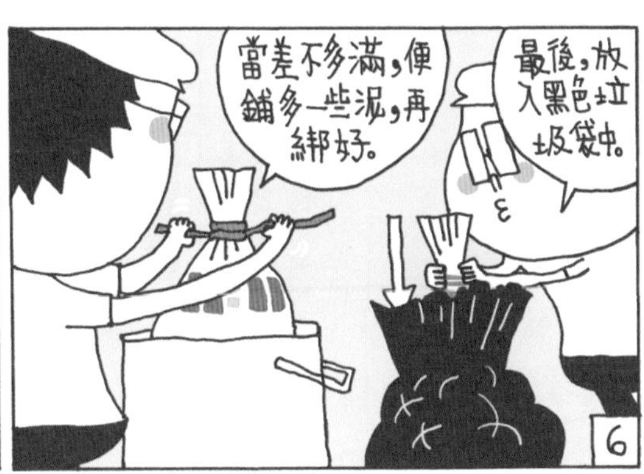
當差不多滿，便
鋪多一些泥，再
綁好。
最後，放
入黑色垃
圾袋中。
6

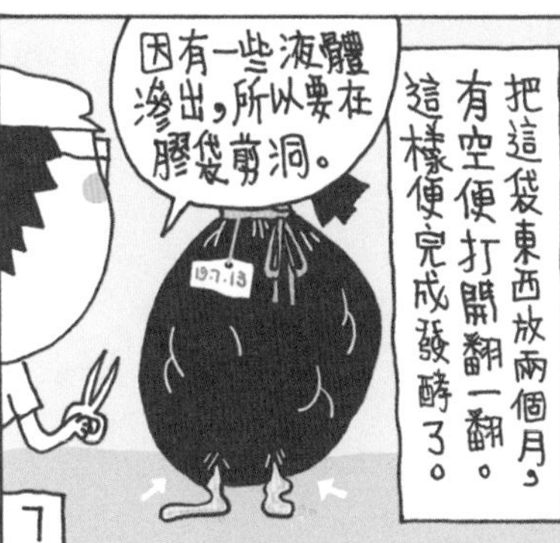
因有一些液體
滲出，所以要在
膠袋剪洞。
把這袋東西放兩個月，
有空便打開翻一翻。
這樣便完成發酵了。
7

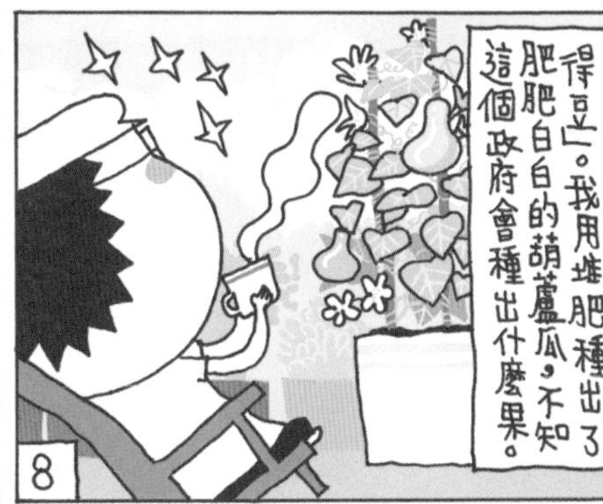
正所謂「種瓜得瓜，種豆
得豆」。我用堆肥種出了
肥肥白白的葫蘆瓜，不知
這個政府會種出什麼果。
8

堆肥篇．二

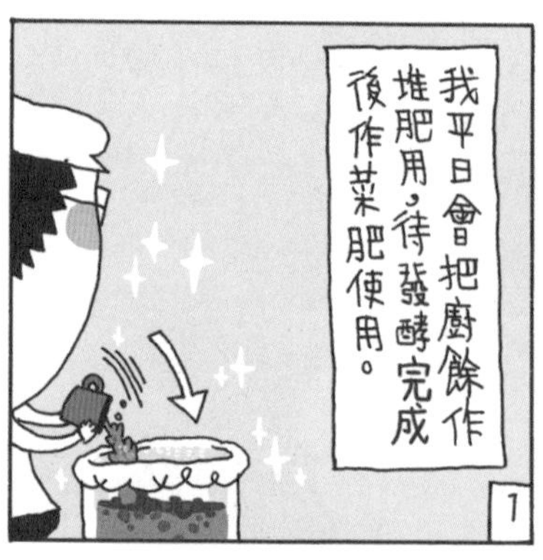
我平日會把廚餘作
堆肥用，待發酵完成
後作菜肥使用。

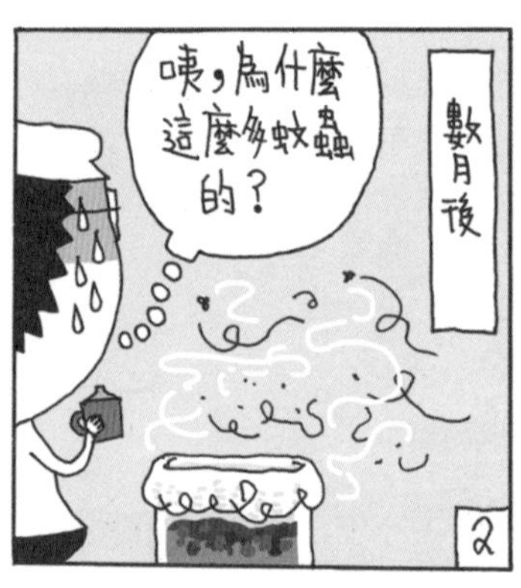
數月後
咦，為什麼
這麼多蚊蟲
的？

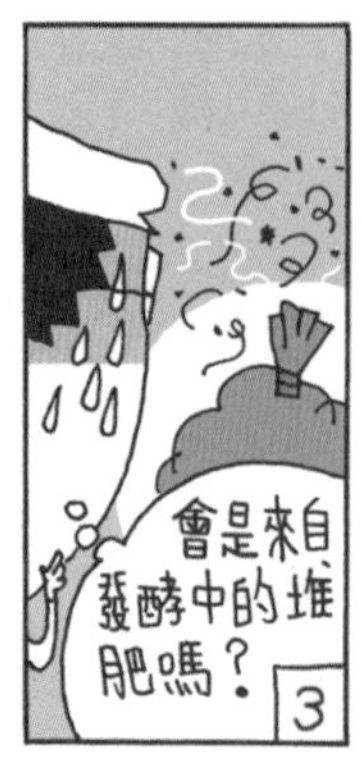
會是來自
發酵中的堆
肥嗎？

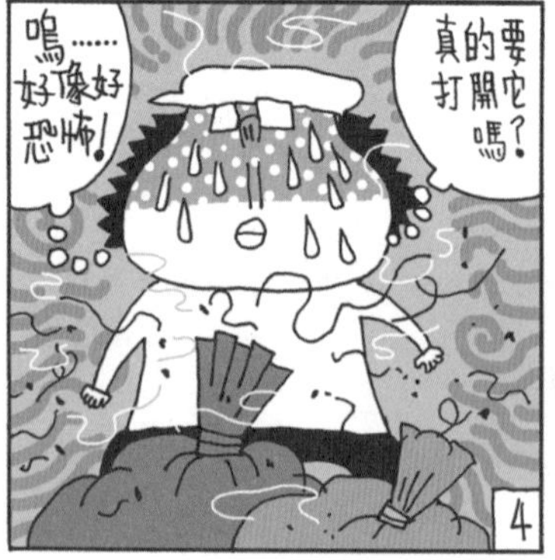
真的要
打開它
嗎？
嗚……
好像好
恐怖！

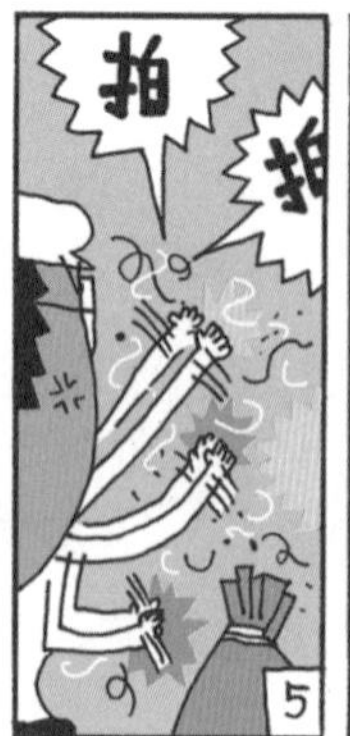
拍
拍

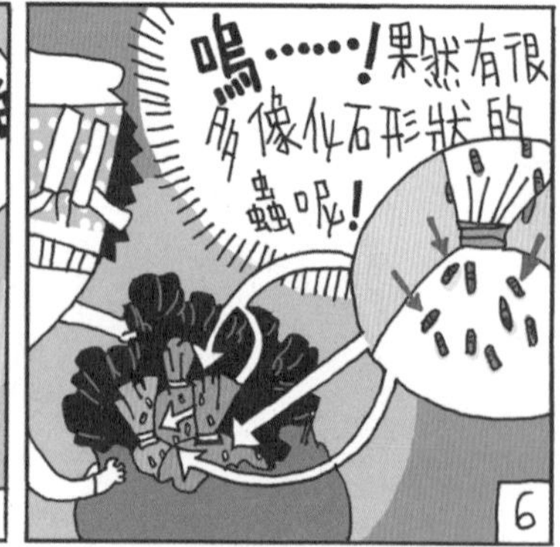
嗚……！果然有很
多像化石形狀的
蟲呀！

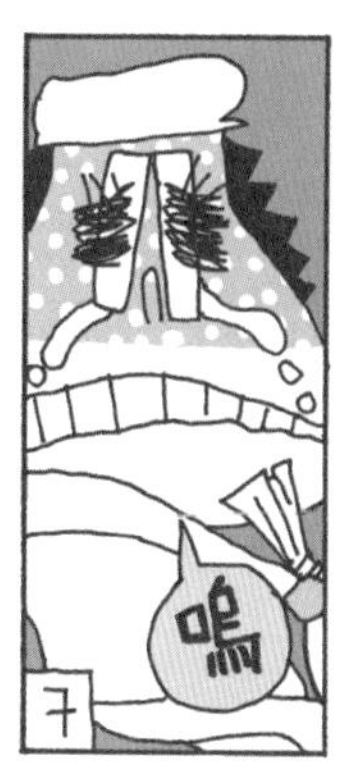
嗚
7

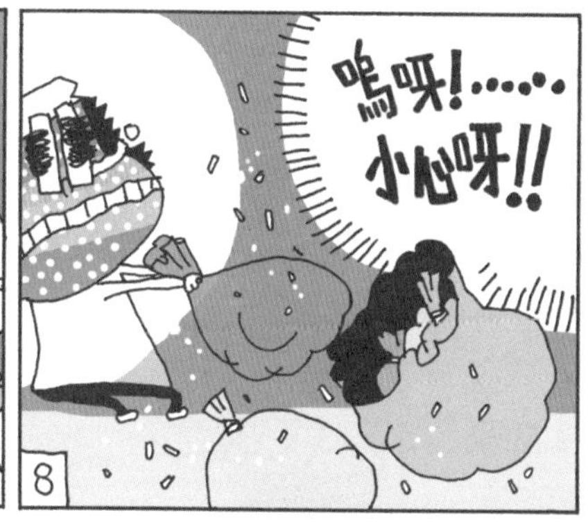
嗚呀!……
小心呀!!
8

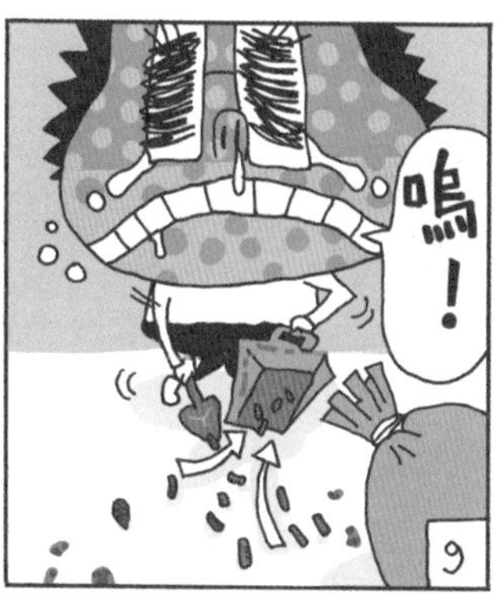
嗚!
9

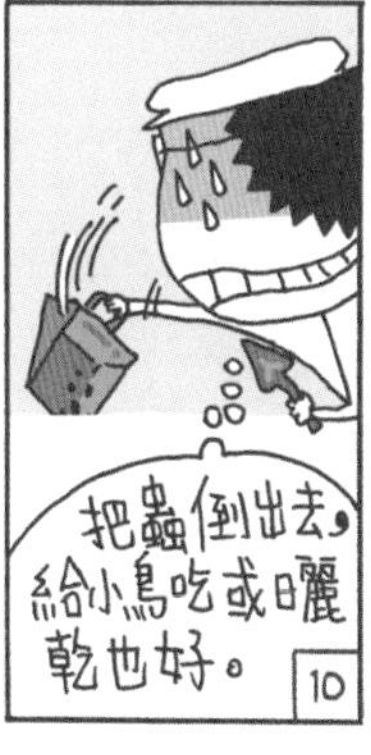
把蟲倒出去，給小鳥吃或曬乾也好。
10

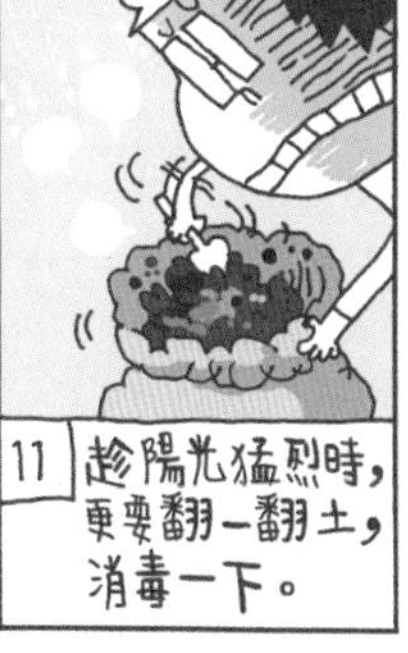
11
趁陽光猛烈時，更要翻一翻土，消毒一下。

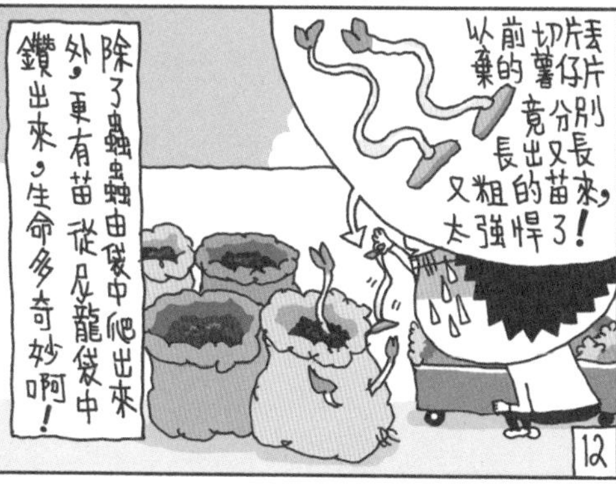
以前切片丟棄的薯仔片竟分別長出又長又粗的苗來，太強悍了!
除了蟲蟲由袋中爬出來外，更有苗從尼龍袋中鑽出來，生命多奇妙啊!
12

堆肥篇.三

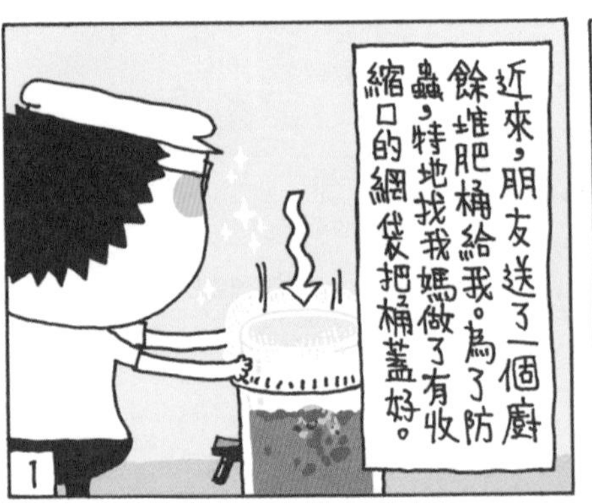
近來，朋友送了一個廚餘堆肥桶給我。為了防蟲，特地找我媽做了有收縮口的網袋把桶蓋好。

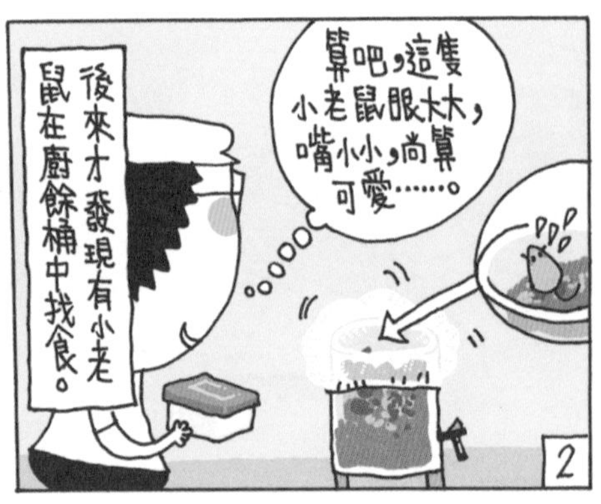
後來才發現有小老鼠在廚餘桶中找食。
算吧，這隻小老鼠眼大大，嘴小小，尚算可愛……。

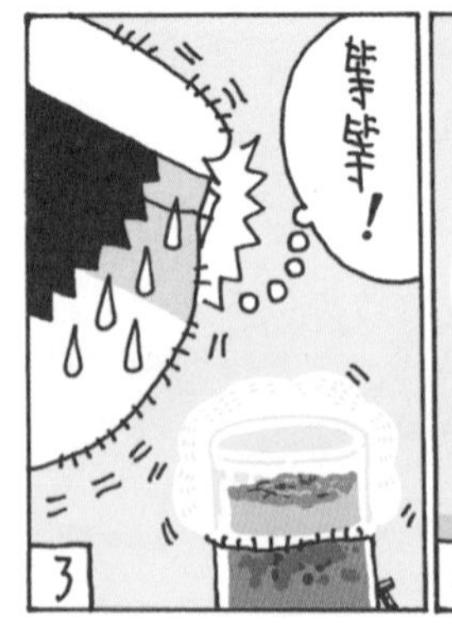
等等！

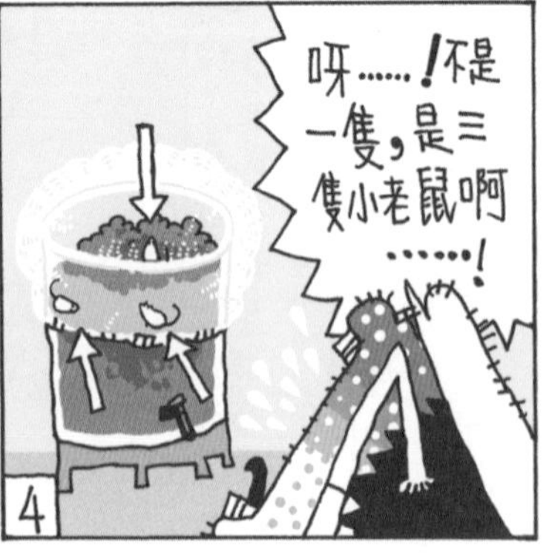
呀……！不是一隻，是三隻小老鼠啊……！

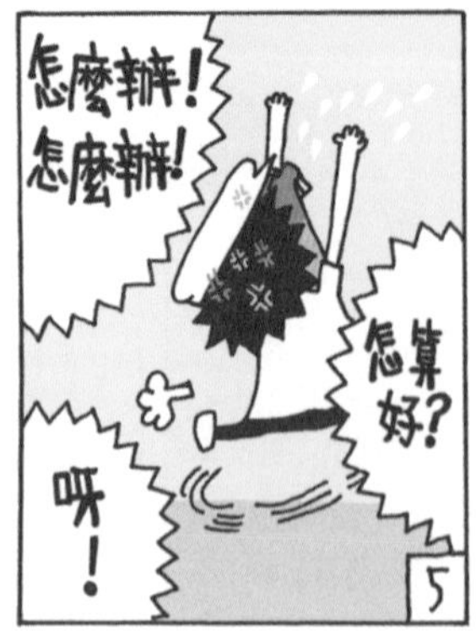
怎麼辦！怎麼辦！
怎算好？
呀！

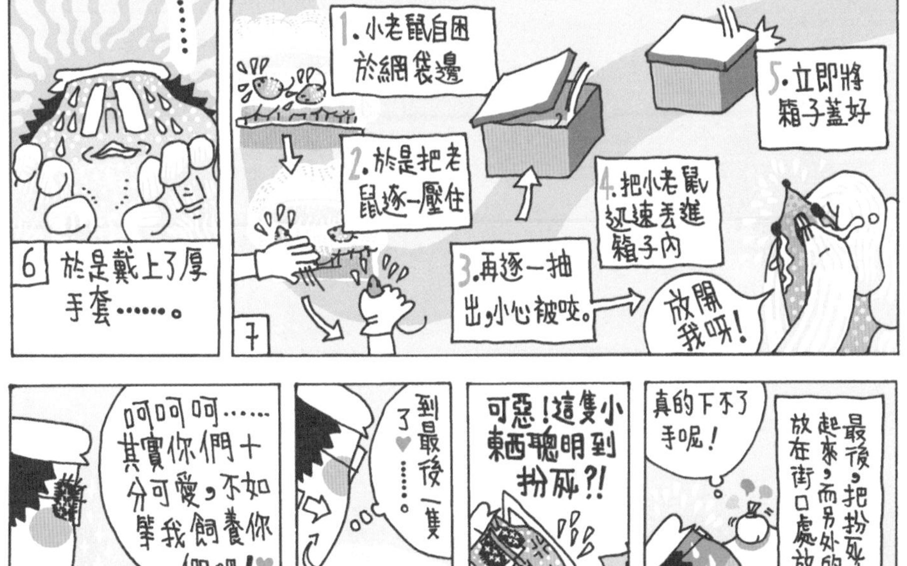
……
6
於是戴上了厚手套……。
1.小老鼠自困於網袋邊
2.於是把老鼠逐一壓住
3.再逐一抽出，小心被咬。
4.把小老鼠迅速丟進箱子內
5.立即將箱子蓋好
放開我呀！
7
呵呵呵……其實你們十分可愛，不如畀我飼養你們吧！
唉！
8
到最後一隻了……。
竟然如此鎮定？
9
可惡！這隻小東西聰明到扮死?!
10
真的下不了手呢！
最後，把扮死的老鼠包起來，而另外的小老鼠則放在街口處放生了。
11

番薯苗篇

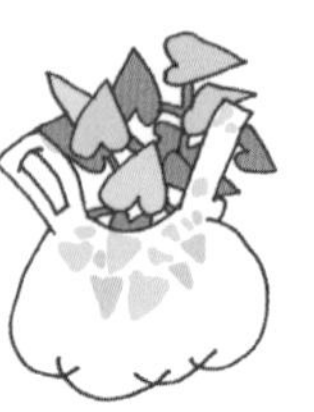

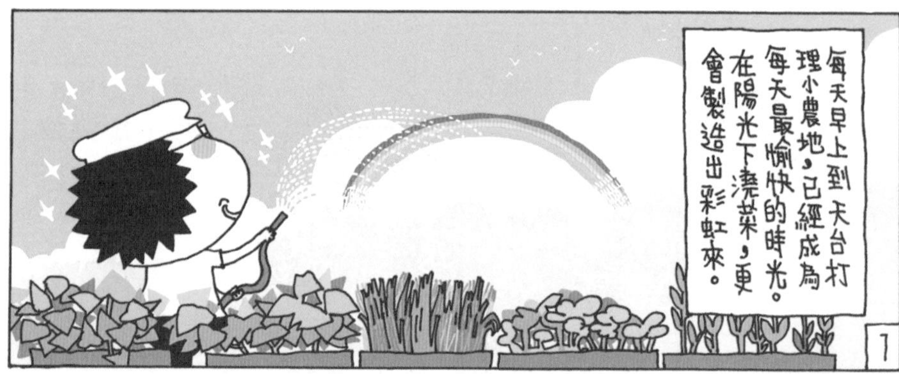
每天早上到天台打理小農地，已經成為每天最愉快的時光。在陽光下澆菜，更會製造出彩虹來。
1

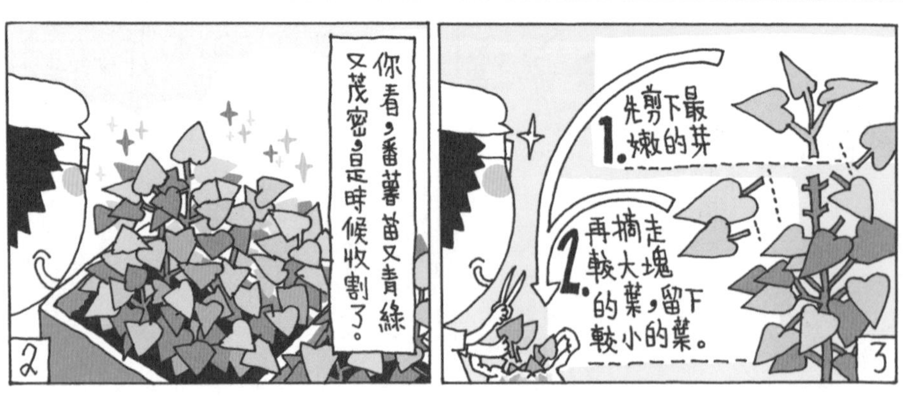
你看，番薯苗又青綠又茂密，是時候收割了。
2
1. 先剪下最嫩的芽
2. 再摘走較大塊的葉，留下較小的葉。
3

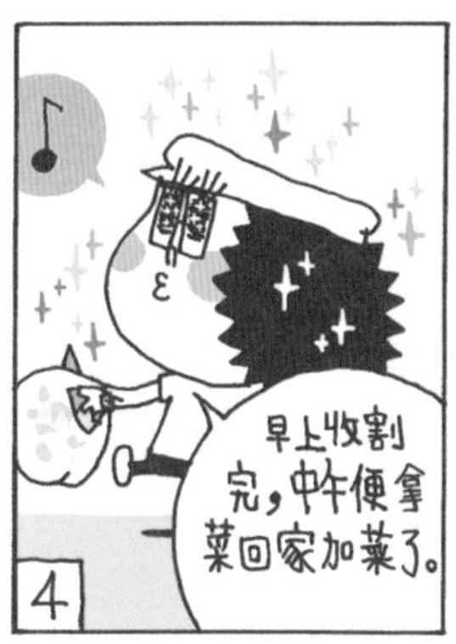
早上收割完，中午便拿菜回家加菜了。

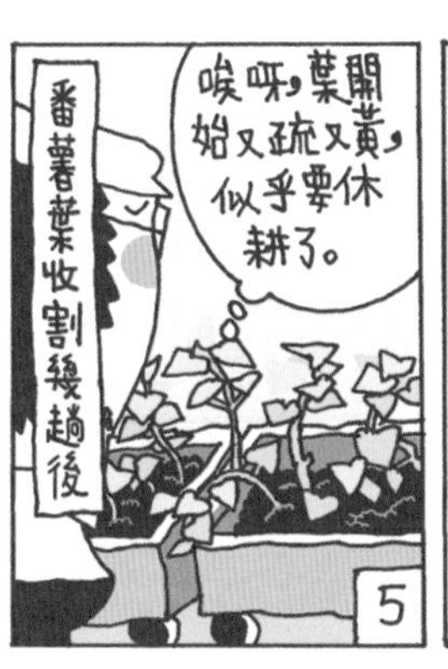
番薯葉收割幾趟後
唉呀，葉開始又疏又黃，似乎要休耕了。

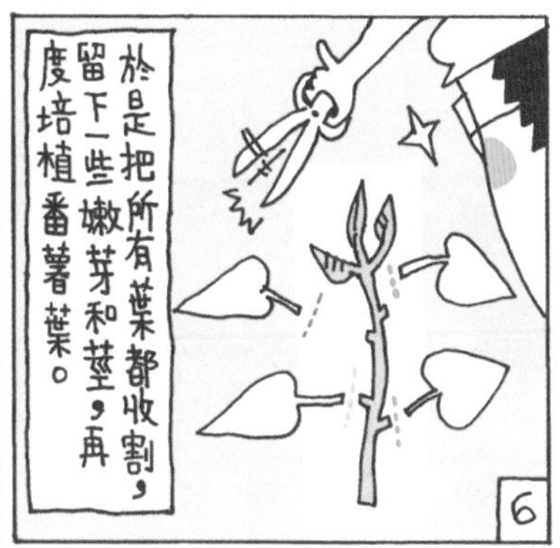
於是把所有葉都收割，留下一些嫩芽和莖，再度培植番薯葉。

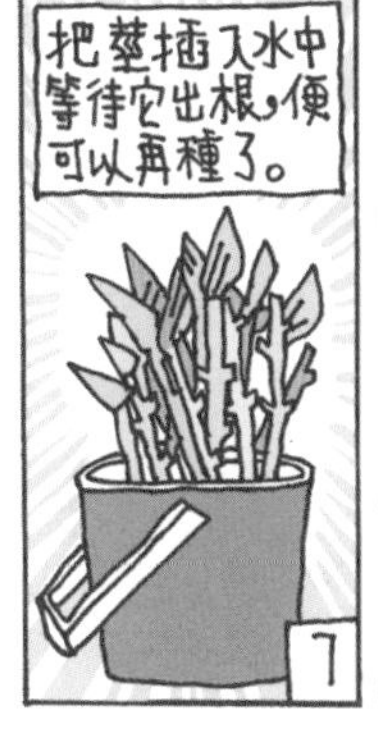
把莖插入水中等待它出根，便可以再種了。

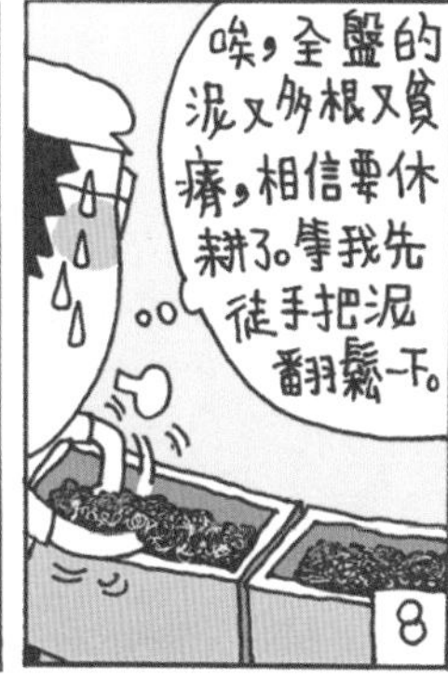
唉，全盤的泥又夠根又貧瘠，相信要休耕了。等我先徒手把泥翻鬆一下。

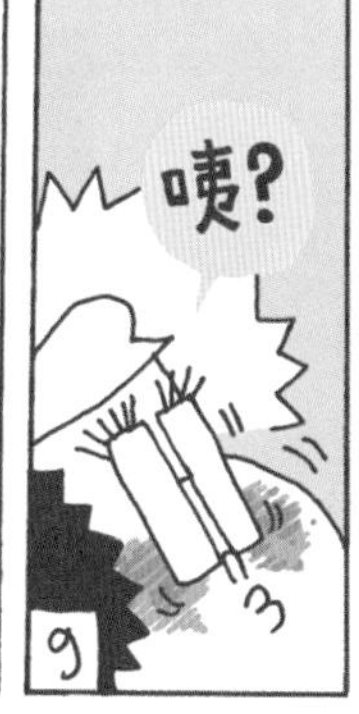
咦？

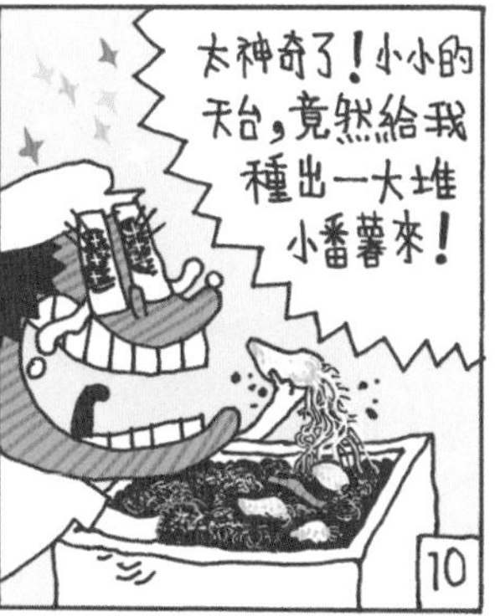
太神奇了！小小的天台，竟然給我種出一大堆小番薯來！

薯仔篇.一

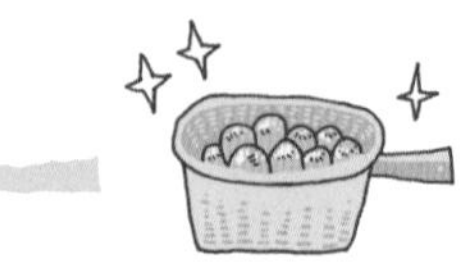

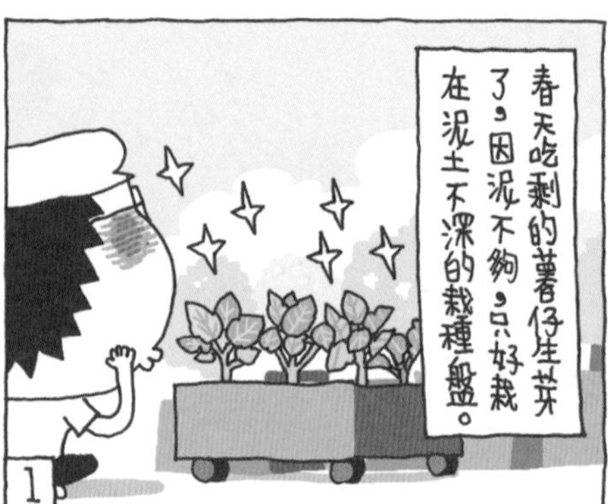
春天吃剩的薯仔生芽了，因泥不夠，只好栽在泥土不深的栽種盤。
1

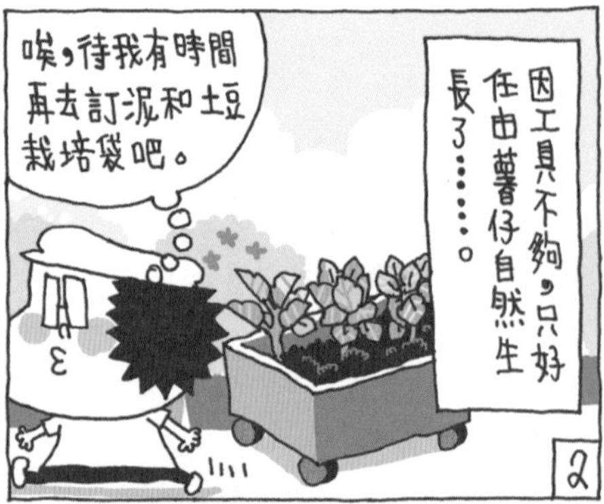
因工具不夠，只好任由薯仔自然生長了……。
唉，待我有時間再去訂泥和土豆栽培袋吧。
2

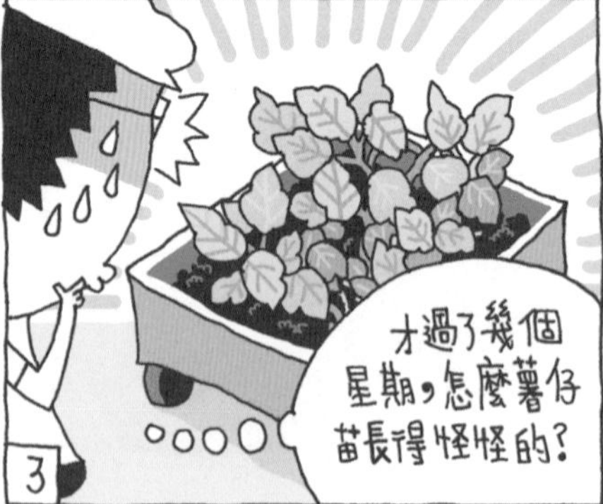
才過了幾個星期，怎麼薯仔苗長得怪怪的？
3

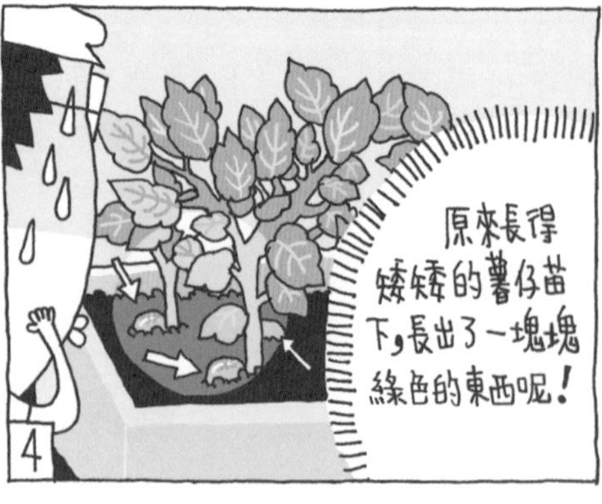
原來長得矮矮的薯仔苗下，長出了一塊塊綠色的東西呢！
4

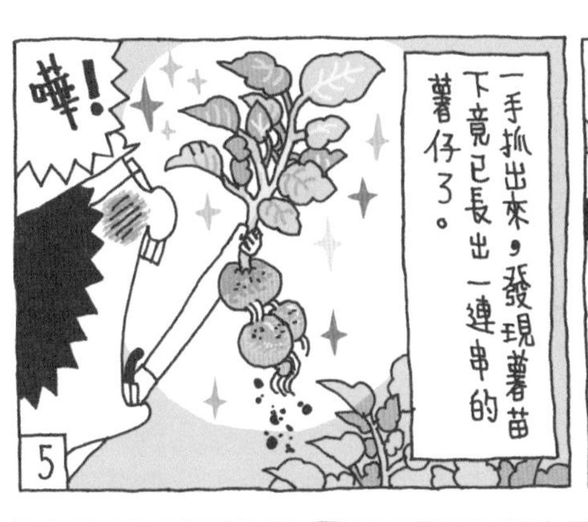
嘩！
一手抓出來，發現薯苗下竟已長出一連串的薯仔了。
5

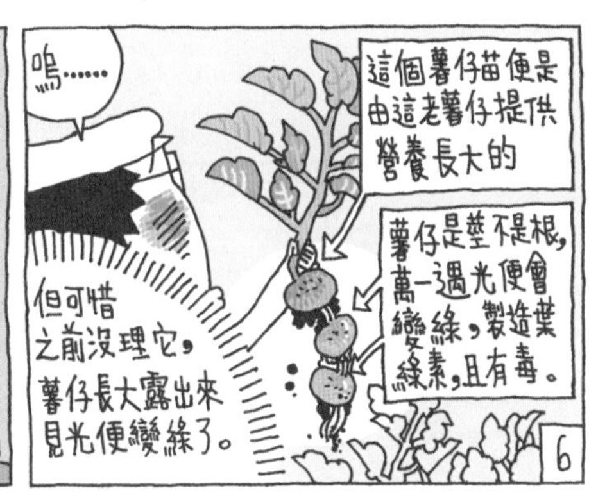
嗚……
這個薯仔苗便是由這老薯仔提供營養長大的
薯仔是莖不是根，萬一遇光便會變綠，製造葉綠素，且有毒。
但可惜之前沒理它，薯仔長大露出來見光便變綠了。
6

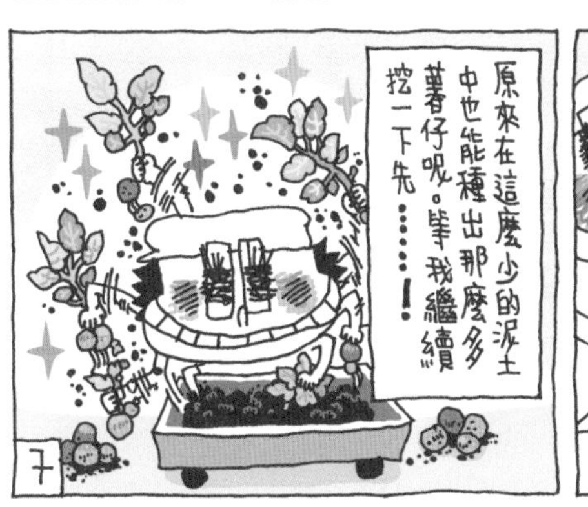
原來在這麼少的泥土中也能種出那麼多薯仔呢。等我繼續挖一下先……！
7

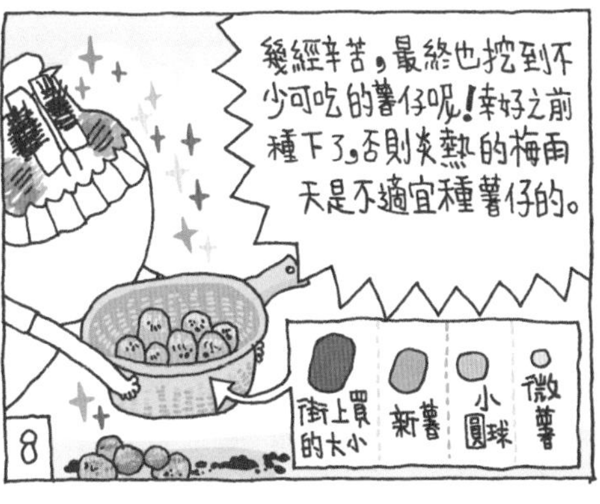
幾經辛苦，最終也挖到不少可吃的薯仔呢！幸好之前種下了，否則炎熱的梅雨天是不適宜種薯仔的。
街上買的大小
新薯
小圓球
微薯
8

薯仔篇．二

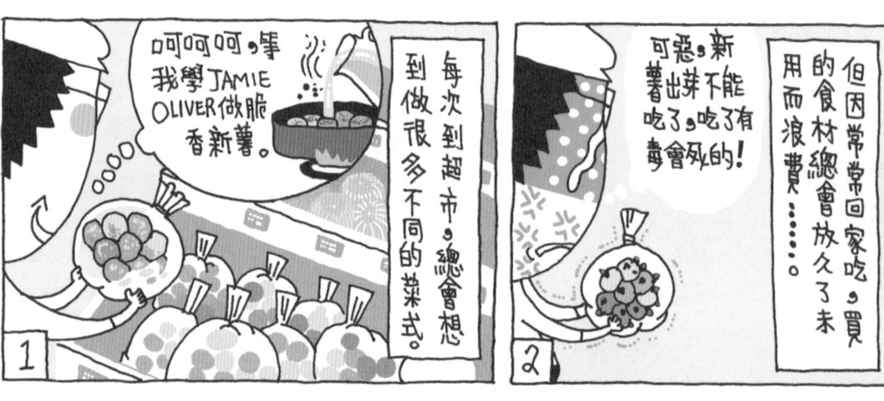
1
每次到超市，總會想到做很多不同的菜式。
呵呵呵，等我學JAMIE OLIVER做脆香新薯。
2
但因常常回家吃，買的食材總會放久了未用而浪費……。
可惡，新薯出芽不能吃了，吃了有毒會死的！

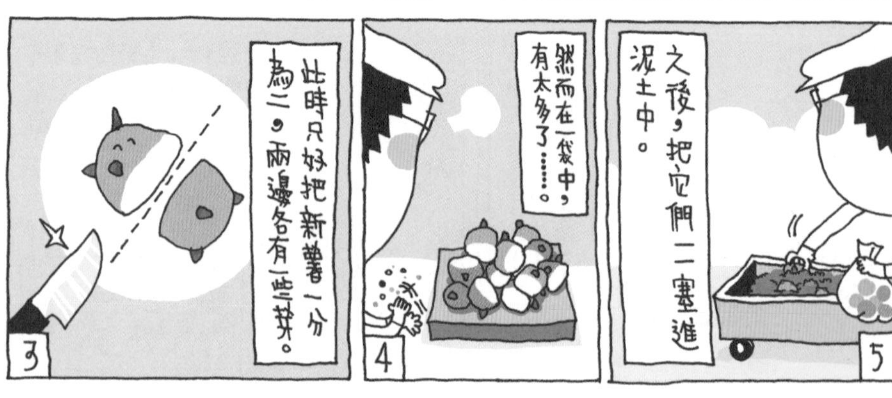
3
此時只好把新薯一分為二，兩邊各有一些芽。
4
然而在一袋中，有太多了……。
5
之後，把它們一一塞進泥土中。

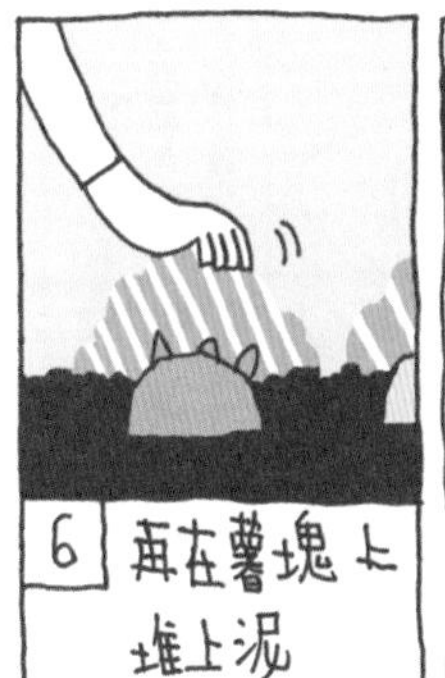
6
再在薯塊上堆上泥

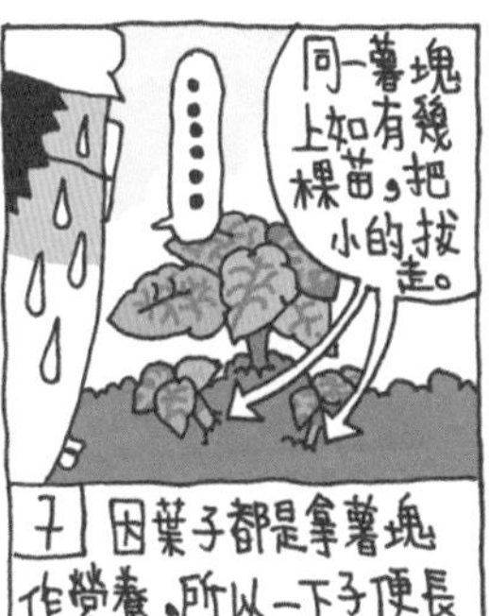
……
同一薯塊上如有幾棵苗，把小的拔走。
7
因葉子都是拿薯塊作營養，所以一下子便長得很好，而且很多。

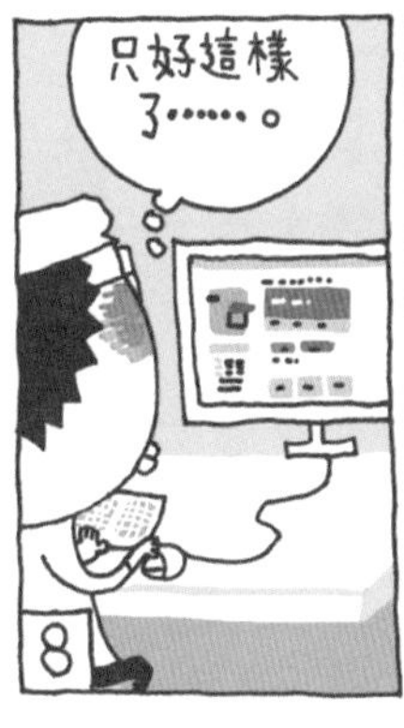
只好這樣了……。
8

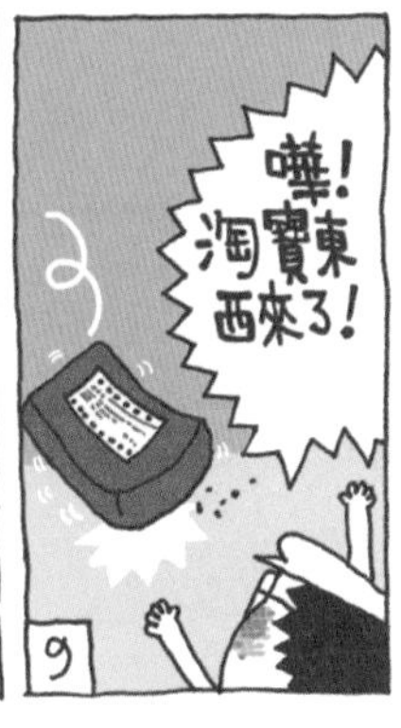
嘩！淘寶東西來了！
9

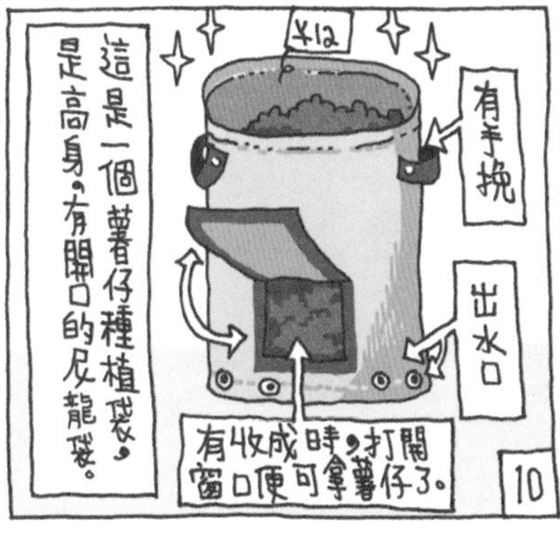
這是一個薯仔種植袋，是高身，有開口的尼龍袋。
¥12
有手挽
出水口
有收成時，打開窗口便可拿薯仔了。
10

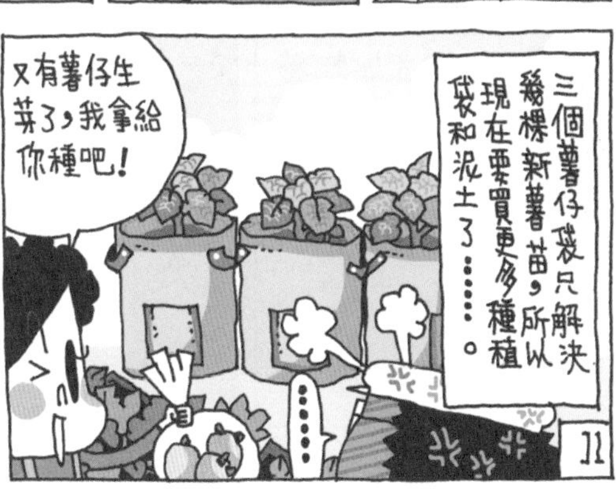
三個薯仔袋只解決幾棵新薯苗，所以現在要買更多種植袋和泥土了……。
又有薯仔生芽了，我拿給你種吧！
……
11

葫蘆瓜·一

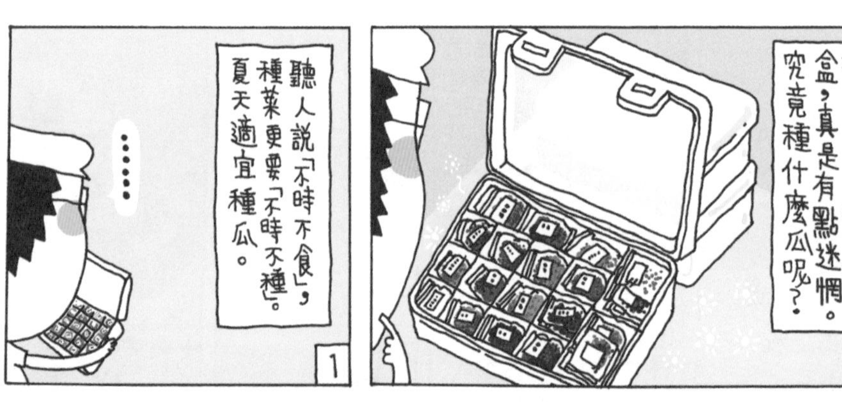
聽人說「不時不食」，
種菜更要「不時不種」。
夏天適宜種瓜。
……
打開放在雪櫃的種子
盒，真是有點迷惘。
究竟種什麼瓜呢？

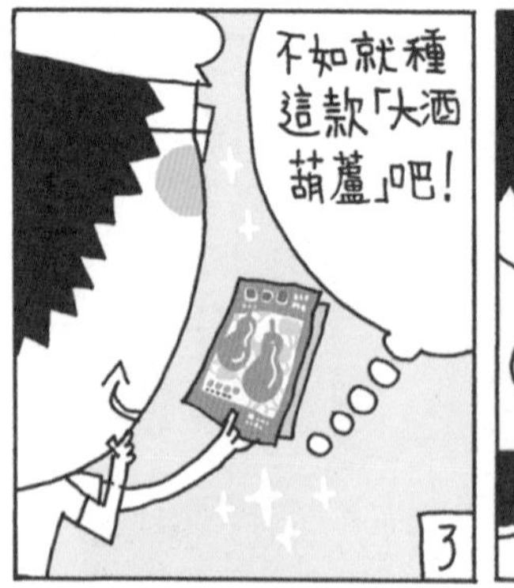
不如就種
這款「大酒
葫蘆」吧！

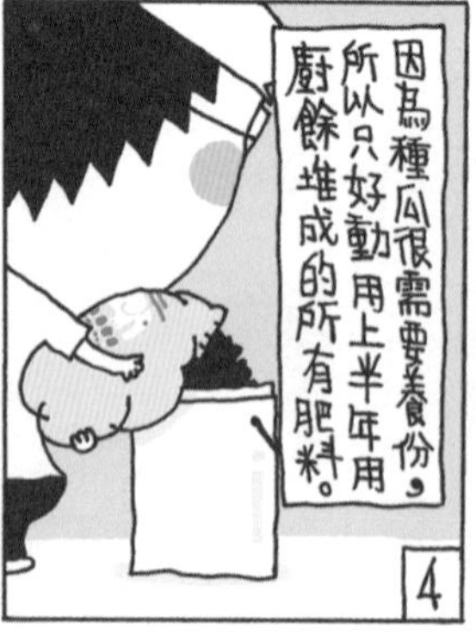
因為種瓜很需要養份，
所以只好動用上半年用
廚餘堆成的所有肥料。

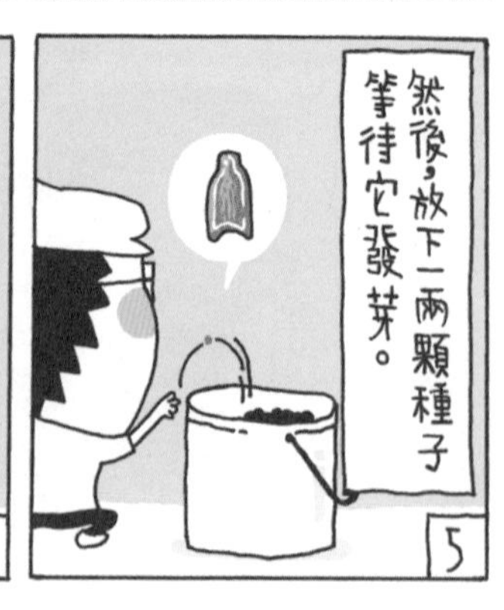
然後，放下一兩顆種子
等待它發芽。

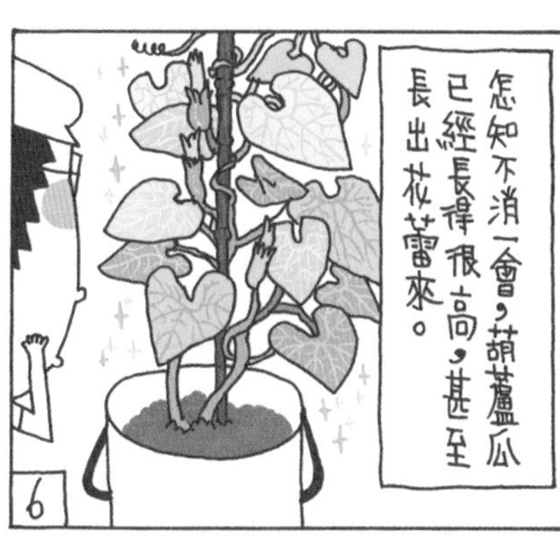
6
怎知不消一會，葫蘆瓜已經長得很高，甚至長出花蕾來。

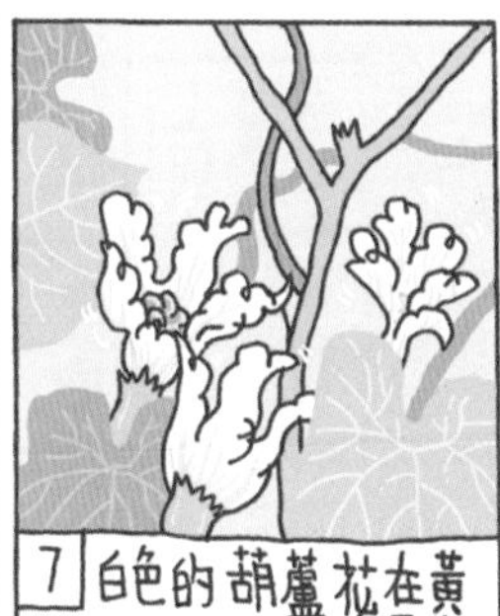
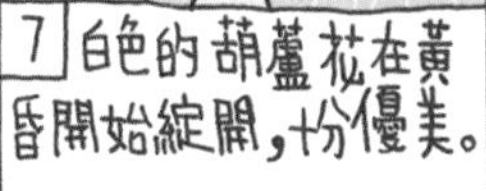
7 白色的葫蘆花在黃昏開始綻開，十分優美。

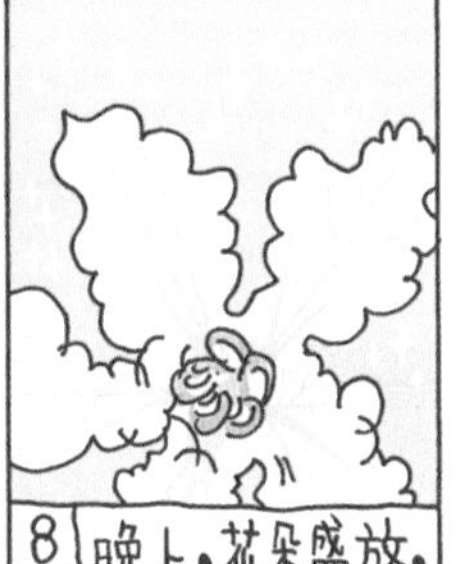
8 晚上，花朵盛放，有如穿白衣的夜仙子。

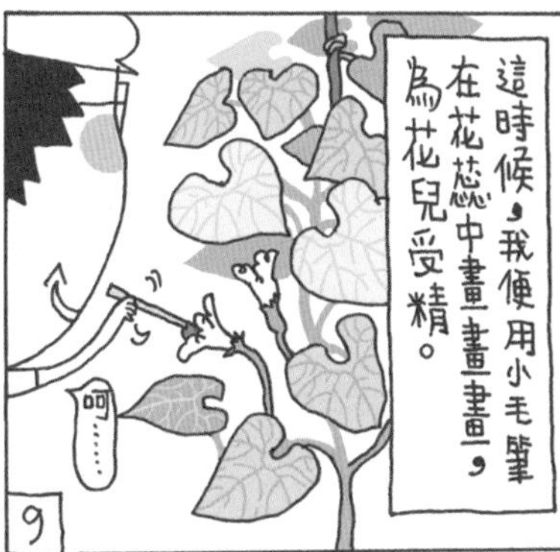
9
這時候，我便用小毛筆在花蕊中畫畫畫，為花兒受精。
呵……

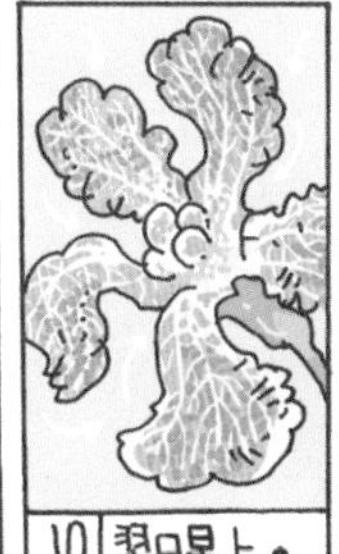
10 翌日早上，花朵呈現半透明的黃色。

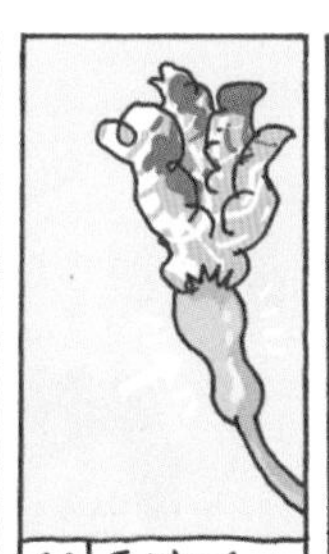
11 受精後的花肚子會變大

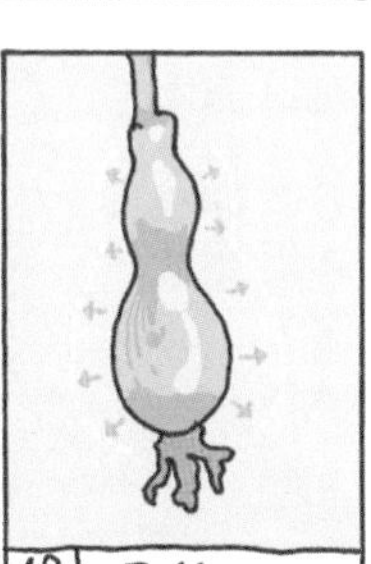
12 過幾天，小葫蘆瓜便成形了。

葫蘆瓜・二

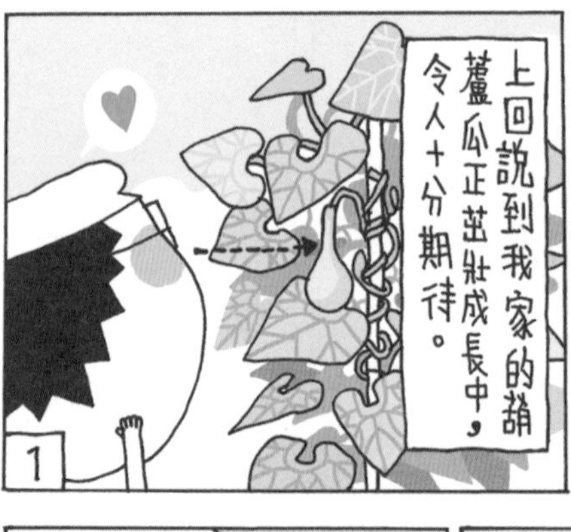
上回說到我家的葫蘆瓜正茁壯成長中，令人十分期待。

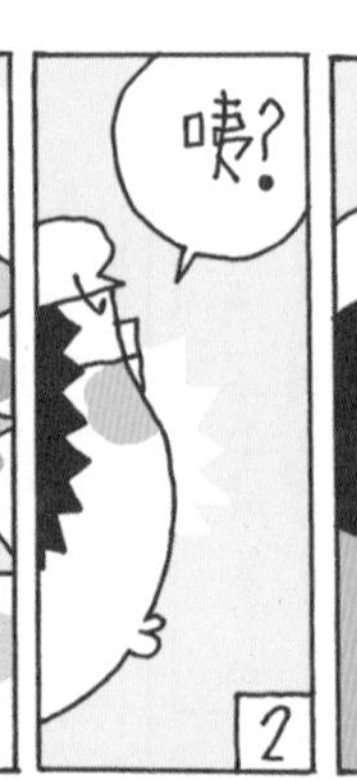
咦?

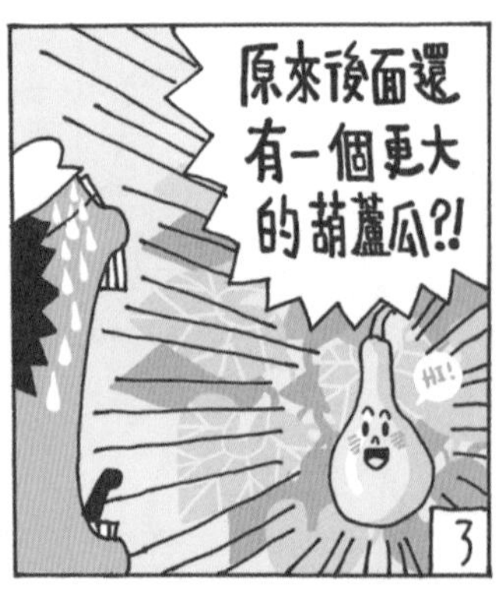
原來後面還有一個更大的葫蘆瓜?!
HI!

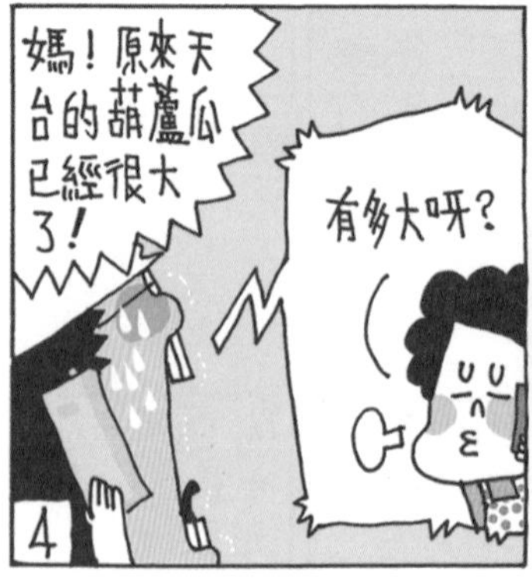
媽！原來天台的葫蘆瓜已經很大了！
有多大呀?

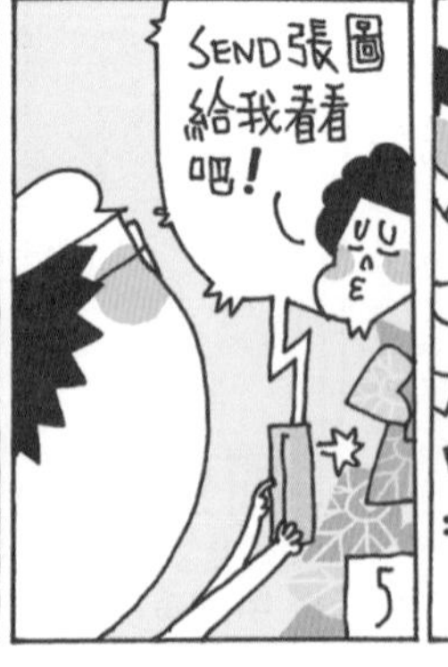
SEND張圖給我看看吧！

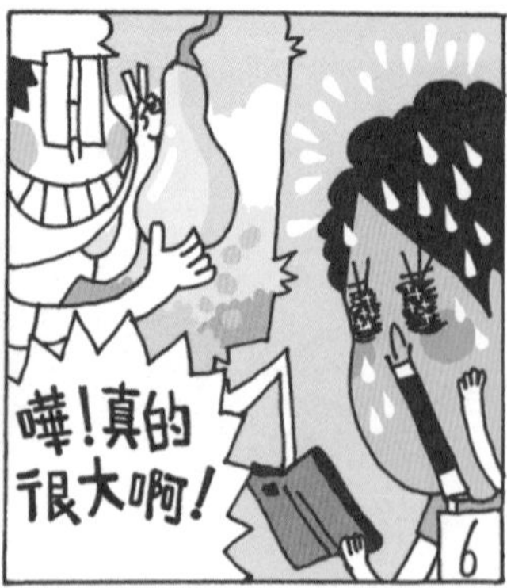
嘩！真的很大啊！

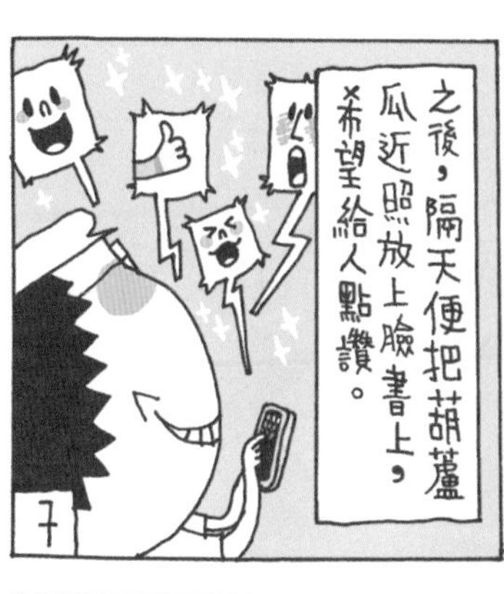

7
之後，隔天便把葫蘆瓜近照放上臉書上，希望給人點讚。

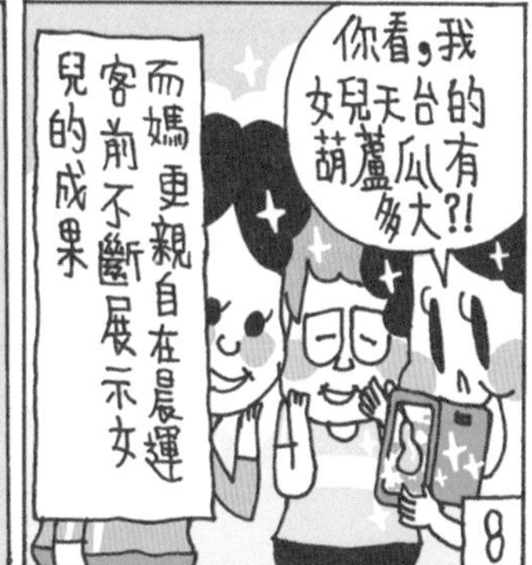

而媽更親自在晨運客前不斷展示女兒的成果
你看，我女兒天台的葫蘆瓜有多大?!
8

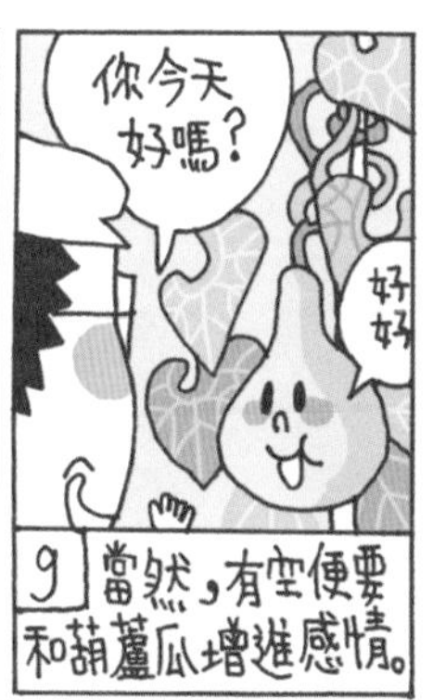

你今天好嗎？
好好
9 當然，有空便要和葫蘆瓜增進感情。

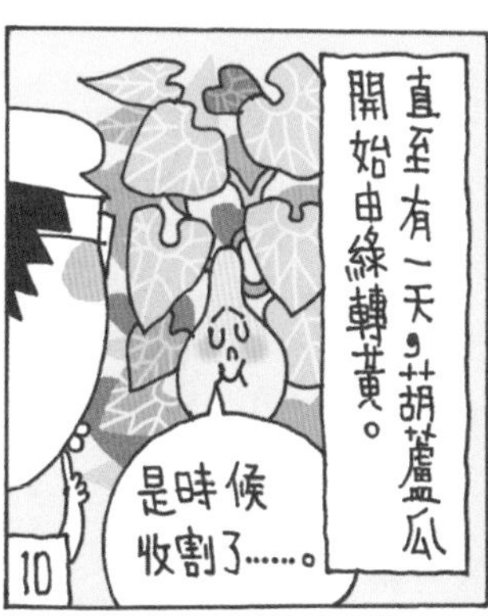

直至有一天，葫蘆瓜開始由綠轉黃。
是時候收割了……。
10

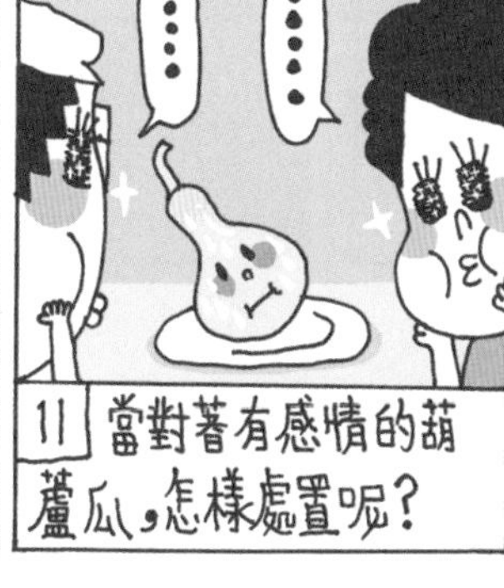

……
……
11 當對著有感情的葫蘆瓜，怎樣處置呢？

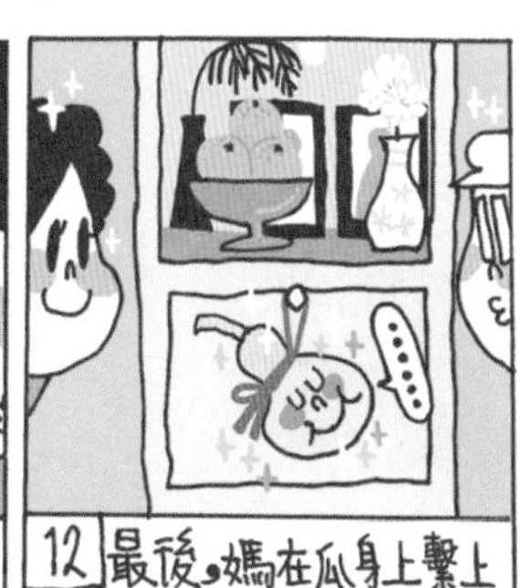

……
12 最後，媽在瓜身上繫上紅繩，掛在神枱一起供奉。

生菜篇・一

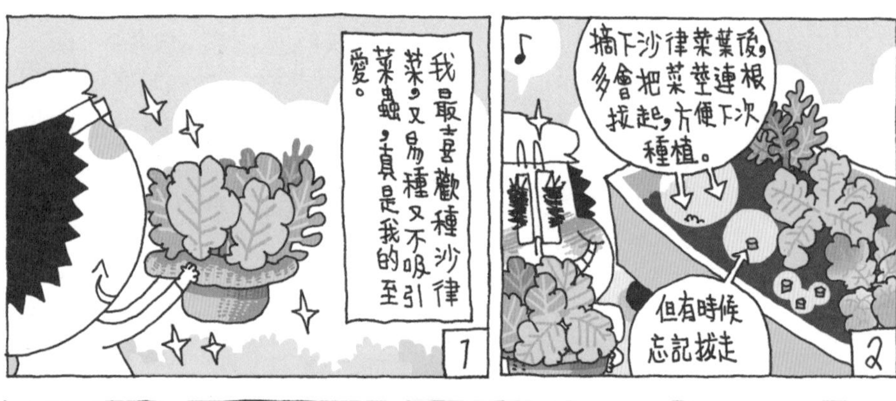
我最喜歡種沙律菜，又易種又不吸引菜蟲，真是我的至愛。
摘下沙律菜葉後，多會把菜莖連根拔起，方便下次種植。
但有時候忘記拔走

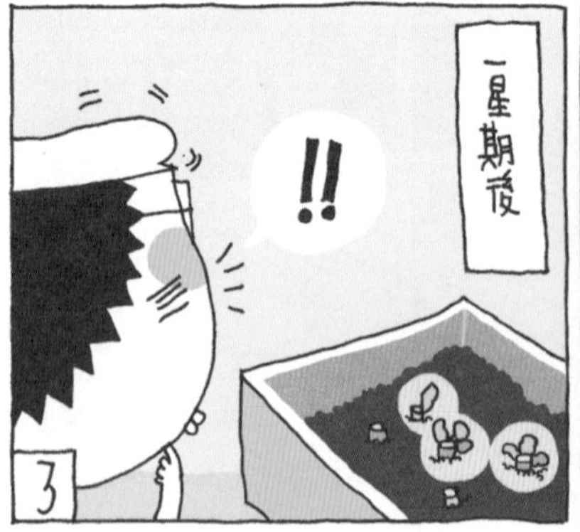
一星期後
!!

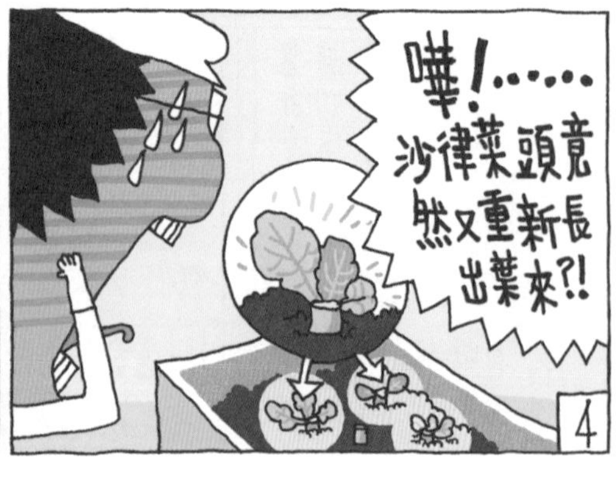
嘩！……
沙律菜頭竟然又重新長出葉來?!

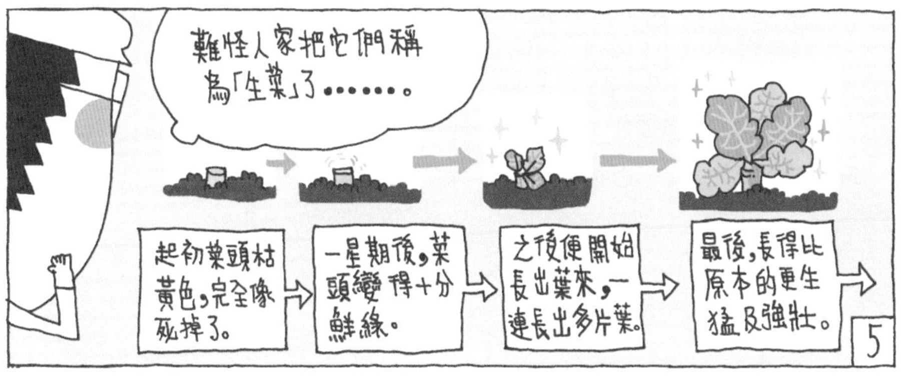
難怪人家把它們稱為「生菜」了……。
起初菜頭枯黃色，完全像死掉了。
一星期後，菜頭變得十分鮮綠。
之後便開始長出葉來，一連長出多片葉。
最後，長得比原本的更生猛及強壯。
5

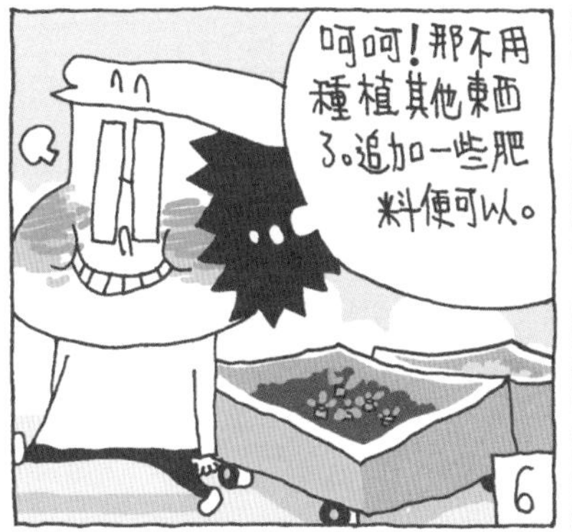
呵呵！那不用種植其他東西了。追加一些肥料便可以。
6

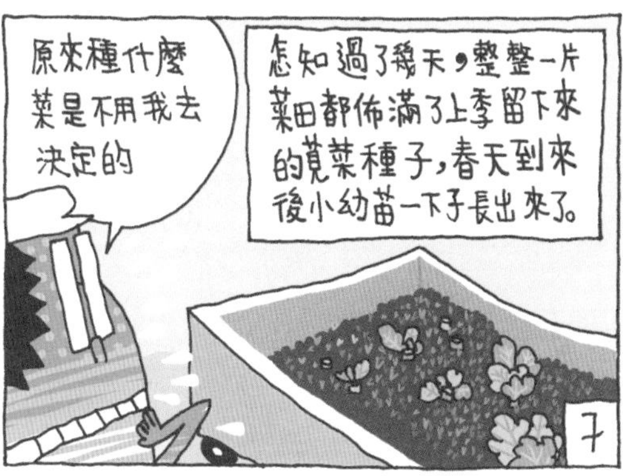
原來種什麼菜是不用我去決定的
怎知過了幾天，整整一片菜田都佈滿了上季留下來的莧菜種子，春天到來後小幼苗一下子長出來了。
7

生菜篇・二

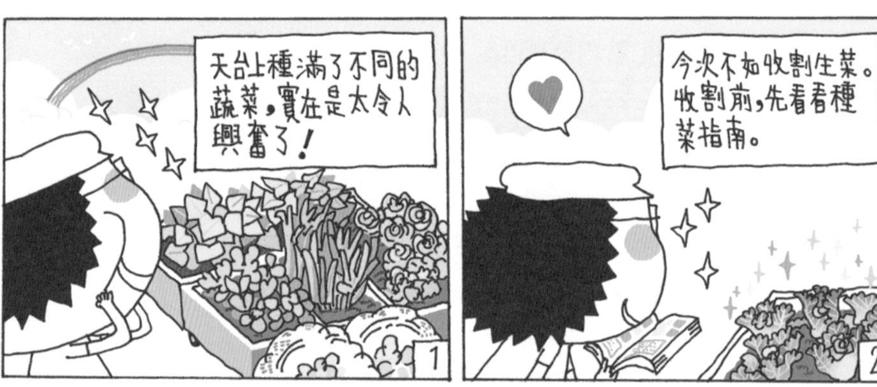
天台上種滿了不同的蔬菜，實在是太令人興奮了！
1
今次不如收割生菜。收割前，先看看種菜指南。
2

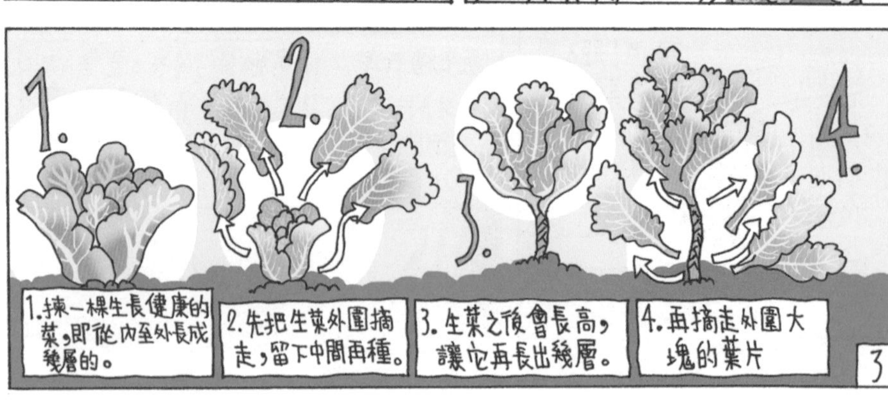
1.
2.
3.
4.
1. 揀一棵生長健康的菜，即從內至外長成幾層的。
2. 先把生菜外圍摘走，留下中間再種。
3. 生菜之後會長高，讓它再長出幾層。
4. 再摘走外圍大塊的葉片
3

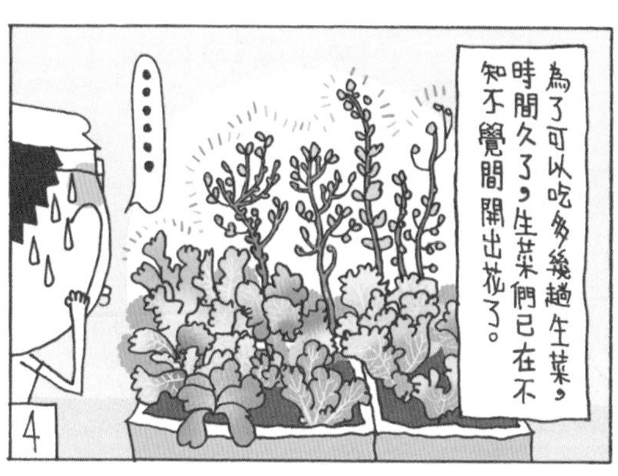
4
為了可以吃多幾趟生菜，
時間久了，生菜們已在不
知不覺間開出花了。
......

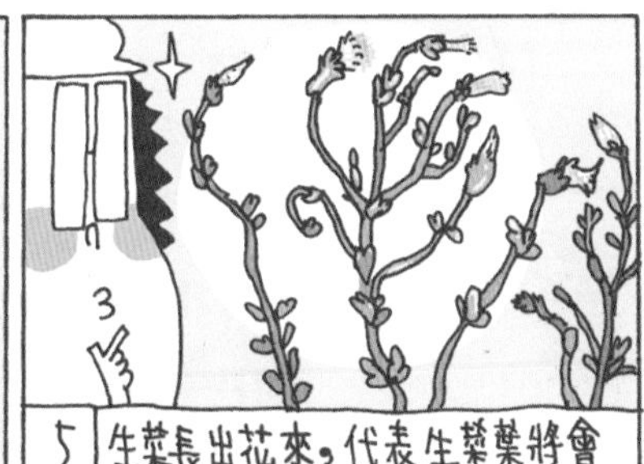
5
生菜長出花來，代表生菜葉將會
慢慢凋謝、變硬和變苦。那我
應否摘走那些花呢？

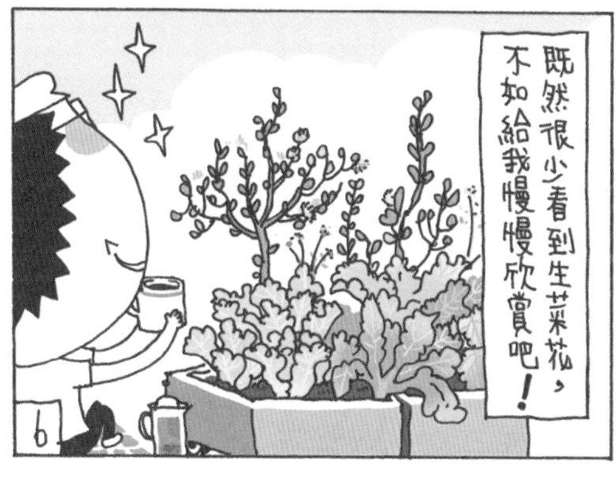
6
既然很少看到生菜花，
不如給我慢慢欣賞吧！

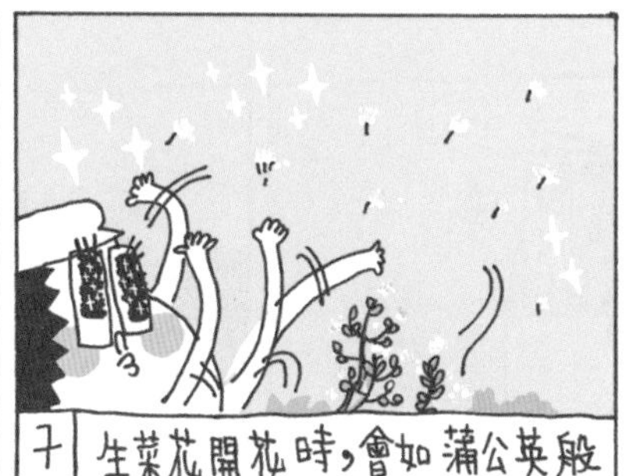
7
生菜花開花時，會如蒲公英般
隨風飄走，這時便要收集種子了。

採花篇

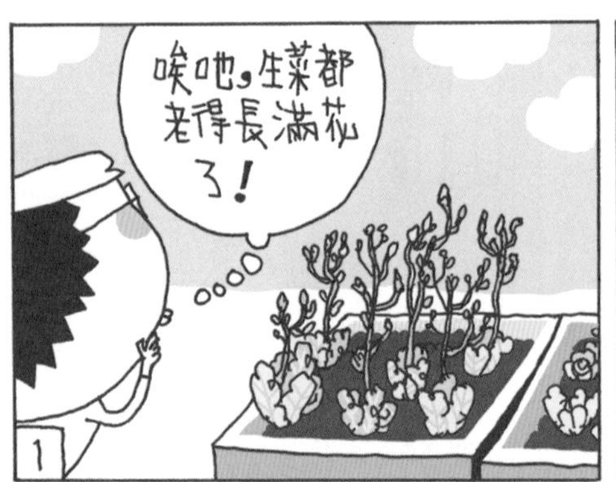

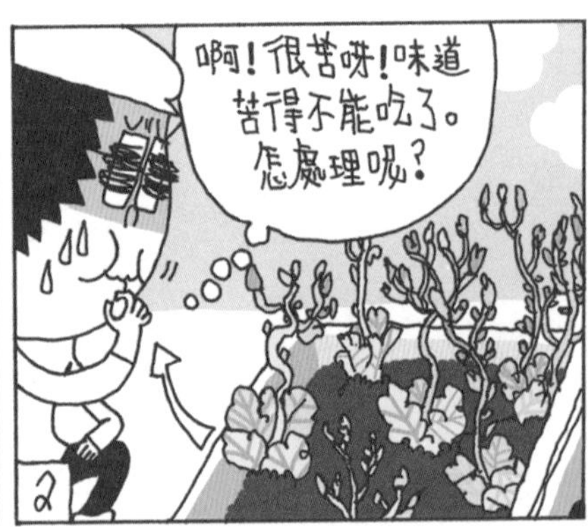

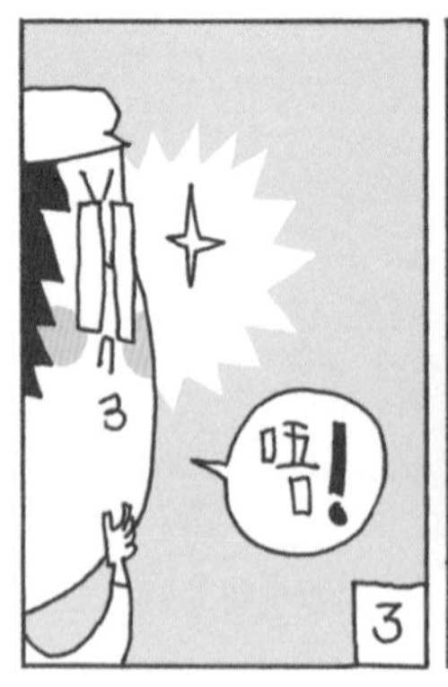

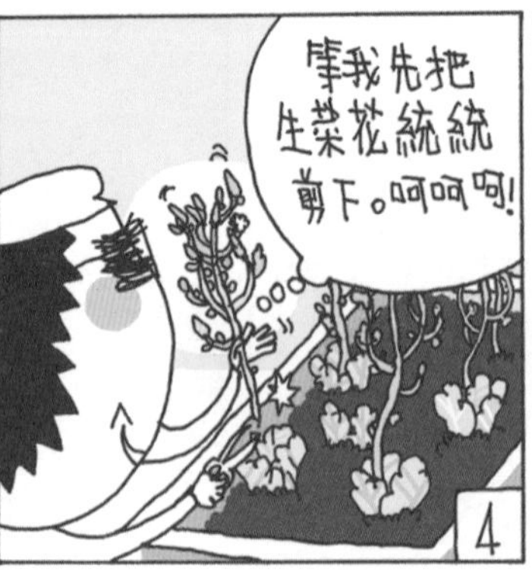

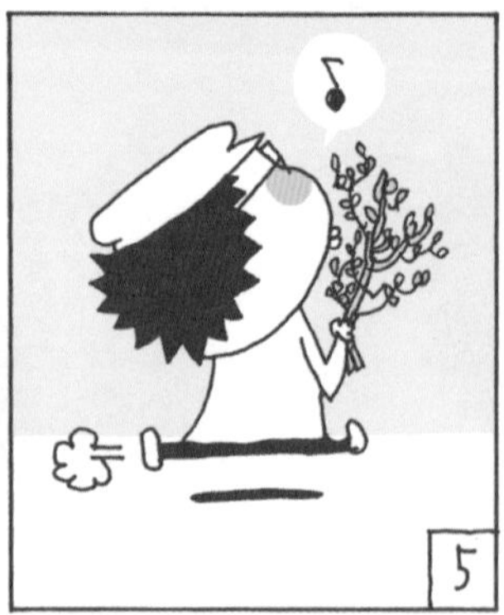

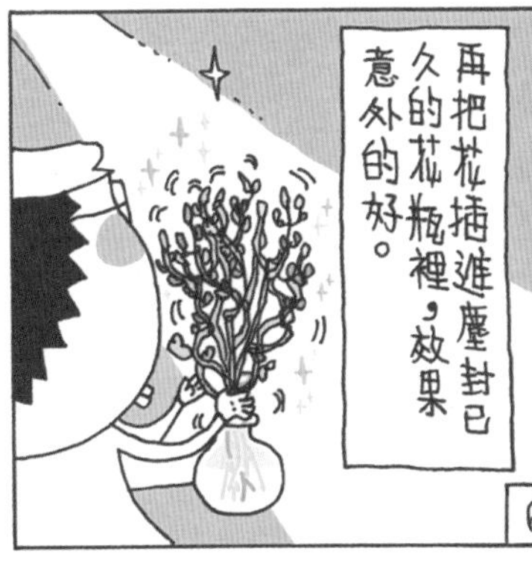
再把花插進塵封已久的花瓶裡，效果意外的好。
6

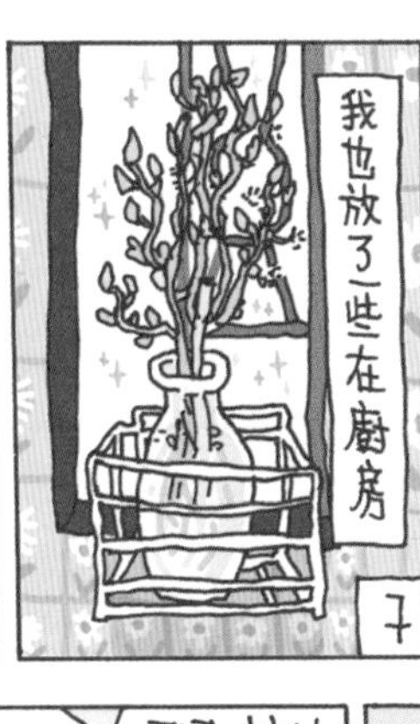
我也放了一些在廚房
7

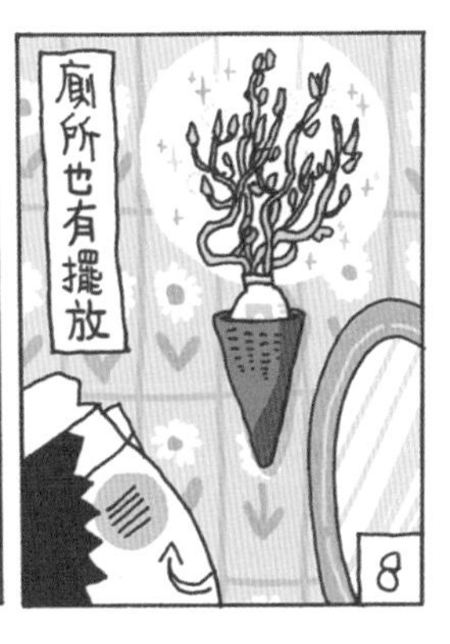
廁所也有擺放
8

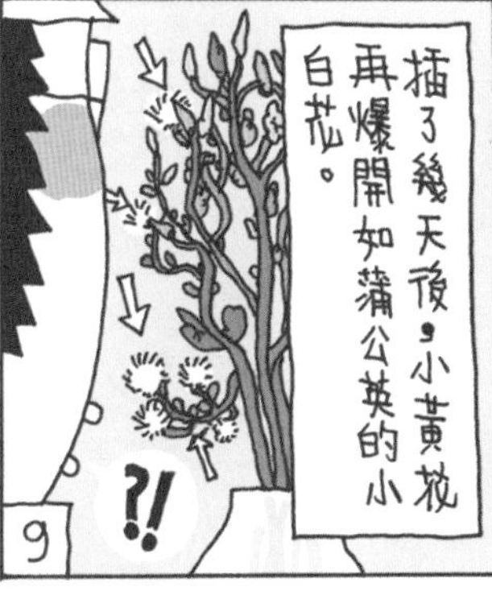
插了幾天後，小黃花再爆開如蒲公英的小白花。
?!
9

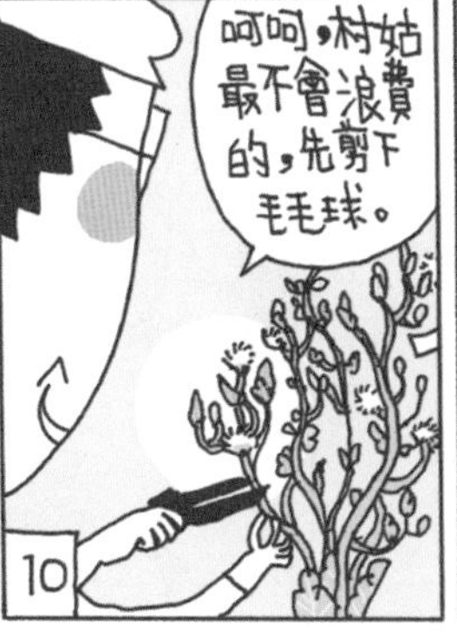
呵呵，村姑最不會浪費的，先剪下毛毛球。
10

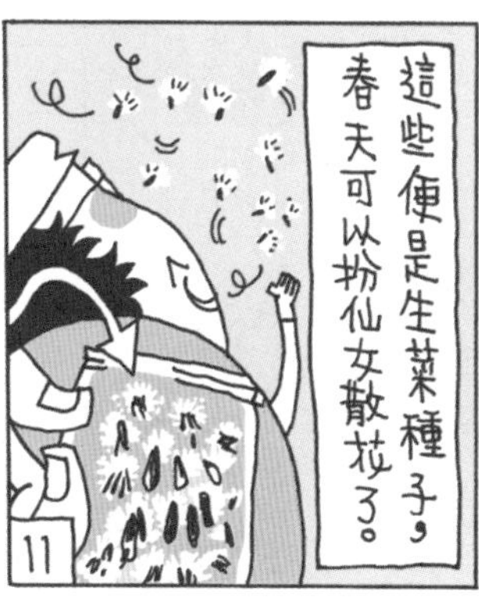
這些便是生菜種子，春天可以扮仙女散花了。
11

種子篇

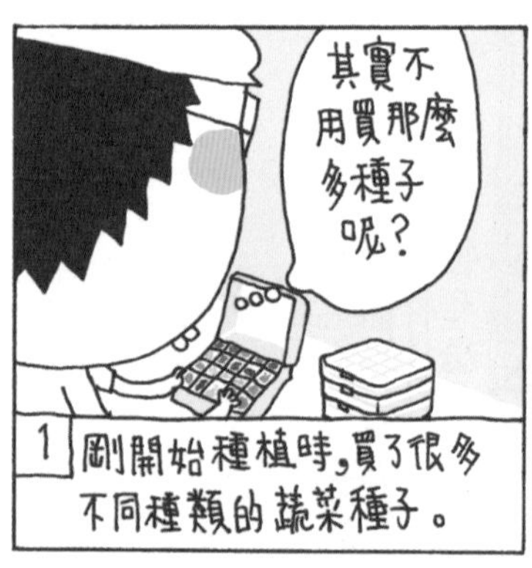
其實不用買那麼多種子呢？
1
剛開始種植時，買了很多不同種類的蔬菜種子。

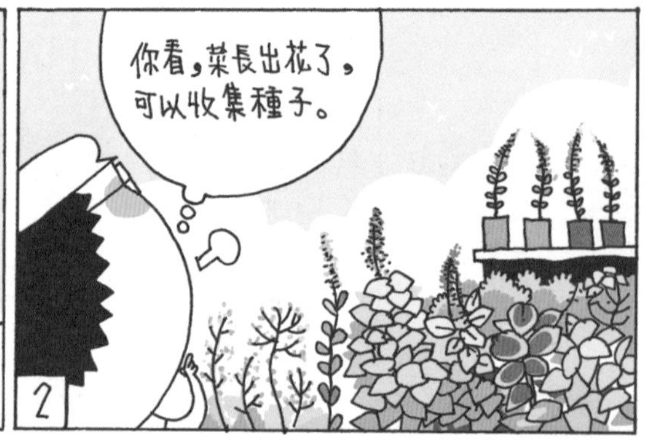
你看，菜長出花了，可以收集種子。
2

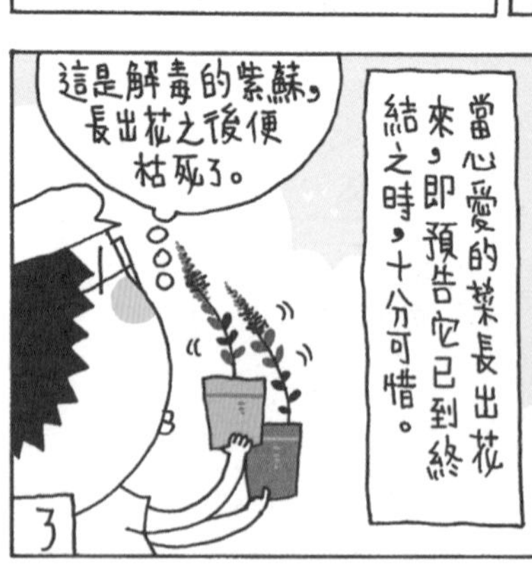
這是解毒的紫蘇，長出花之後便枯死了。
當心愛的菜長出花來，即預告它已到終結之時，十分可惜。
3

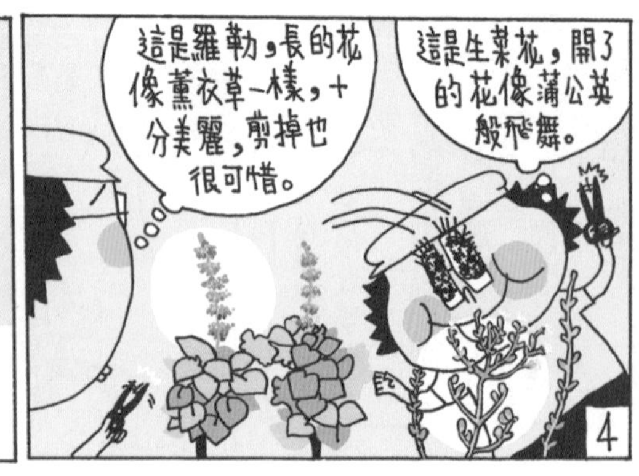
這是羅勒，長的花像薰衣草一樣，十分美麗，剪掉也很可惜。
這是生菜花，開了的花像蒲公英般飛舞。
4

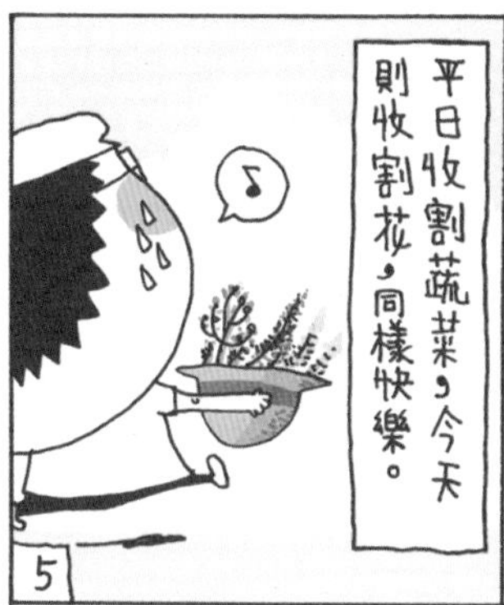

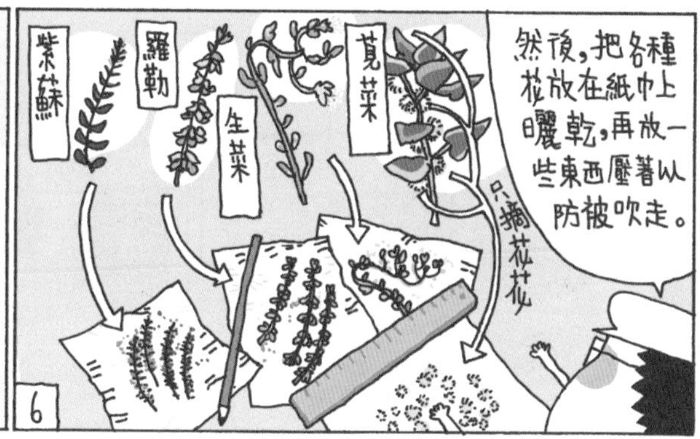

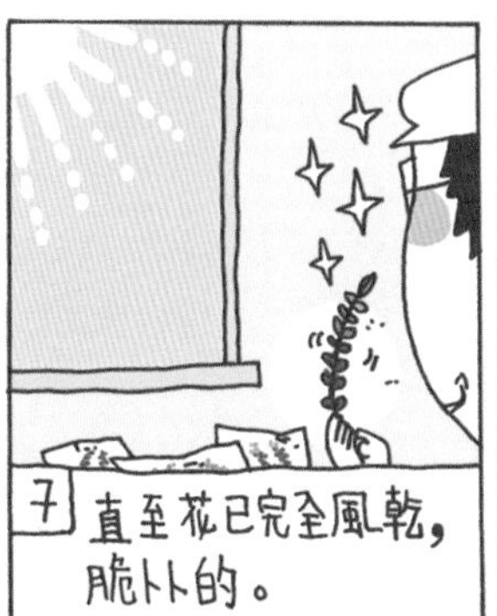
7 直至花已完全風乾，脆卜卜的。

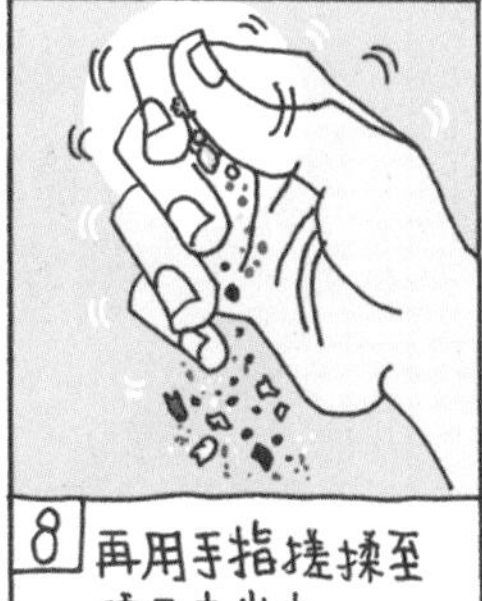
8 再用手指搓揉至種子走出來

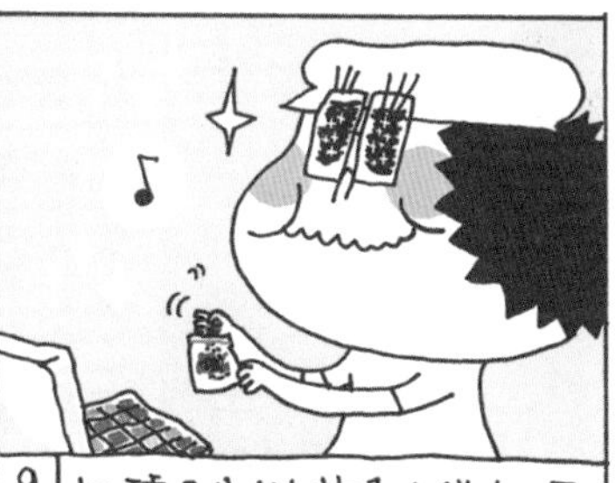

9 把種子分批放入小袋中，再放入雪櫃，便可以留上一兩年了。

驚喜篇。一

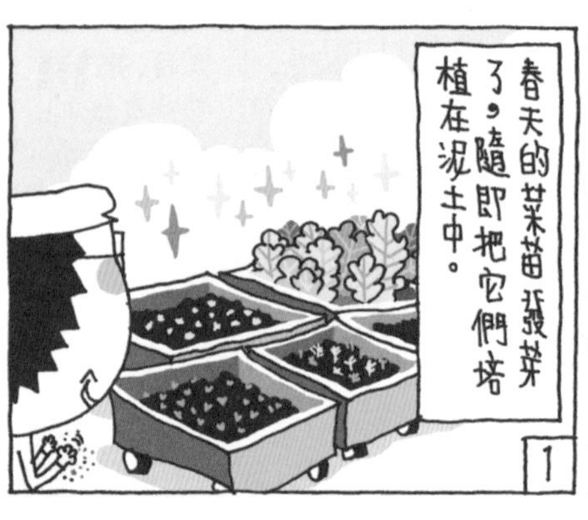
春天的菜苗發芽了，隨即把它們培植在泥土中。
1

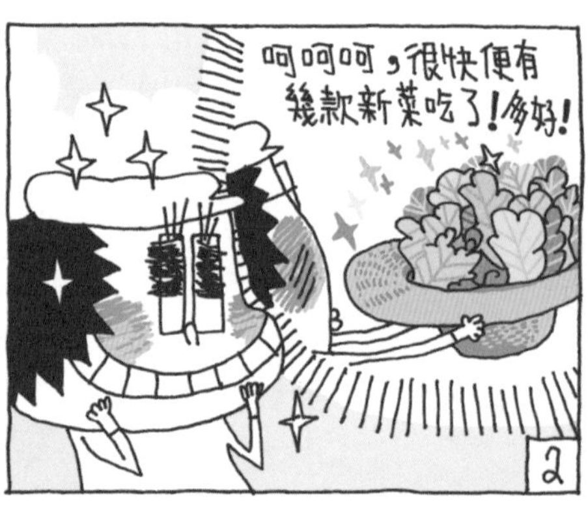
呵呵呵，很快便有幾款新菜吃了！多好！
2

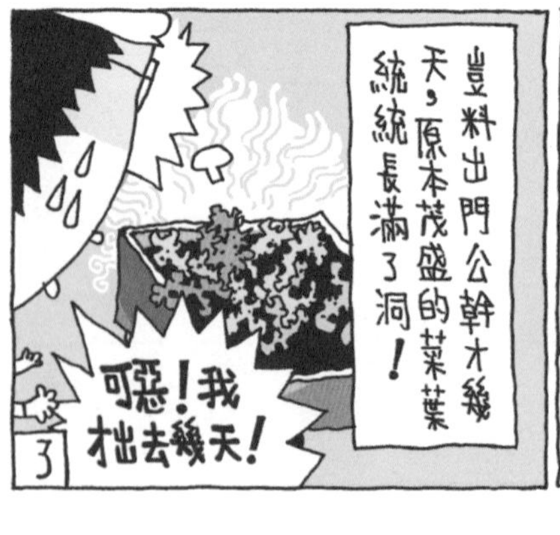
豈料出門公幹才幾天，原本茂盛的菜葉統統長滿了洞！
可惡！我甩去幾天！
3

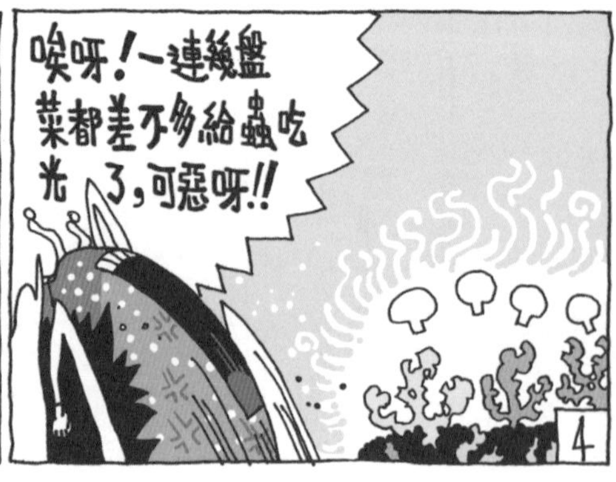
唉呀！一連幾盤菜都差不多給蟲吃光了，可惡呀！！
4

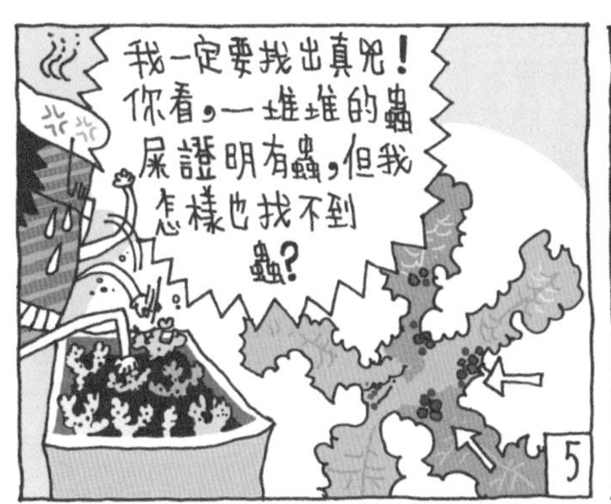
我一定要找出真兇！你看，一堆堆的蟲屎證明有蟲，但我怎樣也找不到蟲？
5

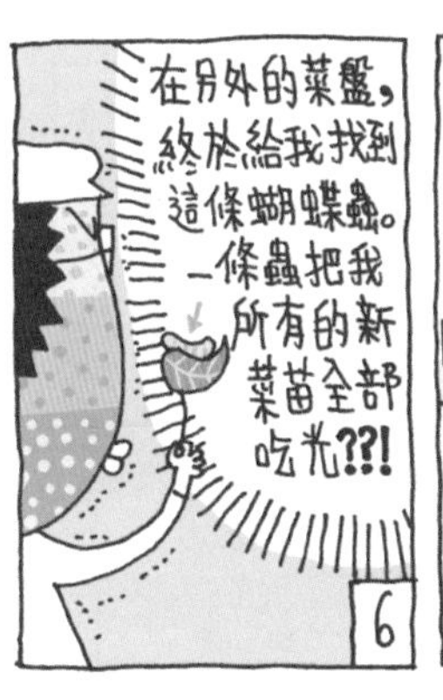
在另外的菜盤，終於給我找到這條蝴蝶蟲。一條蟲把我所有的新菜苗全部吃光??!
6

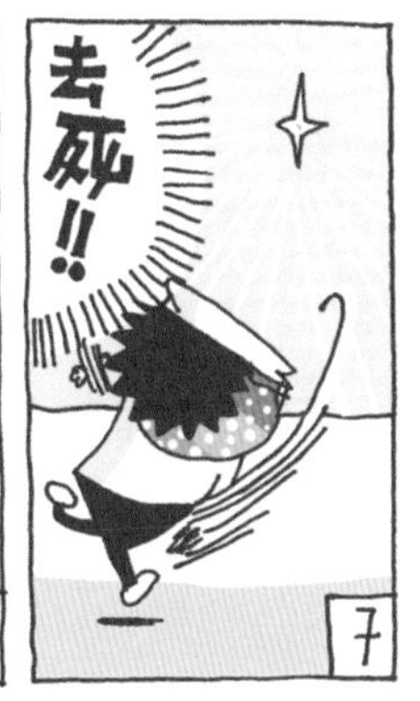
去死!!
7

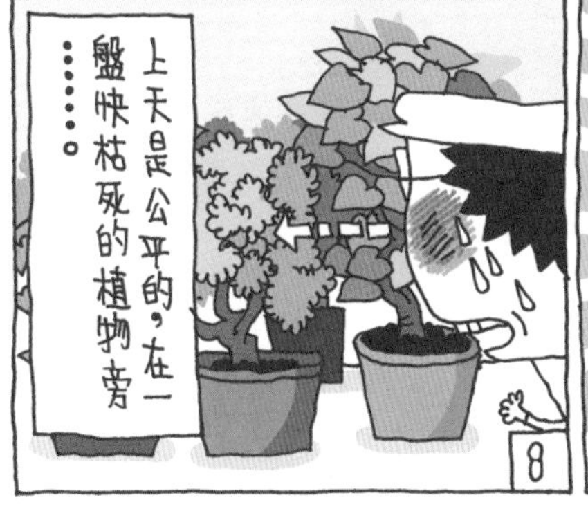
上天是公平的，在一盤快枯死的植物旁……。
8

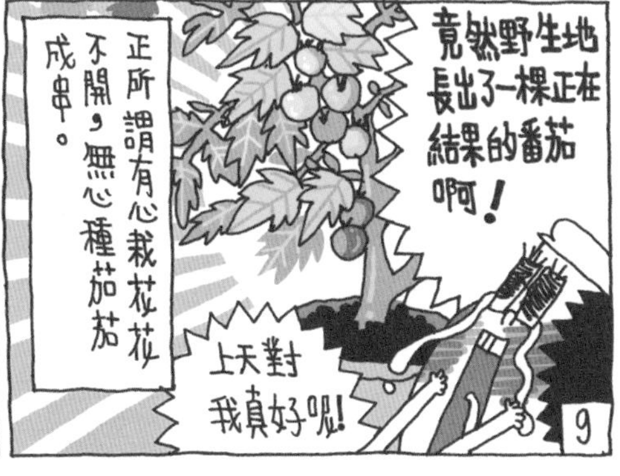
竟然野生地長出了一棵正在結果的番茄啊！
正所謂有心栽花花不開，無心種茄茄成串。
上天對我真好呢！
9

驚喜篇．二

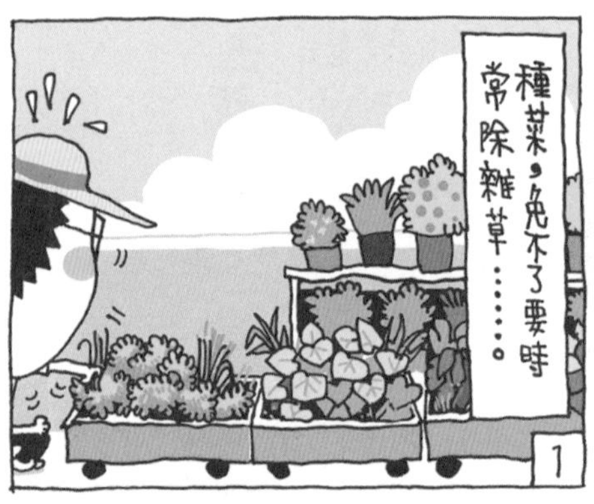
種菜，免不了要時
常除雜草……。
1

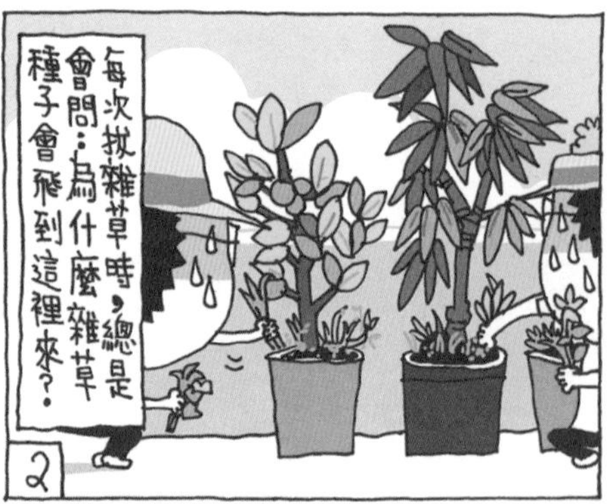
每次拔雜草時，總是
會問：為什麼雜草
種子會飛到這裡來？
2

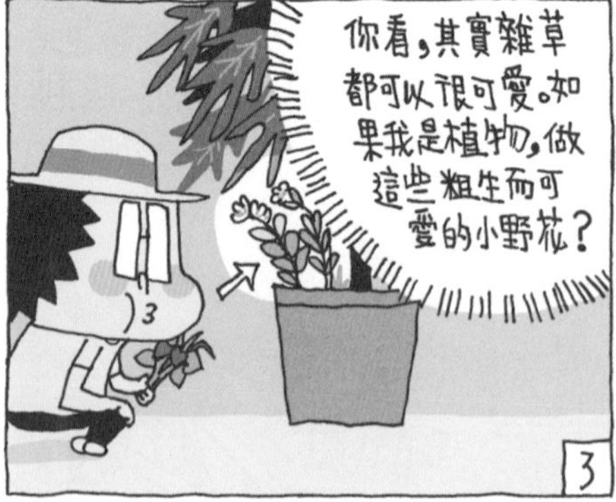
你看，其實雜草
都可以很可愛。如
果我是植物，做
這些粗生而可
愛的小野花？
3

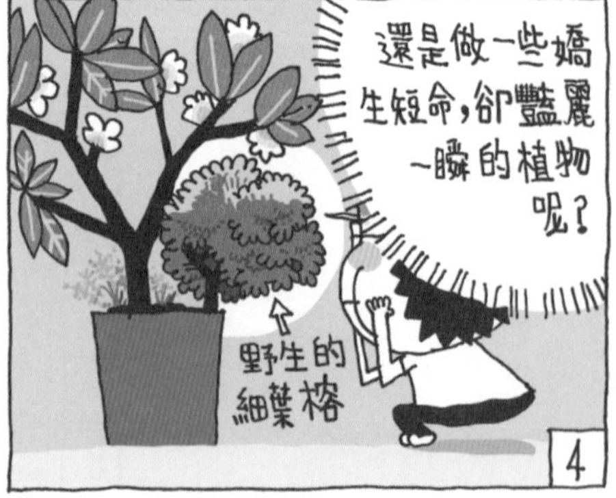
還是做一些嬌
生短命，卻豔麗
一瞬的植物
呢？
野生的
細葉榕
4

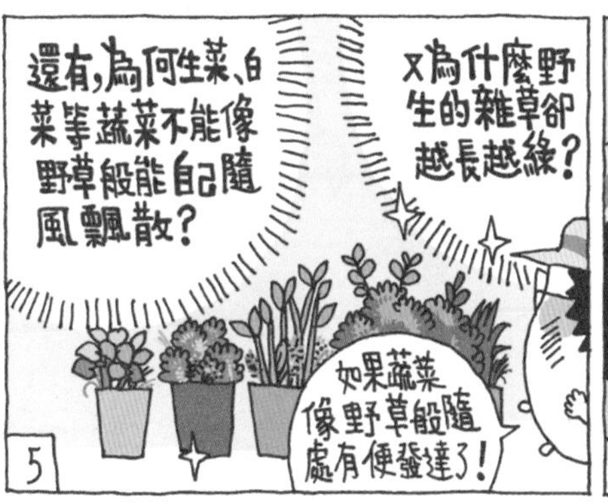
還有，為何生菜、白菜等蔬菜不能像野草般能自己隨風飄散？
又為什麼野生的雜草卻越長越綠？
如果蔬菜像野草般隨處有便發達了！
5

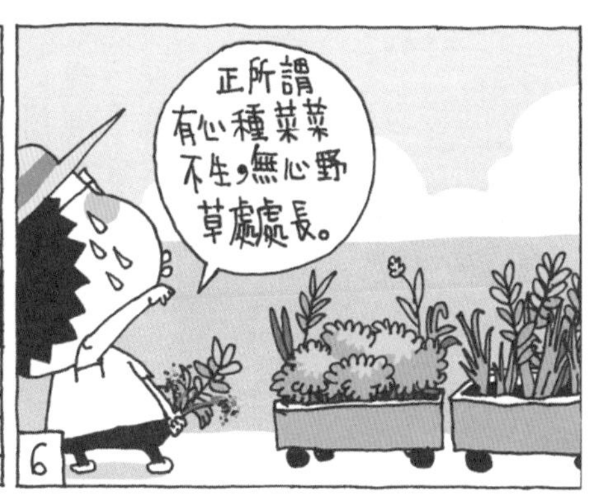
正所謂有心種菜菜不生，無心野草處處長。
6

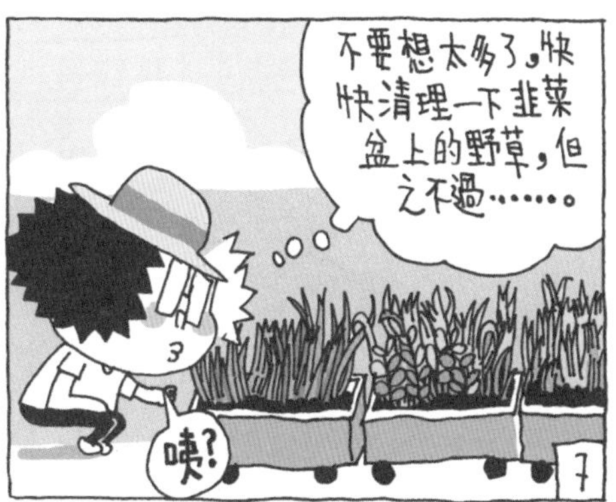
不要想太多了，快快清理一下韭菜盆上的野草，但之不過……。
咦？
7

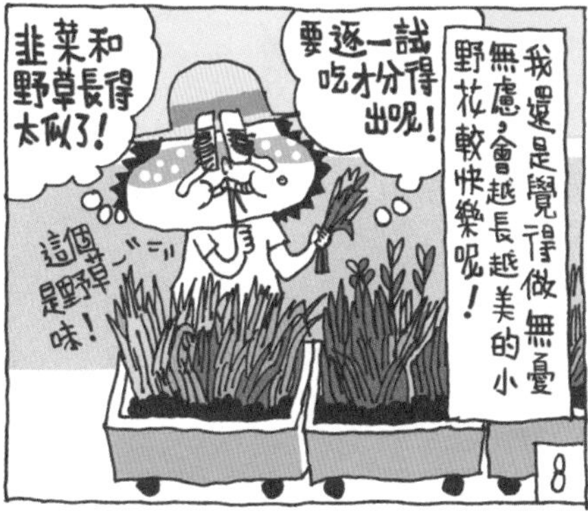
韭菜和野草長得太似了！
要逐一試吃才分得出呢！
這個是野草味！
我還是覺得做無憂無慮，會越長越美的小野花較快樂呢！
8

韭菜篇

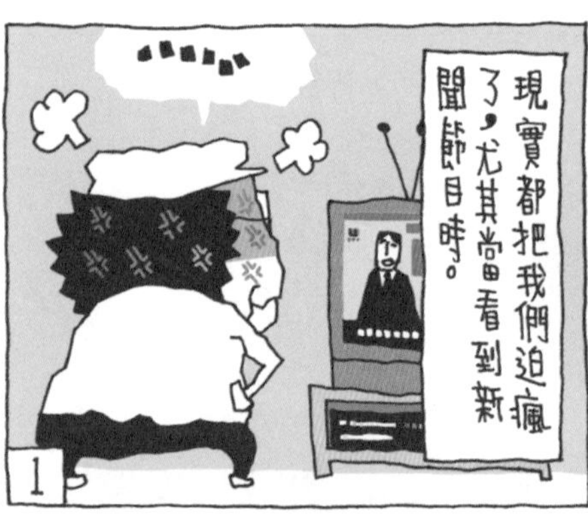
現實都把我們迫瘋了，尤其當看到新聞節目時。

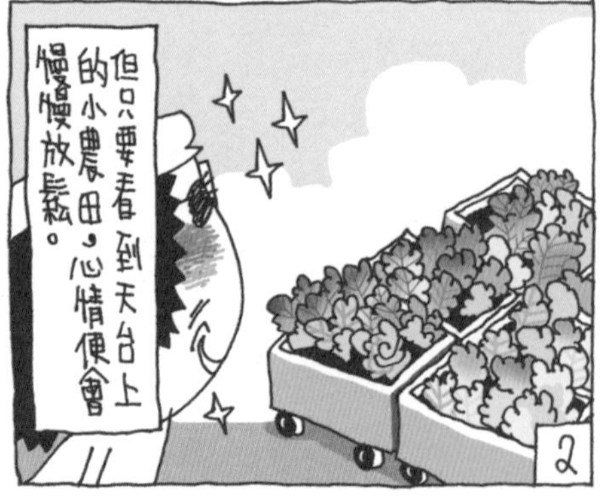
但只要看到天台上的小農田，心情便會慢慢放鬆。

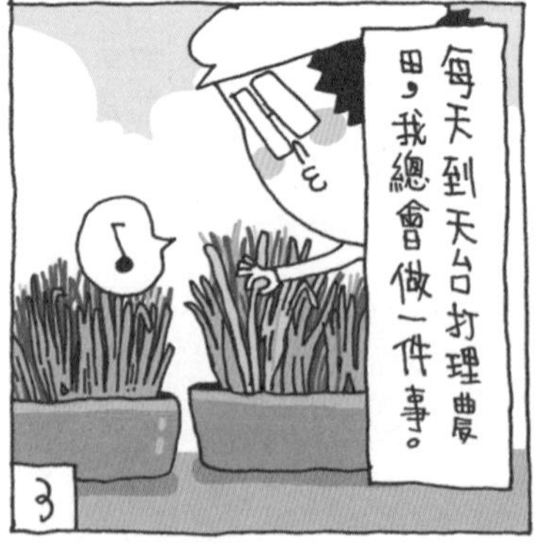
每天到天台打理農田，我總會做一件事。

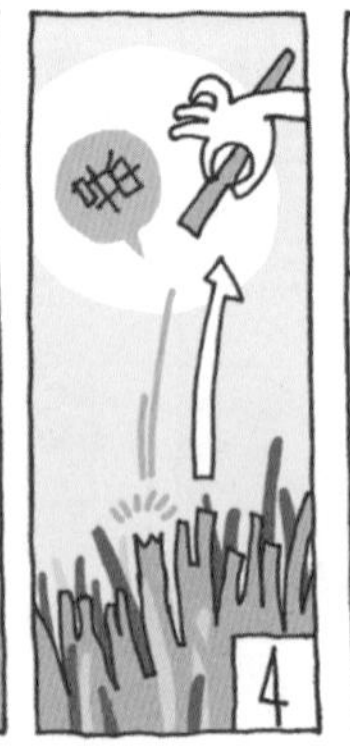

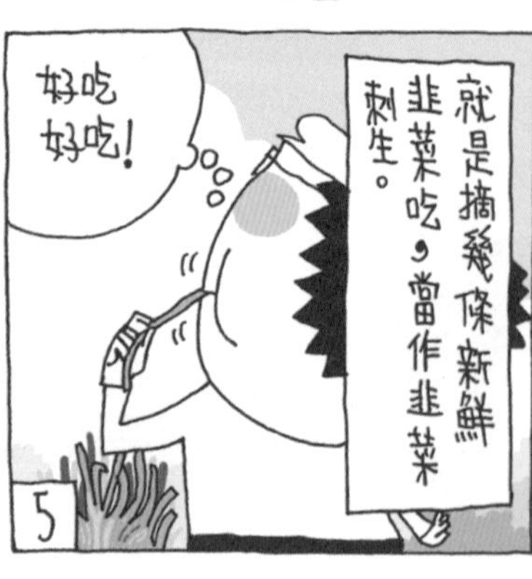
就是摘幾條新鮮韭菜吃，當作韭菜刺生。
好吃好吃！

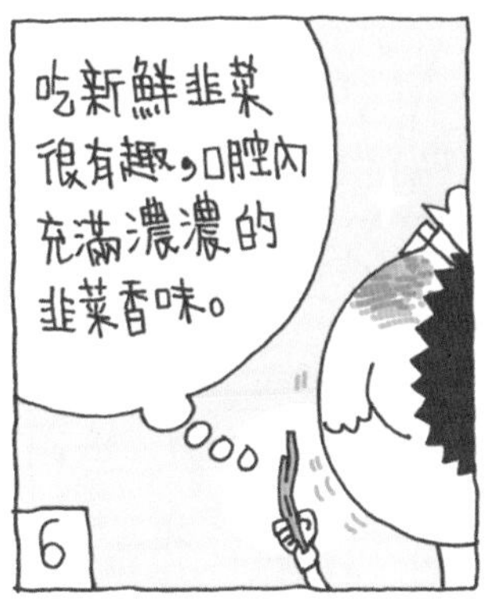
吃新鮮韭菜很有趣，口腔內充滿濃濃的韭菜香味。
6

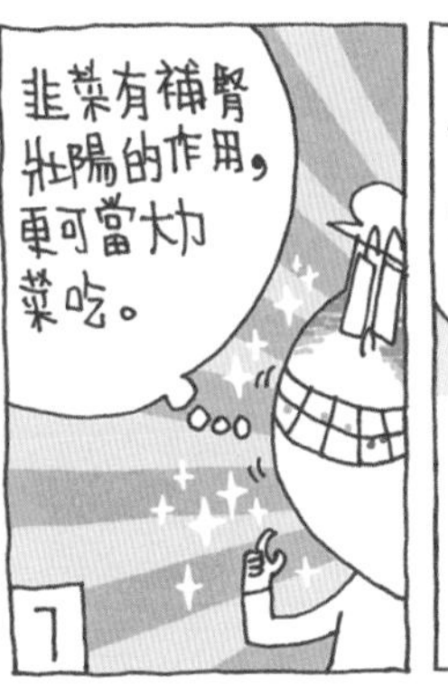
韭菜有補腎壯陽的作用，更可當大力菜吃。
7

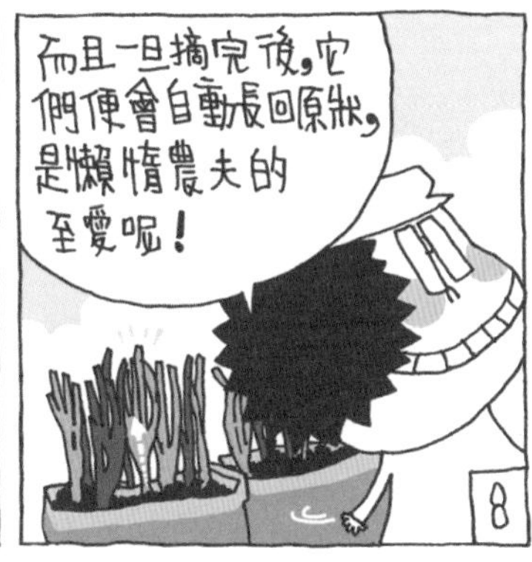
而且一旦摘完後，它們便會自動長回原狀，是懶惰農夫的至愛呢！
8

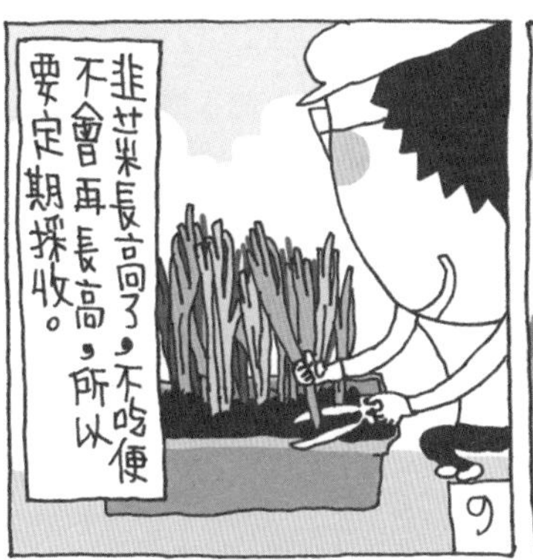
韭菜長高了，不吃便不會再長高，所以要定期採收。
9

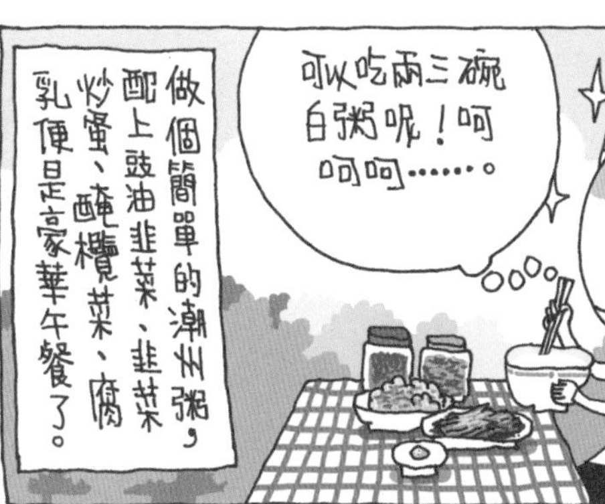
做個簡單的潮州粥，配上豉油韭菜、韭菜炒蛋、醃欖菜、腐乳便是豪華午餐了。
可以吃兩三碗白粥呢！呵呵呵……。
10

羅勒醬篇

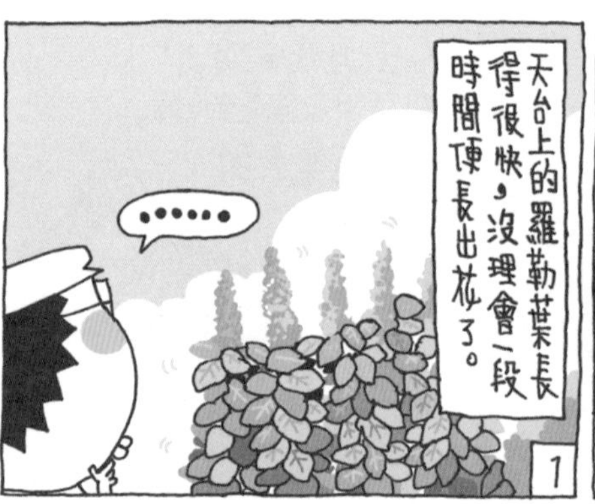
天台上的羅勒葉長得很快，沒理會一段時間便長出花了。
……

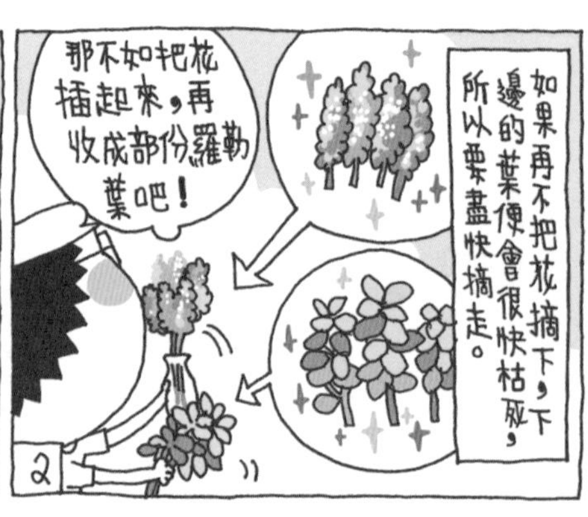
如果再不把花摘下，下邊的葉便會很快枯死，所以要盡快摘走。
那不如把花插起來，再收成部份羅勒葉吧！

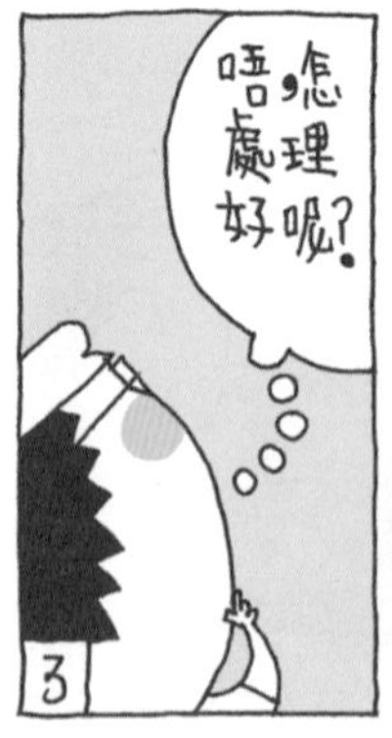
唔，怎處理好呢？

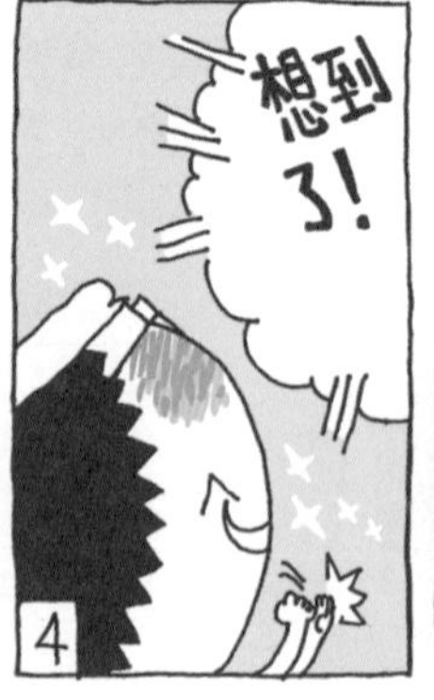
想到了！

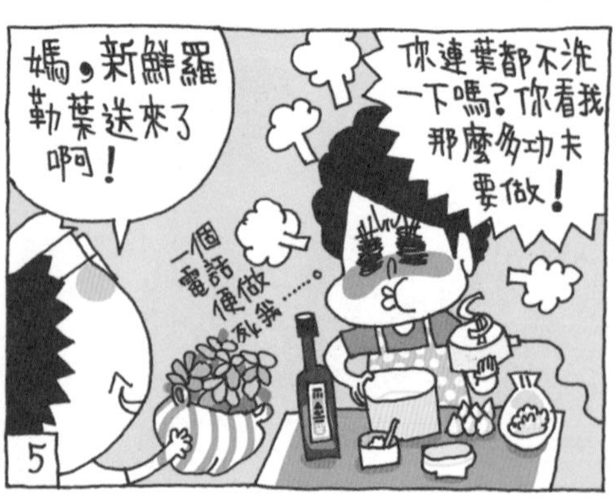
媽，新鮮羅勒葉送來了啊！
你連葉都不洗一下嗎？你看我那麼多功夫要做！
一個電話便做死我……。

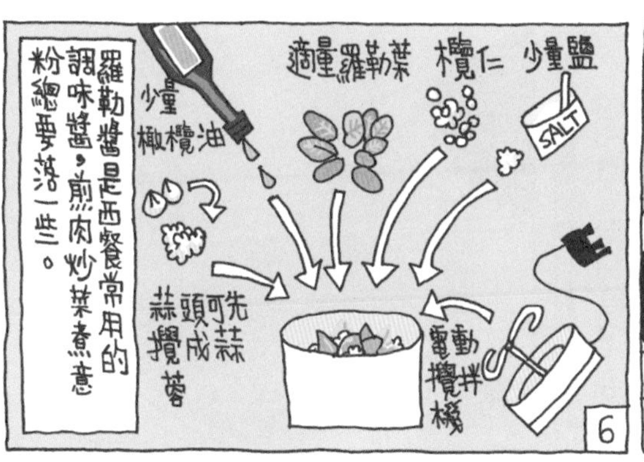
羅勒醬是西餐常用的調味醬，煎肉炒菜煮意粉總要落一些。
少量橄欖油
適量羅勒葉
欖仁
少量鹽
SALT
蒜頭可先攪成蒜蓉
電動攪拌機
6

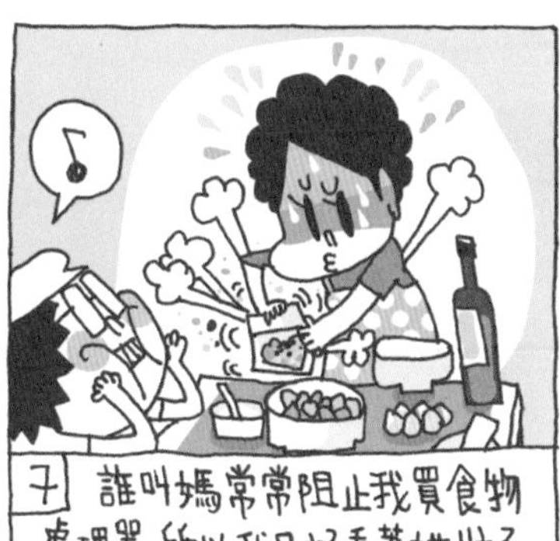
7 誰叫媽常常阻止我買食物處理器，所以我只好看着她忙了。

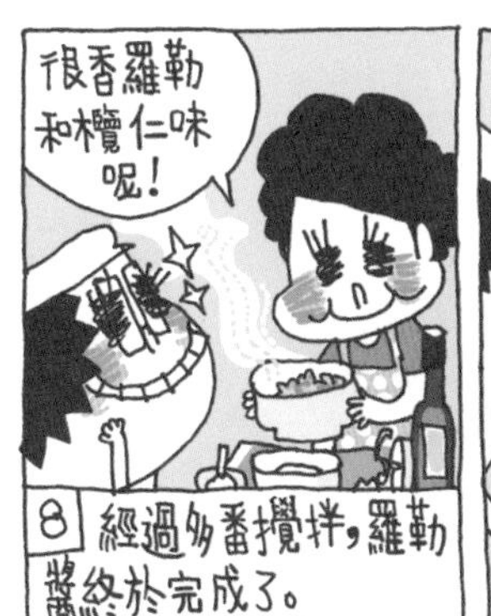
很香羅勒和欖仁味呢！
8 經過多番攪拌，羅勒醬終於完成了。

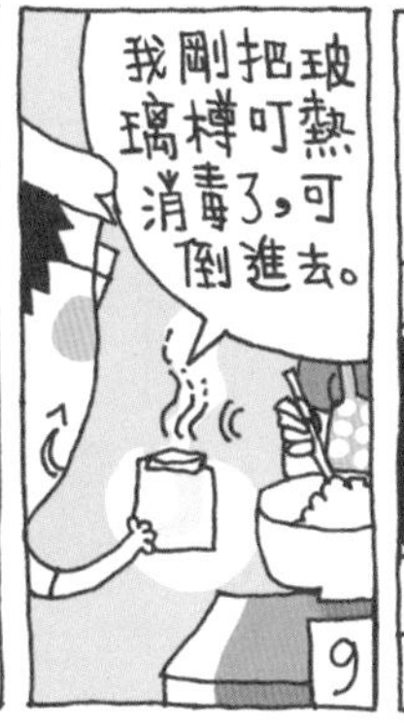
我剛把玻璃樽叮熱消毒了，可倒進去。
9

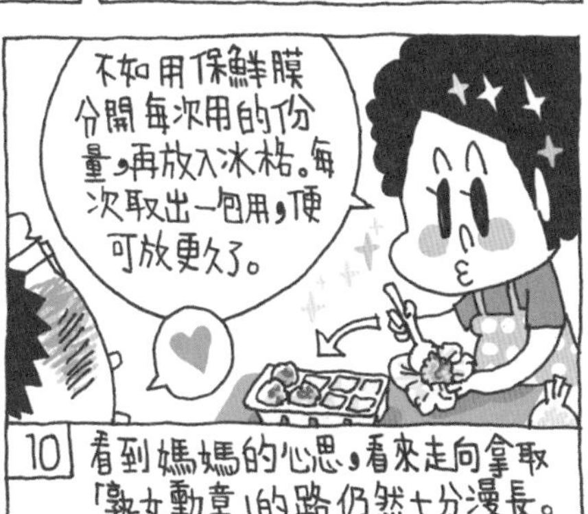
不如用保鮮膜分開每次用的份量，再放入冰格。每次取出一包用，便可放更久了。
10 看到媽媽的心思，看來走向拿取「熟女勳章」的路仍然十分漫長。

收成篇

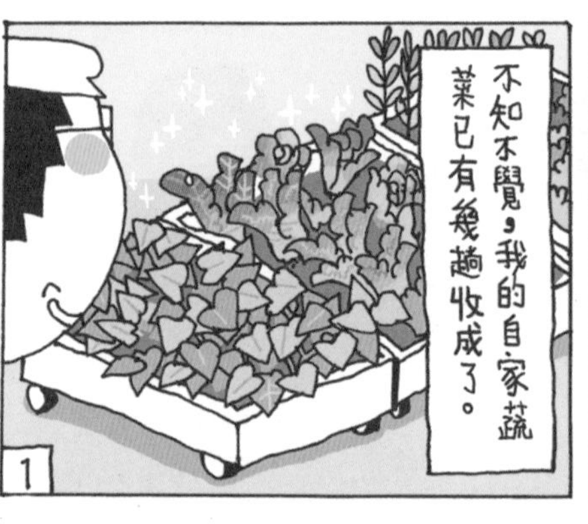
不知不覺，我的自家蔬菜已有幾趟收成了。

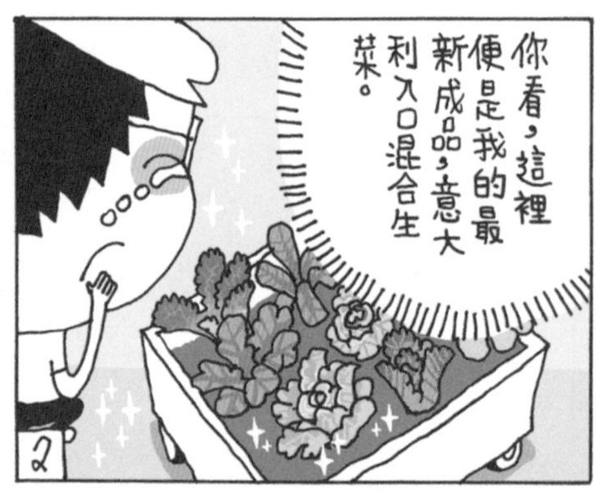
你看，這裡便是我的最新成品，意大利入口混合生菜。

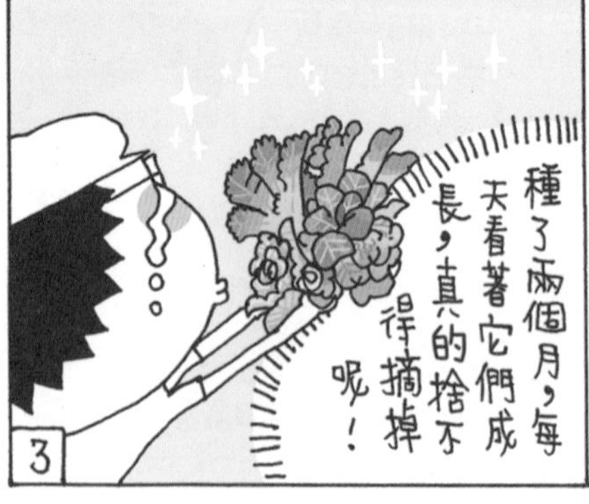
種了兩個月，每天看著它們成長，真的捨不得摘掉呢！

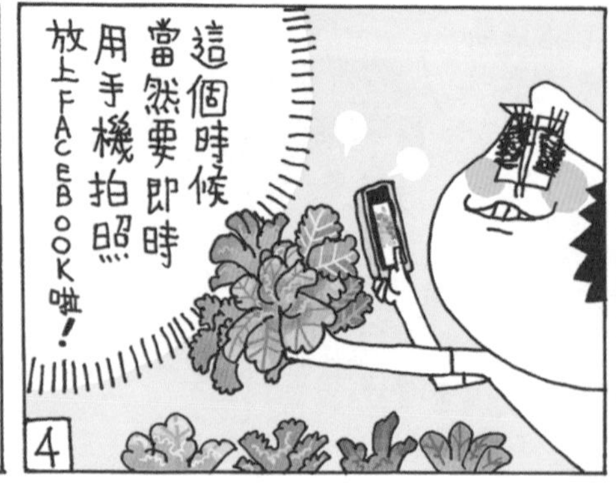
這個時候當然要即時用手機拍照放上FACEBOOK啦！

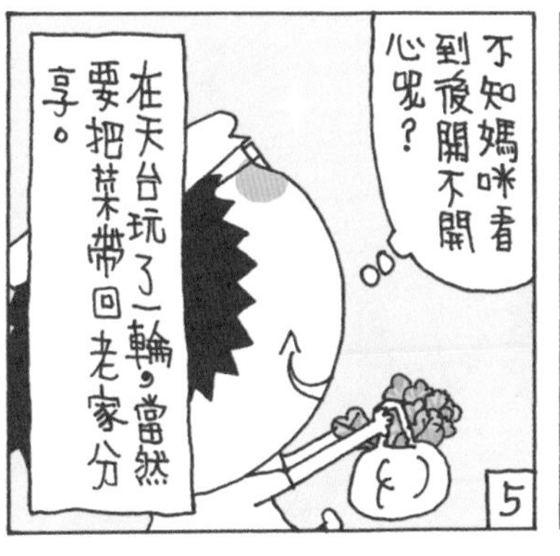
在天台玩了一輪，當然要把菜帶回老家分享。
不知媽咪看到後開不開心呢？
5

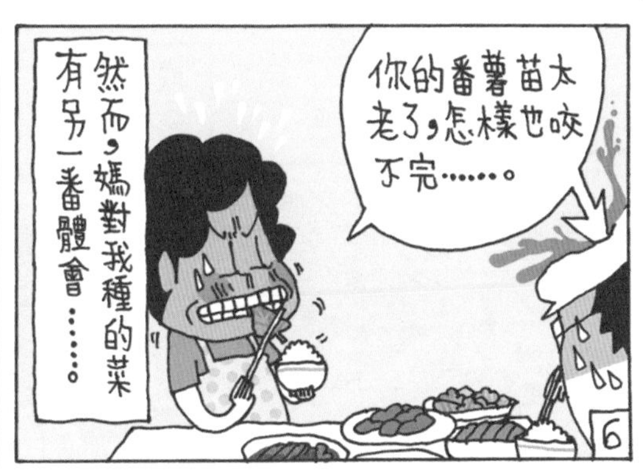
然而，媽對我種的菜有另一番體會……。
你的番薯苗太老了，怎樣也咬不完……。
6

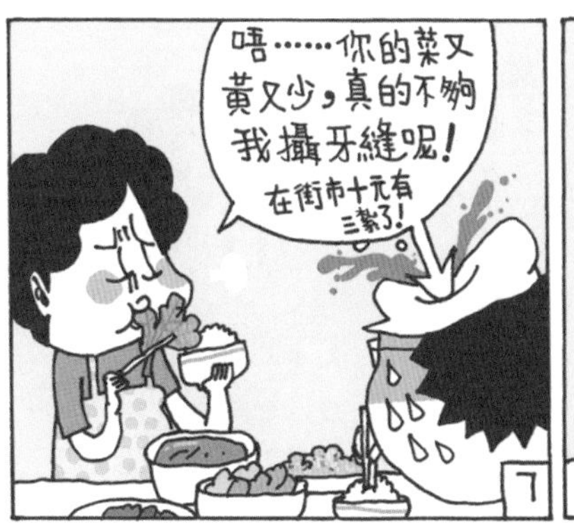
唔……你的菜又黃又少，真的不夠我攝牙縫呢！
在街市十元有三紮了！
7

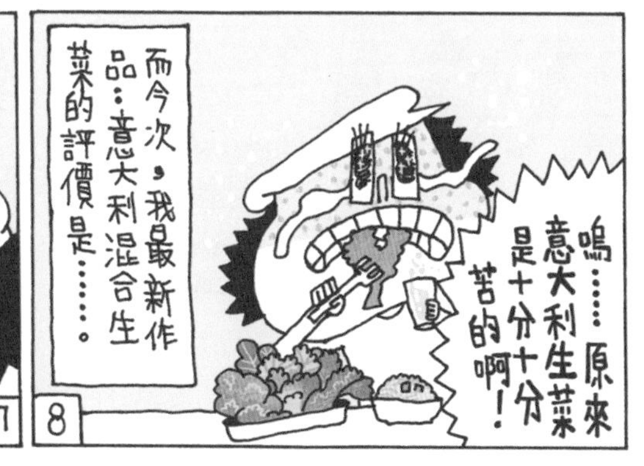
8
而今次，我最新作品：意大利混合生菜的評價是……。
嗚……原來意大利生菜是十分十分苦的啊！

分享篇

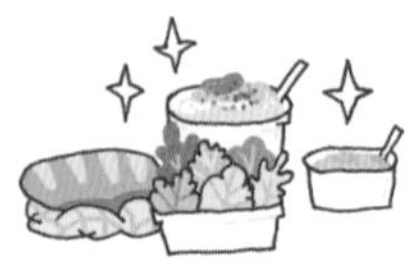

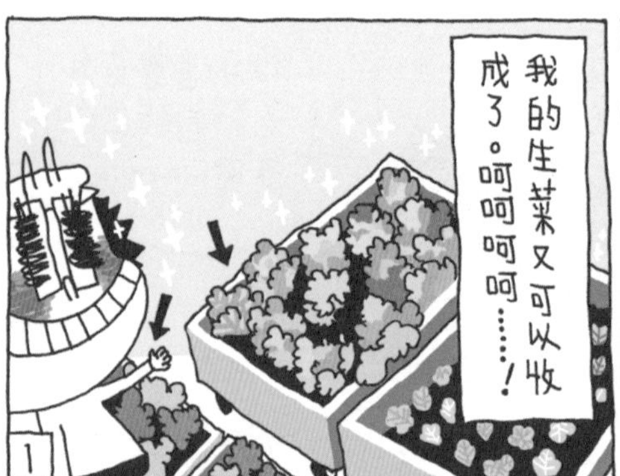
我的生菜又可以收成了。呵呵呵呵……！

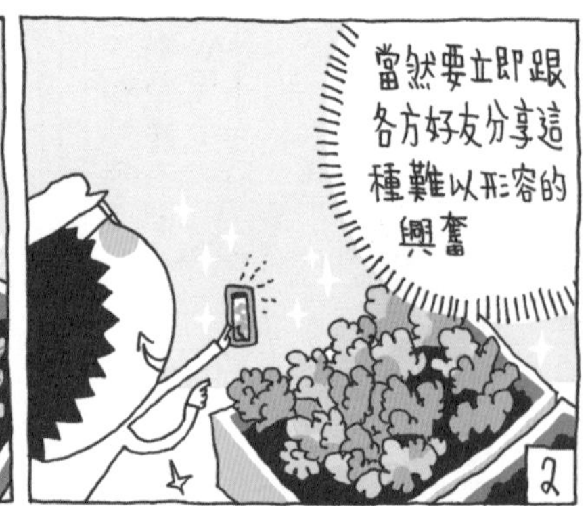
當然要立即跟各方好友分享這種難以形容的興奮

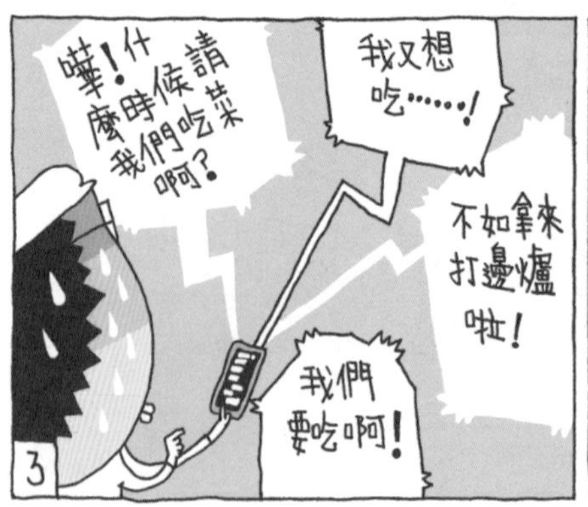
嘩！什麼時候請我們吃菜啊？
我又想吃……！
不如拿來打邊爐啦！
我們要吃啊！

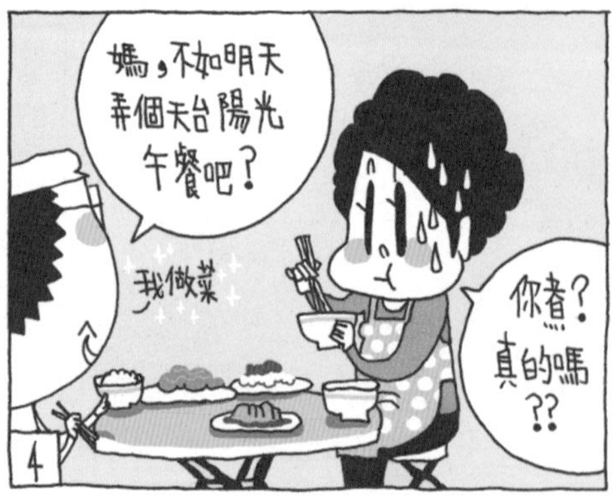
媽，不如明天弄個天台陽光午餐吧？
我做菜
你煮？真的嗎？？

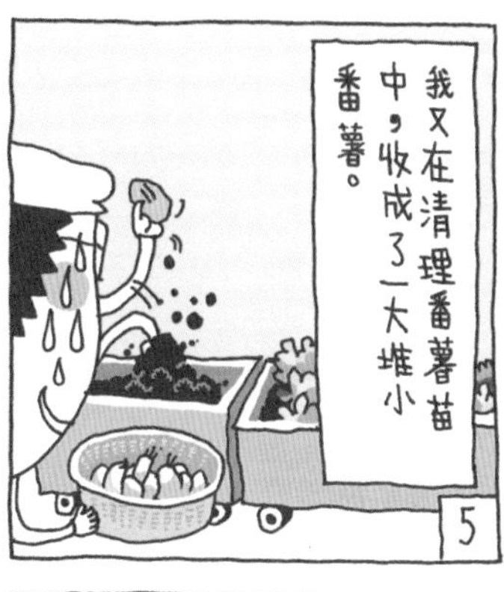
我又在清理番薯苗中，收成了一大堆小番薯。
5

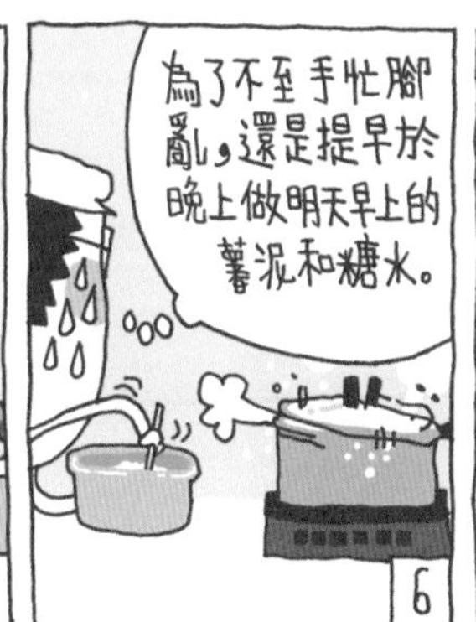
為了不至手忙腳亂，還是提早於晚上做明天早上的薯泥和糖水。
6

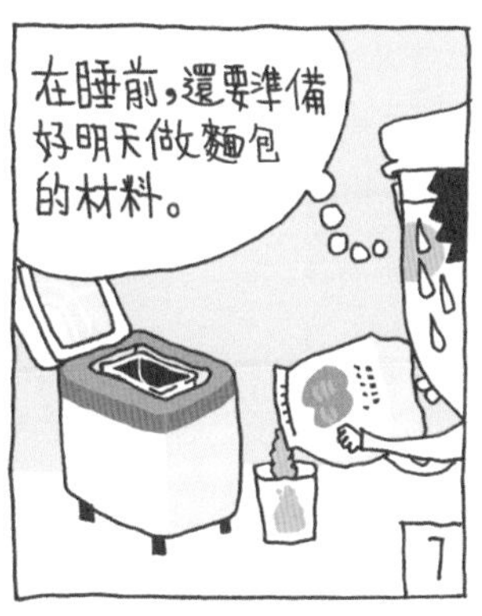
在睡前，還要準備好明天做麵包的材料。
7

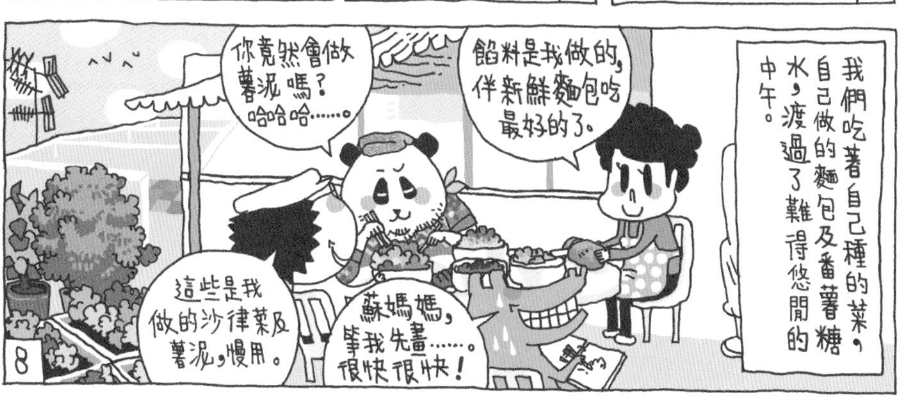
我們吃着自己種的菜，自己做的麵包及番薯糖水，渡過了難得悠閒的中午。
餡料是我做的，伴新鮮麵包吃最好的了。
你竟然會做薯泥嗎？哈哈哈……。
這些是我做的沙律菜及薯泥，慢用。
蘇媽媽，等我先畫……。很快很快！
8

CHAPTER 3

神秘鄰居

燕子。一

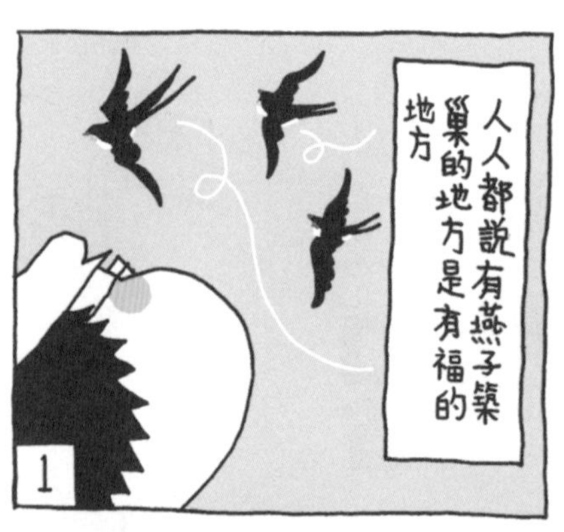
人人都說有燕子築
巢的地方是有福的
地方
1

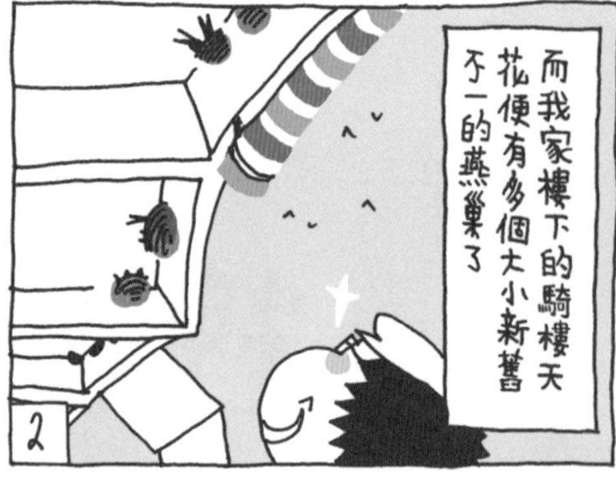
而我家樓下的騎樓天
花便有多個大小新舊
不一的燕巢了
2

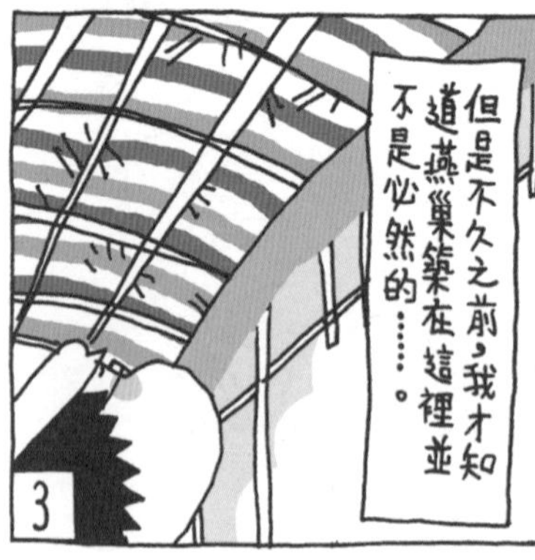
但是不久之前，我才知
道燕巢築在這裡並
不是必然的……。
3

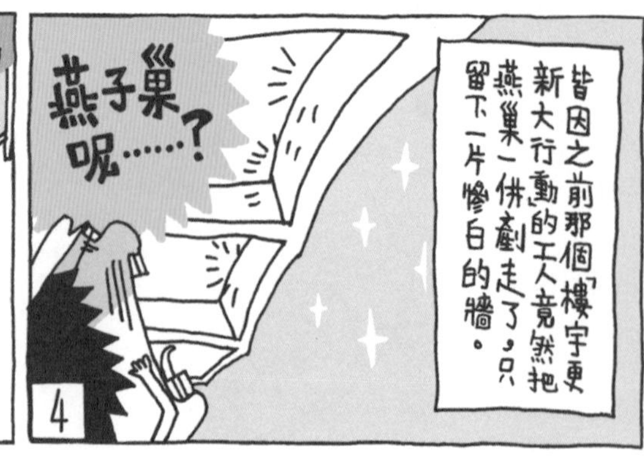
皆因之前那個「樓宇更
新大行動」的工人竟然把
燕巢一併剷走了，只
留下一片慘白的牆。
燕子巢
呢……？
4

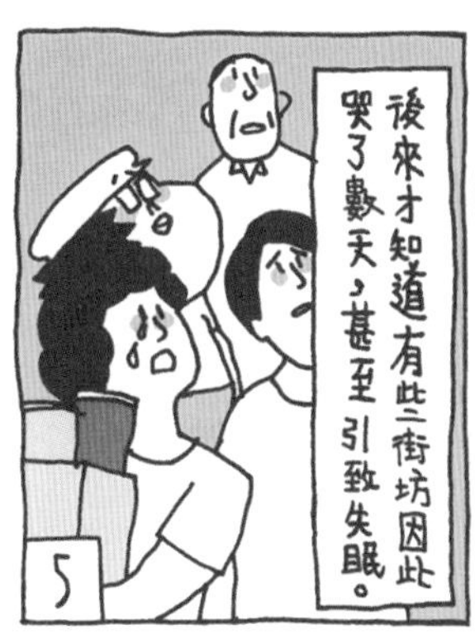
5
後來才知道有些街坊因此哭了數天，甚至引致失眠。

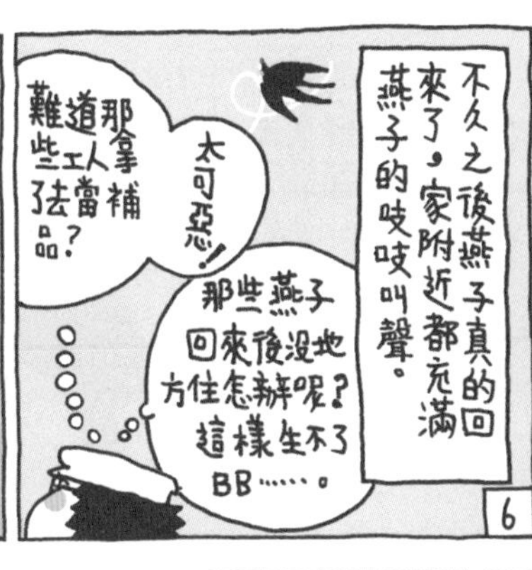
6
不久之後燕子真的回來了，家附近都充滿燕子的吱吱叫聲。
太可惡！
難道那些工人拿去當補品？
那些燕子回來後沒地方住怎辦呢？這樣生不了BB……。

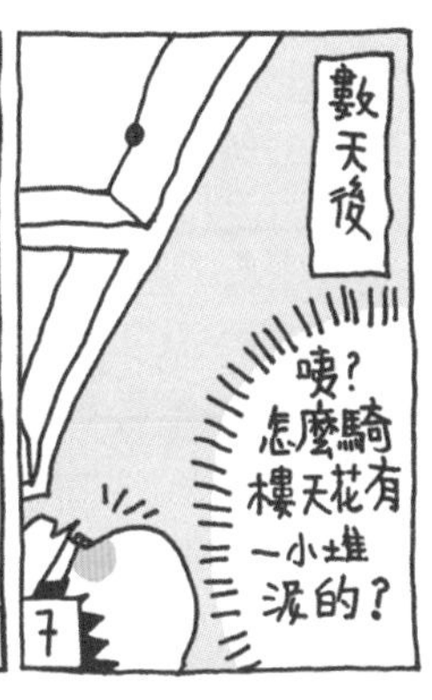
7
數天後
咦？怎麼騎樓天花有一小堆泥的？

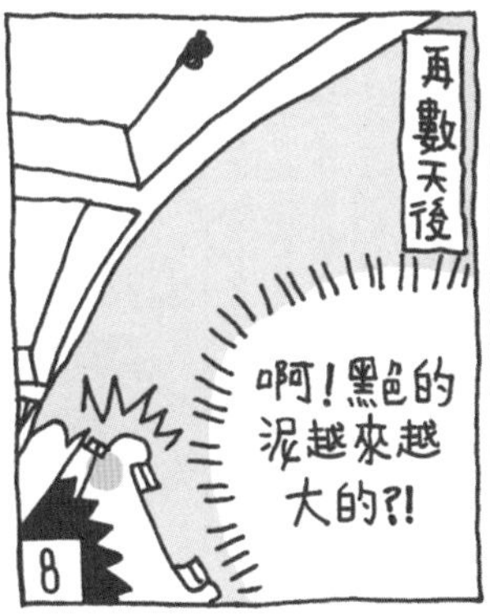
8
再數天後
啊！黑色的泥越來越大的?!

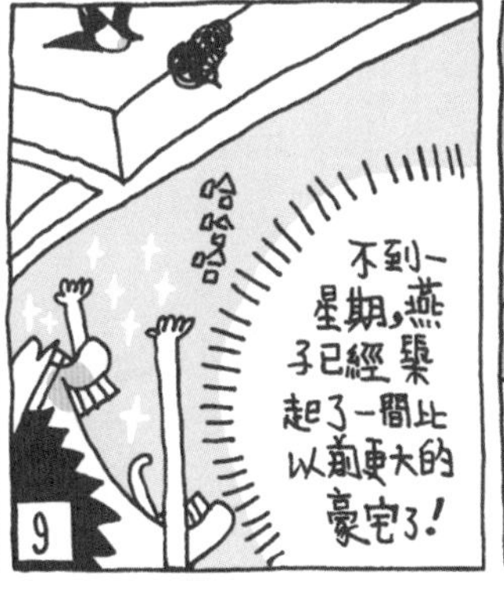
9
哈哈哈
不到一星期，燕子已經築起了一間比以前更大的豪宅了！

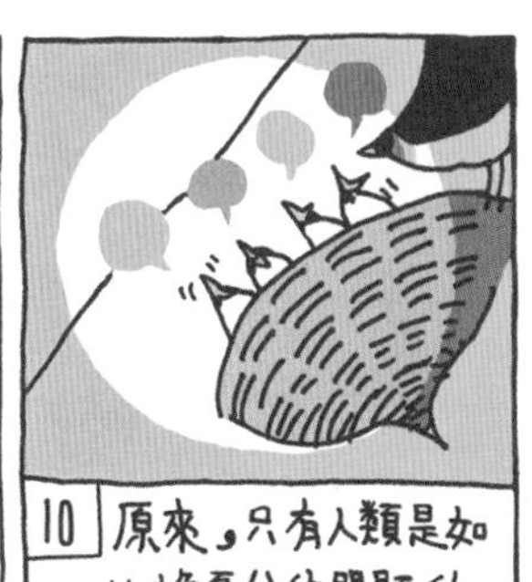
10
原來，只有人類是如此擔憂住的問題的。

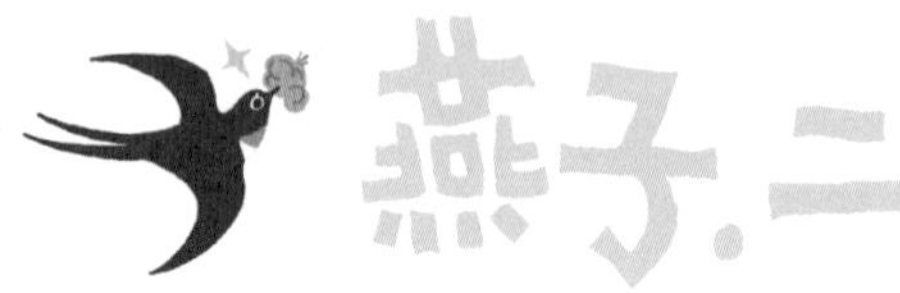
燕子。二

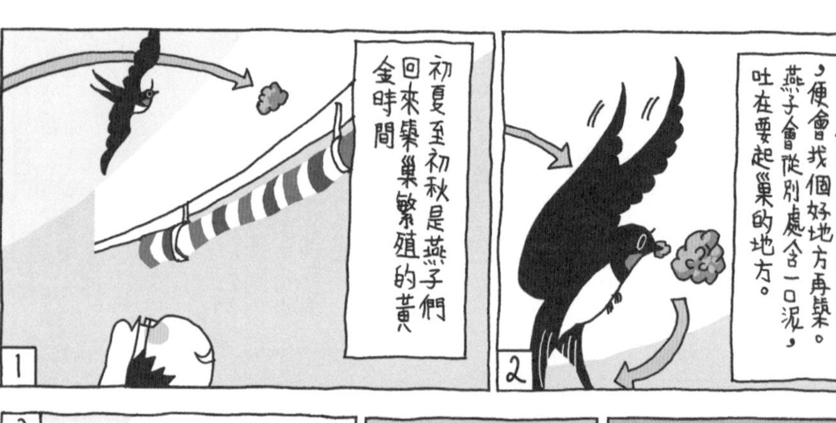
1
初夏至初秋是燕子們回來築巢繁殖的黃金時間
2
燕子們如找不到以前的巢，便會找個好地方再築。燕子會從別處含一口泥，吐在要起巢的地方。

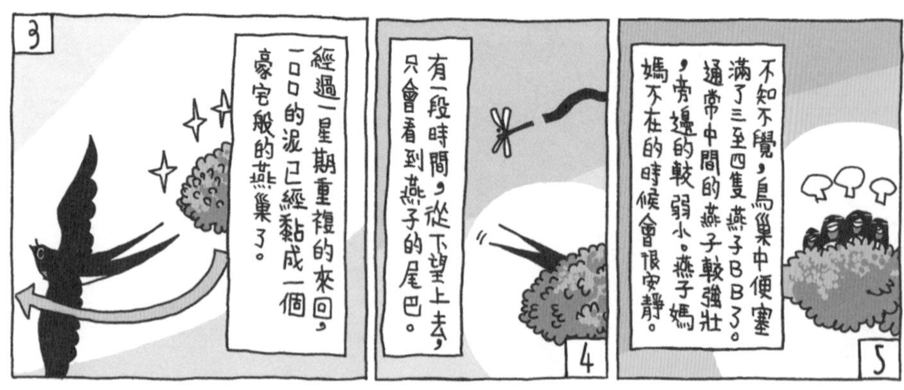
3
經過一星期重複的來回，一口口的泥已經黏成一個豪宅般的燕巢了。
有一段時間，從下望上去，只會看到燕子的尾巴。
4
不知不覺，鳥巢中便塞滿了三至四隻燕子BB了。通常中間的燕子較強壯，旁邊的較弱小。燕子媽媽不在的時候會很安靜。
5

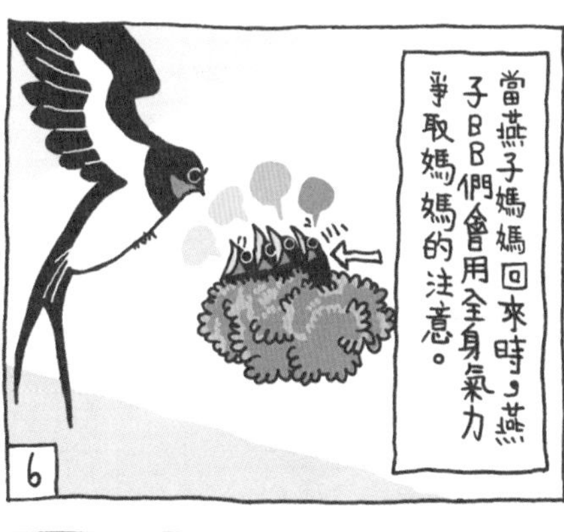
當燕子媽媽回來時，燕子BB們會用全身氣力爭取媽媽的注意。
6

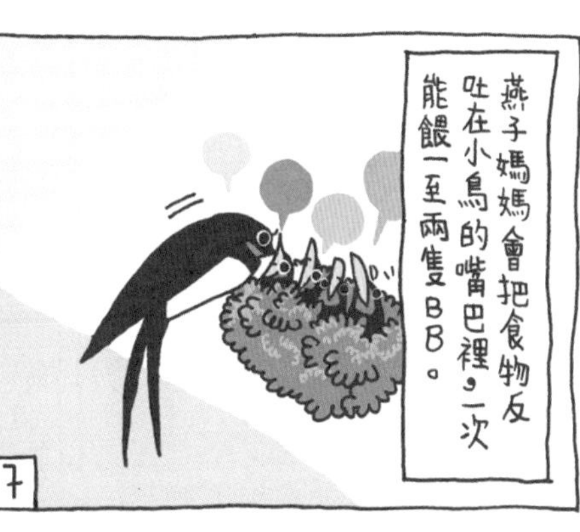
燕子媽媽會把食物反吐在小鳥的嘴巴裡，一次能餵一至兩隻BB。
7

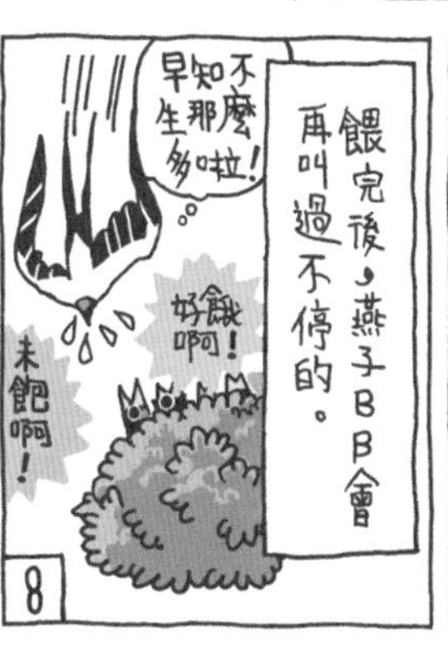
餵完後，燕子BB會再叫過不停的。
早知不生那麼多啦！
好餓啊！
未飽啊！
8

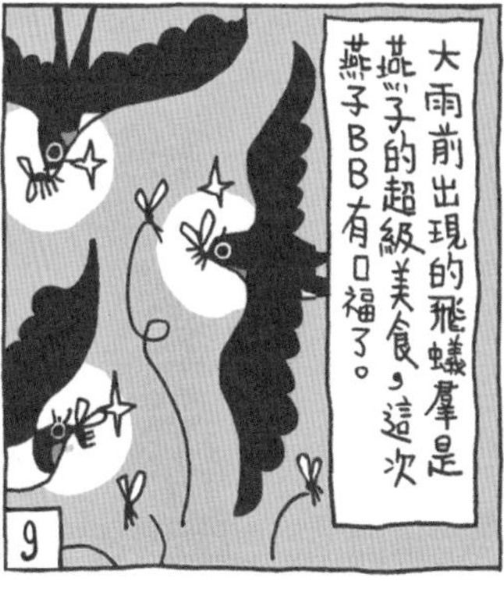
大雨前出現的飛蟻羣是燕子BB的超級美食，這次燕子BB有口福了。
9

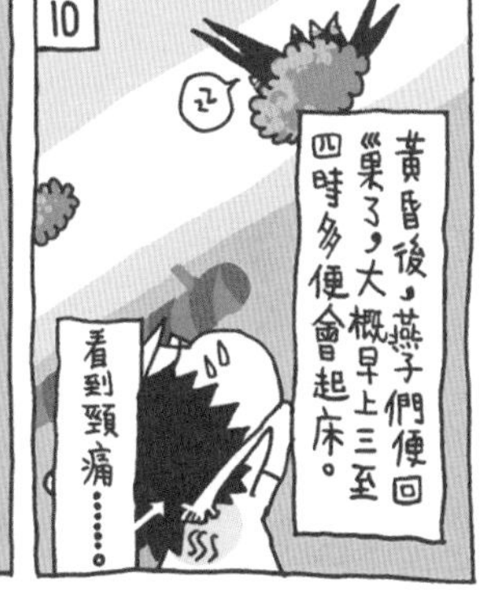
10
黃昏後，燕子們便回巢了，大概早上三至四時多便會起床。
看到頸痛……。

燕子。三

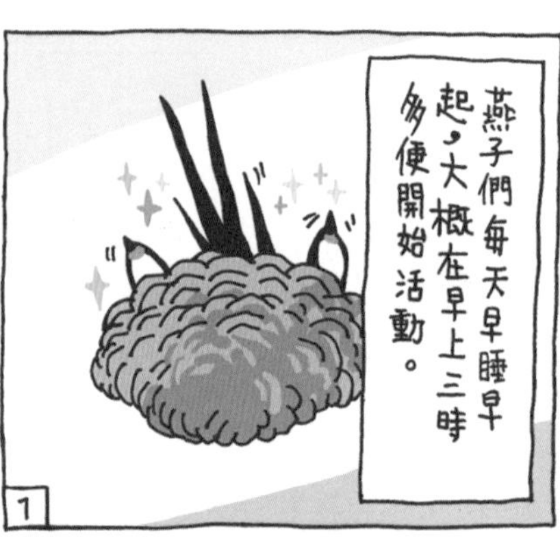
燕子們每天早睡早起，大概在早上三時多便開始活動。

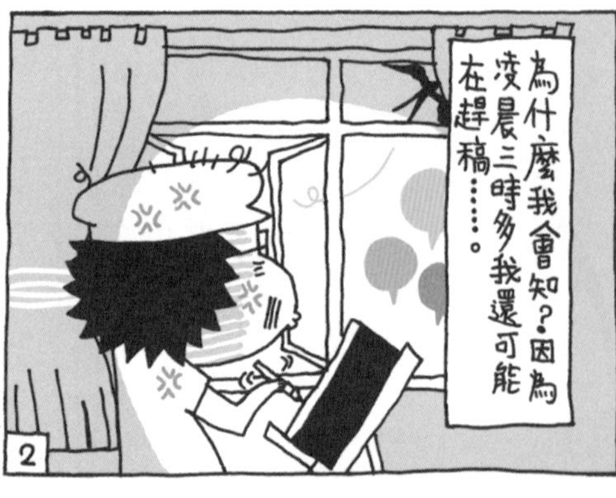
為什麼我會知？因為凌晨三時多我還可能在趕稿……。

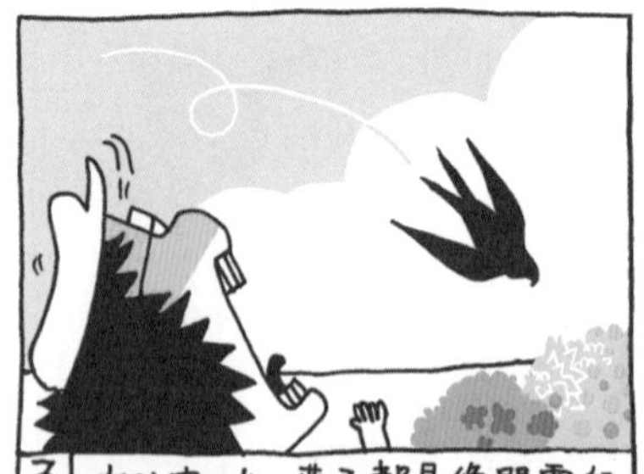
在我家天台，燕子都是像閃電般劃過天空，有時更低飛得差點擦過我的頭頂。

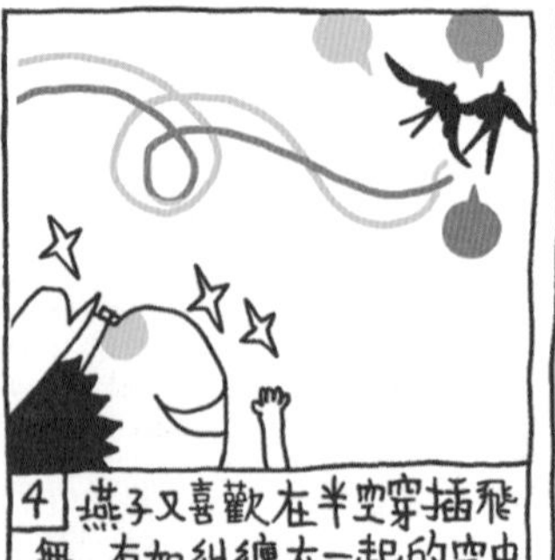
燕子又喜歡在半空穿插飛舞，有如糾纏在一起的空中絲帶。

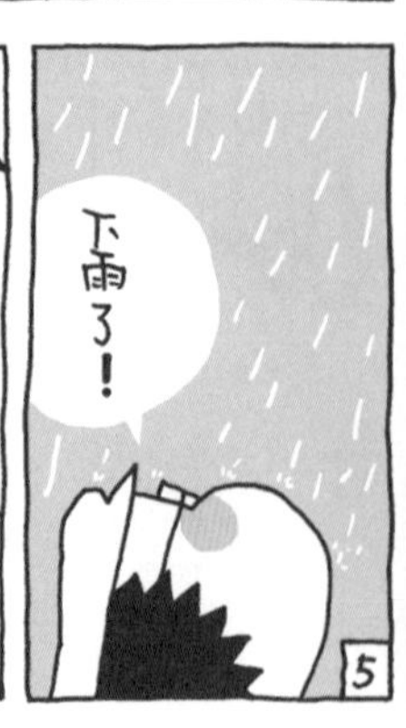
下雨了！

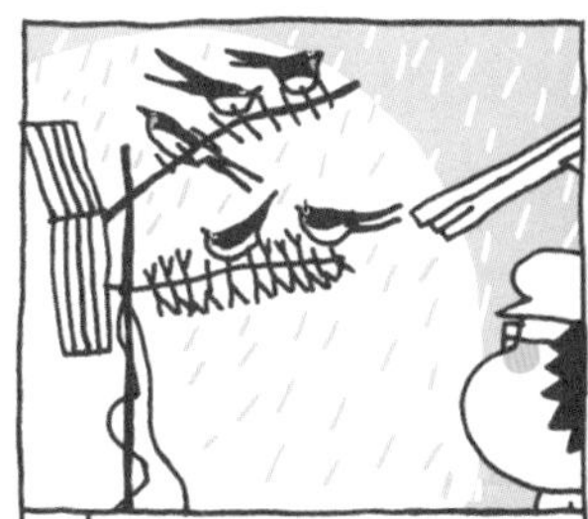
6
下雨天是燕子的洗澡天，燕子會飛上天台的天線上。

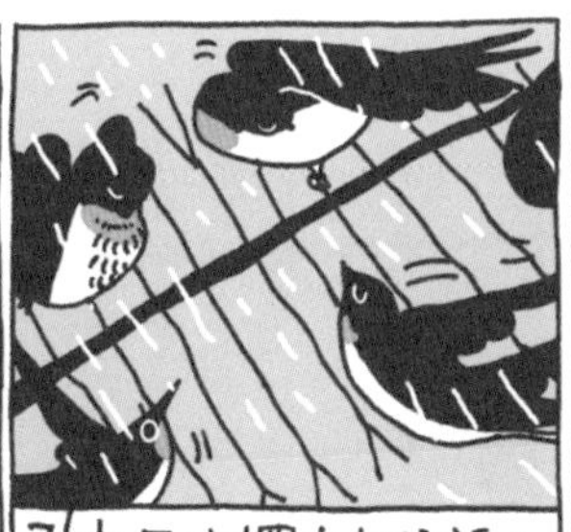
7
在雨中擺出各種誘人的出浴姿態

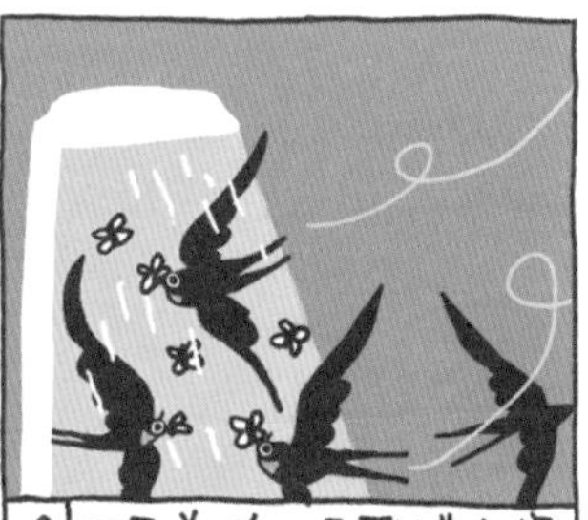
8
下雨前後又是飛蟻出沒的時候，燕子們便紛紛出動，大口大口地吃個不停。

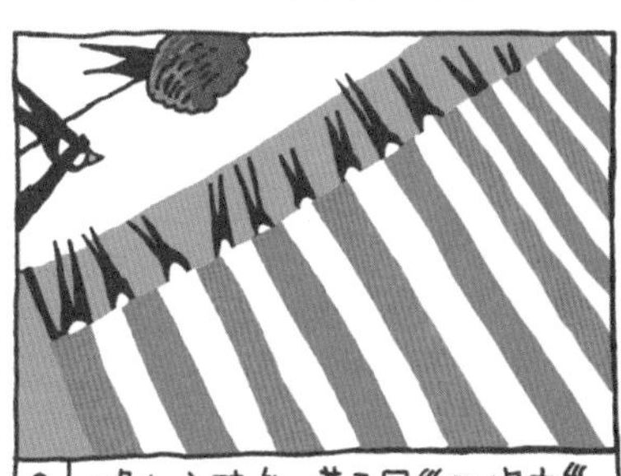
9
晚上六時多，燕子回巢了。沒有巢的便一字排開地站在帳篷上。

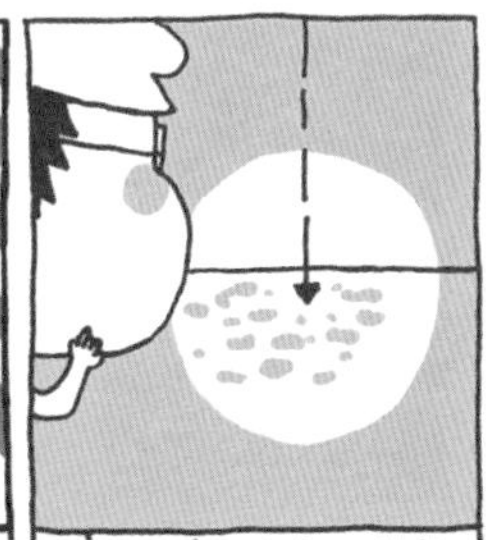
10
要找燕子其實不是難事，只要找個地面最多燕子糞的。

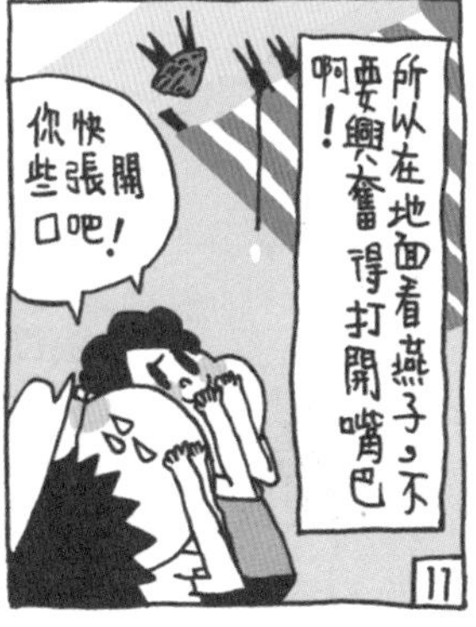
所以在地面看燕子，不要興奮得打開嘴巴啊！
你快些張開口吧！
11

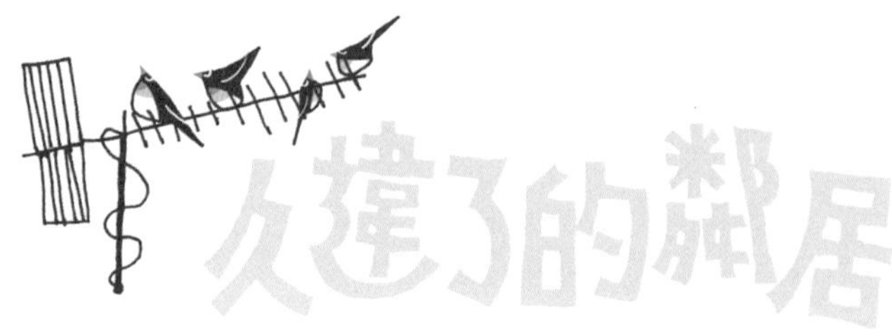

久違了的鄰居

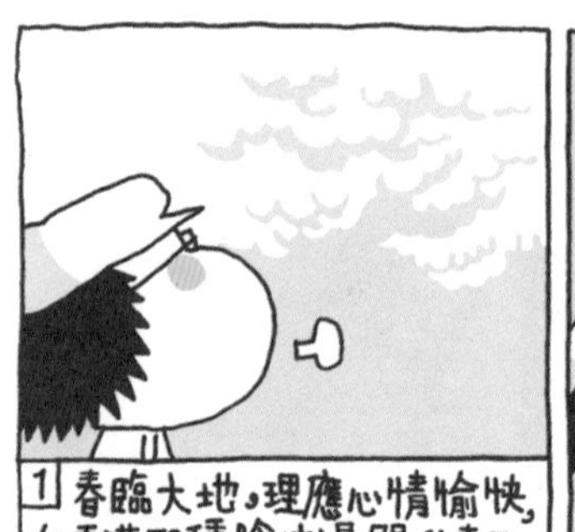
1
春臨大地，理應心情愉快，
但香港那種陰暗濕悶的春天，
實在難叫人開懷。

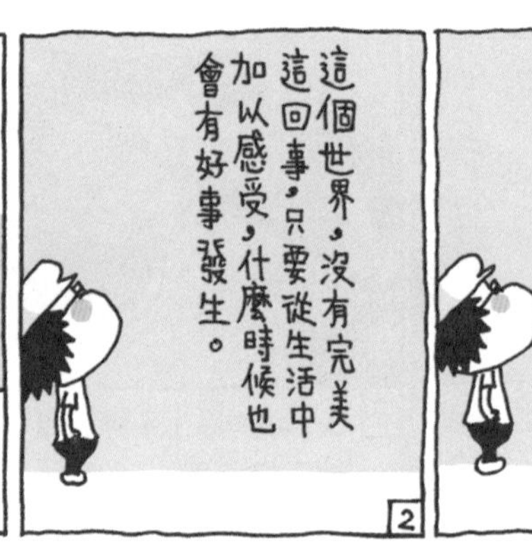
這個世界，沒有完美
這回事，只要從生活中
加以感受，什麼時候也
會有好事發生。
2
吱
你看！
3

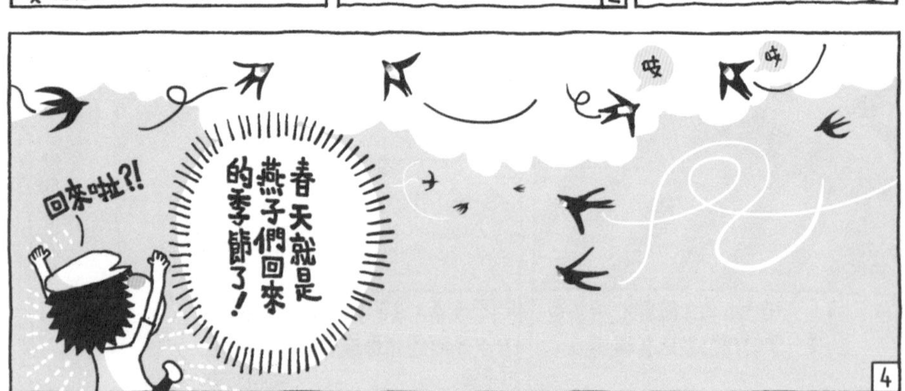
吱
吱
回來啦?!
春天就是燕子們回來的季節了！
4

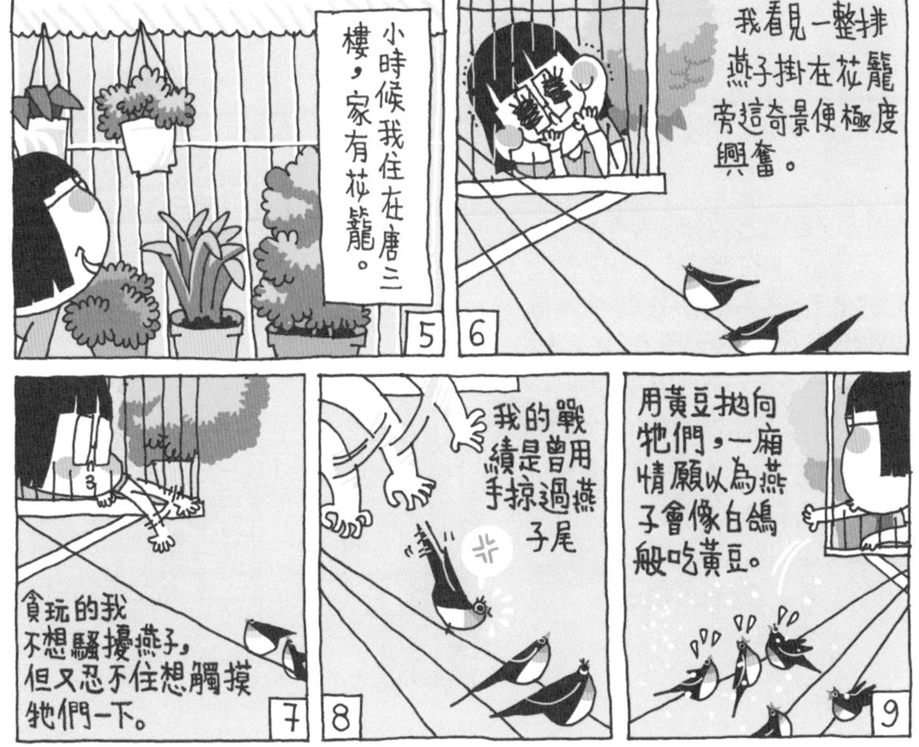
小時候我住在唐三
樓，家有花籠。
5
我看見一整排
燕子掛在花籠
旁這奇景便極度
興奮。
6
貪玩的我
不想騷擾燕子，
但又忍不住想觸摸
牠們一下。
7
8
我的戰
績是曾用
手掠過燕
子尾
用黃豆拋向
牠們，一廂
情願以為燕
子會像白鴿
般吃黃豆。
9

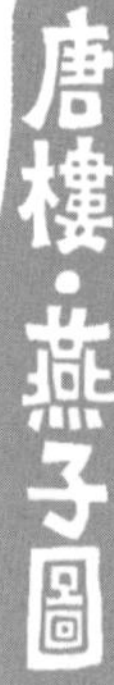

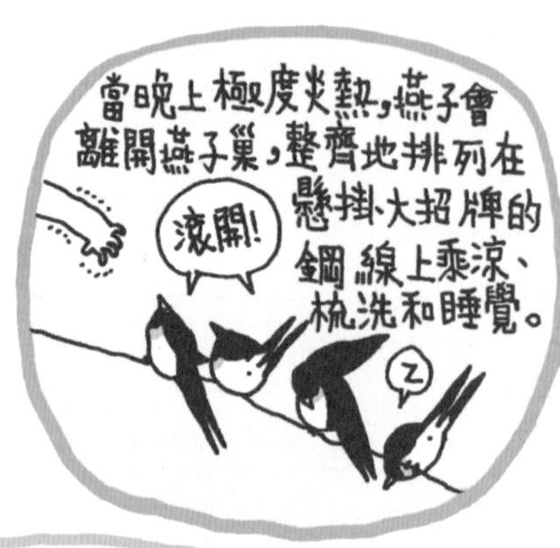

唐樓地舖外的天花板，正是燕子的MOTEL。每逢香港的春天，燕子便會像遊牧民族般回來居住一兩個月，直至炎夏來到時才走。燕子巢多建於角落和邊緣，有時會看到巢中有三數隻小燕子打開小嘴等待燕子媽媽的餵哺，溫馨之餘也替燕子媽媽辛苦。

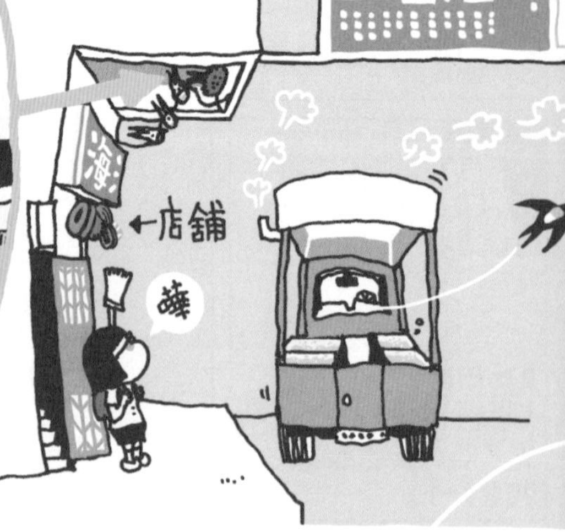

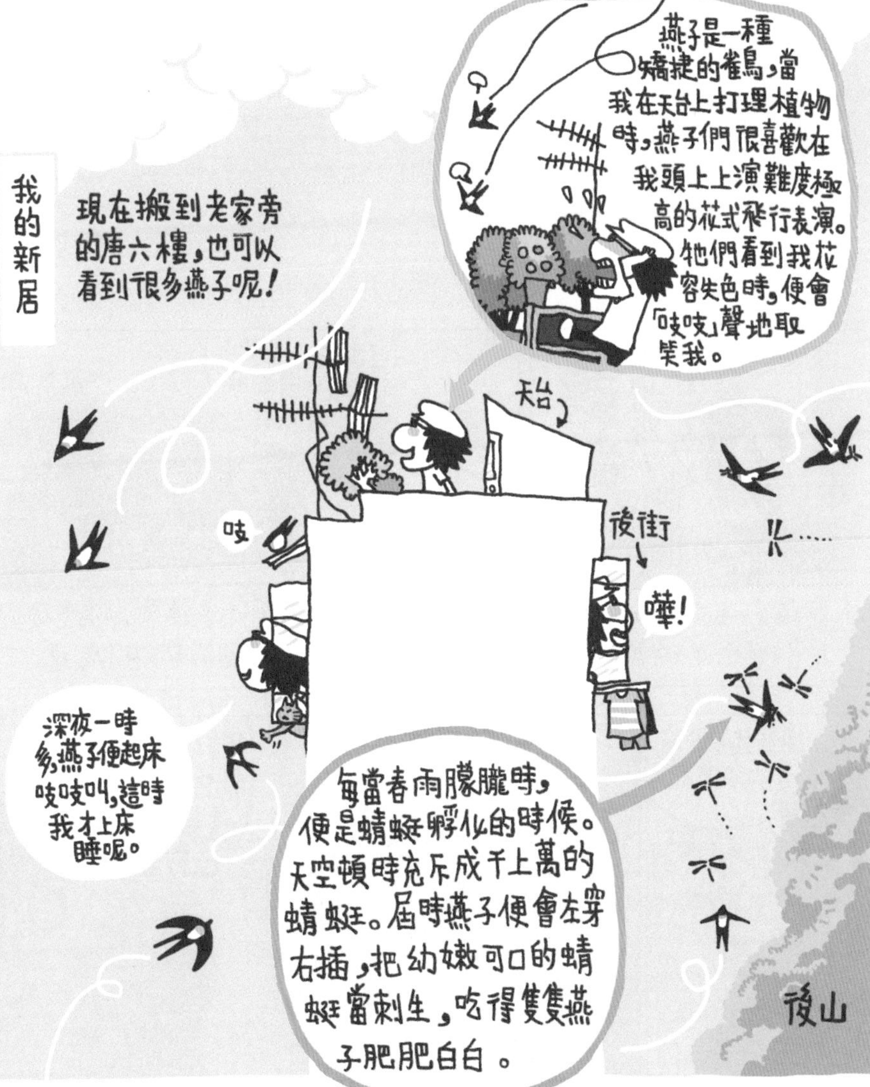
我的新居
現在搬到老家旁的唐六樓，也可以看到很多燕子呢！
燕子是一種矯捷的雀鳥，當我在天台上打理植物時，燕子們很喜歡在我頭上上演難度極高的花式飛行表演。牠們看到我花容失色時，便會「吱吱」聲地取笑我。
天台
吱
後街
嘩！
深夜一時多，燕子便起床吱吱叫，這時我才上床睡呢。
每當春雨朦朧時，便是蜻蜓孵化的時候。天空頓時充斥成千上萬的蜻蜓。屆時燕子便會左穿右插，把幼嫩可口的蜻蜓當刺生，吃得隻隻燕子肥肥白白。
後山

基地的秘密・一

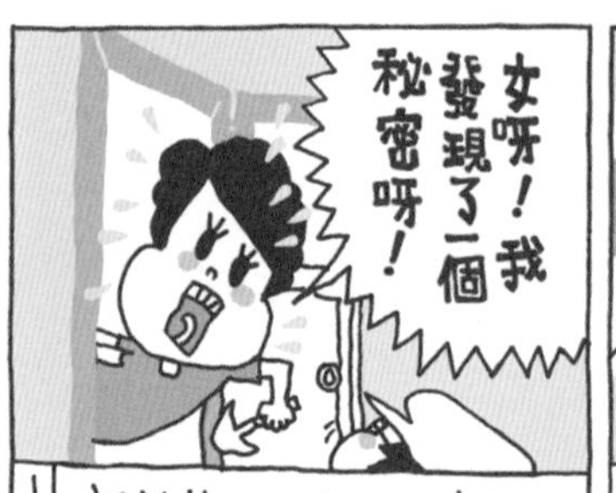

1 話說某一天下午，媽突然花容失色地從天台跑下來。

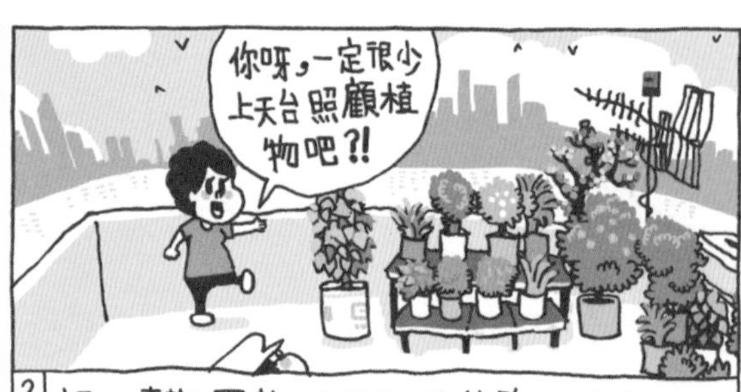

2 媽很喜歡園藝，自從她退休後，一有空便到花墟買植物，然後放到我家天台上栽種。

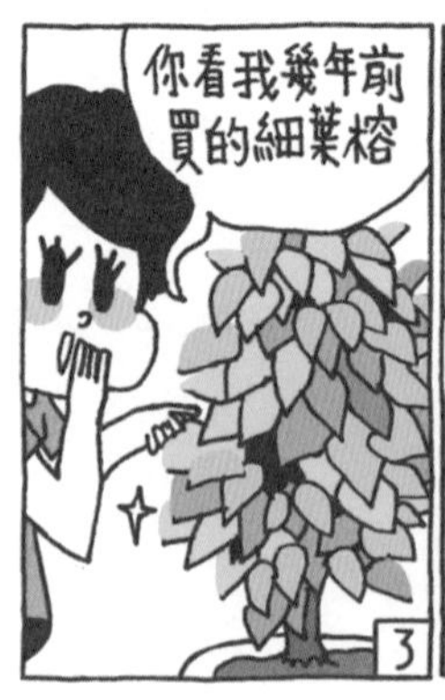

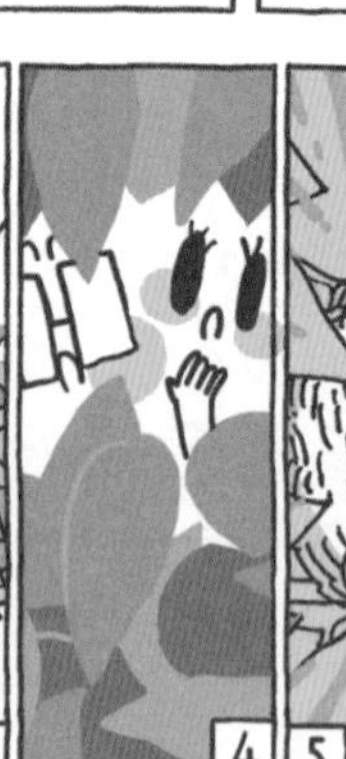

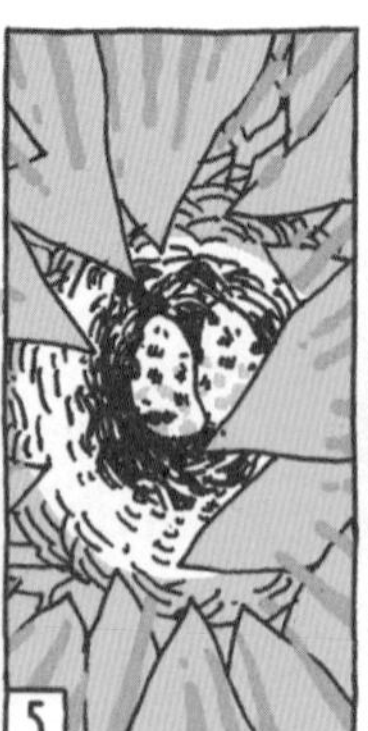

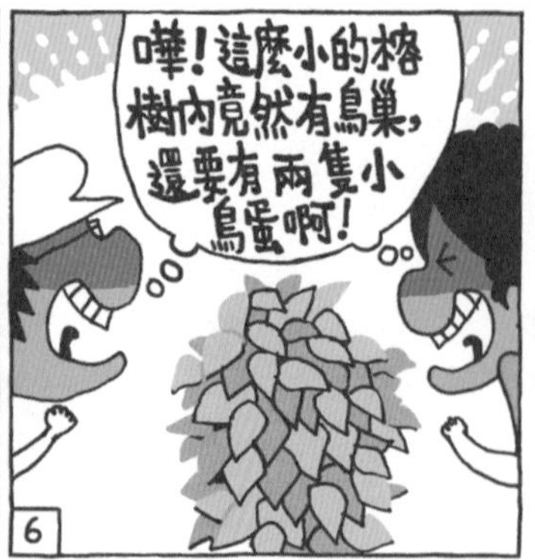

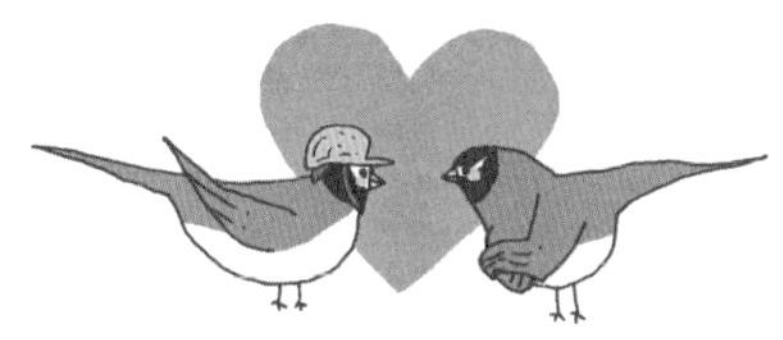

小鳥巢分析圖

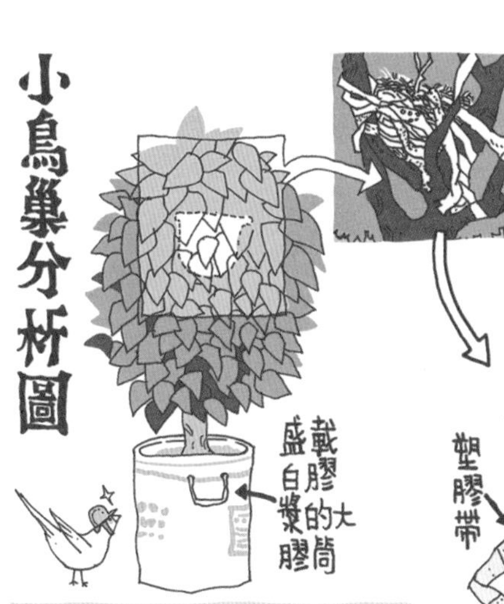

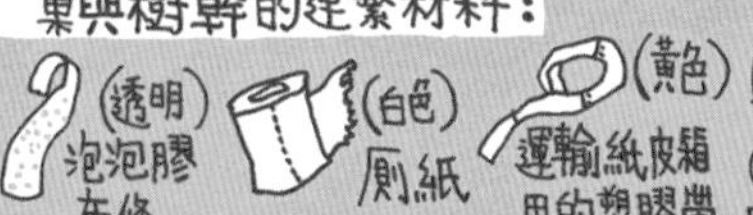

以乾身，柔韌度高且堅硬的幼樹枝交纏而成的鳥巢內部。

比鵪鶉蛋還要細小的蛋

尼龍繩是圍著鳥巢邊緣的重要材料

塑膠帶

小鳥找來人類的廢棄物如廁紙、膠帶、尼龍繩及泡泡膠條來綁緊小鳥巢於樹幹上，十分堅固。

尼龍繩

泡泡膠布

廁紙

形狀似一個底部較深的飯碗，直徑大概10厘米。

小鳥巢壁相信到少厚4毫米

築在主樹幹的分叉上，是穩固鳥巢的重點。

小鳥巢是小鳥父母暗中興建的心血結晶，位置是樹幹中心接近頂部的位置，是可以給小鳥遮風擋雨和容易讓小鳥父母進入的位置。雀鳥真的是天生的建築師。

基地的秘密・二

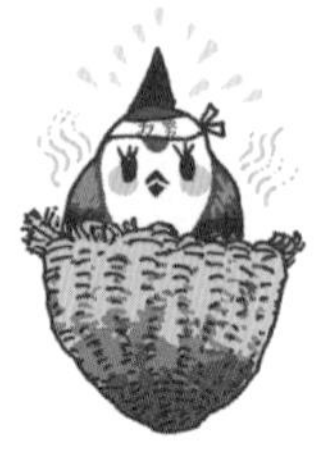

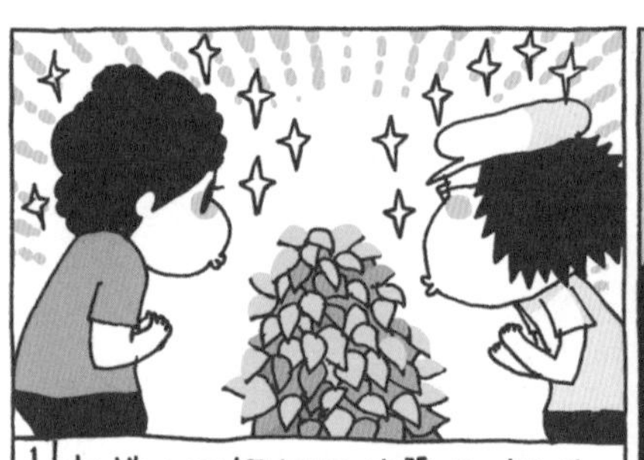

1 話說上回媽媽和我發現天台上的
一棵小榕樹內竟然有個小鳥巢

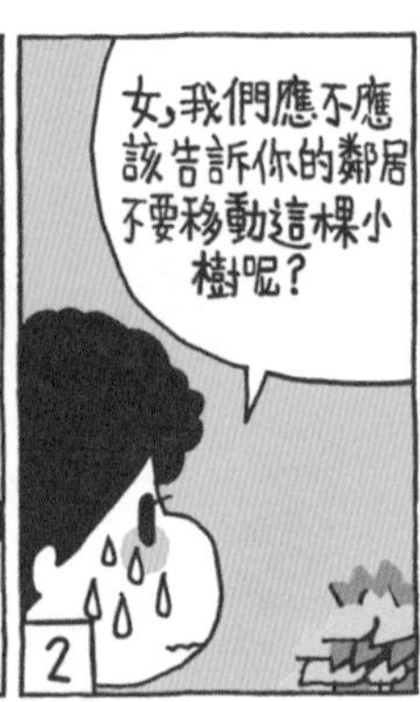

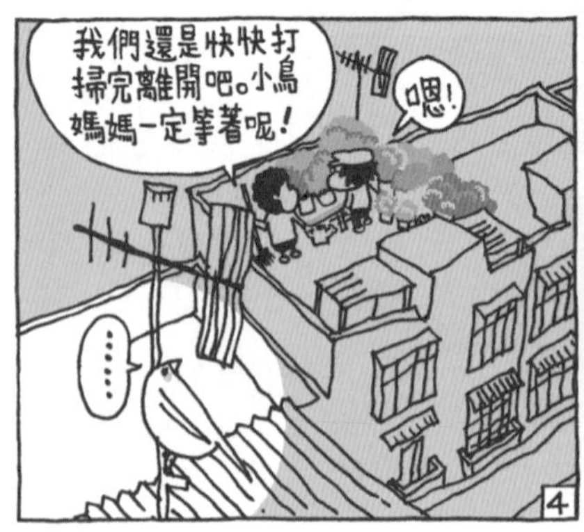

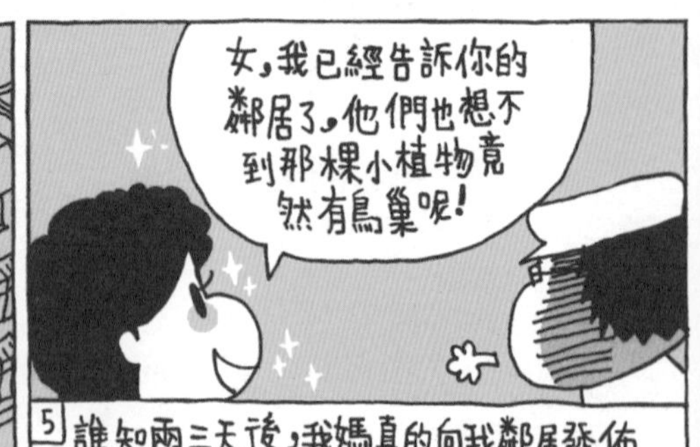

5 誰知兩三天後，我媽真的向我鄰居發佈
了鳥蛋的消息。

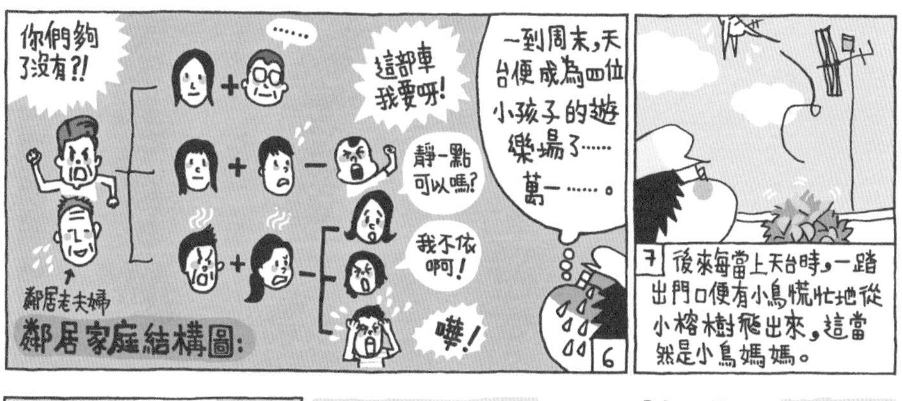
你們夠了沒有?!
……
這部車我要呀!
靜一點可以嗎?
我不依啊!
嘩!
鄰居老夫婦
鄰居家庭結構圖:
一到周末，天台便成為四位小孩子的遊樂場了……萬一……。
6
7 後來每當上天台時，一踏出門口便有小鳥慌忙地從小榕樹飛出來，這當然是小鳥媽媽。

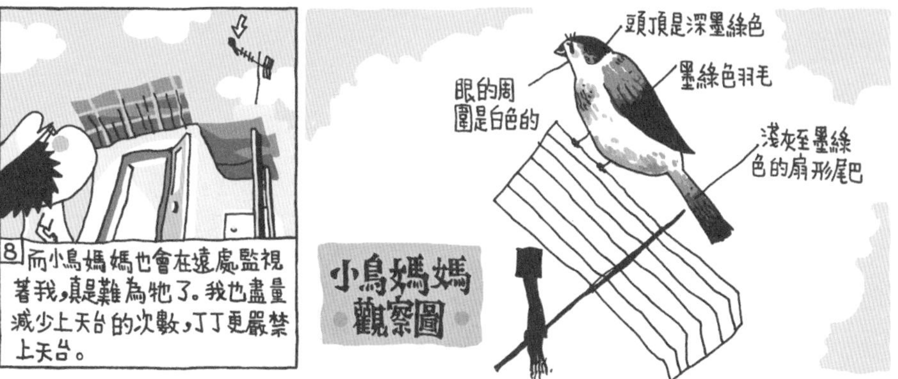
8 而小鳥媽媽也會在遠處監視著我，真是難為牠了。我也盡量減少上天台的次數，丁丁更嚴禁上天台。
小鳥媽媽觀察圖
頭頂是深墨綠色
墨綠色羽毛
眼的周圍是白色的
淺灰至墨綠色的扇形尾巴

基地的秘密·三

DAY 1：

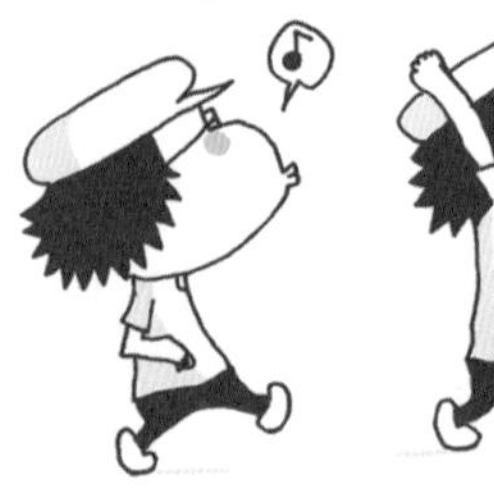

話說我家天台上有一棵小榕樹，裡面竟然暗藏一個小小的鳥巢。

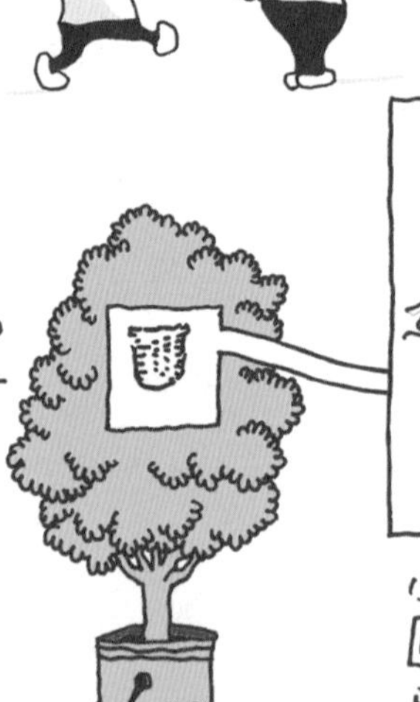

小鳥巢由乾草織成，呈橢圓形狀，可容納三隻小鳥。已孵化的小鳥蛋殼已經不見了，可能是小鳥媽媽作為補品吃掉了。

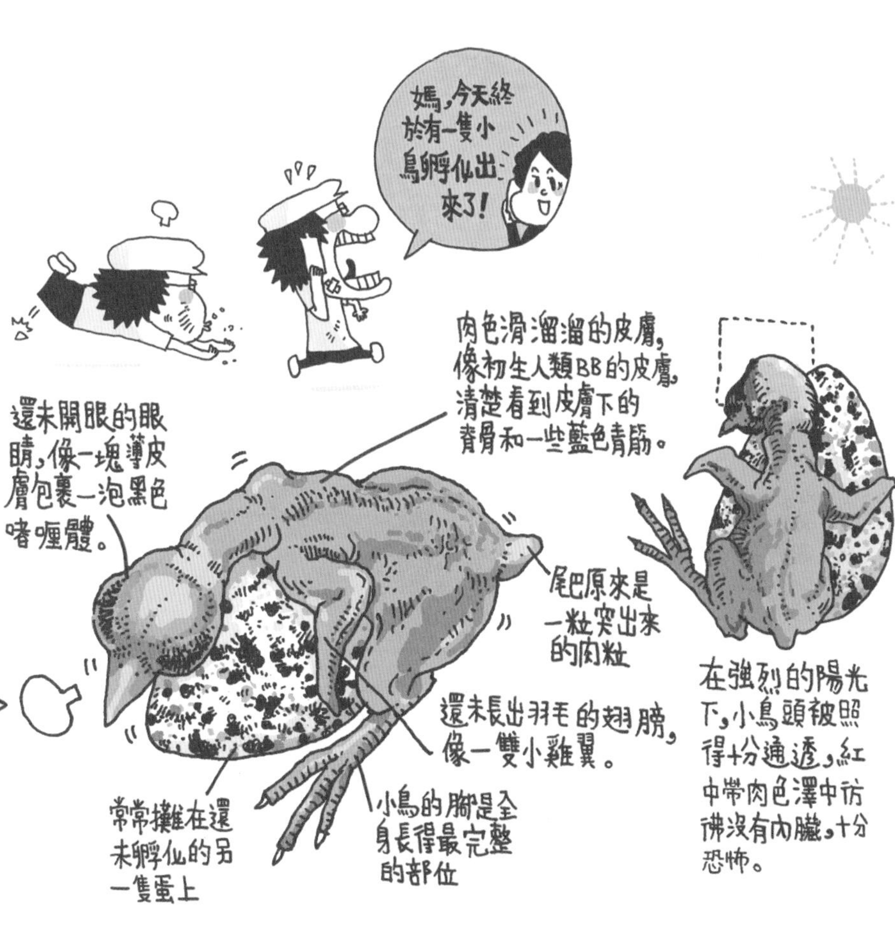
媽，今天終於有一隻小鳥孵化出來了！
肉色滑溜溜的皮膚，像初生人類BB的皮膚，清楚看到皮膚下的脊骨和一些藍色青筋。
還未開眼的眼睛，像一塊薄皮膚包裹一泡黑色啫喱體。
尾巴原來是一粒突出來的肉粒
還未長出羽毛的翅膀，像一雙小雞翼。
常常攤在還未孵化的另一隻蛋上
小鳥的腳是全身長得最完整的部位
在強烈的陽光下，小鳥頭被照得十分通透，紅中帶肉色澤中彷彿沒有內臟，十分恐怖。

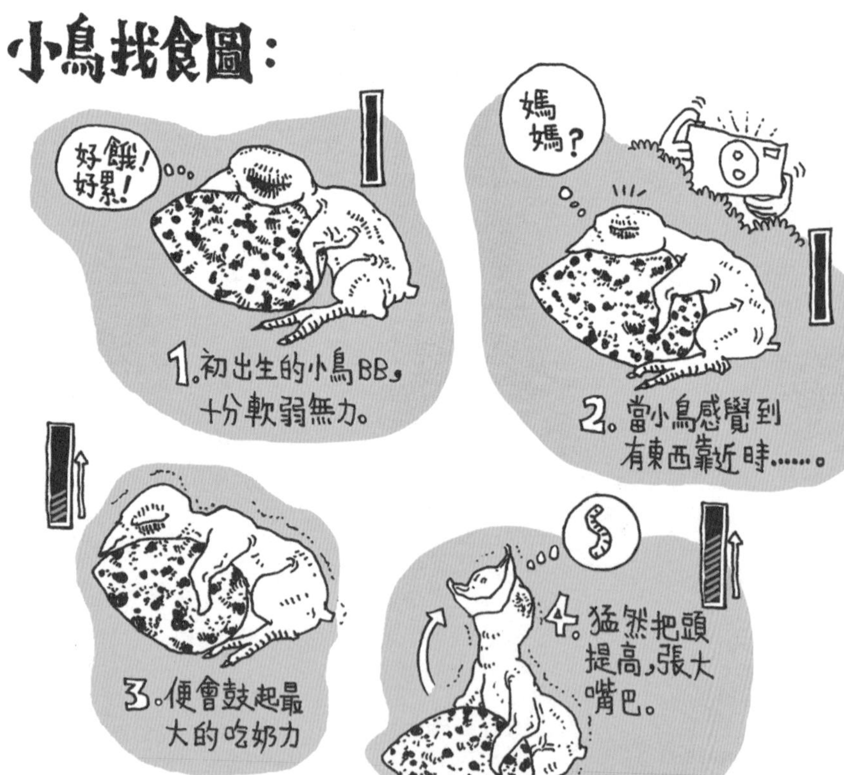
小鳥找食圖：
好餓！
好累！
1。初出生的小鳥BB，
十分軟弱無力。
媽
媽？
2。當小鳥感覺到
有東西靠近時……。
3。便會鼓起最
大的吃奶力
4。猛然把頭
提高，張大
嘴巴。

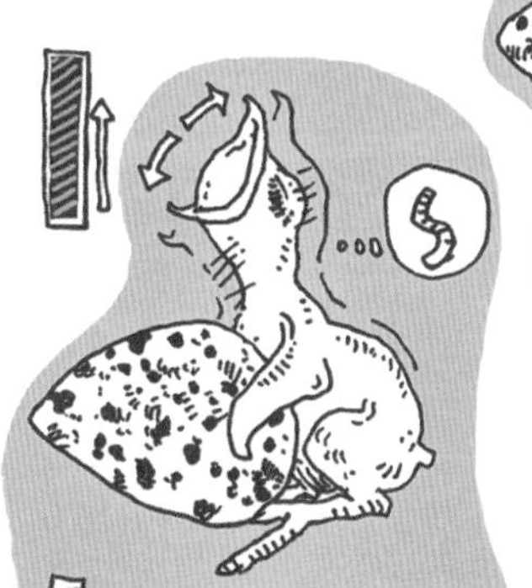

5. 為吸引媽媽注意，小鳥的頭會不斷上下振動。

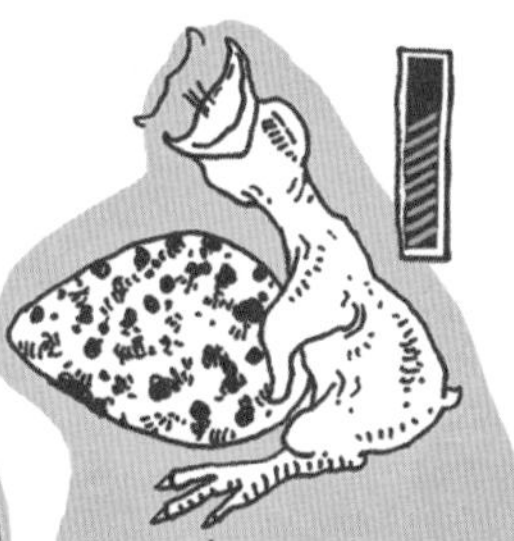

6. 還會左右擺動，這樣才可以吸引媽媽把食物餵進自己的小嘴裡。

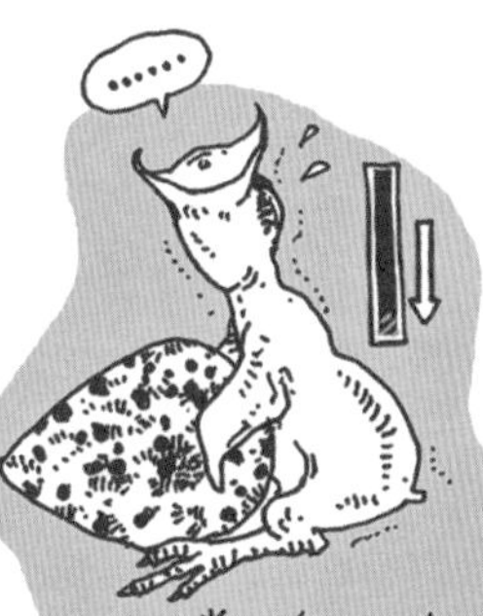

7. 當小鳥的力氣差不多用盡的時候……。

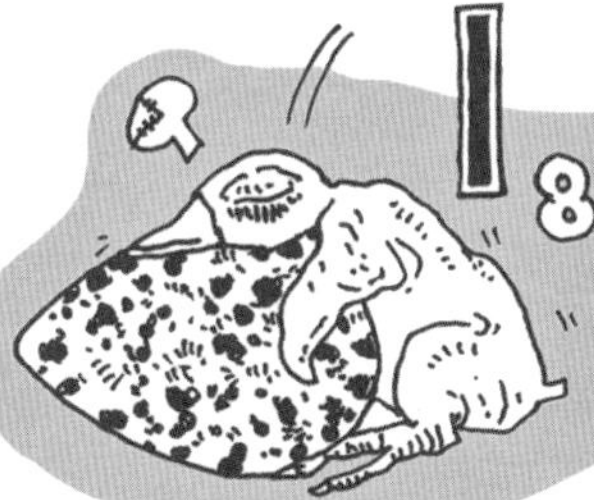

8. 只好攤在蛋上，儲存力氣等待媽媽下一次回來餵食。

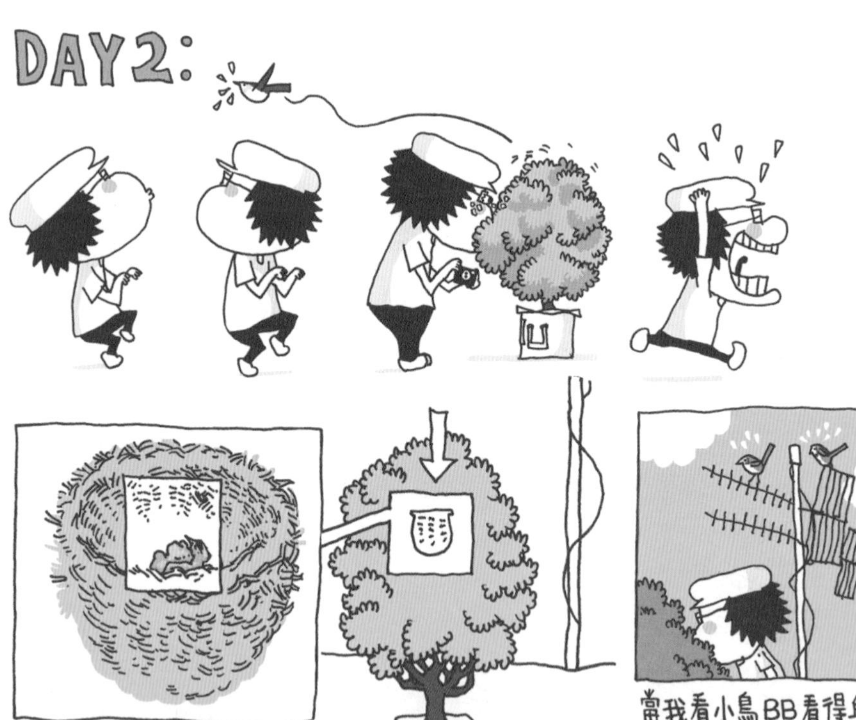
DAY2:
第二天早上，小鳥巢內已經不見了第二隻鳥蛋，換來的是第二隻光禿禿的小鳥BB。
當我看小鳥BB看得興奮莫名時，小鳥父母卻對我這個陌生人類感到極之不安。

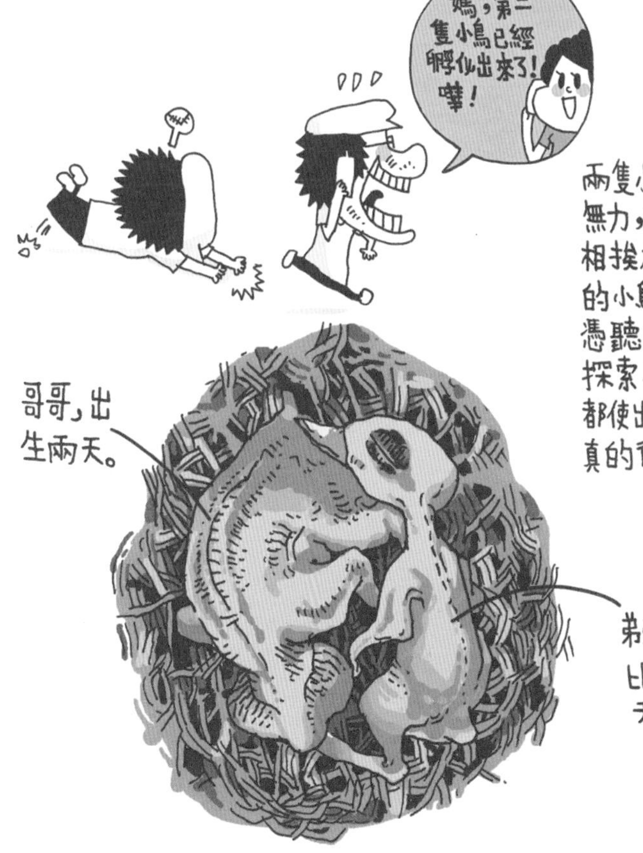

兩隻小鳥剛出生不久，軟弱無力，有如兩團小肉球般互相挨在一起取暖。剛孵化的小鳥眼睛還未開，所以全憑聽覺、嗅覺和不停振動來探索外界。牠們每吸一口氣，都使出最大的力氣，證明活著真的很不容易。

小鳥爭食圖：

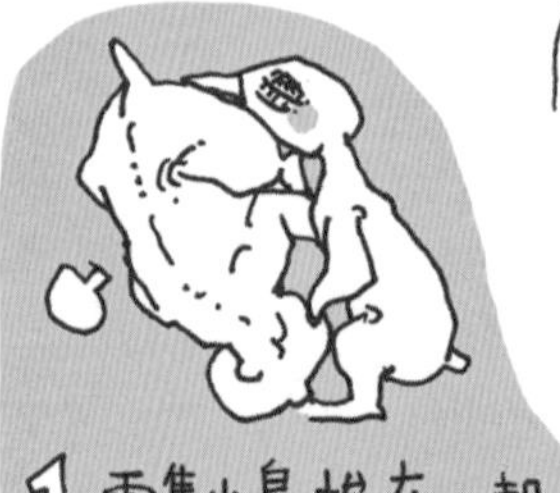

1.兩隻小鳥挨在一起，互相取暖之餘也特別有安全感。

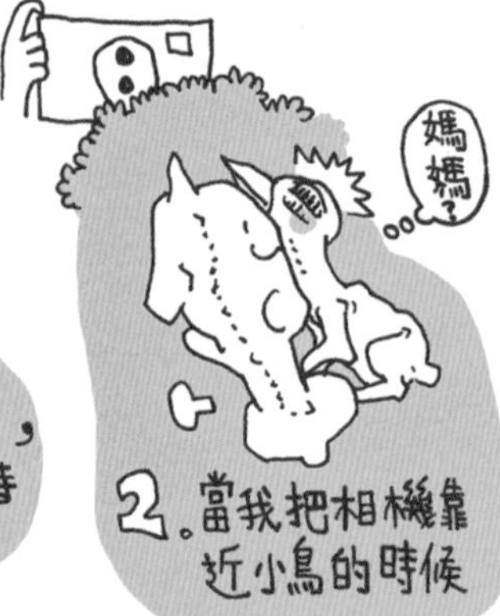

2.當我把相機靠近小鳥的時候

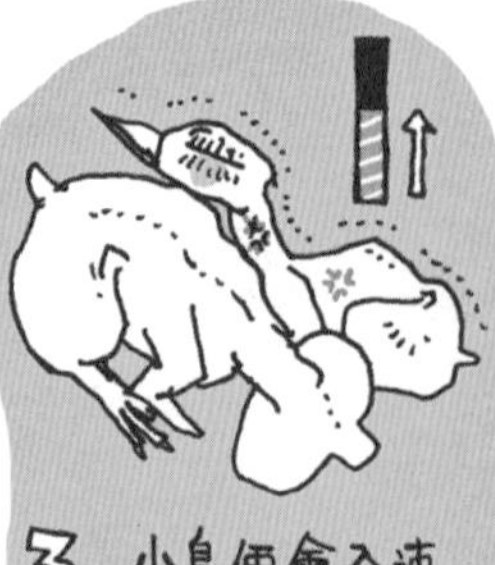

3.小鳥便會全速開動TURBO儲存能量

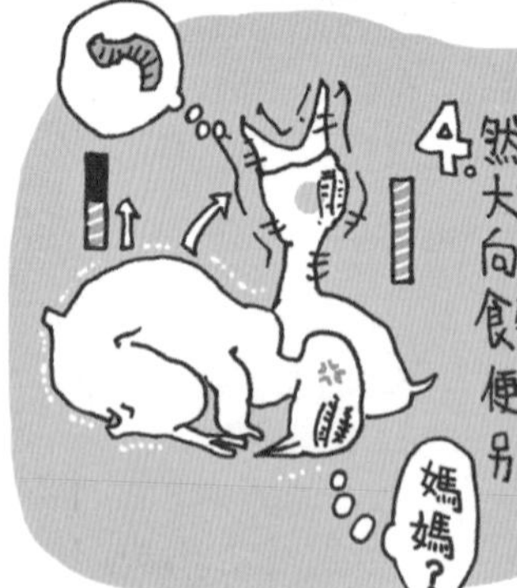

4.然後把頭大力提起，向媽媽要食物，這時便會驚動另一隻小鳥。

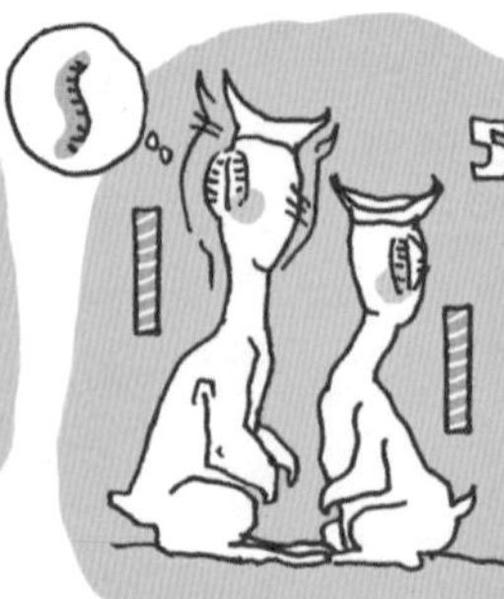

5.第二隻小鳥也抬起頭要食物，在大自然汰弱留強的定律下，不爭食便得不到媽媽的食物。

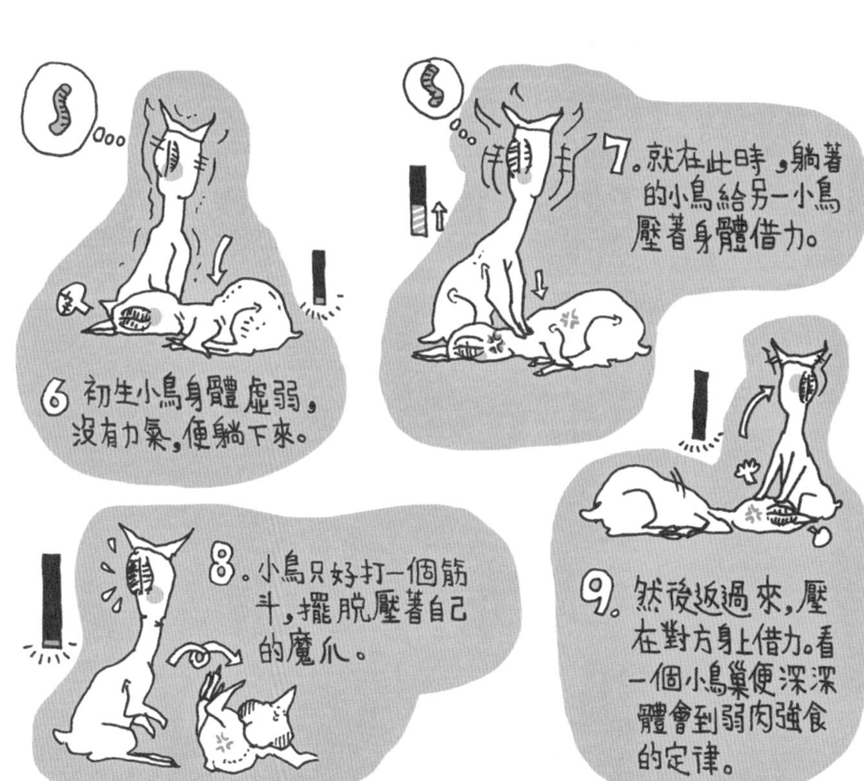
6 初生小鳥身體虛弱，
沒有力氣，便躺下來。
7。就在此時，躺著
的小鳥給另一小鳥
壓著身體借力。
8。小鳥只好打一個筋
斗，擺脫壓著自己
的魔爪。
9。然後返過來，壓
在對方身上借力。看
一個小鳥巢便深深
體會到弱肉強食
的定律。

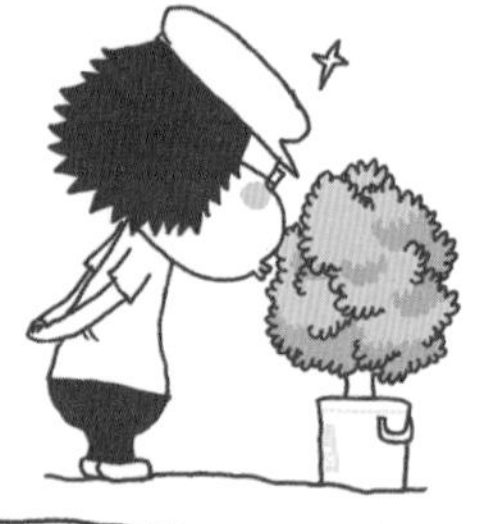

DAY.3：疑似翼長成

第三天，小鳥哥哥突然長出了灰銀色的有刺「疑似」翅膀，與原本肉色的皮膚有很大分別，就像幪面超人變身成生化機械人般恐怖。

還是皮光肉滑的弟弟，好像沒氣力了。

小鳥哥哥的皮膚比起弟弟產生了較大的生理變化，頭頂和身上更長出了數處帶狀的灰色粗糙皮膚。

小鳥哥哥雖然未開眼，但明顯比弟弟的眼長得更大更飽滿，而小嘴就像貼上去般的不太自然。

好恐怖啊！

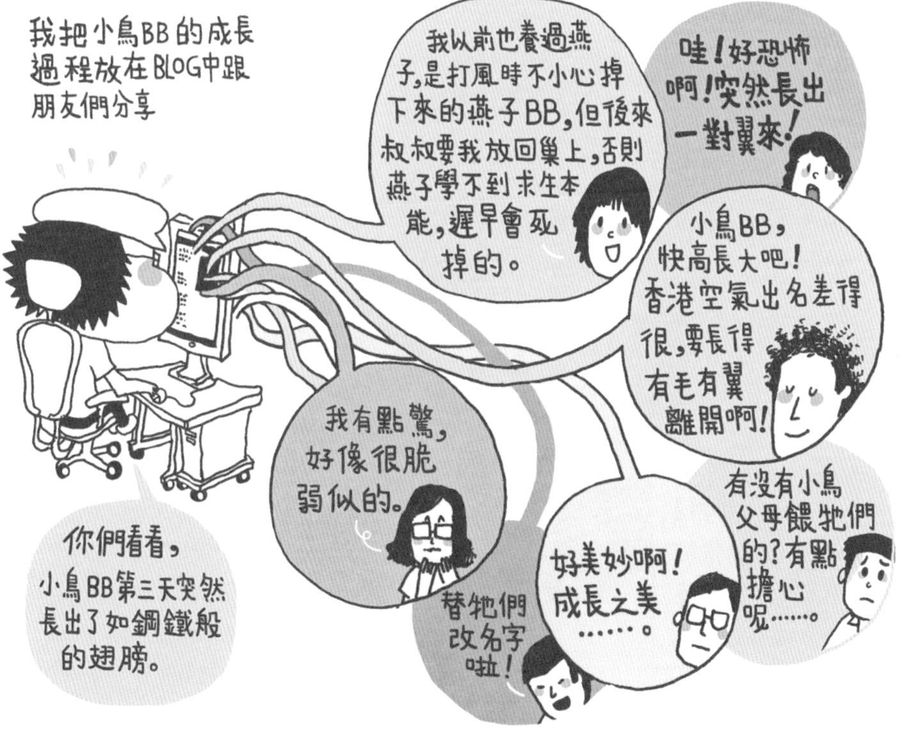
我把小鳥BB的成長過程放在BLOG中跟朋友們分享
你們看看，小鳥BB第三天突然長出了如鋼鐵般的翅膀。
我以前也養過燕子，是打風時不小心掉下來的燕子BB，但後來叔叔要我放回巢上，否則燕子學不到求生本能，遲早會死掉的。
哇！好恐怖啊！突然長出一對翼來！
小鳥BB，快高長大吧！香港空氣出名差得很，要長得有毛有翼離開啊！
我有點驚，好像很脆弱似的。
替牠們改名字啦！
好美妙啊！成長之美……。
有沒有小鳥父母餵牠們的？有點擔心呢……。

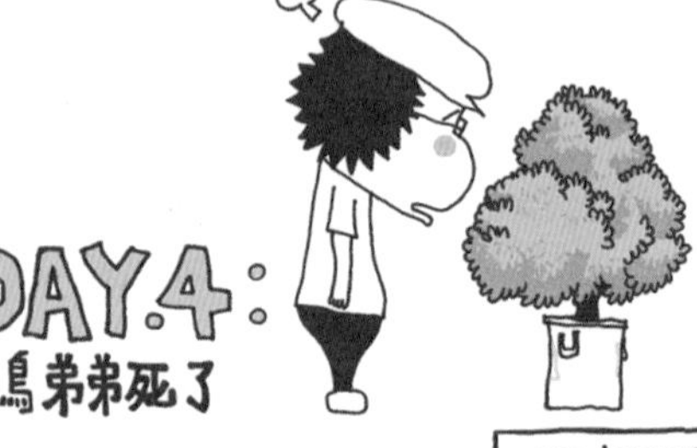

DAY.4：小鳥弟弟死了

眼部長得更飽滿結實，而嘴巴長得更大，好像隨時張大嘴巴要食物。

小鳥哥哥長大了很多，頭總是朝向天，像一隻吃得太飽動彈不得的小肥鳥。

小鳥哥哥的背部、尾部、腳和翅膀明顯長出像蜥蜴外皮的角質皮膚，很像慢鏡看幪面超人變身的過程。

小鳥哥哥的翅膀長出更長的銀色尖刺，更像漫畫中的生化武器。

小鳥弟弟的腳像一條骨頭，皮膚完全失去水份，大自然把動物屍體自然風乾了。

小鳥死了的時候，蜷曲的動作就像在蛋內等待孵化的姿態。

失去彈性和水份的皮膚，會看到小鳥的動靜脈，十分恐怖。

DAY. 5
空了

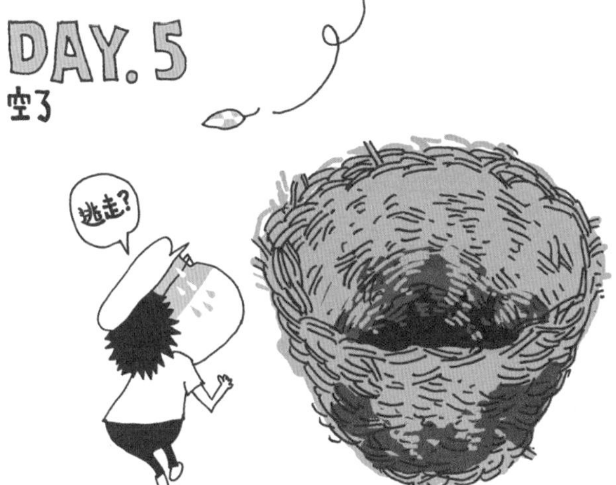

小鳥弟弟死了的第二天早上，小鳥一家全體搬走了……巢內十分清潔，像一個從來沒有使用過的巢。

幾天後，我和鄰居在天台上談天的時候，小鳥父母一同回來，唱的歌特別響亮，逗留一陣子便飛走了。不知牠們回來是要投訴我每天偷拍小鳥BB，還是要補說聲再見呢！

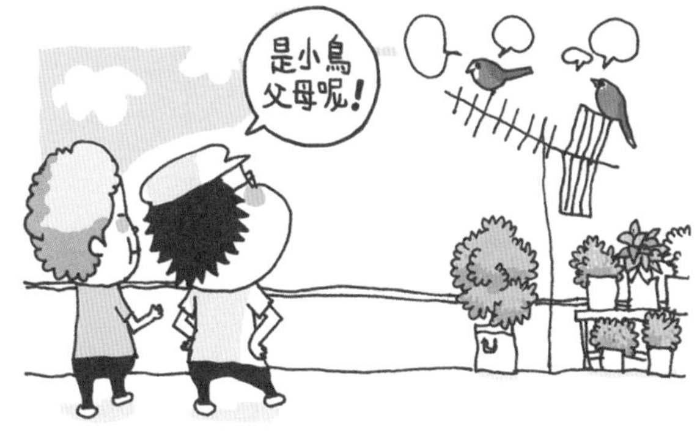

小鳥必必

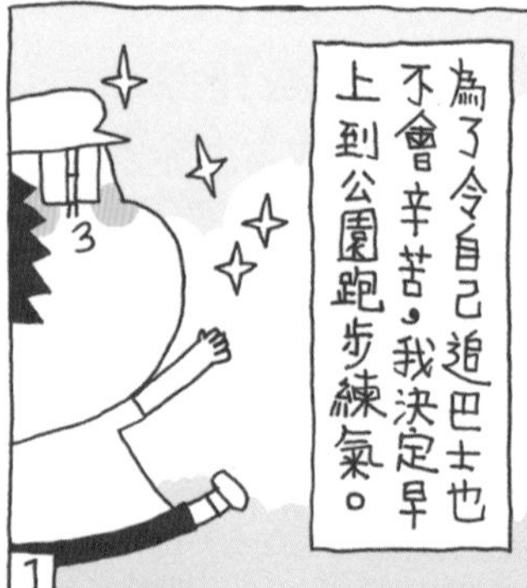
為了令自己追巴士也不會辛苦，我決定早上到公園跑步練氣。
1

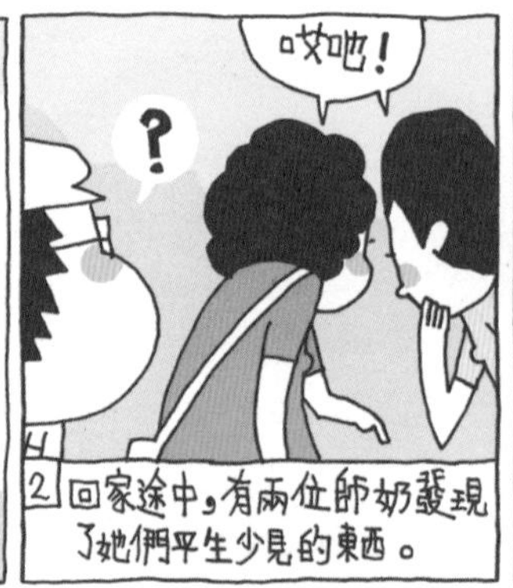
哎吔！
?
2 回家途中，有兩位師奶發現了她們平生少見的東西。

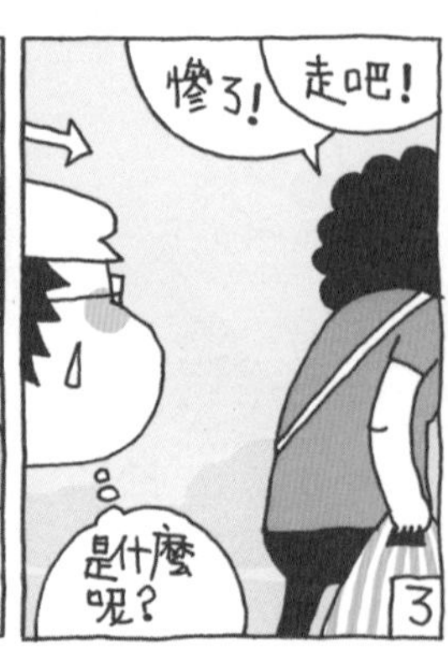
走吧！
慘了！
是什麼呢？
3

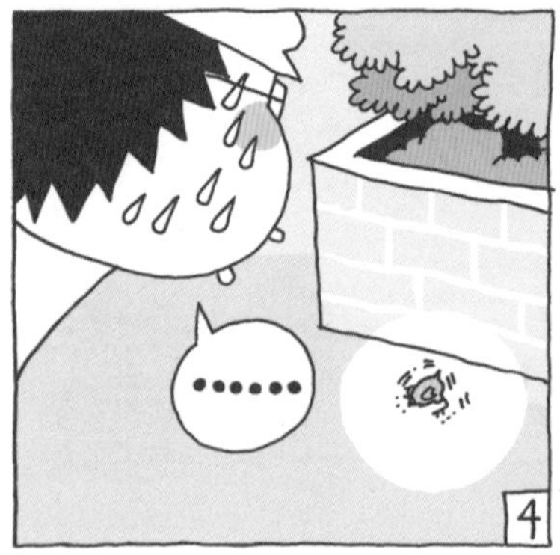
……
4

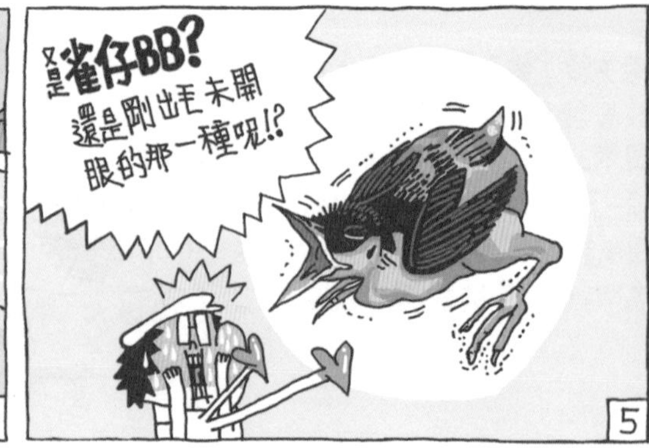
又是雀仔BB?
還是剛出毛未開眼的那一種呢!?
5

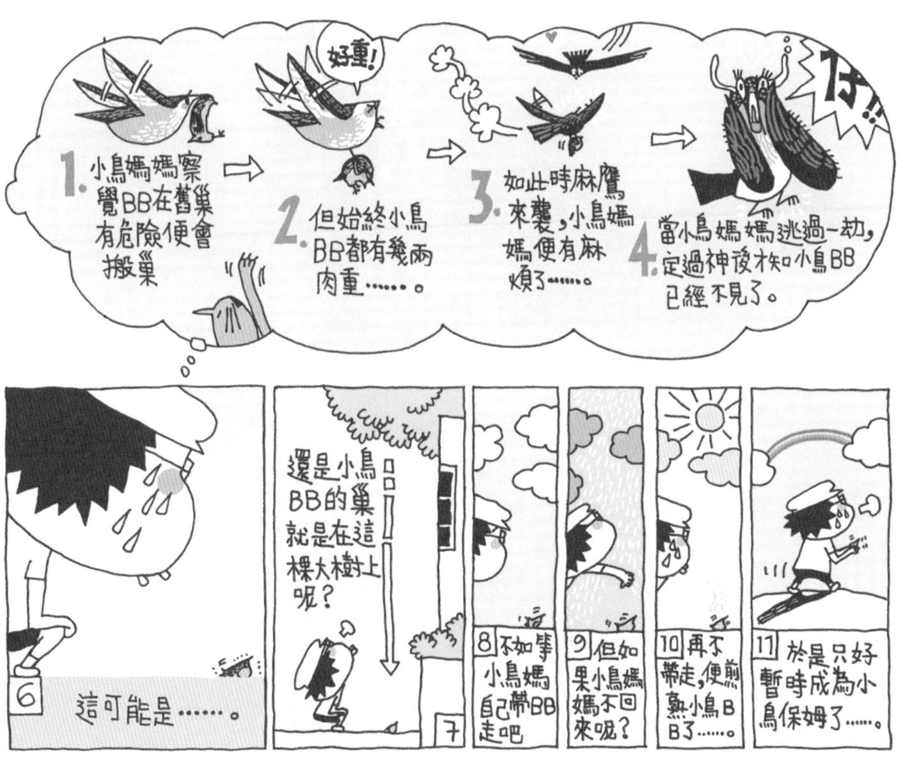
1. 小鳥媽媽察覺BB在舊巢有危險便會搬巢
好重!
2. 但始終小鳥BB都有幾兩肉重……。
3. 如此時麻鷹來襲，小鳥媽媽便有麻煩了……。
4. 當小鳥媽媽逃過一劫，定過神後才知小鳥BB已經不見了。
6 這可能是……。
7 還是小鳥BB的巢就是在這棵大樹上呢？
8 不如等小鳥媽自己帶BB走吧
9 但如果小鳥媽媽不回來呢？
10 再不帶走，便煎熟小鳥BB了……。
11 於是只好暫時成為小鳥保姆了……。

神勇飛鷹隊

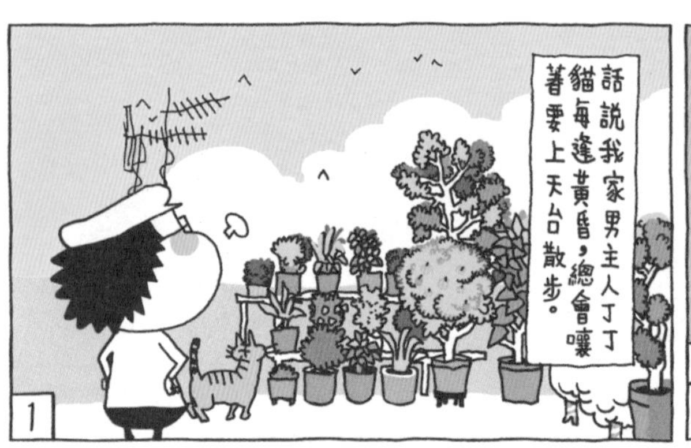

1

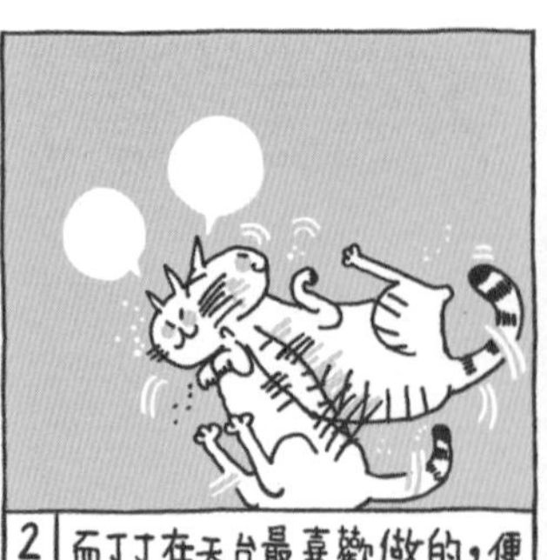
2 而丁丁在天台最喜歡做的，便是轉來轉去在地上磨背脊。

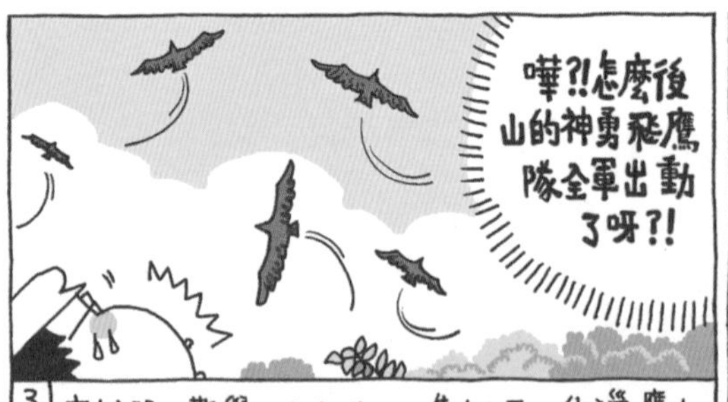

3 突然間，驚覺天上出現了五隻大小不一的獵鷹在低空盤旋，牠們低飛時看起來身形更龐大。

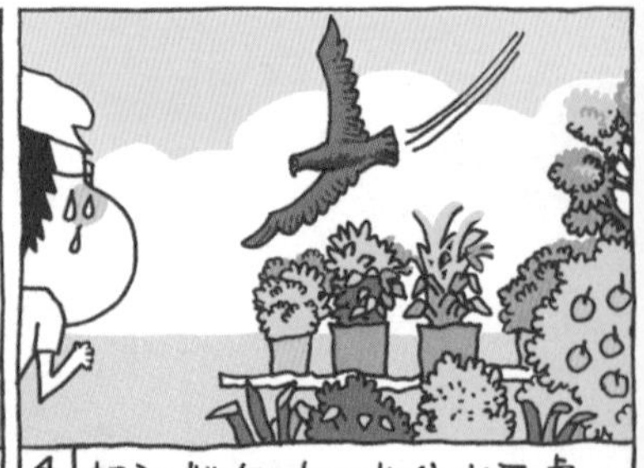
4 起初牠們在天台的水平處盤旋低飛

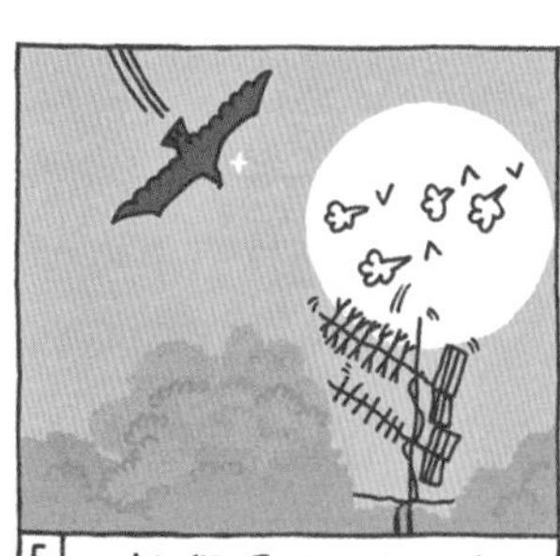

5 牠們經過的地方，小鳥們都紛紛慌忙走避。

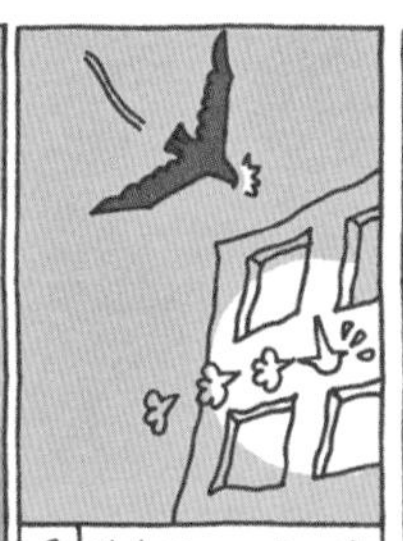

6 後來其中一隻大鷹看上了一隻走避得慢的小白鴿……。

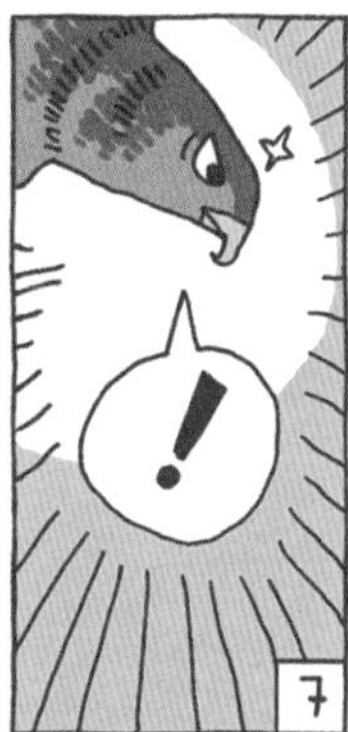

8 便一下子急衝襲擊那隻白鴿，弄得滿天白色羽毛。

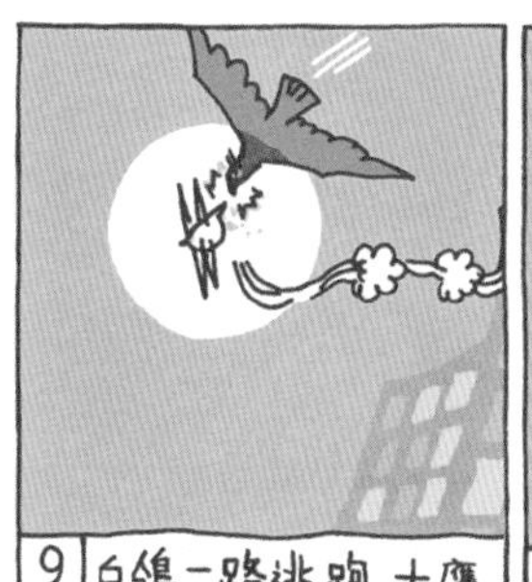

9 白鴿一路逃跑，大鷹便一直緊隨其後攻擊。

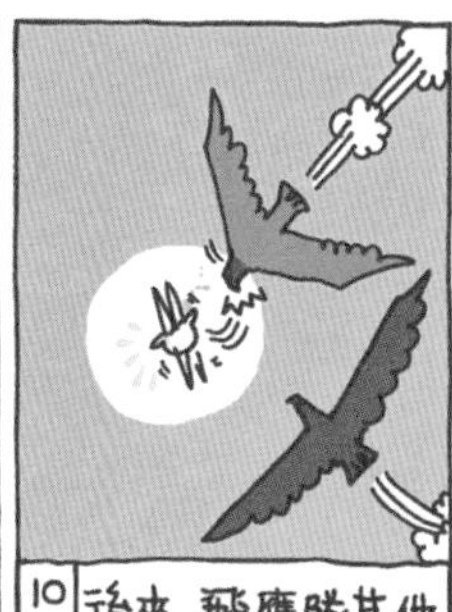

10 後來，飛鷹隊其他成員也加入攻擊。

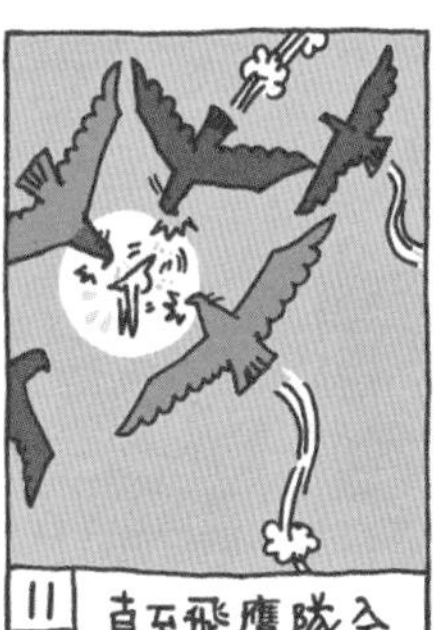

11 直至飛鷹隊全體成員加入戰團

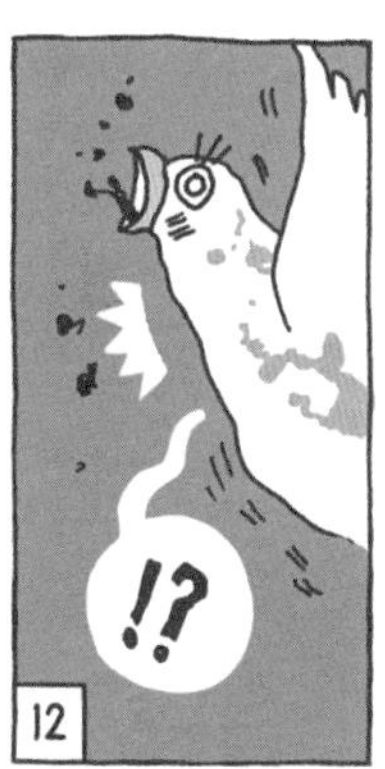

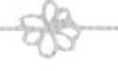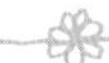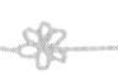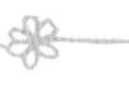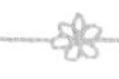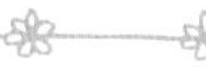

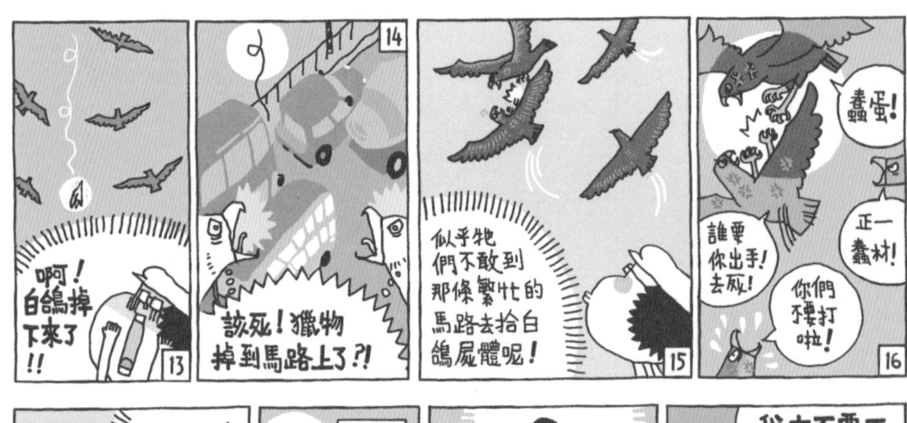

啊！白鴿掉下來了！！
該死！獵物掉到馬路上了？！
似乎牠們不敢到那條繁忙的馬路去拾白鴿屍體呢！
蠢蛋！
正一蠢材！
誰要你出手！去死！
你們不要打啦！
牠們打完架後，又往高空盤旋了。
神勇飛鷹隊
？
遲鈍貓JJ
?!
我才不要丁丁當牠們的點心！

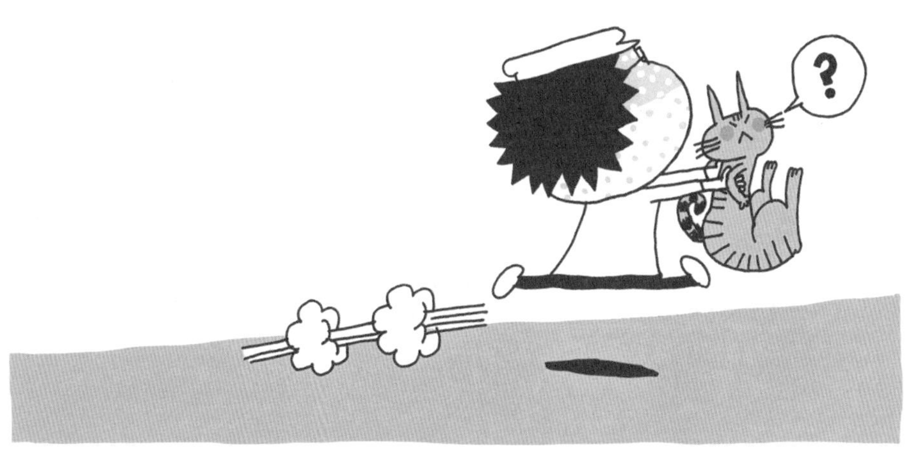

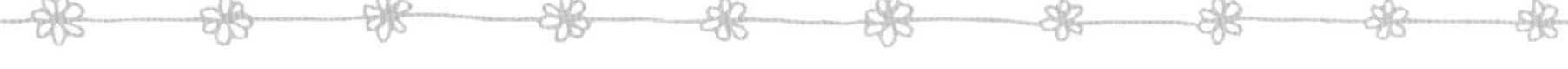

Mr. & Mrs. 鐘

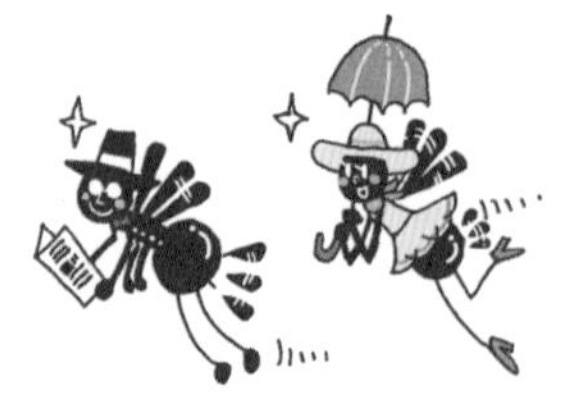

1 認識我的人都知道我正和一頭貓公同居……。

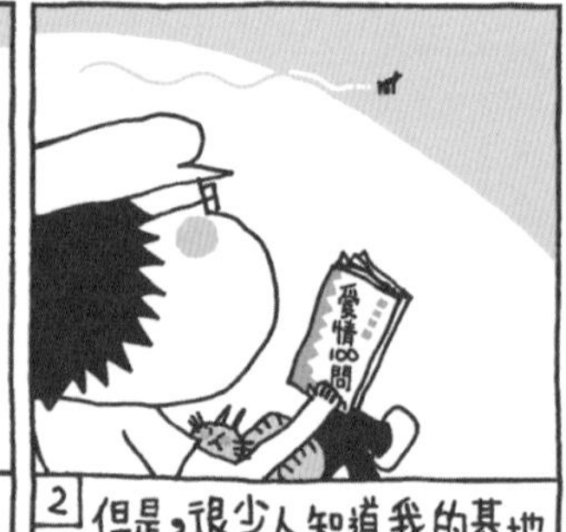

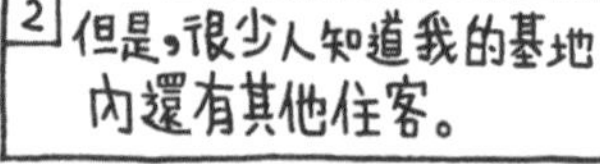

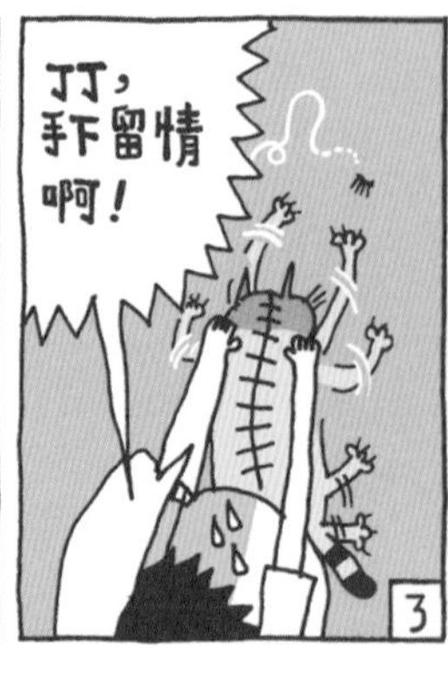

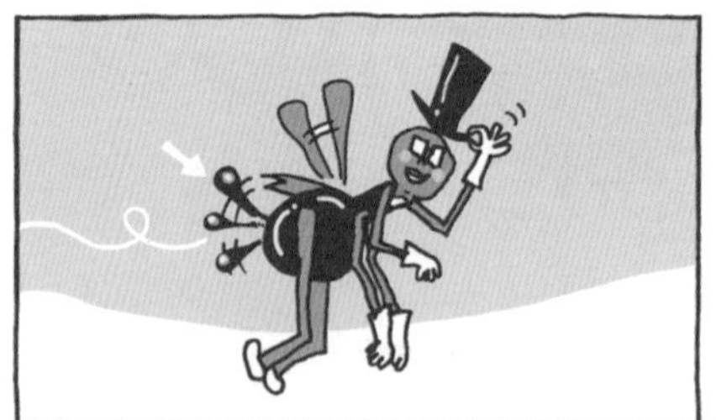

4 你看，就是這位穿著全黑禮服、手腳特別長、會飛，而其黑中帶彩的尾巴還會上下不停地擺動的Mr.鐘。

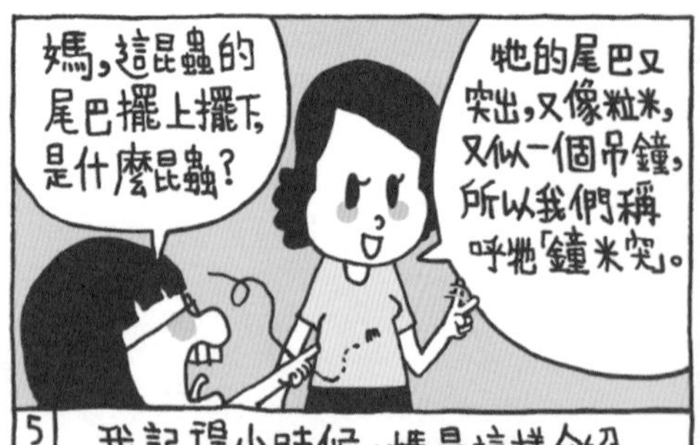

5 我記得小時候，媽是這樣介紹一種小昆蟲給我認識的……。

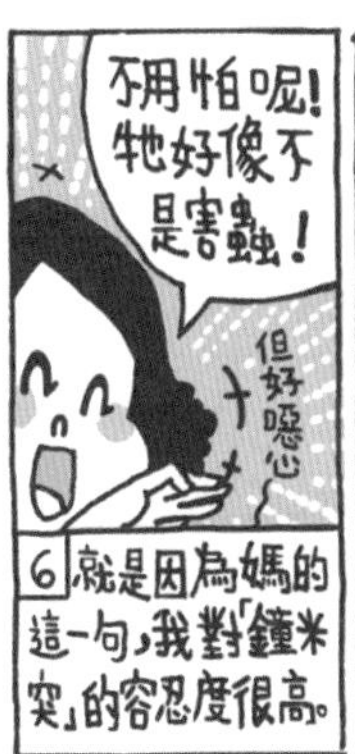
不用怕呢！牠好像不是害蟲！
但好噁心
6 就是因為媽的這一句，我對「鐘米突」的容忍度很高。

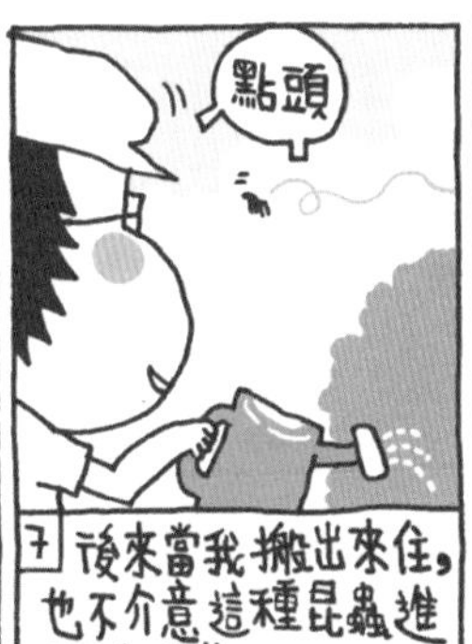
點頭
7 後來當我搬出來住，也不介意這種昆蟲進駐我的基地。

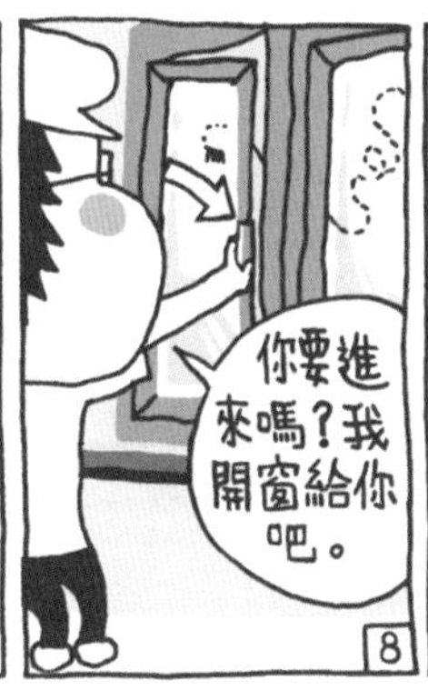
你要進來嗎？我開窗給你吧。
8

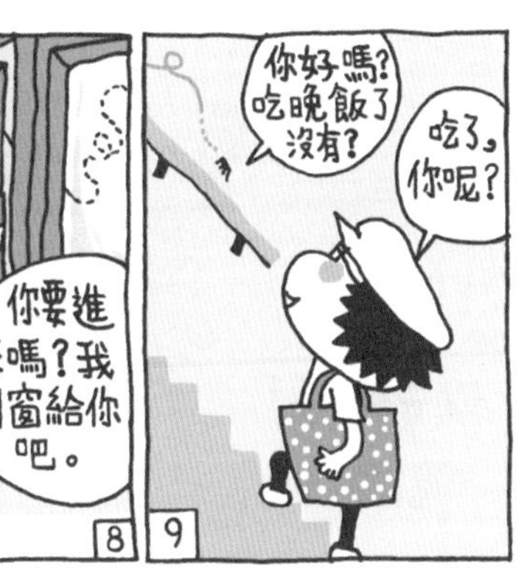
你好嗎？吃晚飯了沒有？
吃了，你呢？
9

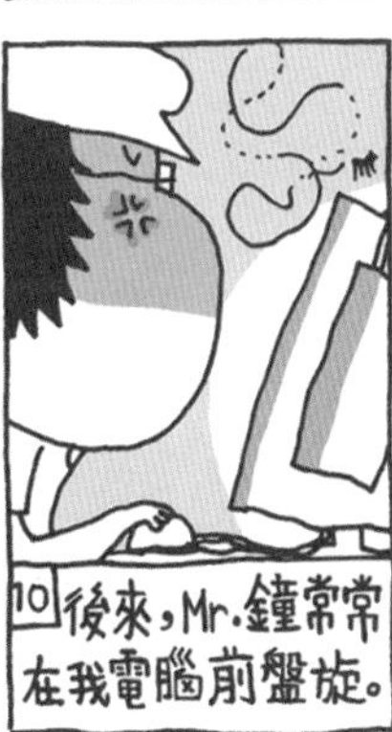
10 後來，Mr.鐘常常在我電腦前盤旋。

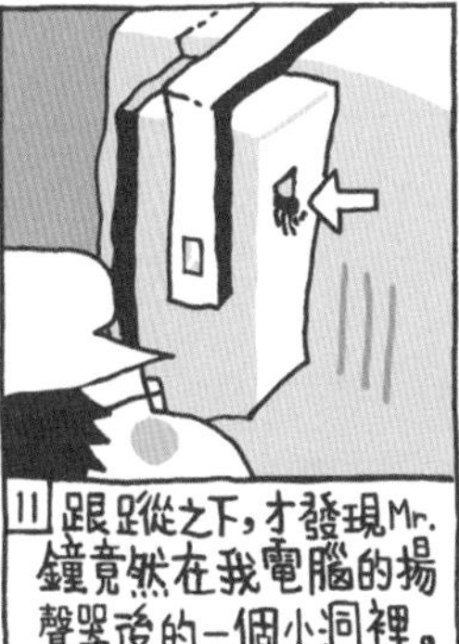
11 跟蹤之下，才發現Mr.鐘竟然在我電腦的揚聲器後的一個小洞裡。

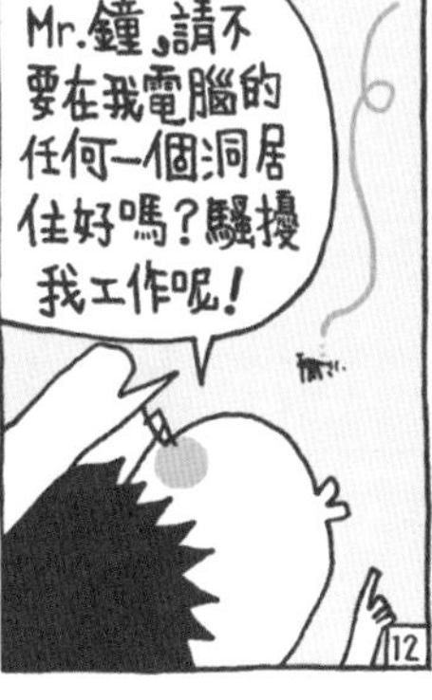
Mr.鐘，請不要在我電腦的任何一個洞居住好嗎？騷擾我工作呢！
12

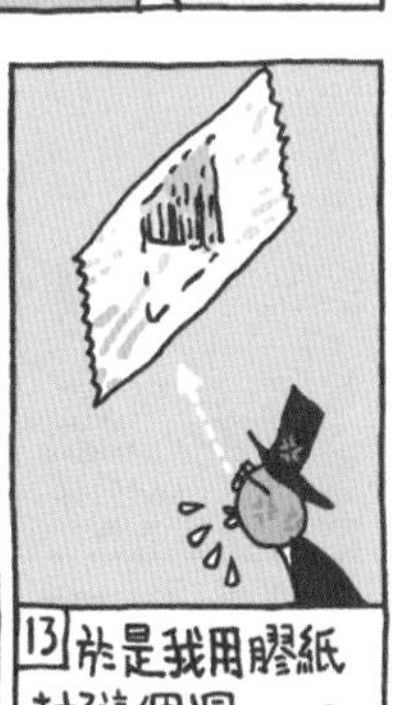
13 於是我用膠紙封了這個洞……。

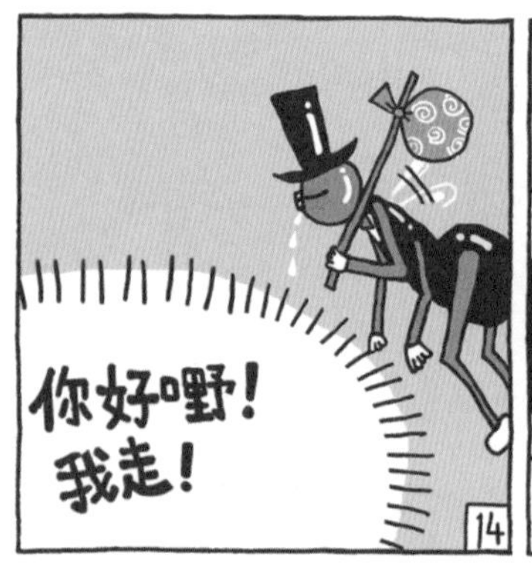
你好嘢！
我走！
14

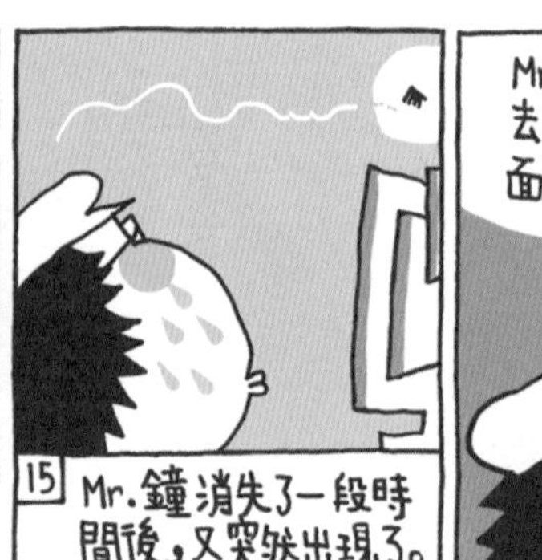
15
Mr.鐘消失了一段時
間後，又突然出現了。

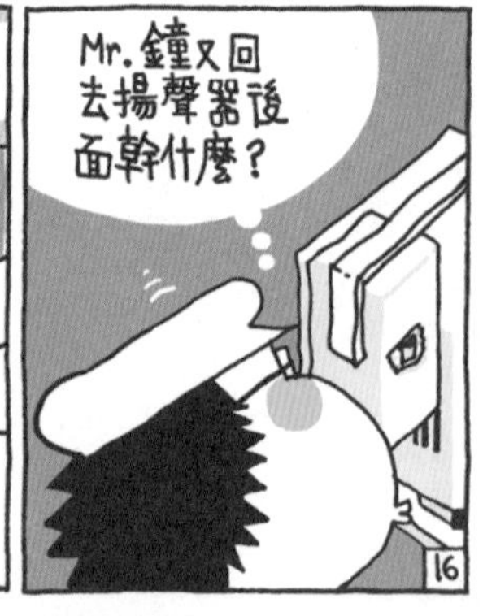
Mr.鐘又回
去揚聲器後
面幹什麼？
16

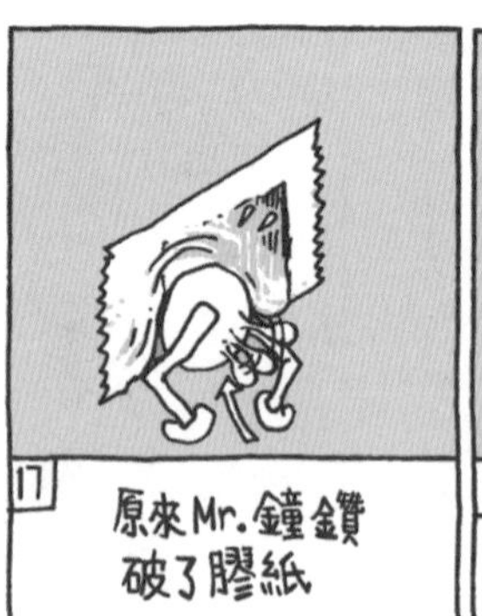
17
原來Mr.鐘鑽
破了膠紙

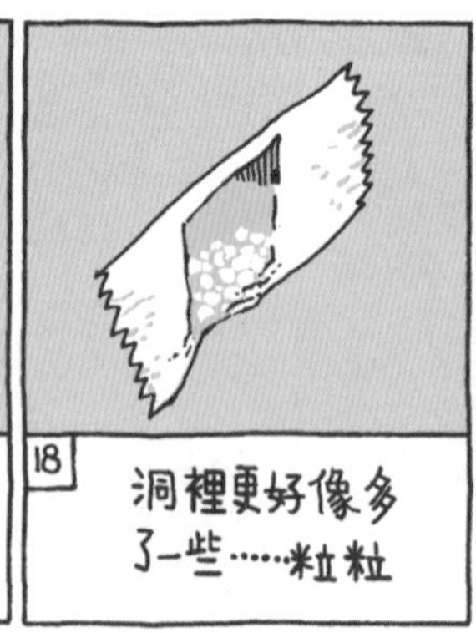
18
洞裡更好像多
了一些……粒粒

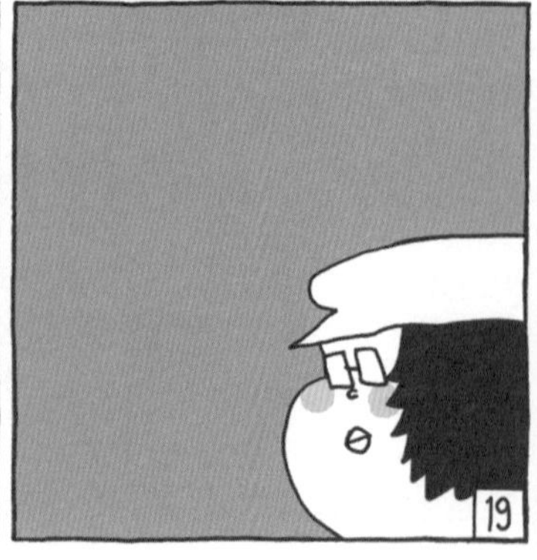
19

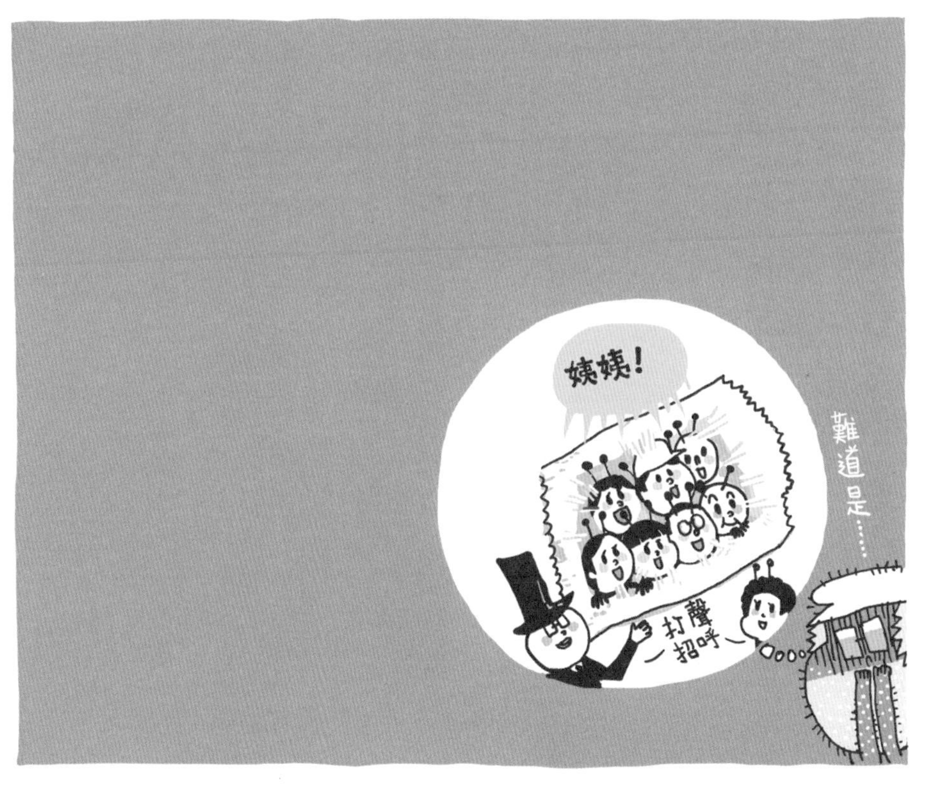

姨姨！
打聲
招呼
難道是……

Mr. Micky

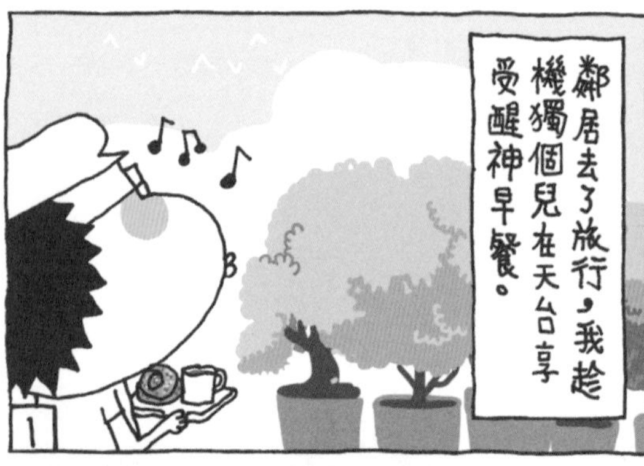
鄰居去了旅行，我趁機獨個兒在天台享受醒神早餐。

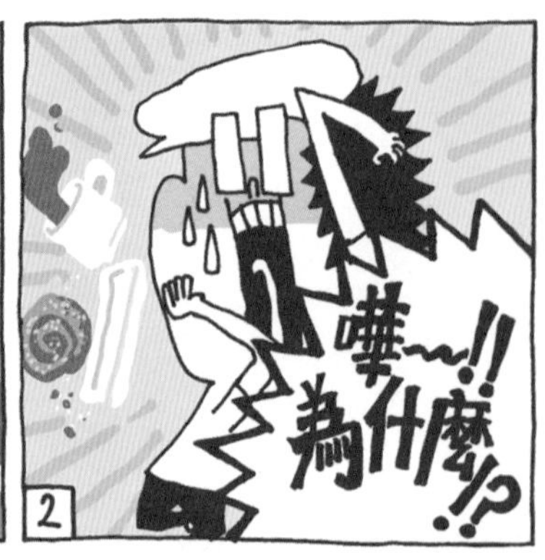
嘩~~!!
為什麼!?

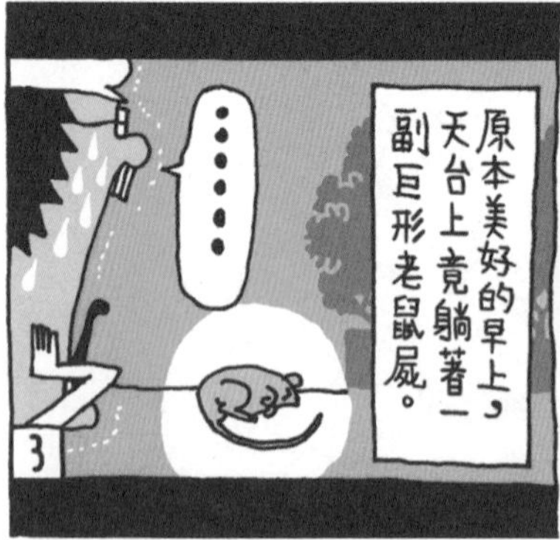
……
原本美好的早上，天台上竟躺著一副巨形老鼠屍。

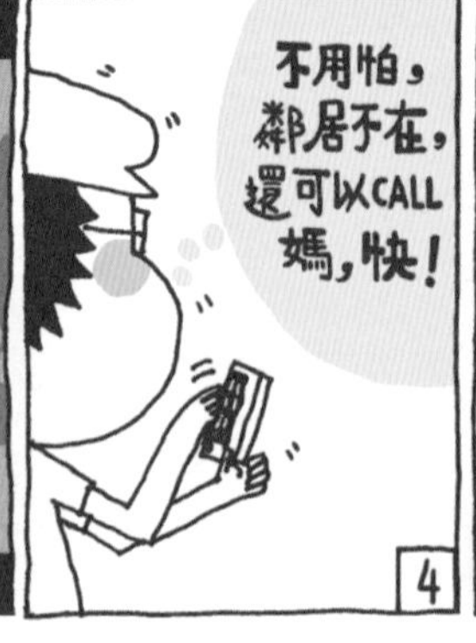
不用怕，鄰居不在，還可以CALL媽，快！

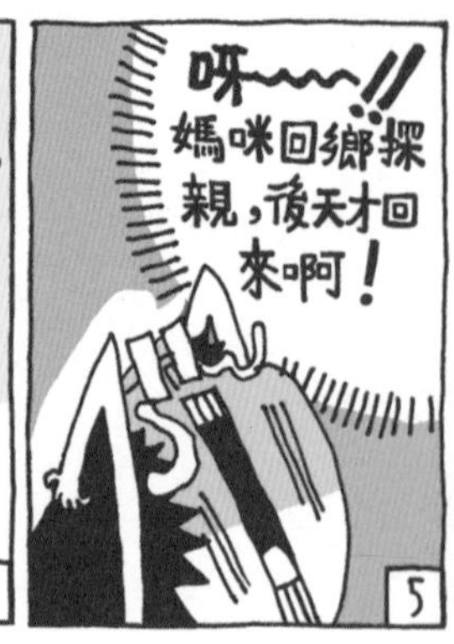
呀~~~!!
媽咪回鄉探親，後天才回來啊！

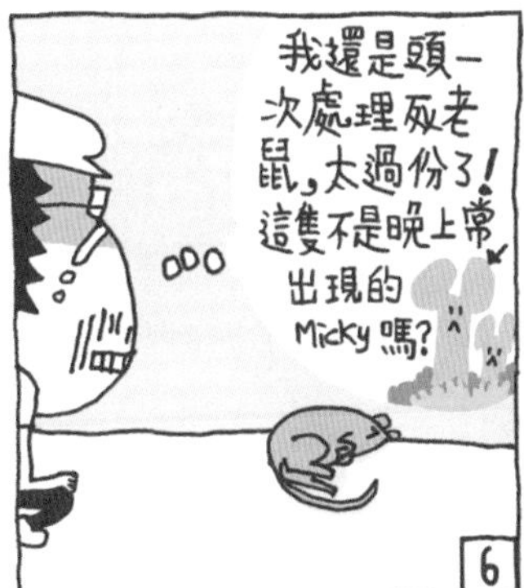

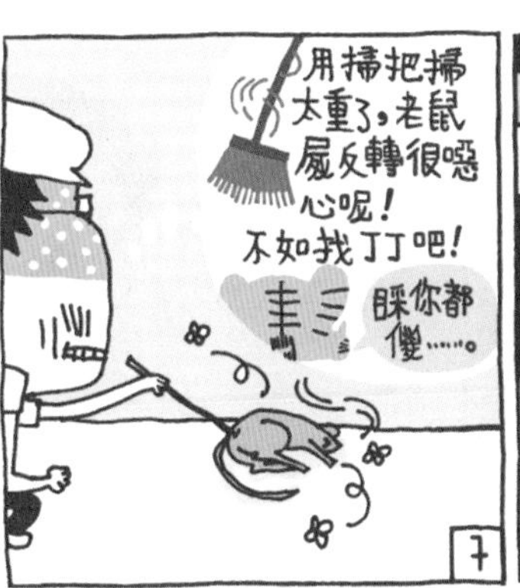

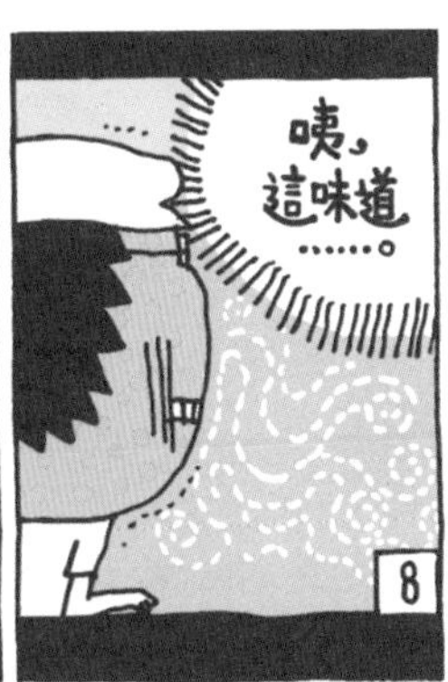

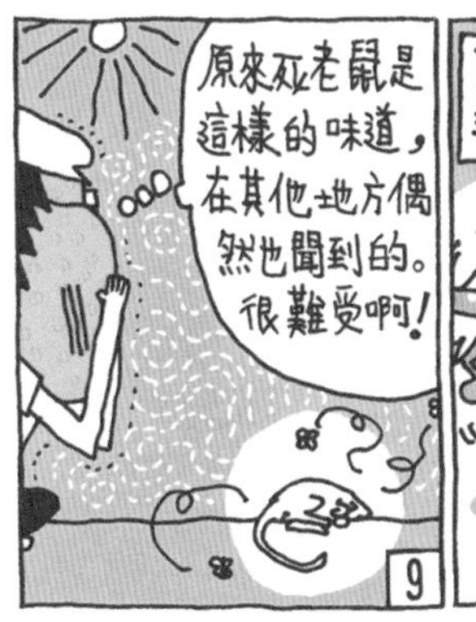

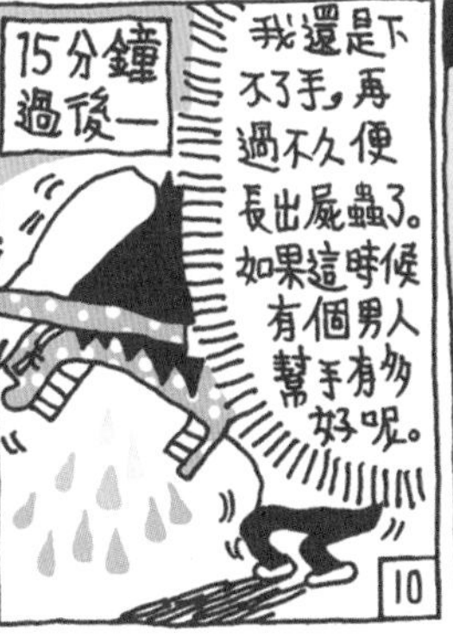

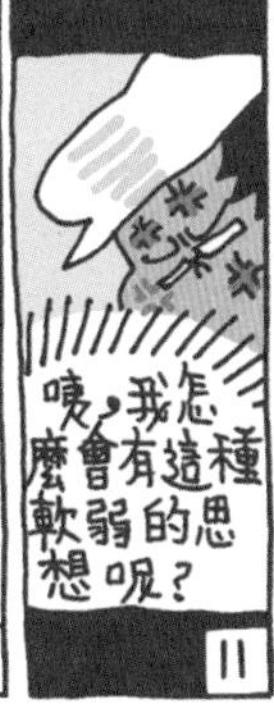

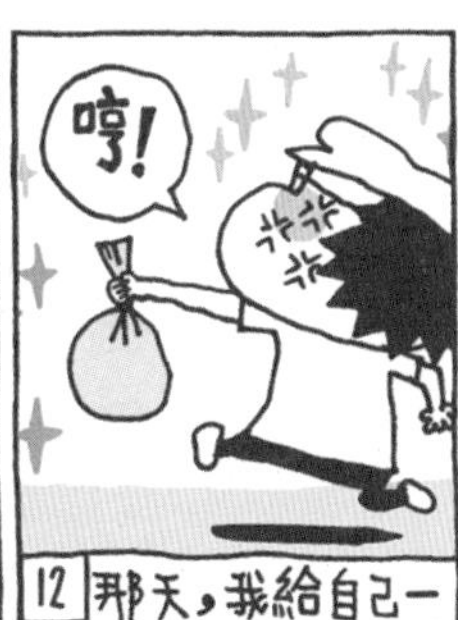

12 那天，我給自己一枚很閃很閃的英勇徽章。

媽的新愛·一

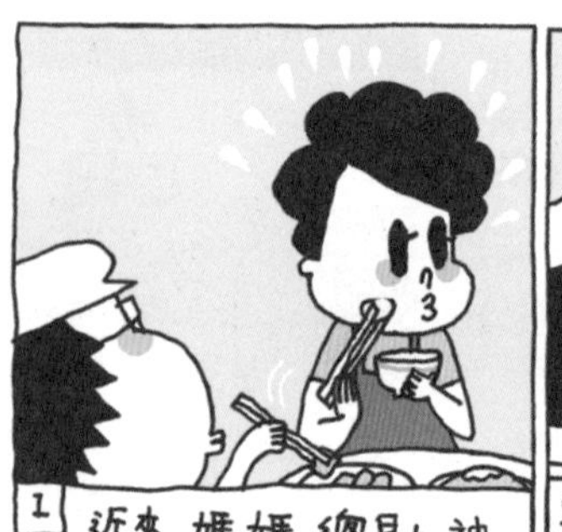
1 近來，媽媽總是心神恍惚。

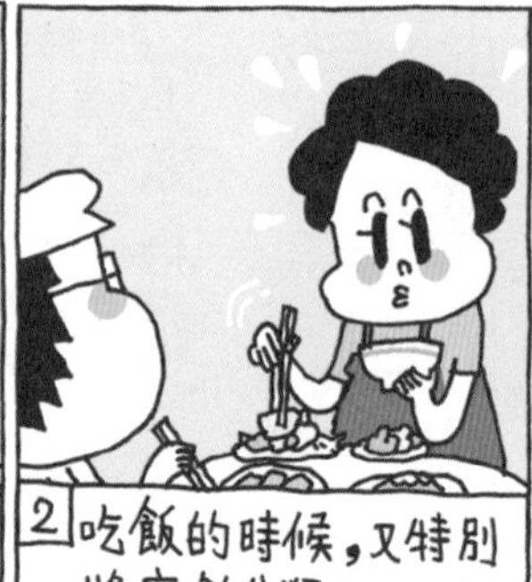
2 吃飯的時候，又特別將廚餘分類。

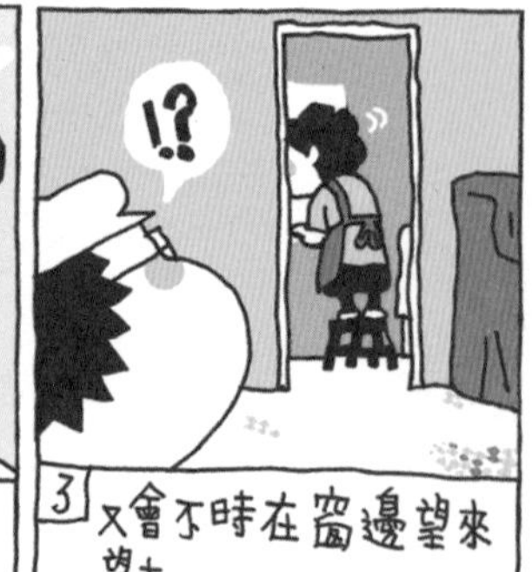

3 又會不時在窗邊望來望去……。

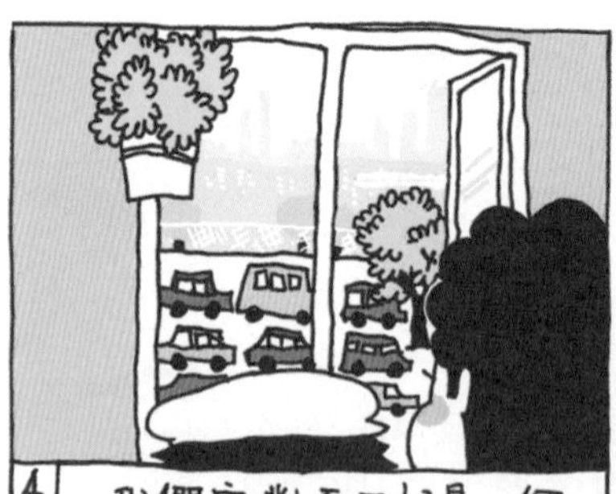
4 我們家對面正好是一個臨時露天停車場

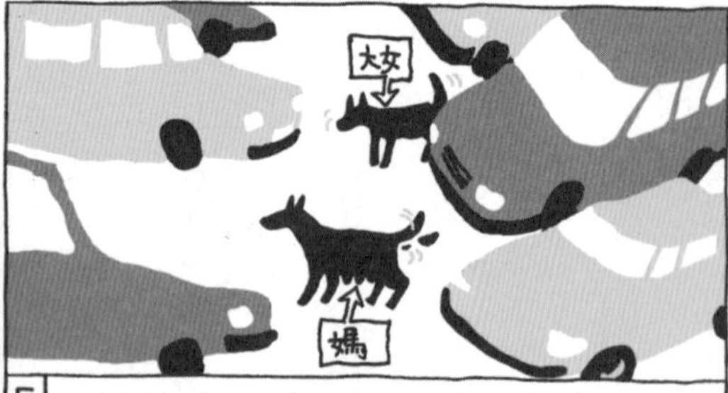

5 那裡住了一些黑色的流浪狗家族，面前兩位分別是媽媽和大女。

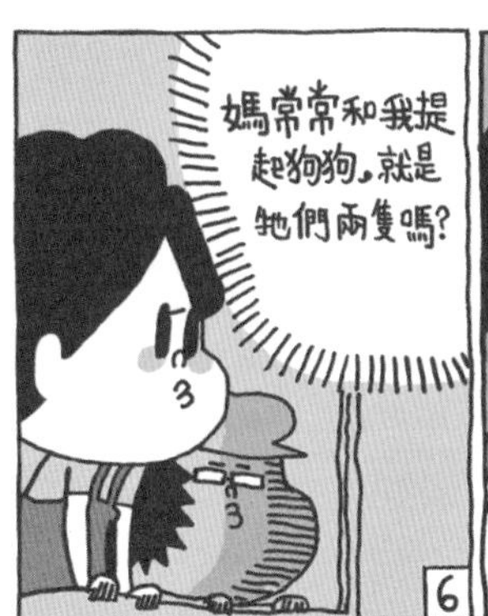
媽常常和我提起狗狗，就是牠們兩隻嗎？
6

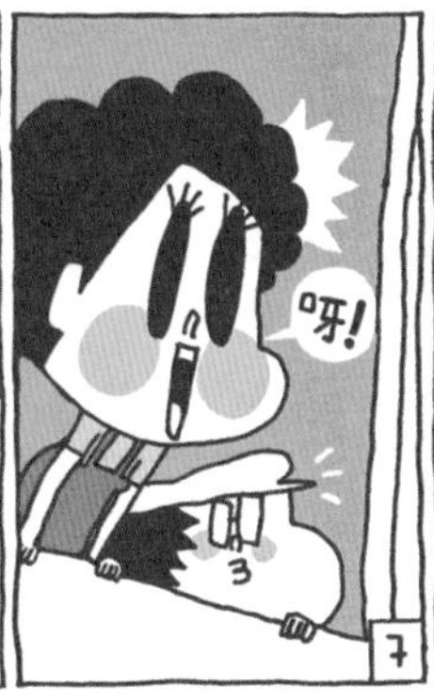
呀！
7

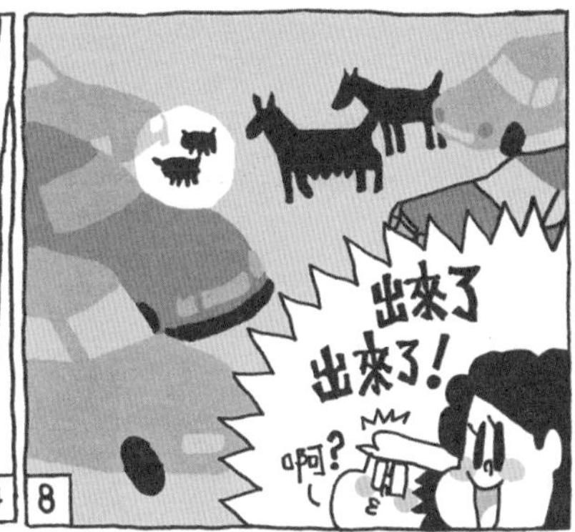
8
出來了
出來了！
啊？

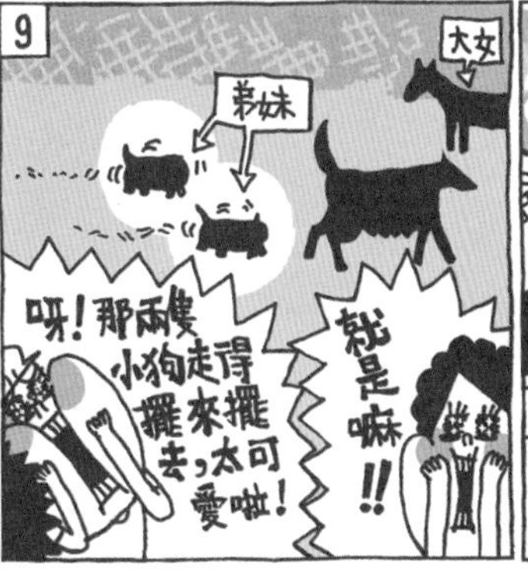
9
大女
弟妹
呀！那兩隻小狗走得擺來擺去，太可愛啦！
就是嘛！！

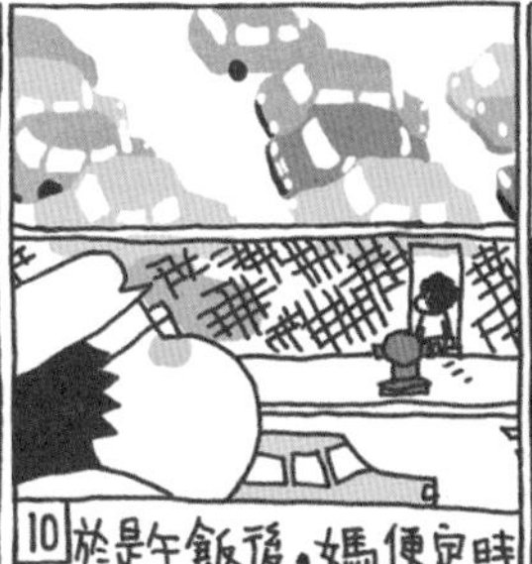
10 於是午飯後，媽便定時到停車場，把廚餘和特別煮的東西帶到小狗的角落。

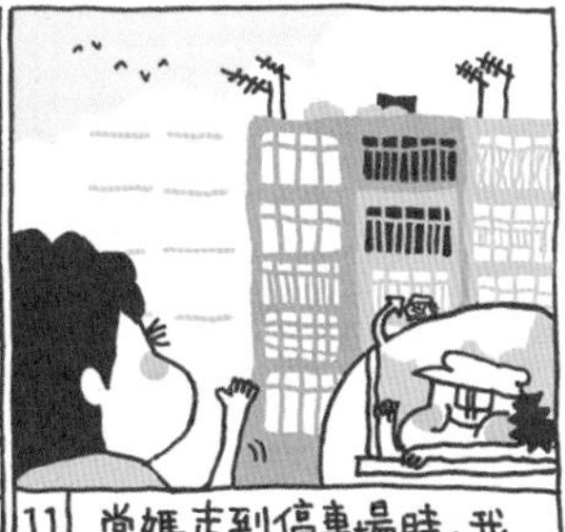
11 當媽走到停車場時，我便在窗邊遠遠望著她，當她的私人保鏢。

媽的新愛．二

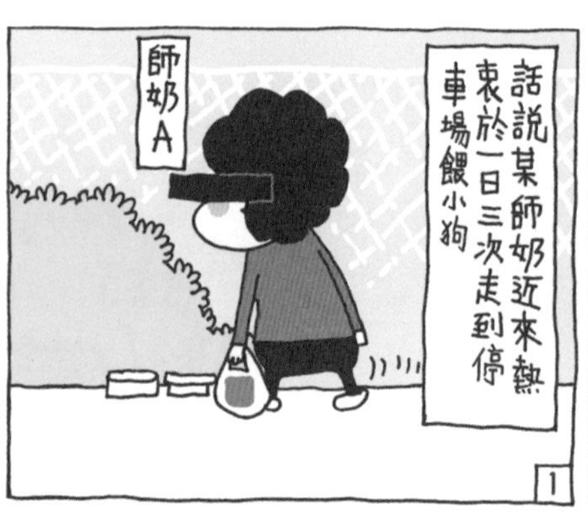
師奶A
話說某師奶近來熱衷於一日三次走到停車場餵小狗
1

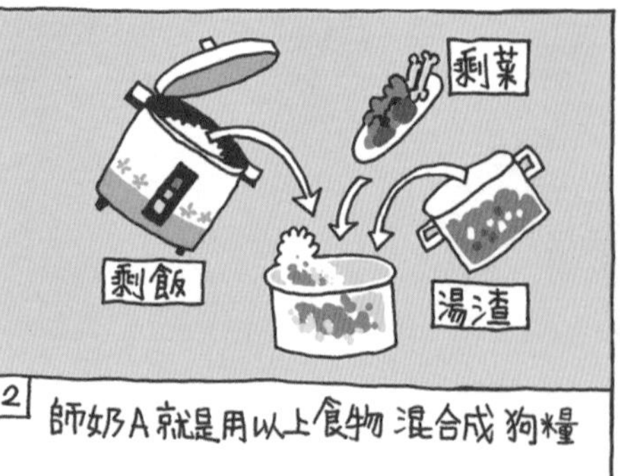
剩菜
剩飯
湯渣
2
師奶A就是用以上食物混合成狗糧

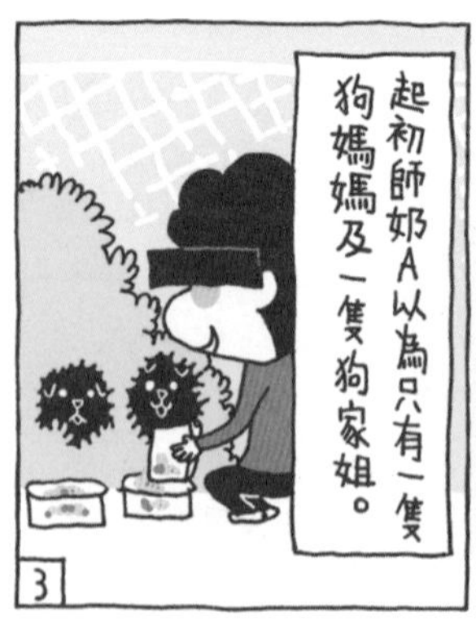
起初師奶A以為只有一隻狗媽媽及一隻狗家姐。
3

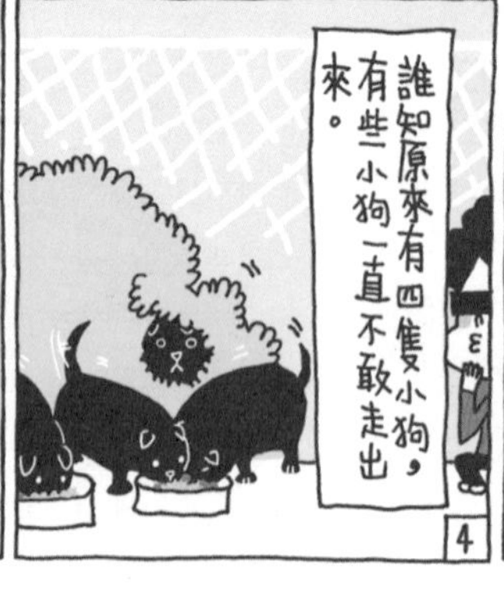
誰知原來有四隻小狗，有些小狗一直不敢走出來。
4

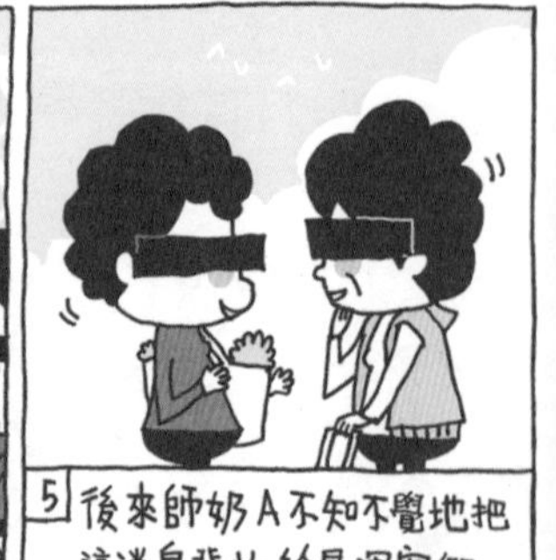
5
後來師奶A不知不覺地把這消息發放給晨運客們

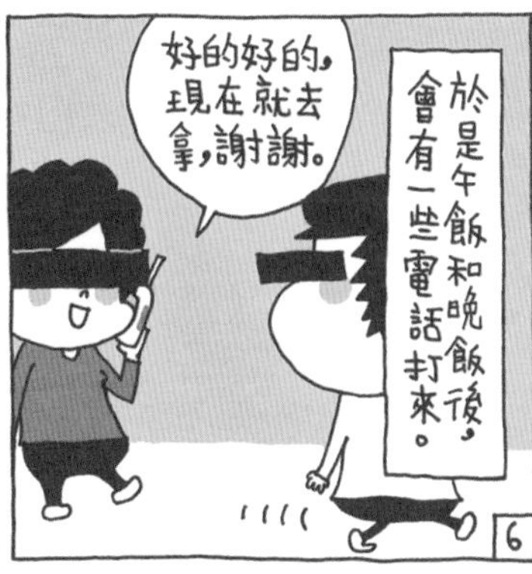
好的好的，
現在就去
拿，謝謝。
於是午飯和晚飯後，
會有一些電話打來。
6

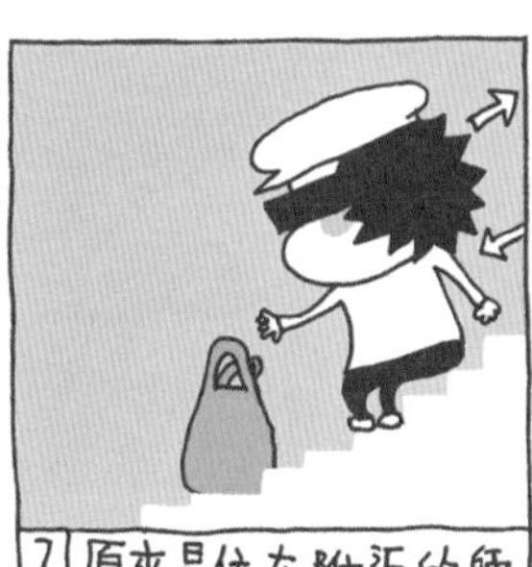
7 原來是住在附近的師
奶把包好的剩菜剩飯放
在樓梯底給她

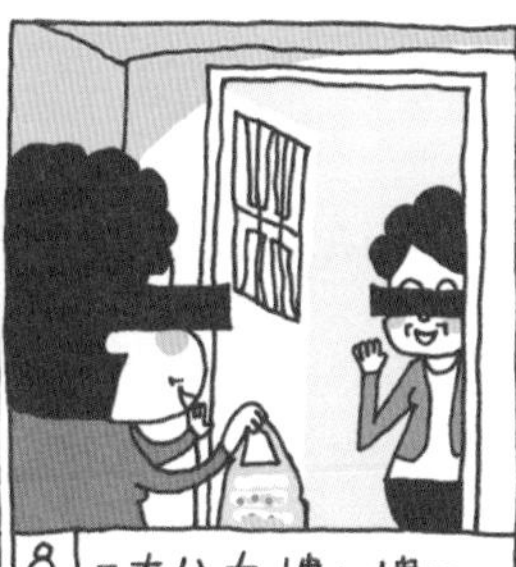
8 又有住在樓上樓下
的師奶親自拿過來

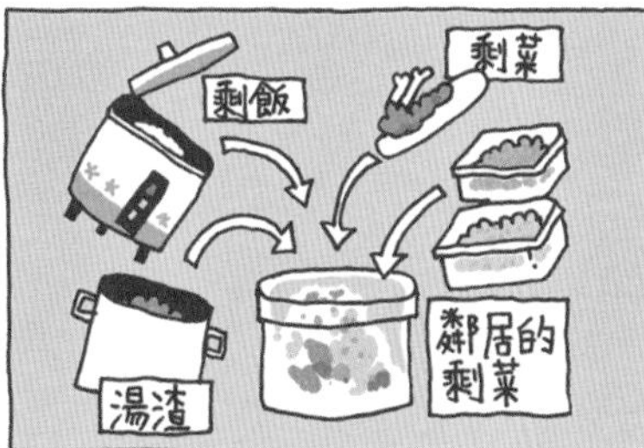
剩菜
剩飯
湯渣
鄰居的
剩菜
9 這樣狗狗的食物增加了，師奶A
也對晨運客們近來吃過什麼飯餸
瞭如指掌。

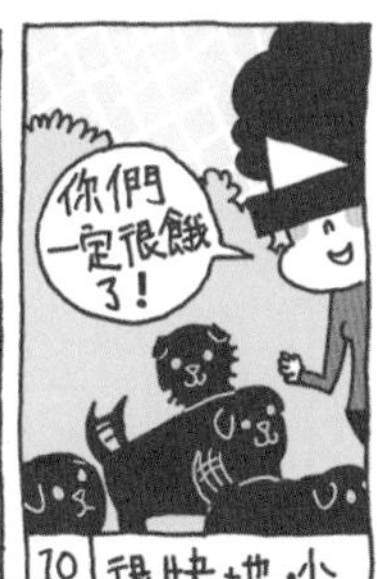
你們
一定很餓
了！
10 很快地，小
狗開始和師奶
A混熟了。

就在這個時候，師奶A發
現了一個更殘酷的事實。
原來不是四隻，是八隻！
11

媽的新愛・三

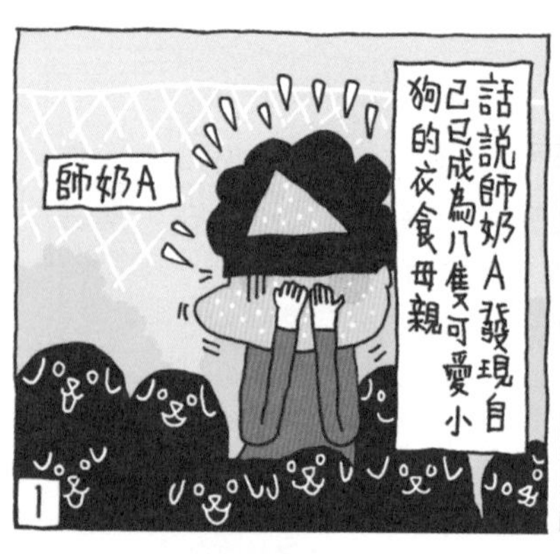
話說師奶A發現自己已成為八隻可愛小狗的衣食母親
師奶A
1

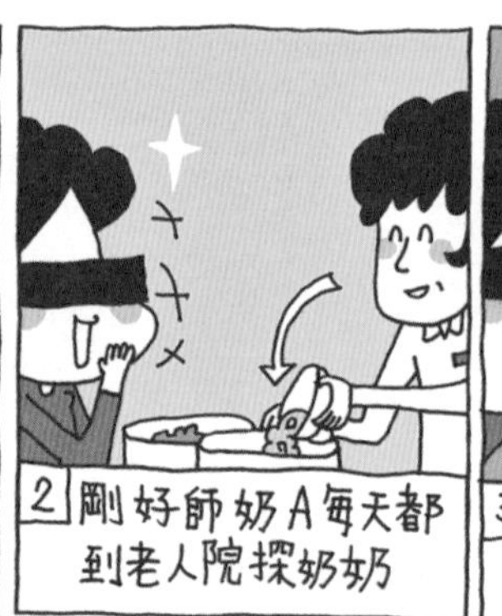
2 剛好師奶A每天都到老人院探奶奶

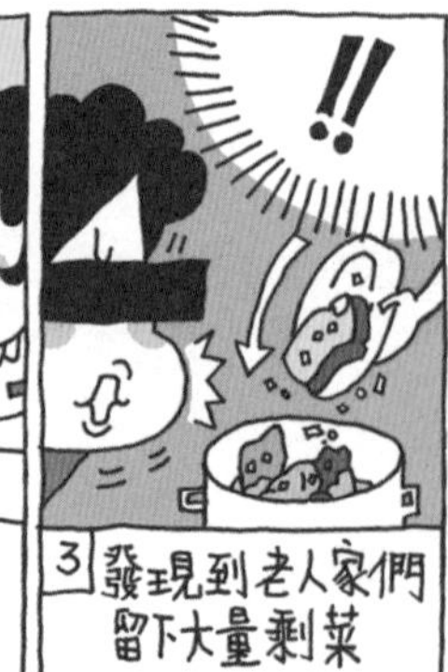
!!
3 發現到老人家們留下大量剩菜

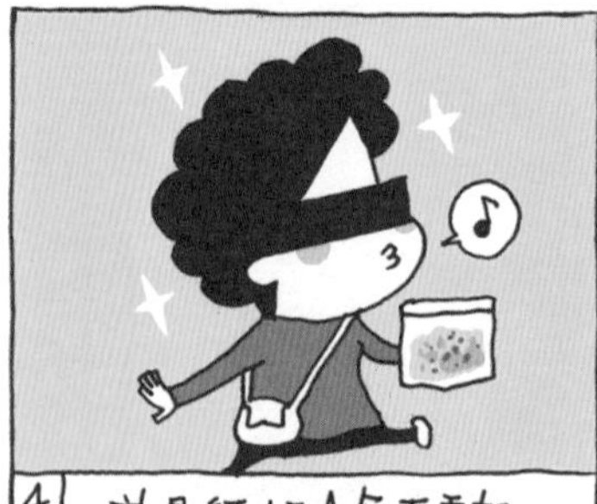
4 於是師奶A每天更加滿載而歸了

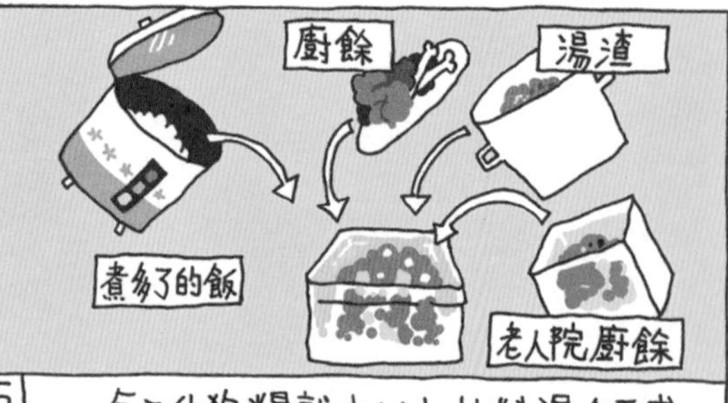
廚餘
湯渣
煮多了的飯
老人院廚餘
5 每天的狗糧就由以上材料混合而成，保證健康有營養有纖維。

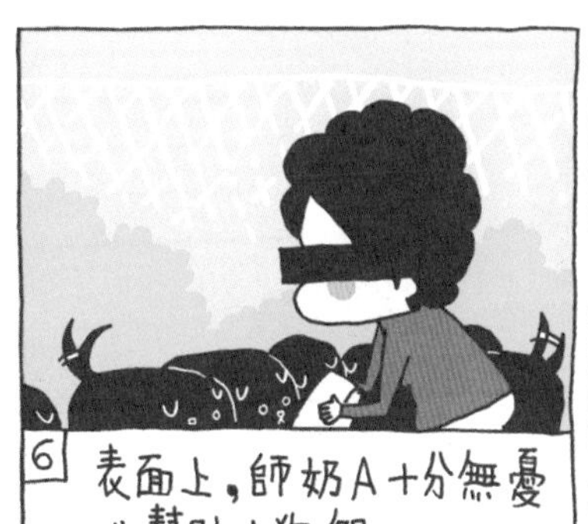
6
表面上，師奶A十分無憂地幫助小狗們。

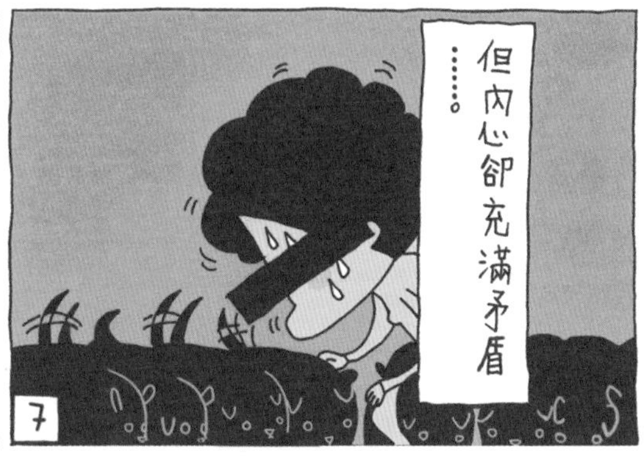
7
但內心卻充滿矛盾……。

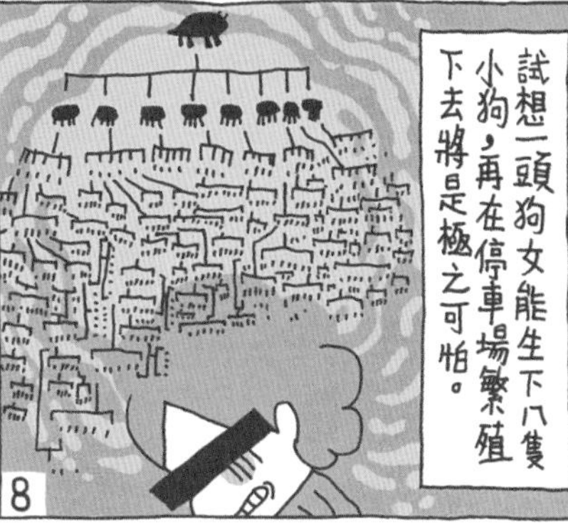
8
試想一頭狗女能生下八隻小狗，再在停車場繁殖下去將是極之可怕。

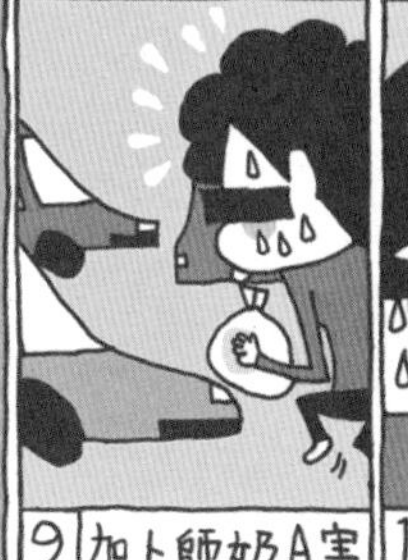
9
加上師奶A害怕給人責罵餵飼野狗

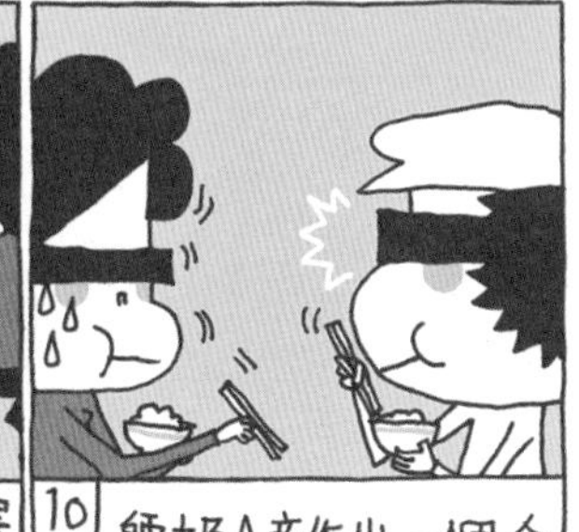
10
師奶A竟作出一個令人吃驚的決定……。

媽的新愛·四

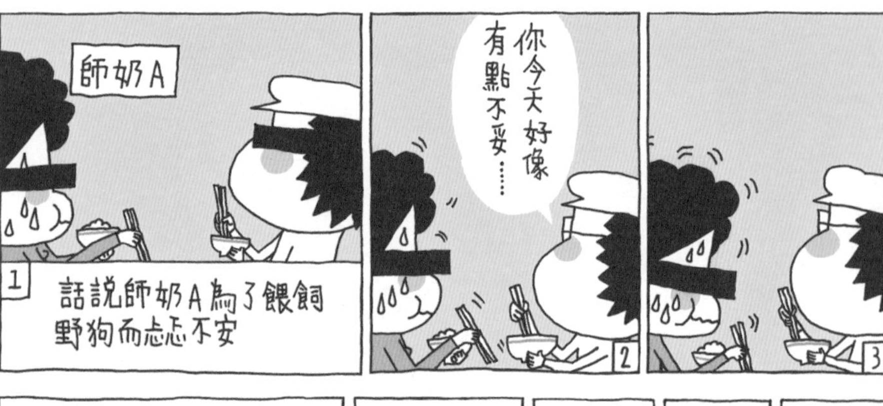
師奶A
話說師奶A為了餵飼野狗而忐忑不安
你今天好像有點不妥……

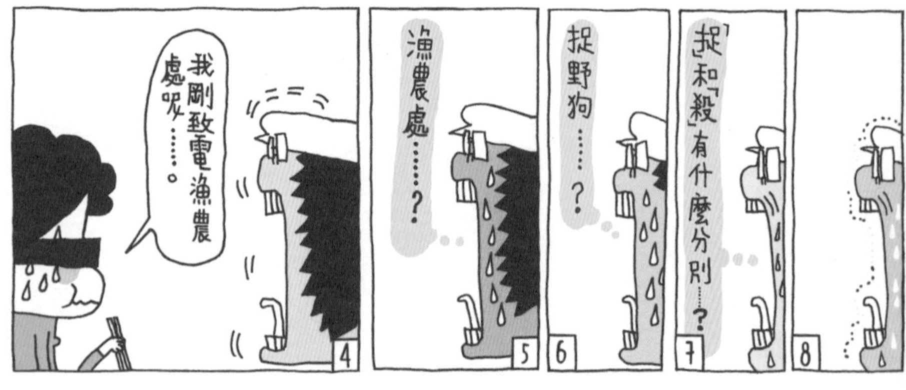
我剛致電漁農處呀……。
漁農處……？
捉野狗……？
「捉」和「殺」有什麼分別……？

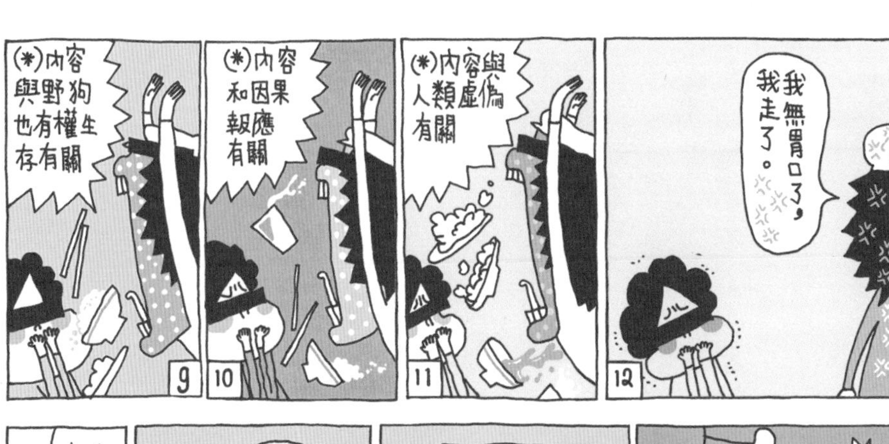

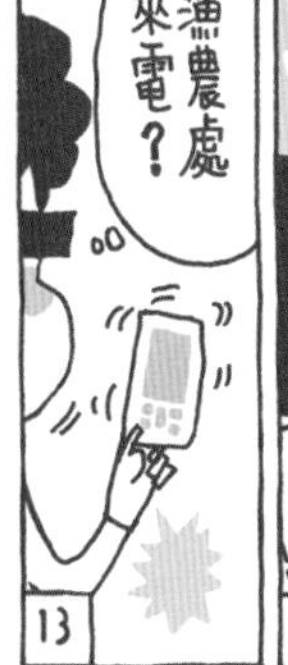

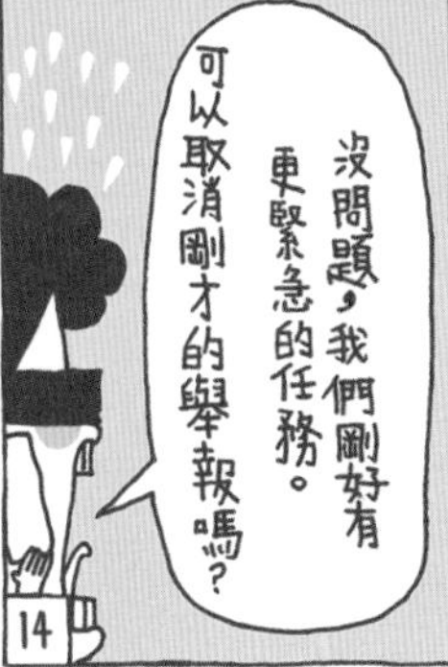

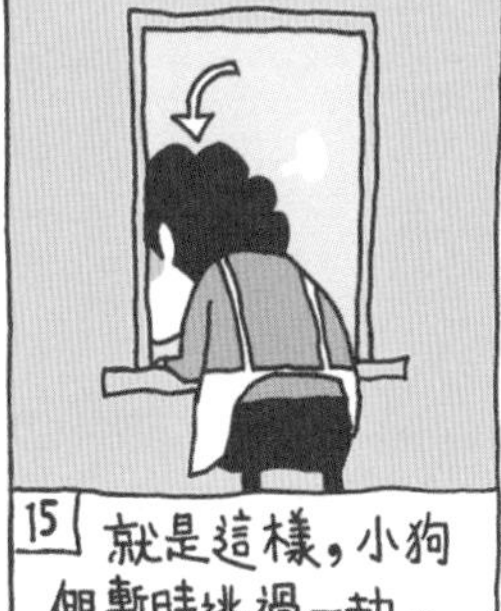

就是這樣，小狗們暫時逃過一劫。

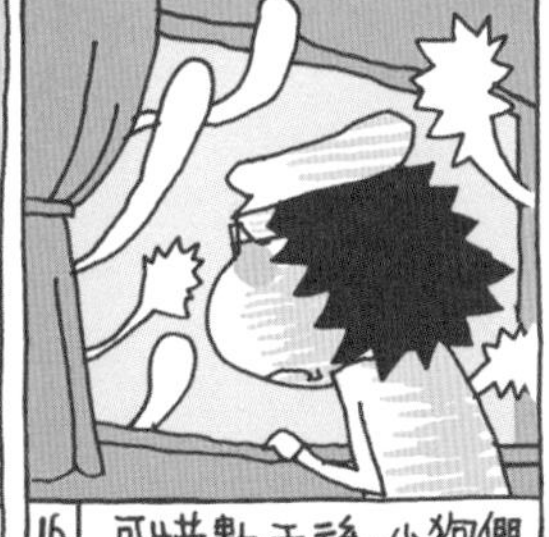

可惜數天後，小狗們還是逃不過其他市民的冷血舉報。

CHAPTER 4
電波老少女

二零一二

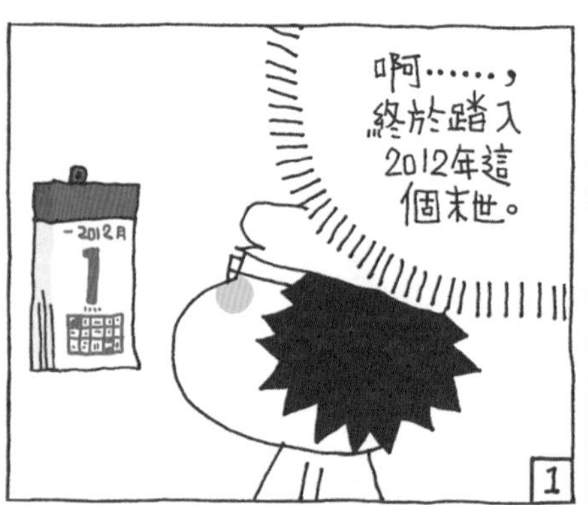
啊……，
終於踏入
2012年這
個末世。
2012月
1
1

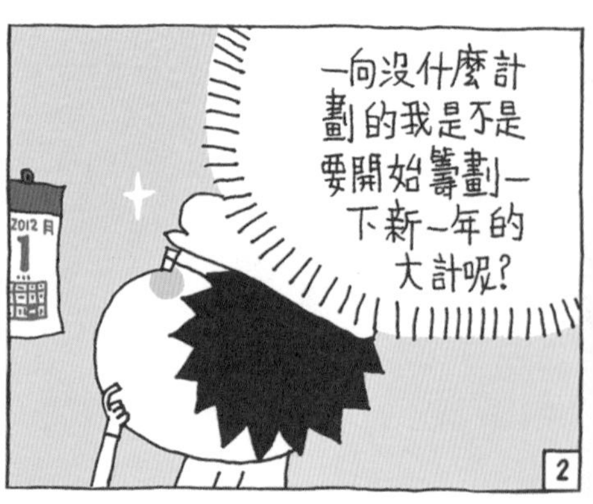
一向沒什麼計
劃的我是不是
要開始籌劃一
下新一年的
大計呢？
2012月
1
2

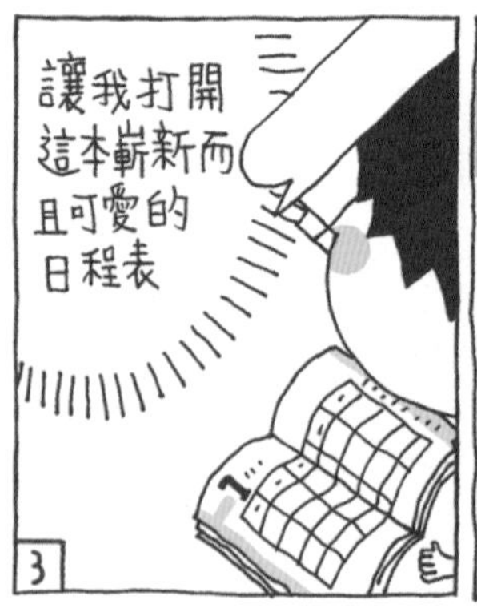
讓我打開
這本嶄新而
且可愛的
日程表
3

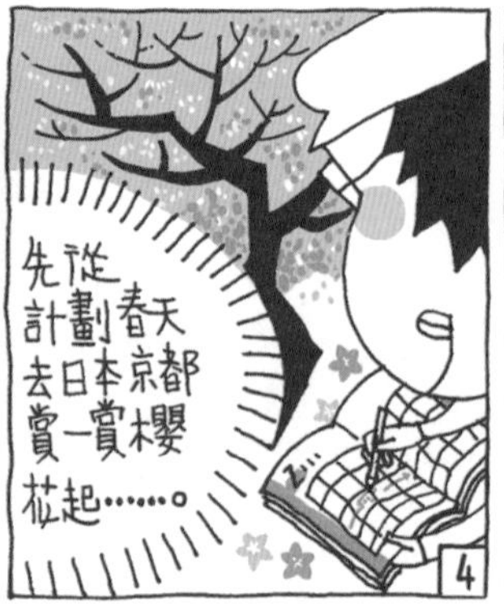
先從
計劃春天
去日本京都
賞一賞櫻
花起……。
4

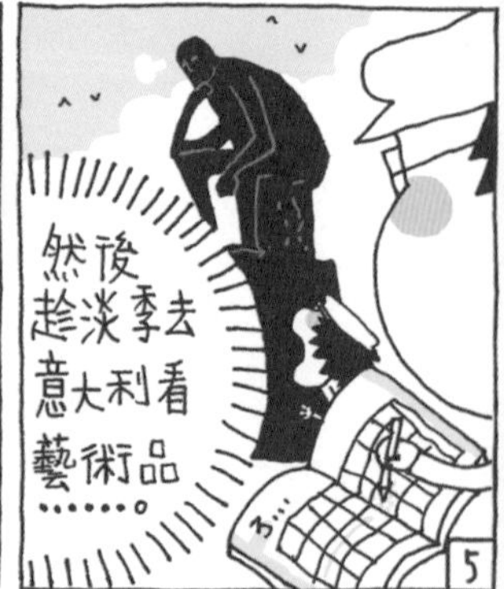
然後
趁淡季去
意大利看
藝術品
……。
5

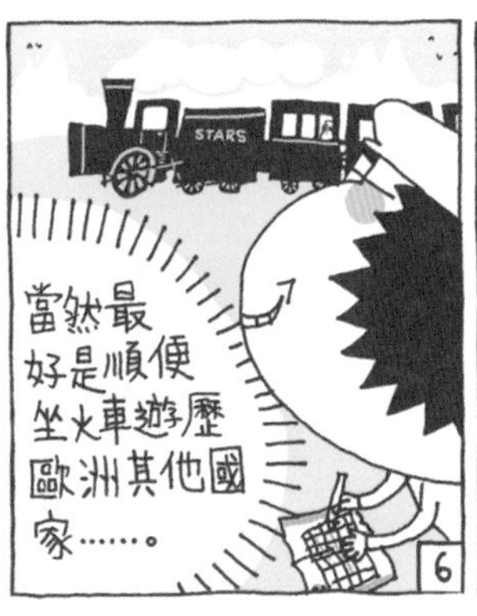
STARS
當然最
好是順便
坐火車遊歷
歐洲其他國
家……。
6

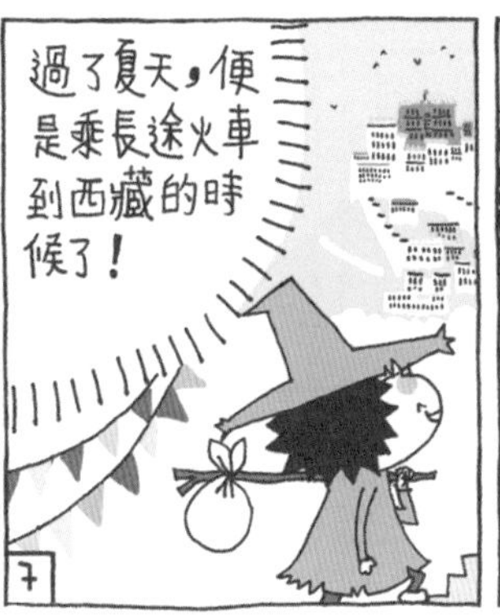
過了夏天，便
是乘長途火車
到西藏的時
候了！
7

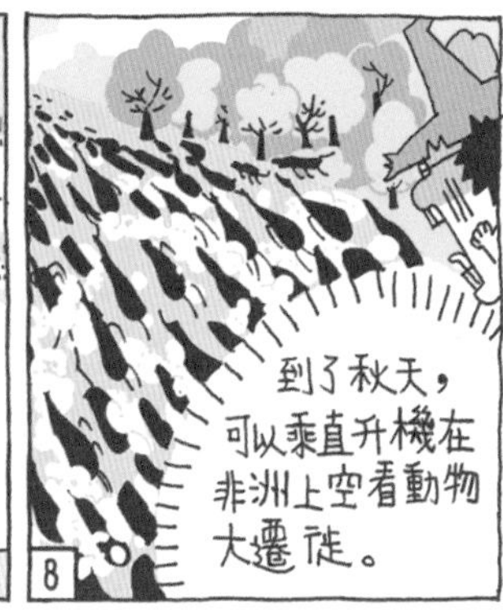
到了秋天，
可以乘直升機在
非洲上空看動物
大遷徙。
8

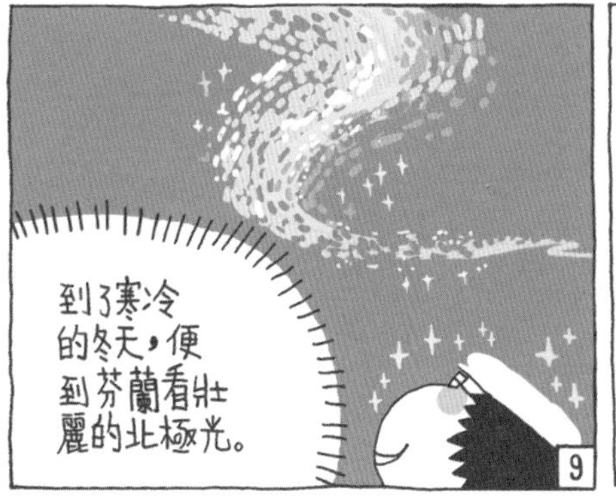
到了寒冷
的冬天，便
到芬蘭看壯
麗的北極光。
9

咦？那其他時間呢？
10

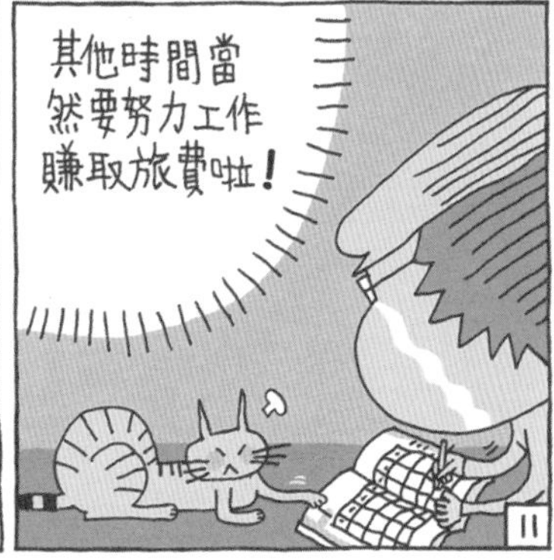
其他時間當
然要努力工作
賺取旅費啦！
11

老泥少女

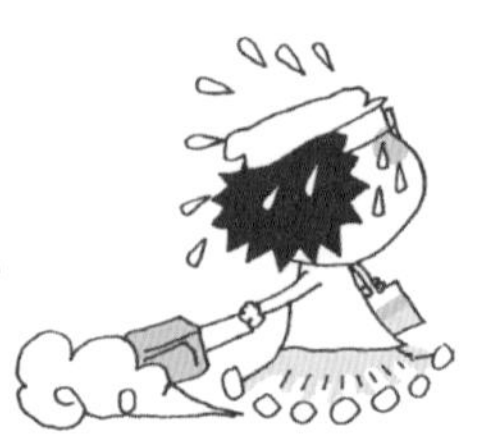

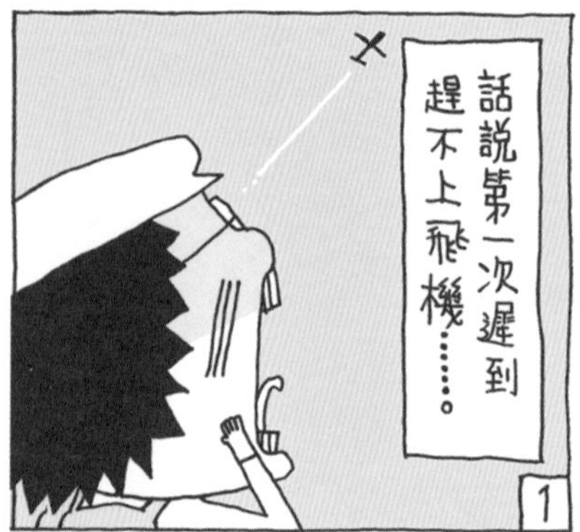
話說第一次遲到
趕不上飛機……。
1

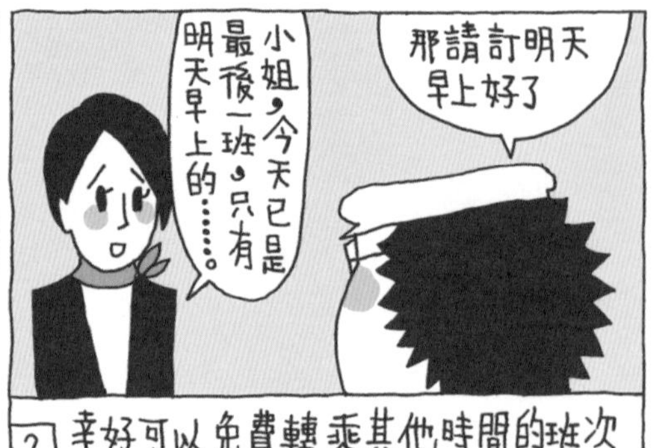
小姐，今天已是
最後一班，只有
明天早上的……。
那請訂明天
早上好了
2
幸好可以免費轉乘其他時間的班次

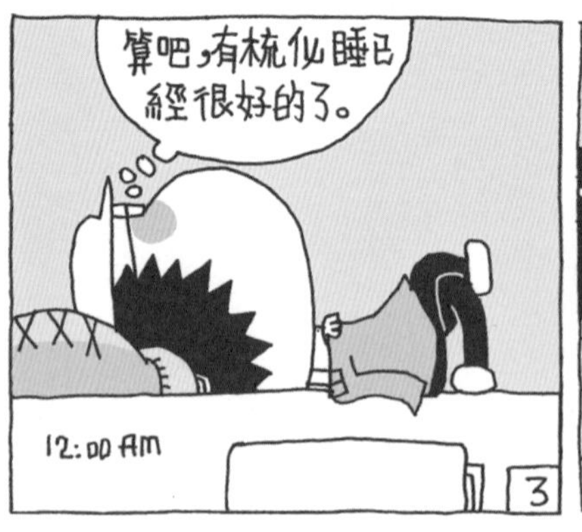
算吧，有梳化睡已
經很好的了。
12:00 AM
3

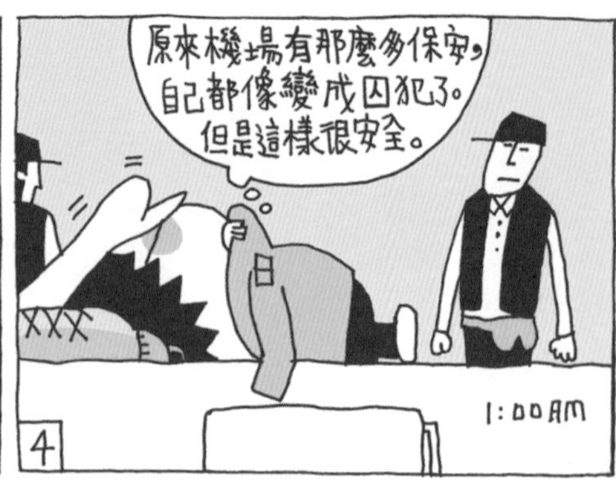
原來機場有那麼多保安，
自己都像變成囚犯了。
但是這樣很安全。
1:00 AM
4

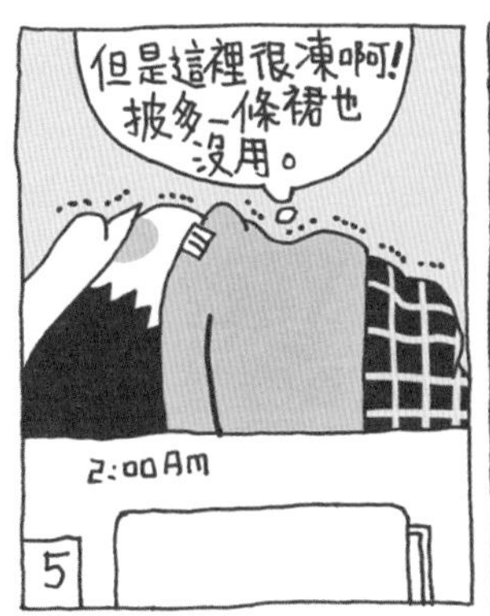
但是這裡很凍啊！
披多一條裙也
沒用。
2:00AM
5

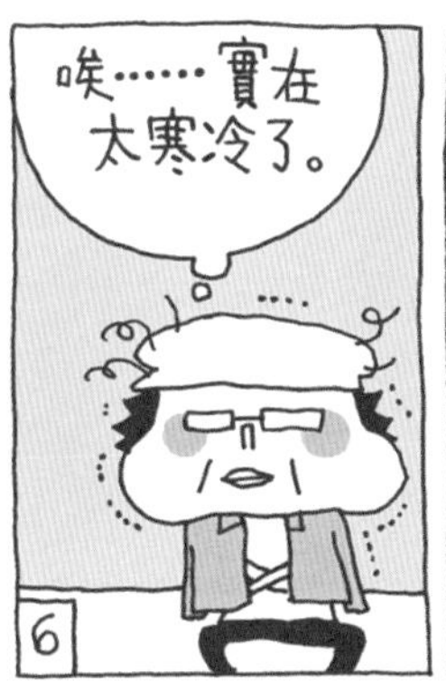
唉……實在
太寒冷了。
6

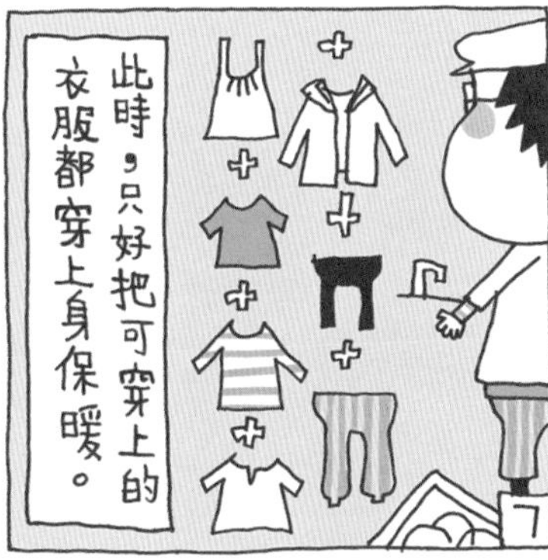
此時，只好把可穿上的
衣服都穿上身保暖。
7

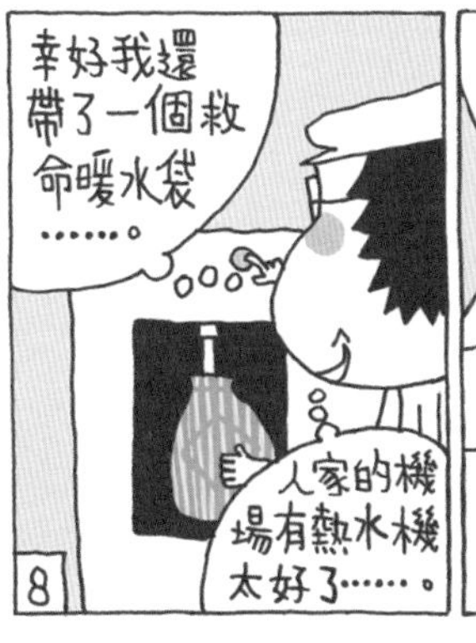
幸好我還
帶了一個救
命暖水袋
……。
人家的機
場有熱水機
太好了……。
8

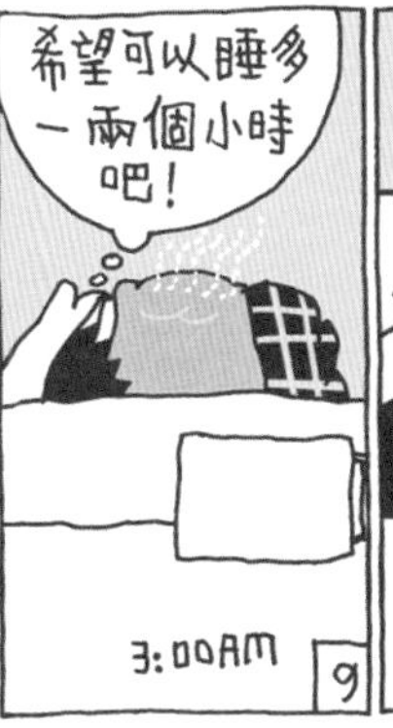
希望可以睡多
一兩個小時
吧！
3:00AM
9

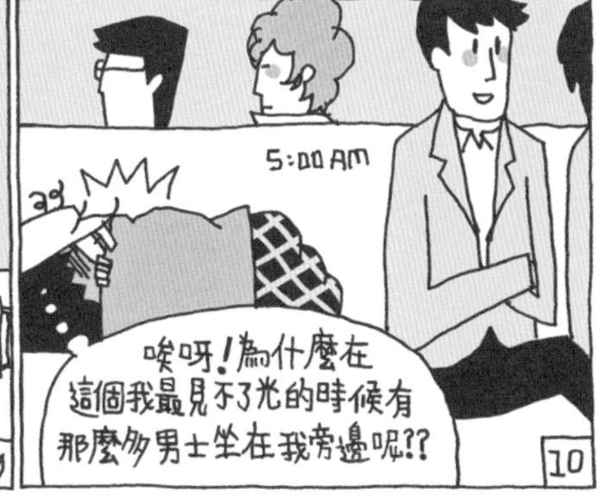
5:00AM
唉呀！為什麼在
這個我最見不了光的時候有
那麼多男士坐在我旁邊呢??
10

按摩球(天上篇)

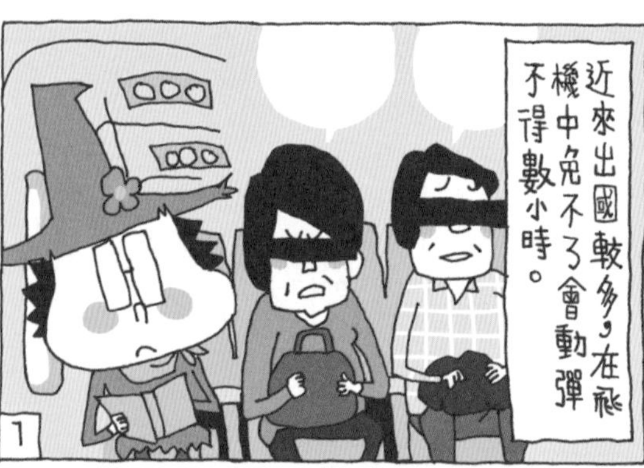
近來出國較多，在飛
機中免不了會動彈
不得數小時。

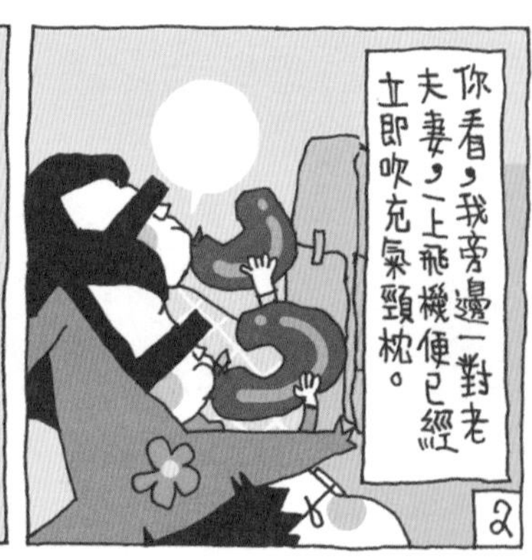
你看，我旁邊一對老
夫妻，一上飛機便已經
立即吹充氣頸枕。

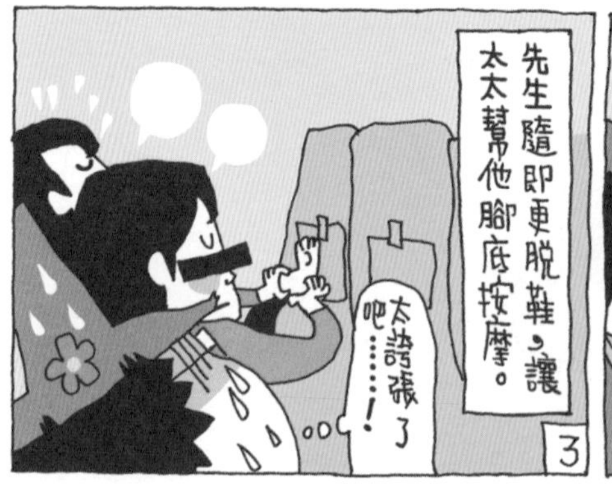
先生隨即更脫鞋，讓
太太幫他腳底按摩。
太誇張了
吧……！

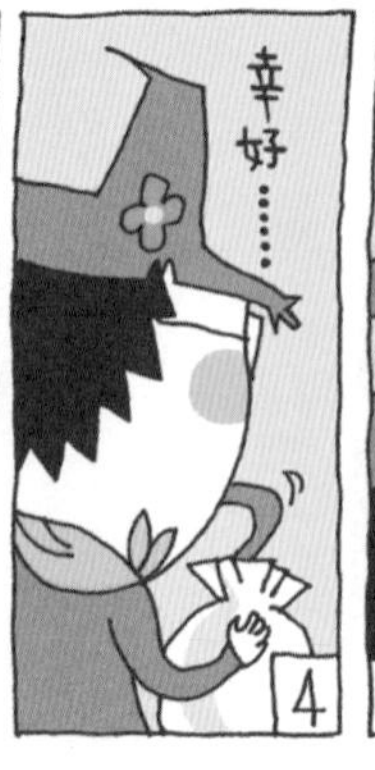
幸好……

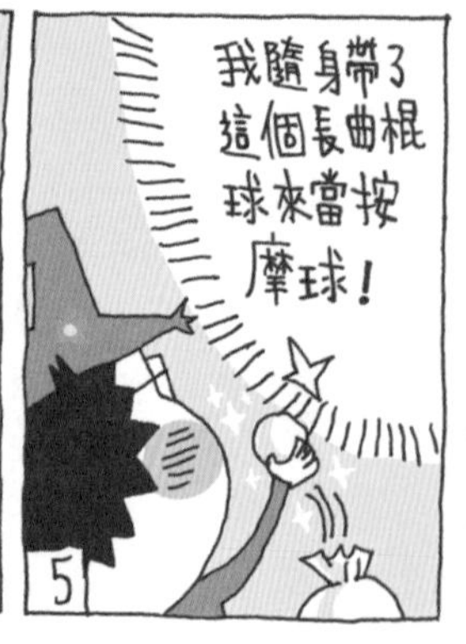
我隨身帶了
這個長曲棍
球來當按
摩球！

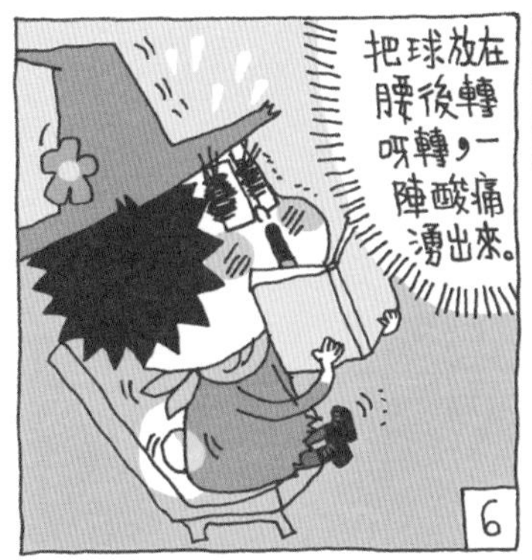
把球放在腰後轉呀轉，一陣酸痛湧出來。
6

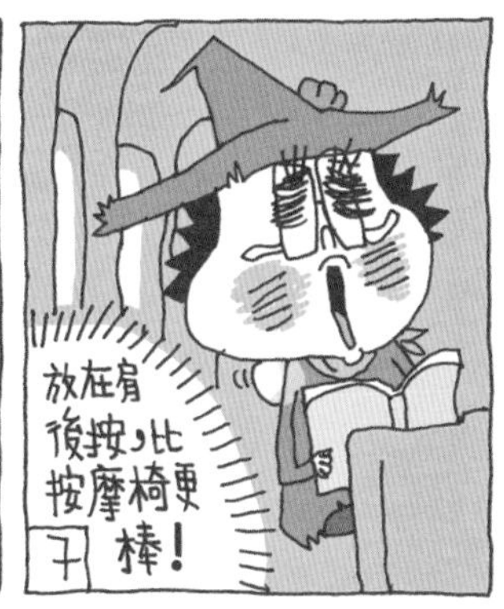
放在肩後按，比按摩椅更棒！
7

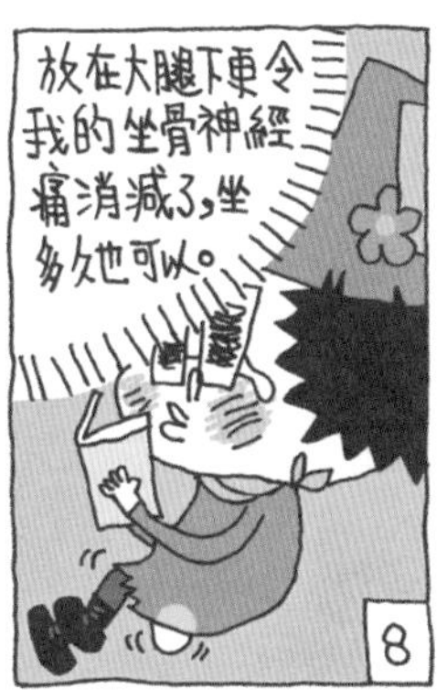
放在大腿下更令我的坐骨神經痛消減了，坐多久也可以。
8

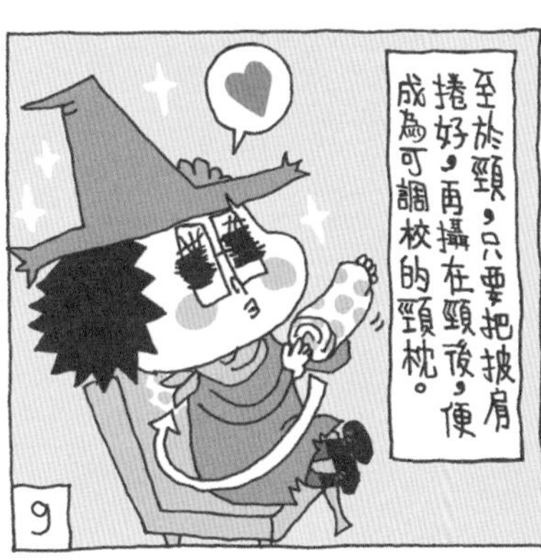
至於頸，只要把披肩捲好，再攝在頸後，便成為可調校的頸枕。
9

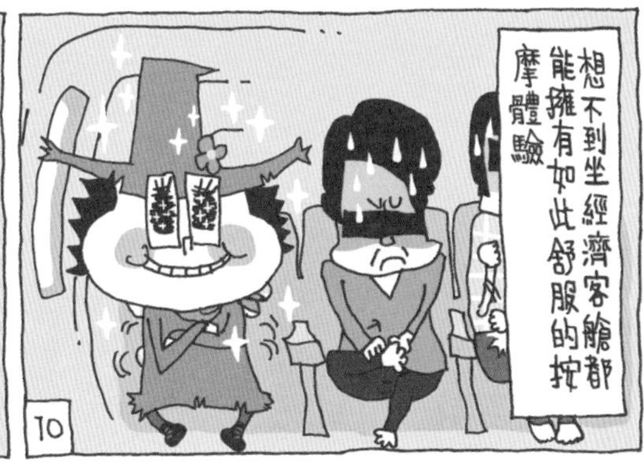
想不到坐經濟客艙都能擁有如此舒服的按摩體驗
10

吃的藝術

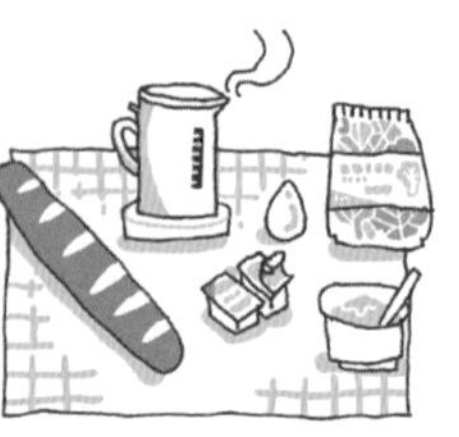

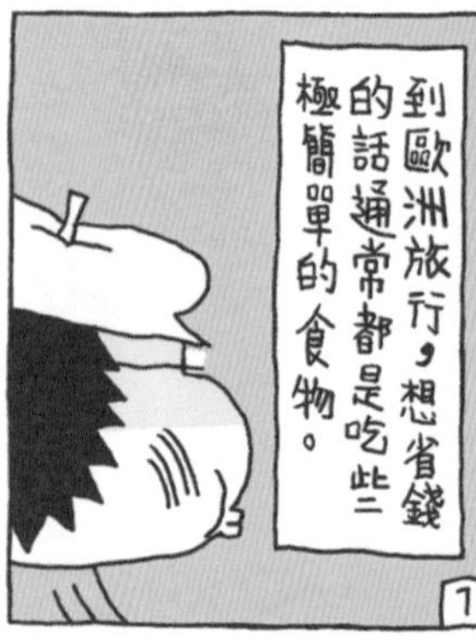
到歐洲旅行，想省錢的話通常都是吃些極簡單的食物。

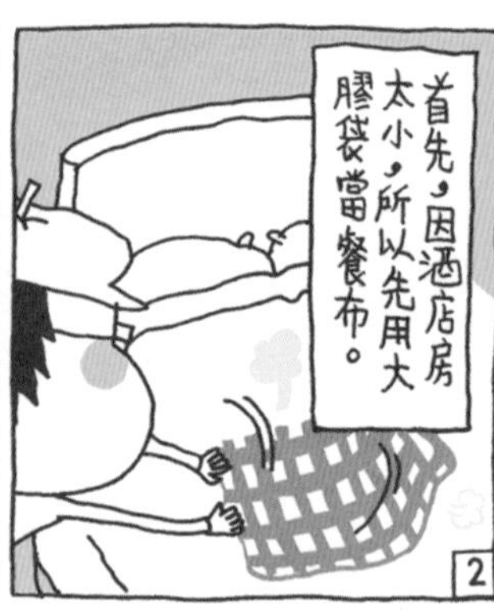
首先，因酒店房太小，所以先用大膠袋當餐布。

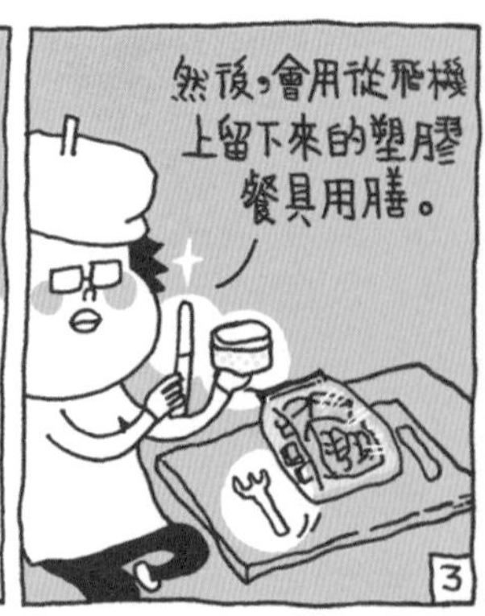
然後，會用從飛機上留下來的塑膠餐具用膳。

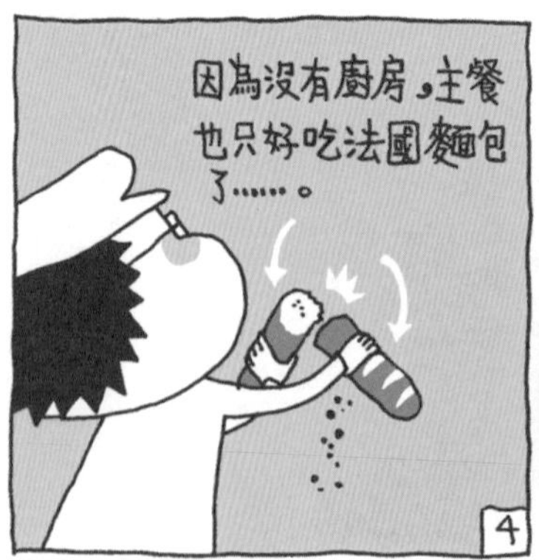
因為沒有廚房，主餐也只好吃法國麵包了……。

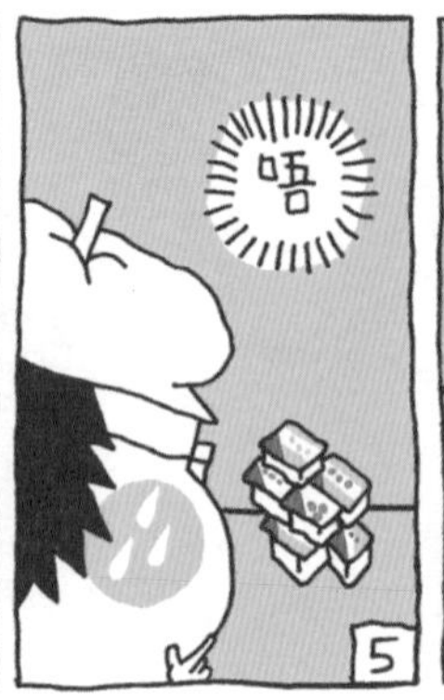
唔

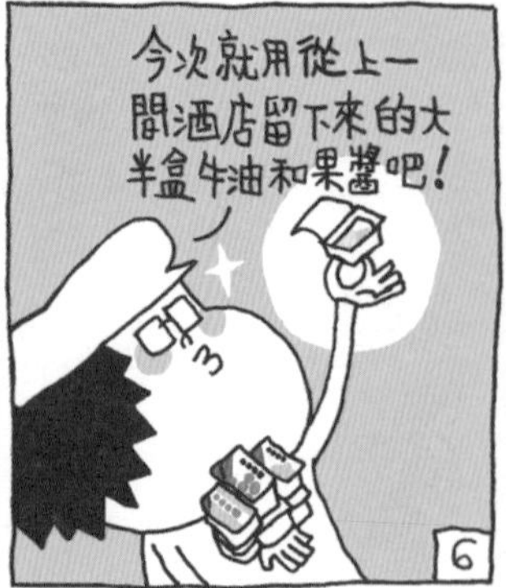
今次就用從上一間酒店留下來的大半盒牛油和果醬吧！

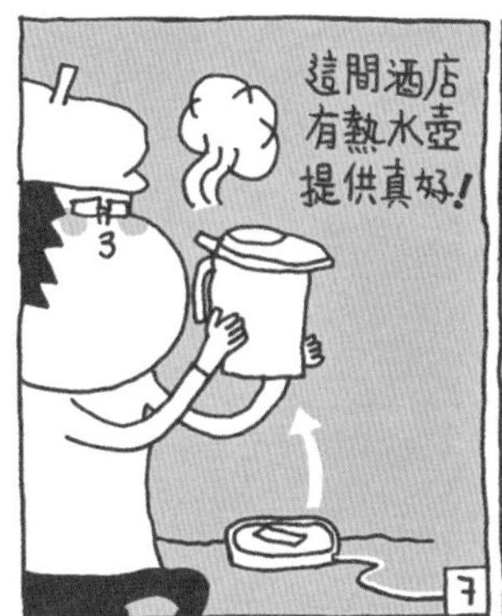
這間酒店
有熱水壺
提供真好！
7

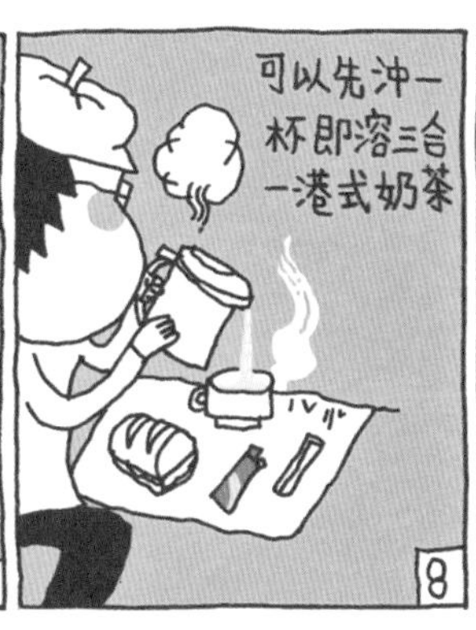
可以先沖一
杯即溶三合
一港式奶茶
8

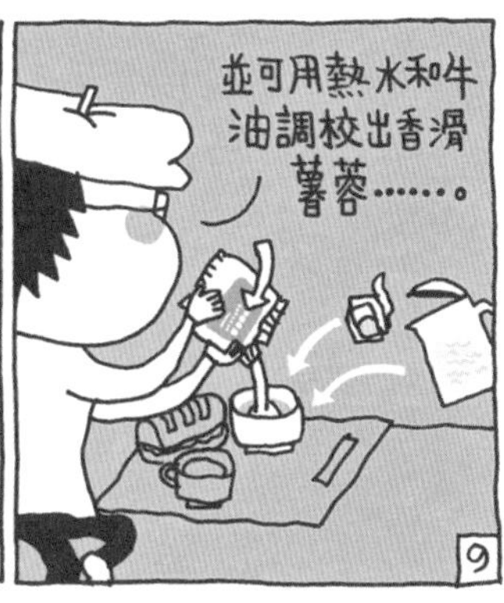
並可用熱水和牛
油調校出香滑
薯蓉……。
9

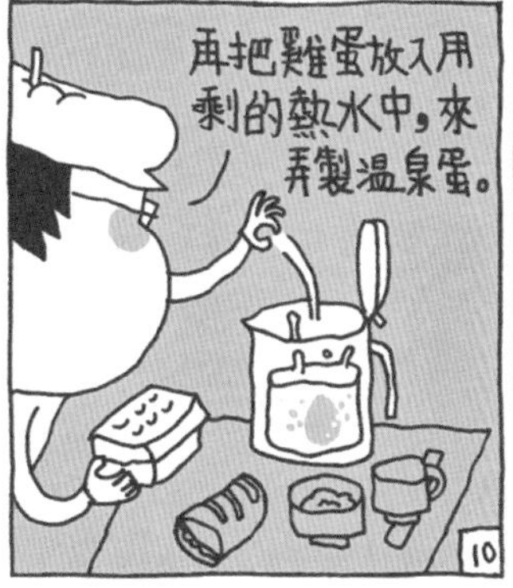
再把雞蛋放入用
剩的熱水中，來
弄製溫泉蛋。
10

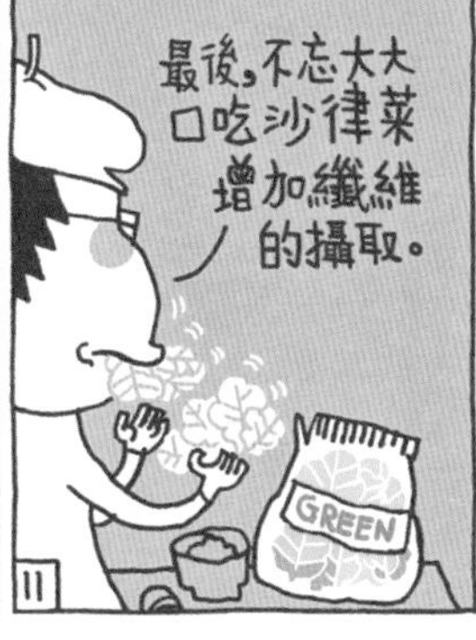
最後，不忘大大
口吃沙律菜
增加纖維
的攝取。
GREEN
11

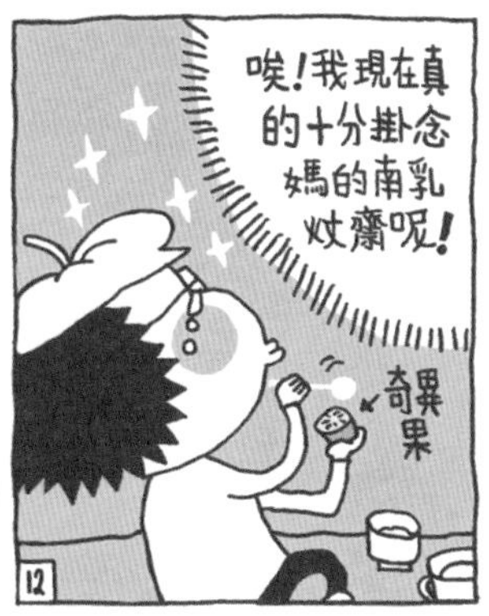
唉！我現在真
的十分掛念
媽的南乳
炆齋呢！
奇異
果
12

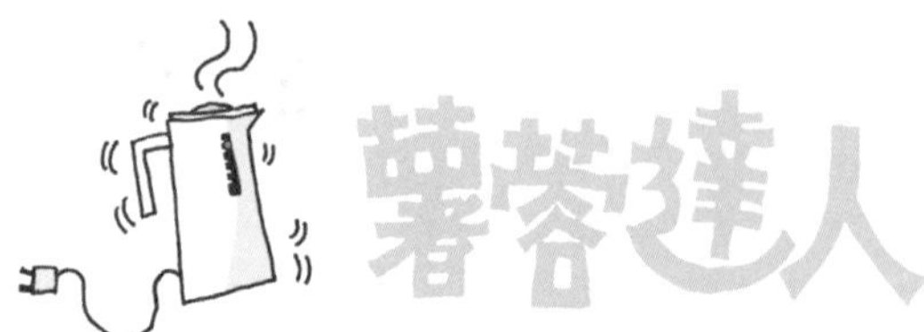

薯蓉達人

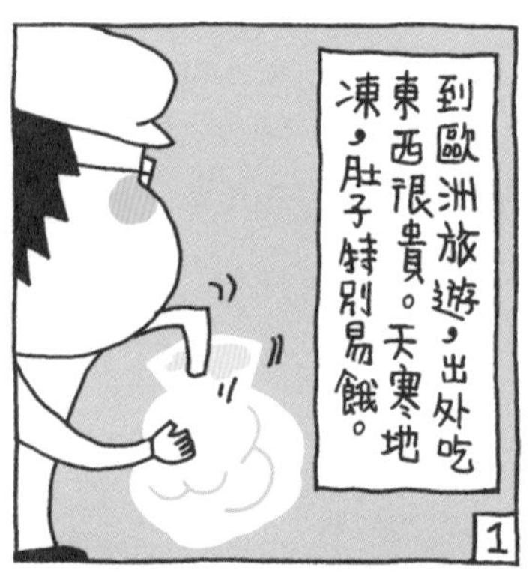

到歐洲旅遊，出外吃東西很貴。天寒地凍，肚子特別易餓。

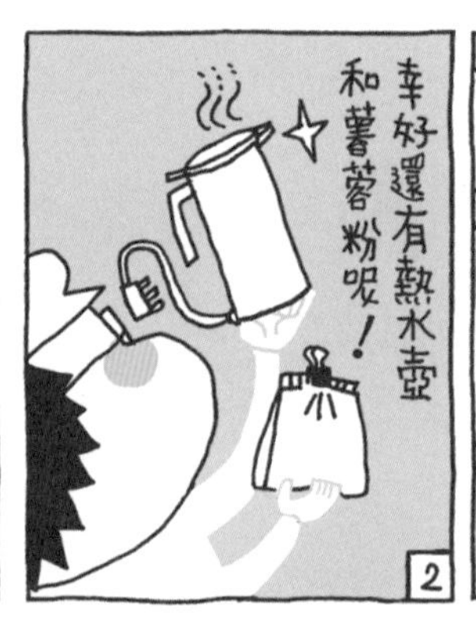

幸好還有熱水壺和薯蓉粉呢！

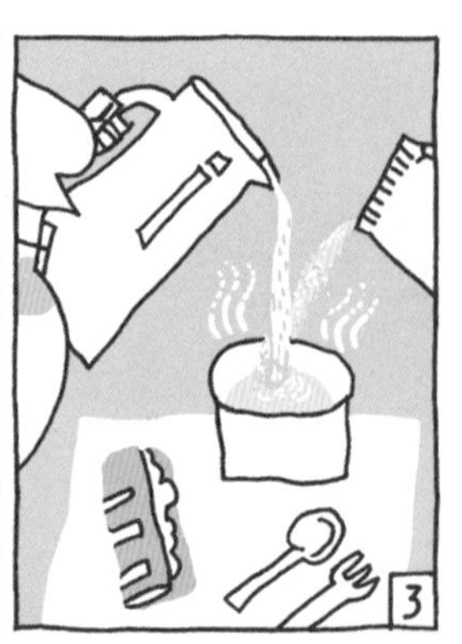

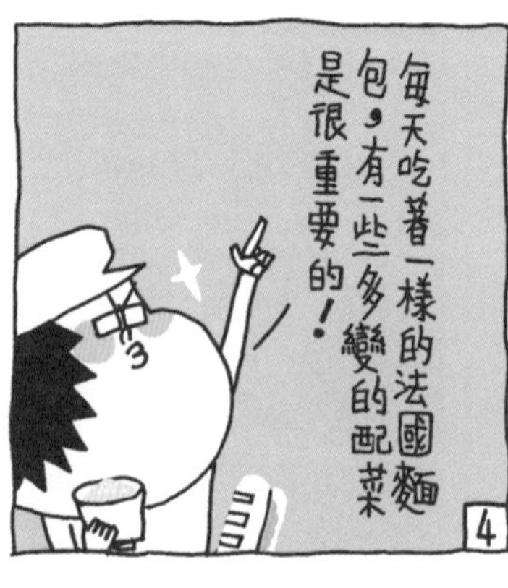

每天吃着一樣的法國麵包，有一些多變的配菜是很重要的！

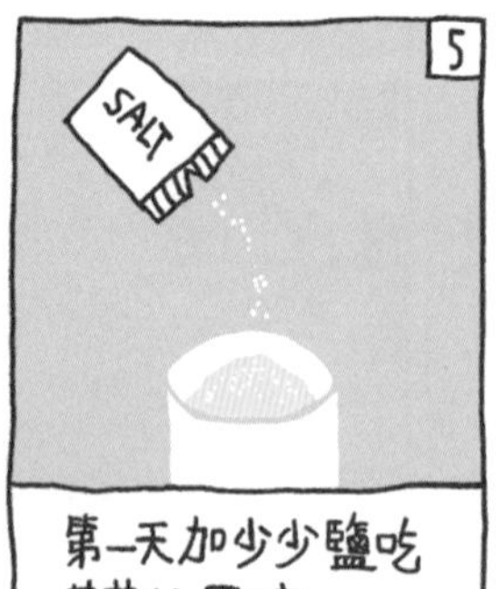

SALT

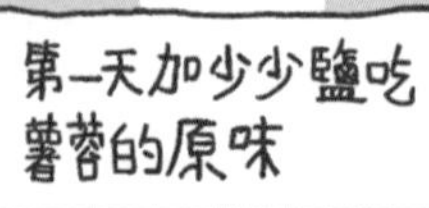

第一天加少少鹽吃薯蓉的原味

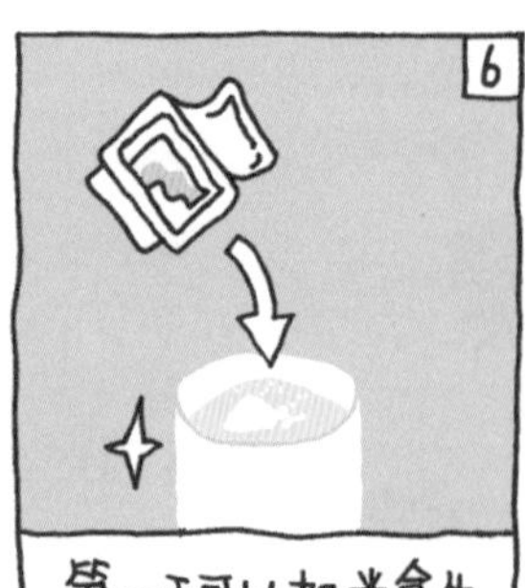

第二天可以加半盒牛油吃甘香薯蓉

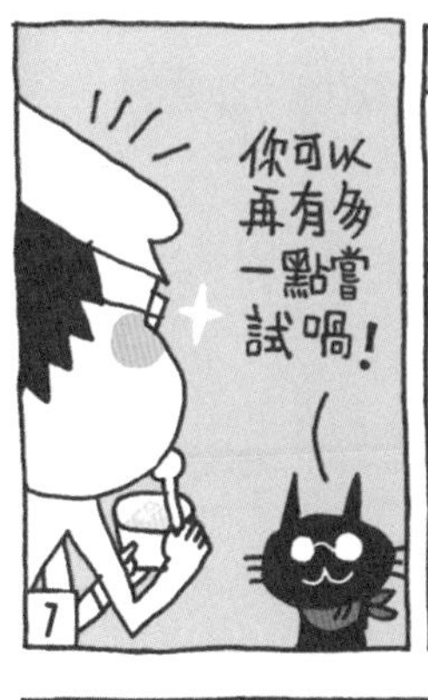

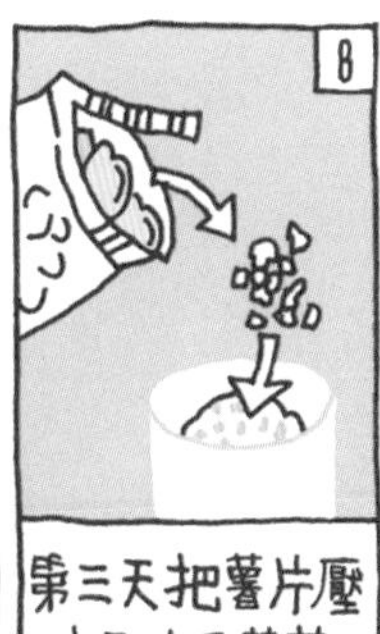

第三天把薯片壓碎弄脆香薯蓉

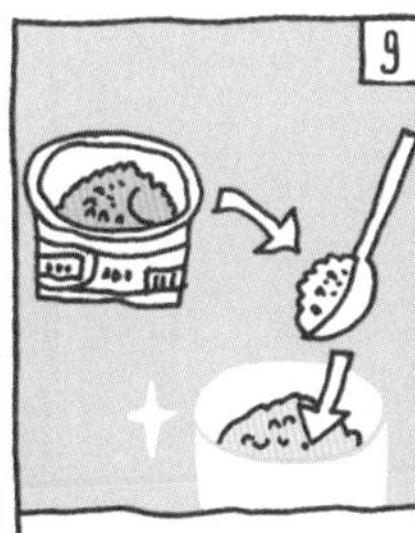

第四天把魚子醬放入薯蓉弄魚子薯蓉

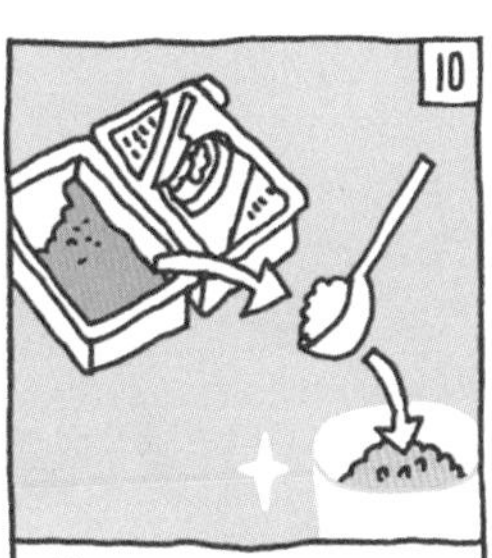

第五天把肉肝醬加進薯蓉中弄肝醬薯蓉

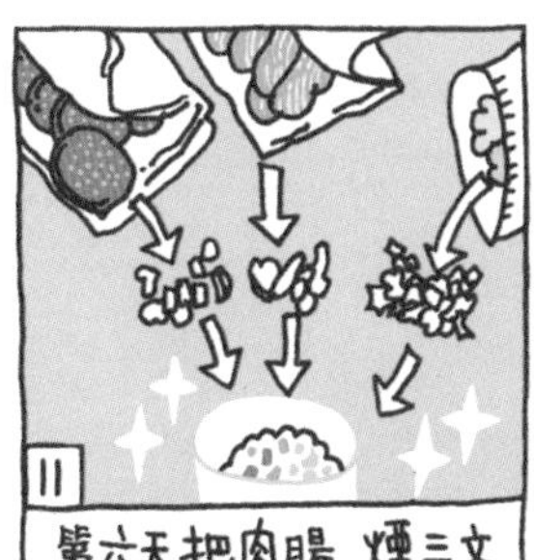

第六天把肉腸、煙三文魚和沙律菜撕碎攪拌成豪華雜錦薯蓉。

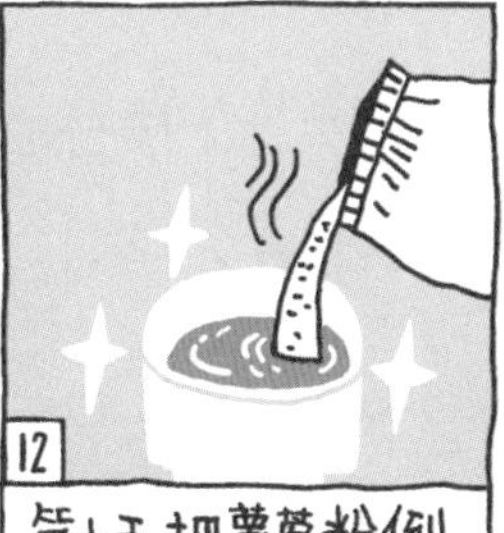

第七天把薯蓉粉倒入番茄湯中變成番茄濃湯

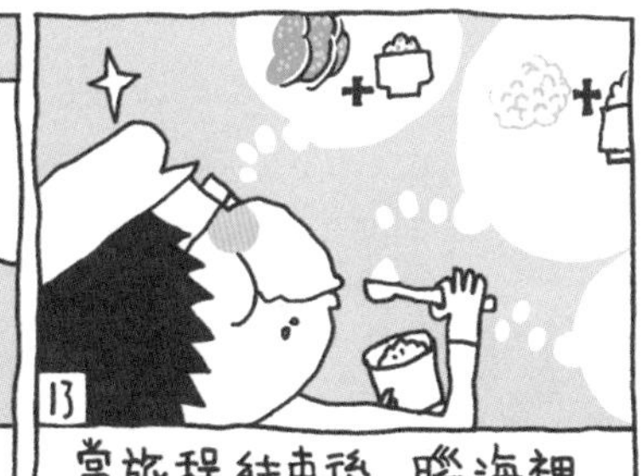

當旅程結束後，腦海裡仍想著怎樣發掘薯蓉的可能性。

L小姐·一 公主篇

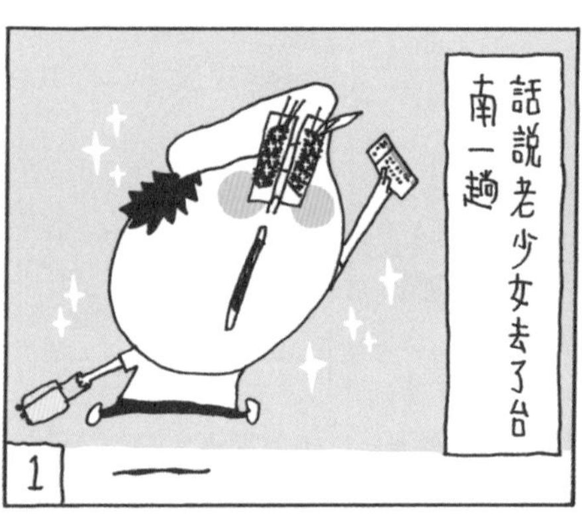
話說老少女去了台南一趟
1

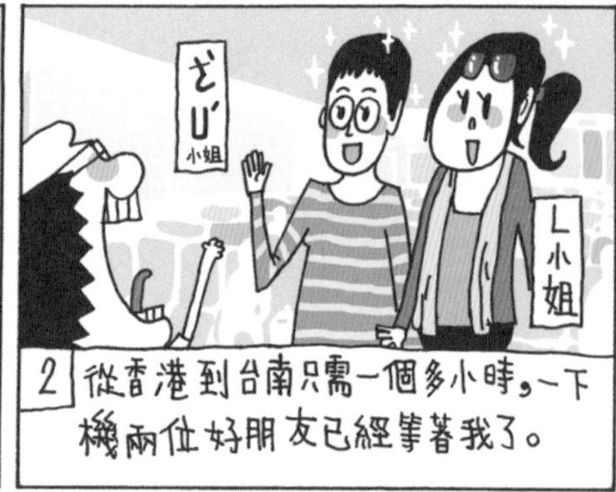
芒U小姐
L小姐
2 從香港到台南只需一個多小時，一下機兩位好朋友已經等著我了。

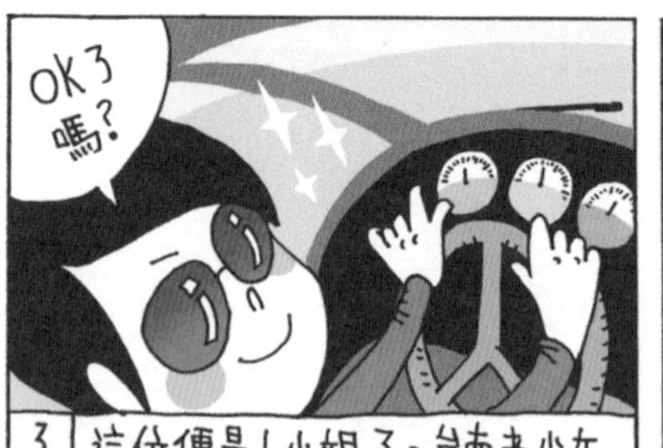
OK了嗎？
3 這位便是L小姐了，台南老少女的典範。今次我會住進她的家。

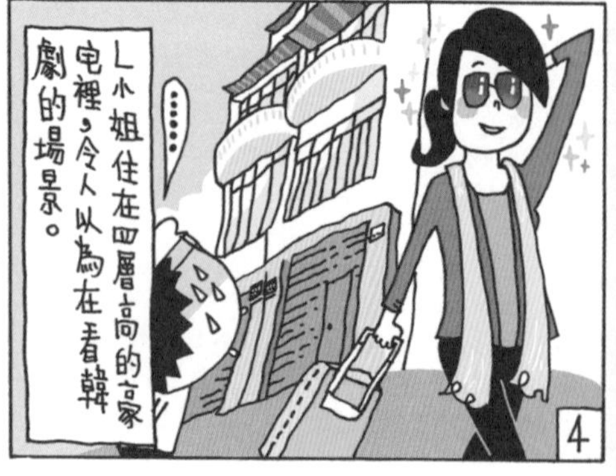
……
L小姐住在四層高的豪宅裡，令人以為在看韓劇的場景。
4

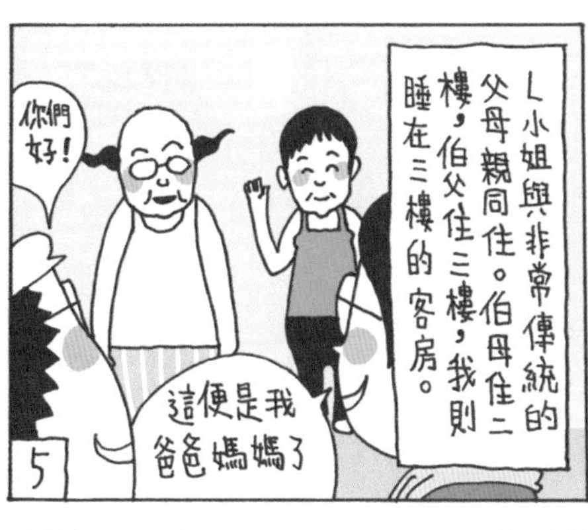
L小姐與非常傳統的父母親同住。伯母住二樓，伯父住三樓，我則睡在三樓的客房。
你們好！
這便是我爸爸媽媽了
5

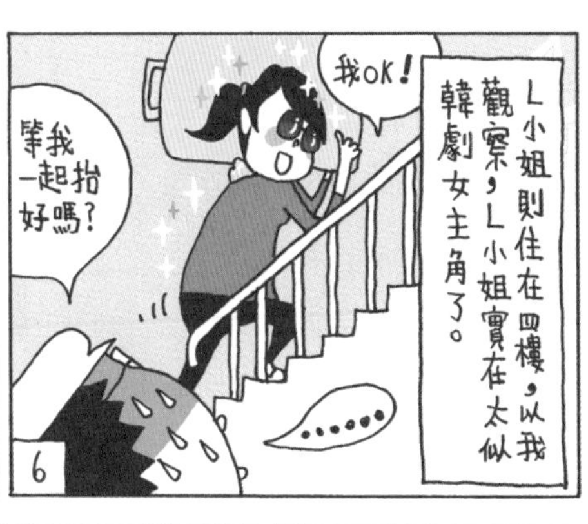
L小姐則住在四樓，以我觀察，L小姐實在太似韓劇女主角了。
我OK！
等我一起抬好嗎？
……
6

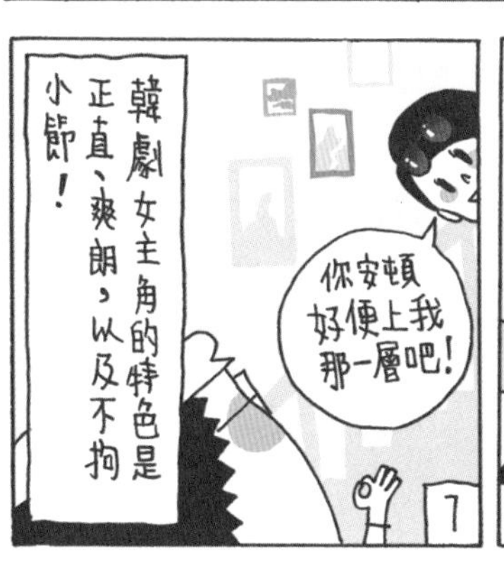
韓劇女主角的特色是正直、爽朗，以及不拘小節！
你安頓好便上我那一層吧！
7

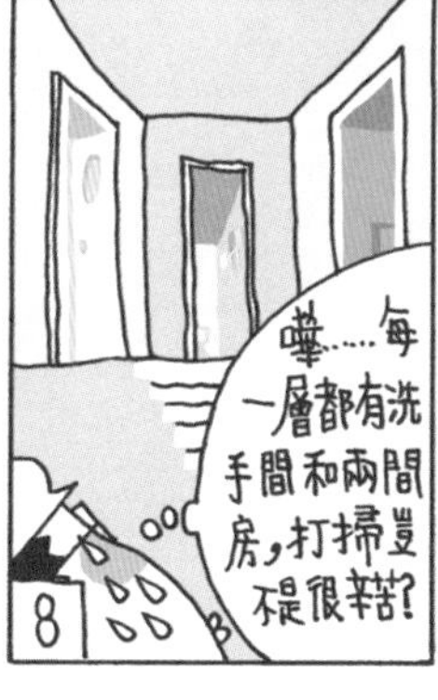
嘩……每一層都有洗手間和兩間房，打掃豈不是很辛苦?
8

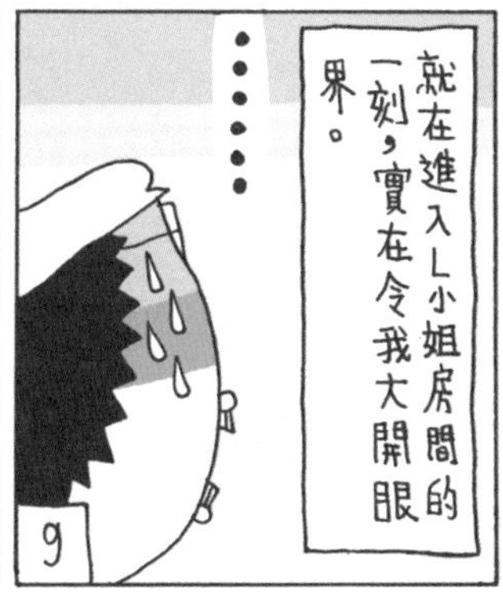
就在進入L小姐房間的一刻，實在令我大開眼界。
……
9

L小姐・二 公主篇

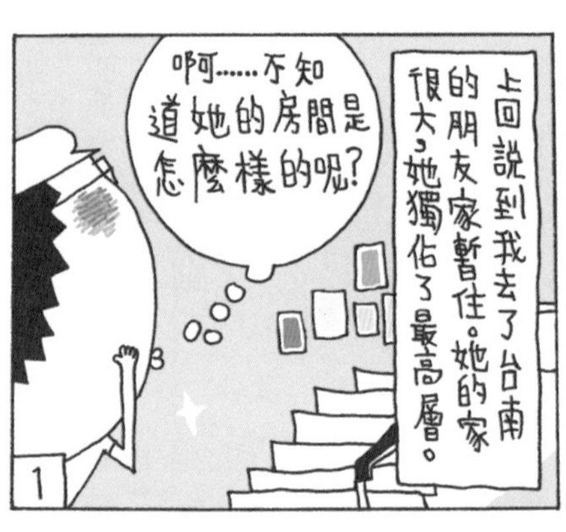
上回說到我去了台南的朋友家暫住。她的家很大，她獨佔了最高層。
咿呵……不知道她的房間是怎麼樣的呢？
1

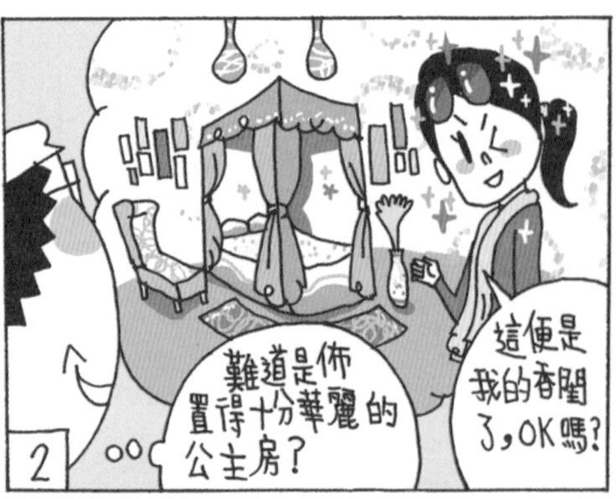
這便是我的香閨了，OK嗎？
難道是佈置得十分華麗的公主房？
2

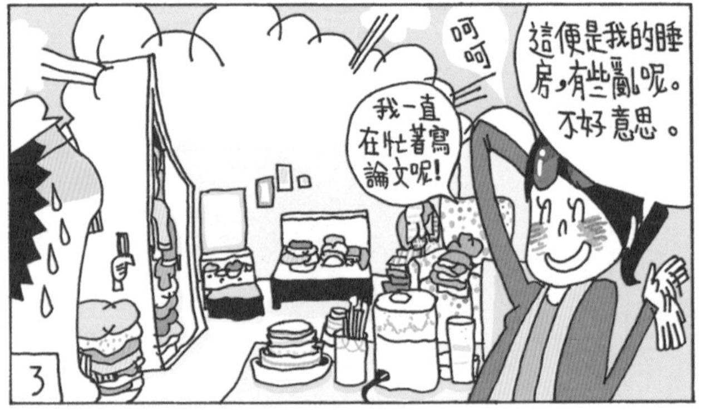
這便是我的睡房，有些亂呢。不好意思。
呵呵
我一直在忙著寫論文呢！
3

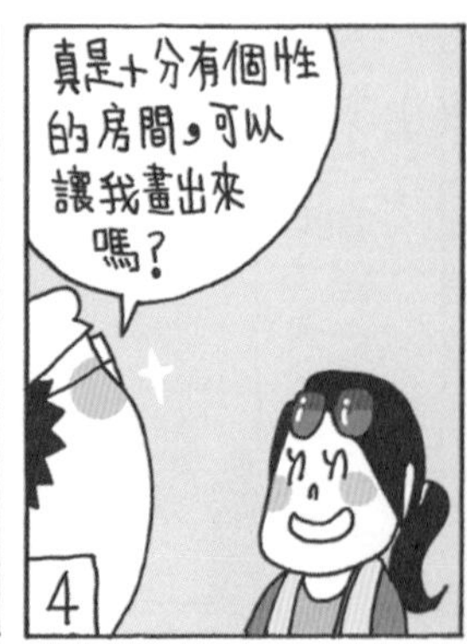
真是十分有個性的房間，可以讓我畫出來嗎？
4

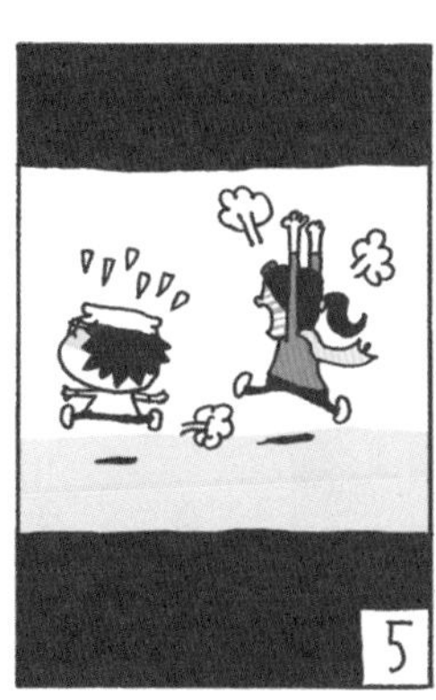

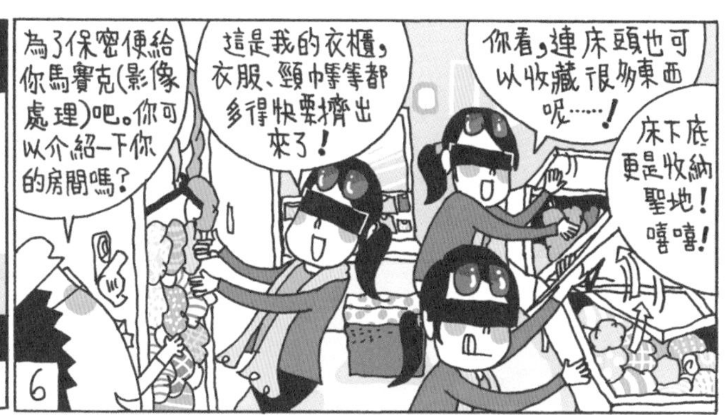
為了保密便給你馬賽克(影像處理)吧。你可以介紹一下你的房間嗎?
這是我的衣櫃,衣服、頸巾等等都多得快要擠出來了!
你看,連床頭也可以收藏很多東西呢……!
床下底更是收納聖地!嘻嘻!

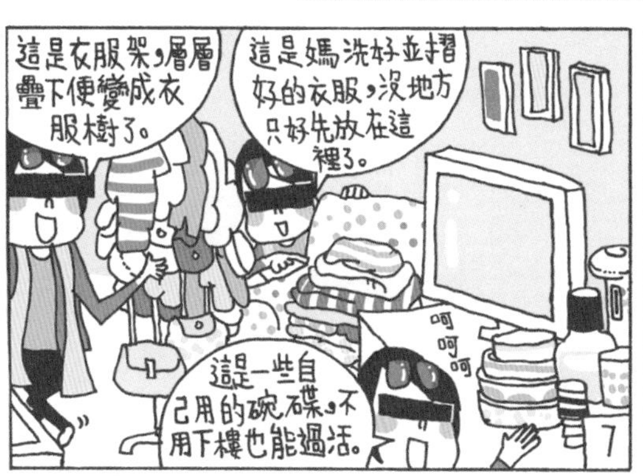
這是衣服架,層層疊下便變成衣服樹了。
這是媽洗好並摺好的衣服,沒地方只好先放在這裡了。
這是一些自己用的碗碟,不用下樓也能過活。
呵呵呵

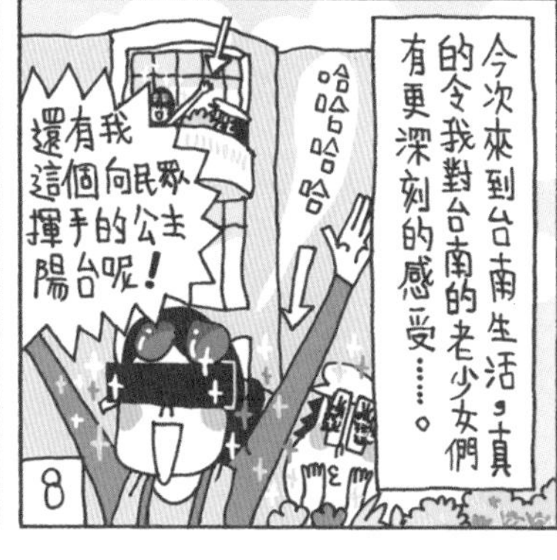
今次來到台南生活,真的令我對台南的老少女們有更深刻的感受……。
還有我這個向民眾揮手的公主陽台呢!
哈哈哈哈

L小姐‧三 機車篇

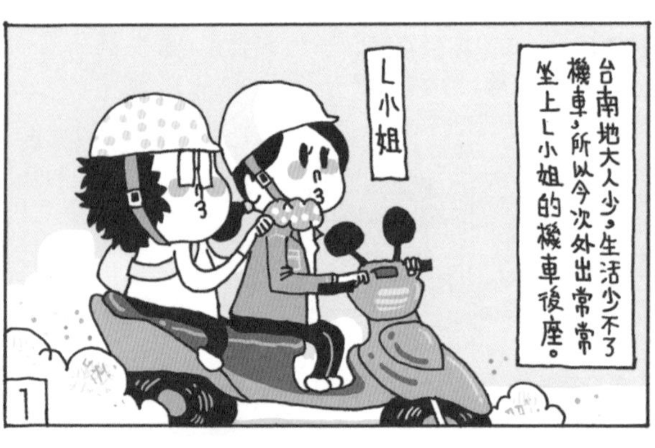
台南地大人少，生活少不了機車，所以今次外出常常坐上L小姐的機車後座。
L小姐
1

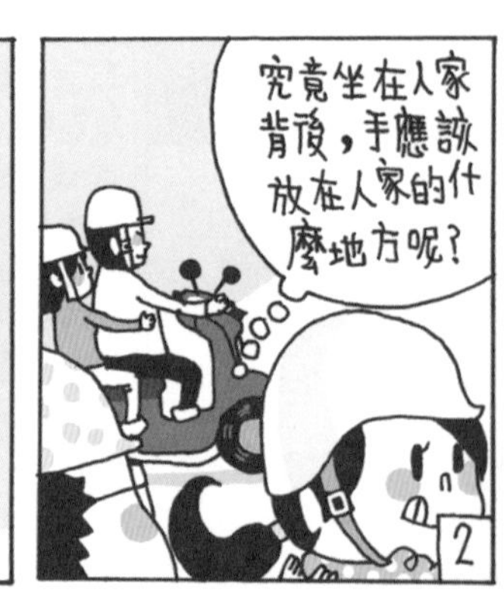
究竟坐在人家背後，手應該放在人家的什麼地方呢？
2

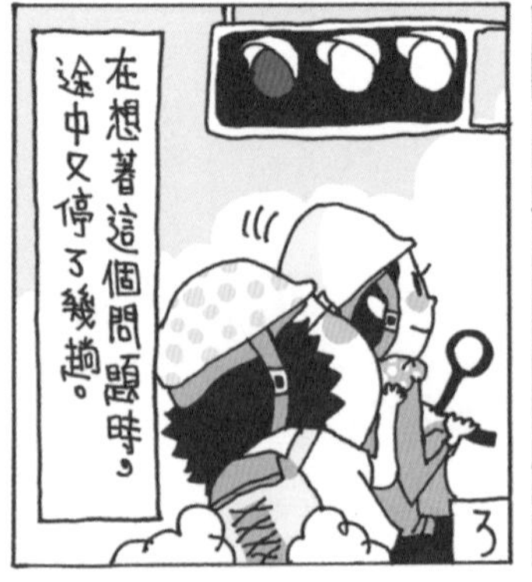
在想著這個問題時，途中又停了幾趟。
3

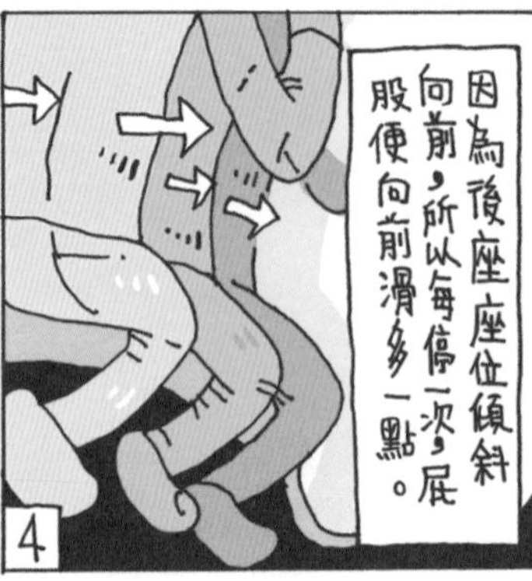
因為後座座位傾斜向前，所以每停一次，屁股便向前滑多一點。
4

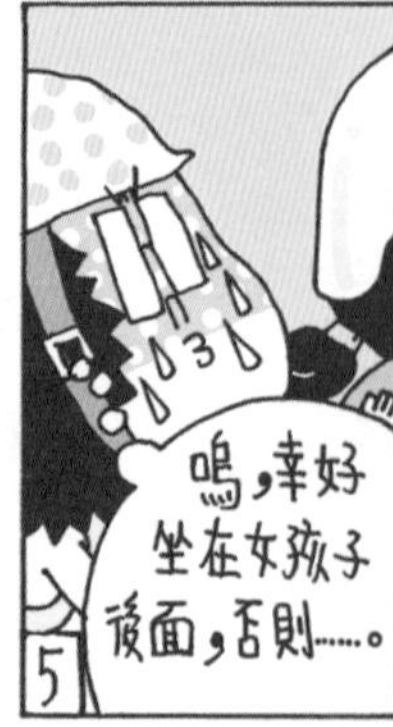
嗚，幸好坐在女孩子後面，否則……。
5

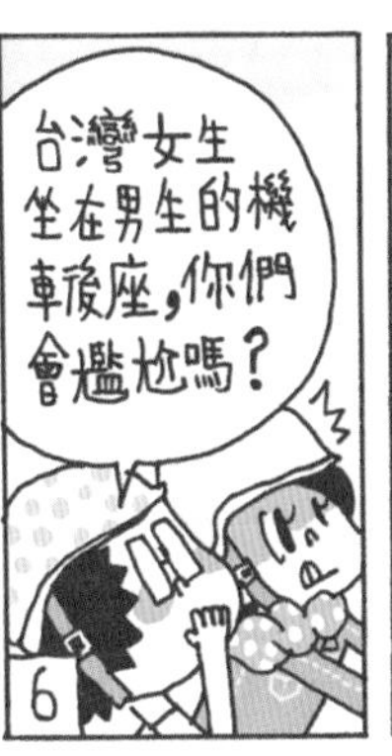
台灣女生
坐在男生的機
車後座，你們
會尷尬嗎？
6

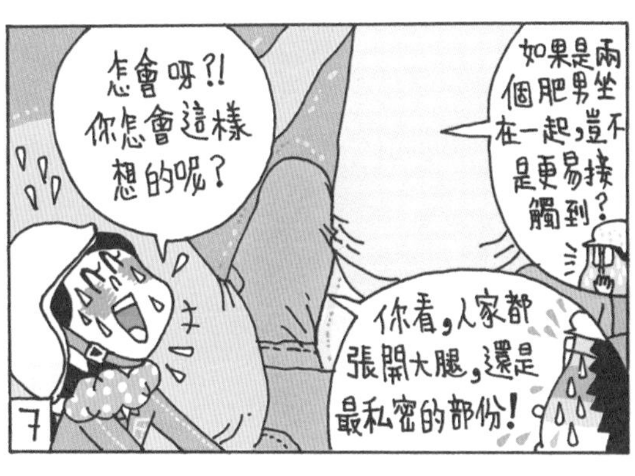
怎會呀?!
你怎會這樣
想的呢？
如果是兩
個肥男坐
在一起，豈不
是更易接
觸到？
你看，人家都
張開大腿，還是
最私密的部份！
7

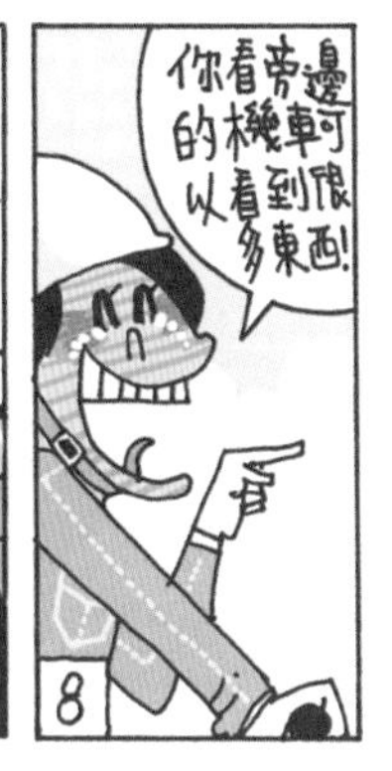
你看旁邊
的機車可
以看到很
多東西！
8

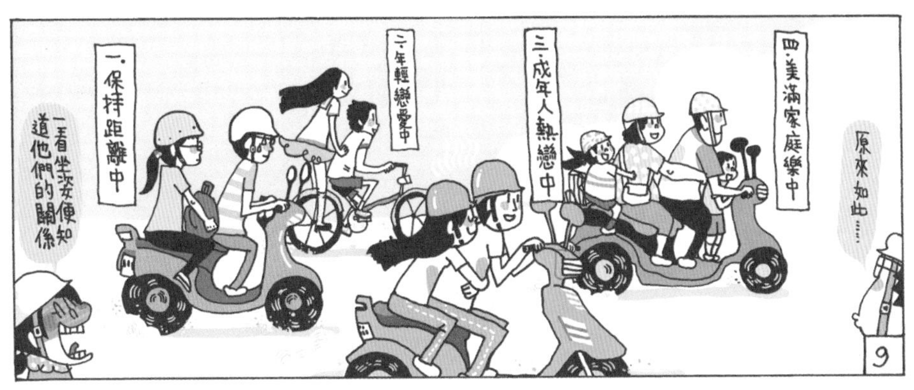
一看坐姿便知
道他們的關係
一、保持距離中
二、年輕戀愛中
三、成年人熱戀中
四、美滿家庭樂中
原來如此……
9

L小姐．四
臭臭鍋

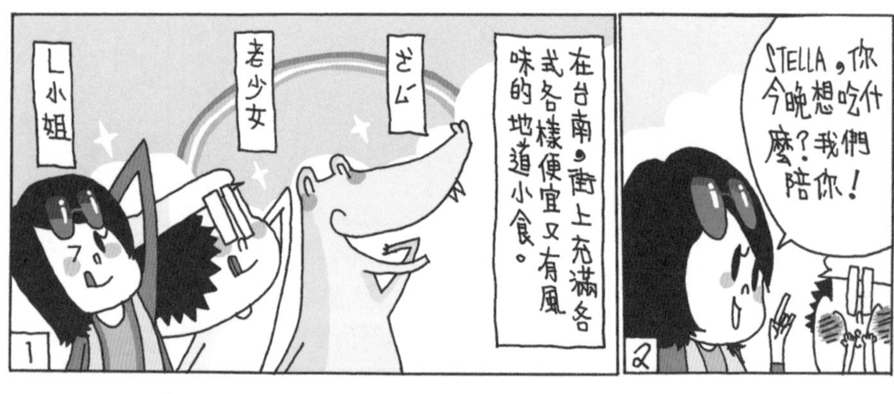
在台南，街上充滿各式各樣便宜又有風味的地道小食。
さム
老少女
L小姐
STELLA，你今晚想吃什麼？我們陪你！

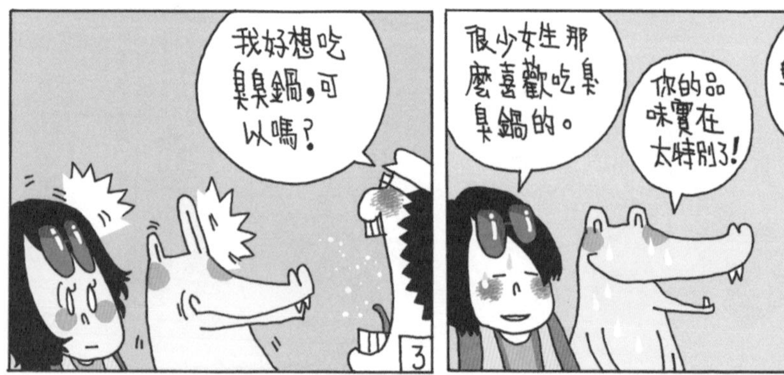
我好想吃臭臭鍋，可以嗎？
為什麼？臭臭鍋十分好吃啊！
你的品味實在太特別了！
很少女生那麼喜歡吃臭臭鍋的。

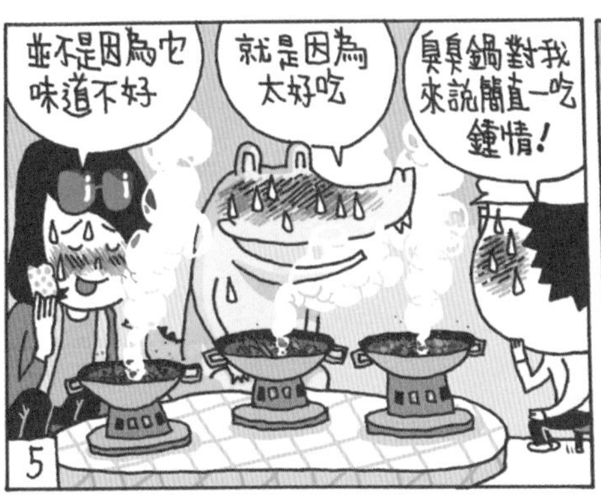
並不是因為也味道不好
就是因為太好吃
臭臭鍋對我來說簡直一吃鍾情！
5

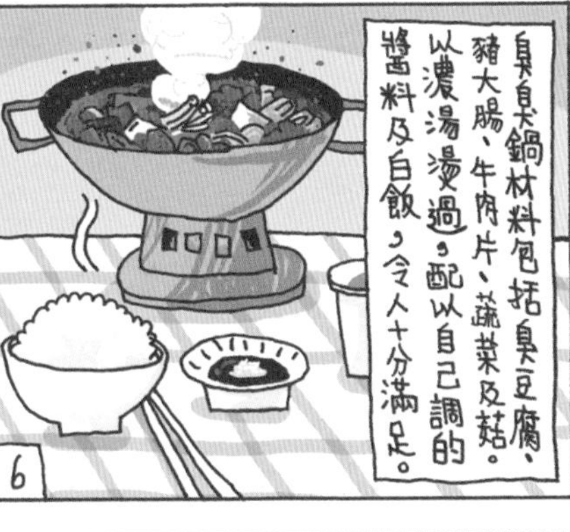
臭臭鍋材料包括臭豆腐、豬大腸、牛肉片、蔬菜及菇。以濃湯燙過，配以自己調的醬料及白飯，令人十分滿足。
6

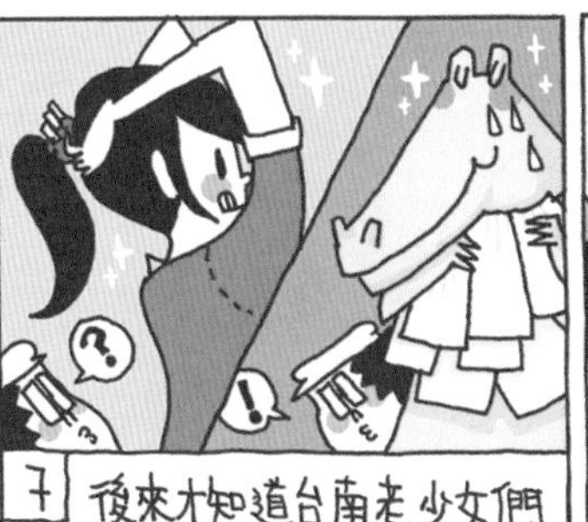
7
後來才知道台南老少女們為什麼對臭臭鍋又愛又恨

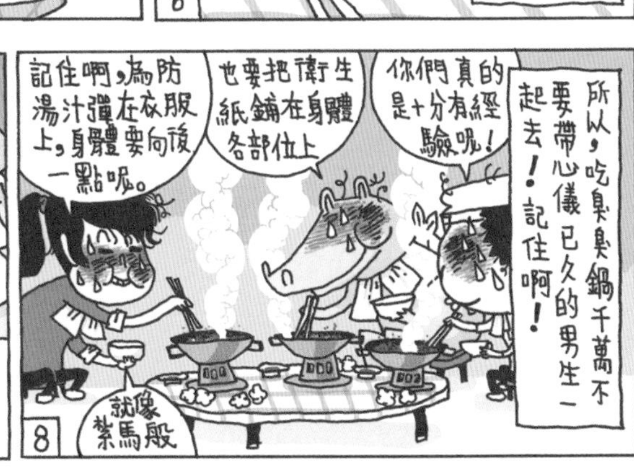
記住啊，為防湯汁彈在衣服上，身體要向後一點呢。
也要把衛生紙鋪在身體各部位上
你們真的是十分有經驗呢！
所以，吃臭臭鍋千萬不要帶心儀已久的男生一起去！記住啊！
就像紮馬般
8

L小姐·五 小吃篇

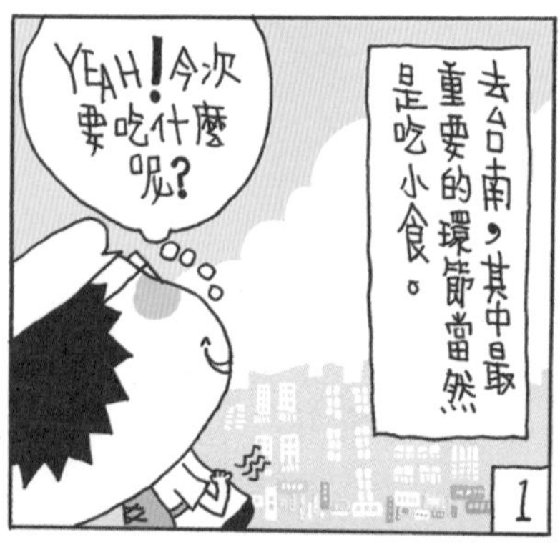
去台南，其中最重要的環節當然是吃小食。
YEAH！今次要吃什麼呢?

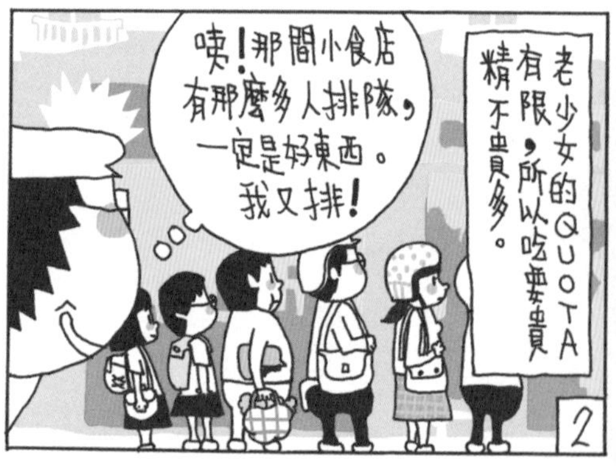
老少女的QUOTA有限，所以吃要貴精不貴多。
咦！那間小食店有那麼多人排隊，一定是好東西。我又排！

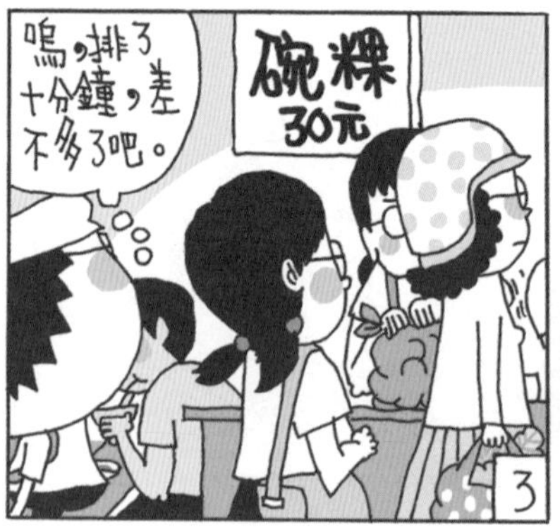
嗚，排了十分鐘，差不多了吧。
碗粿
30元

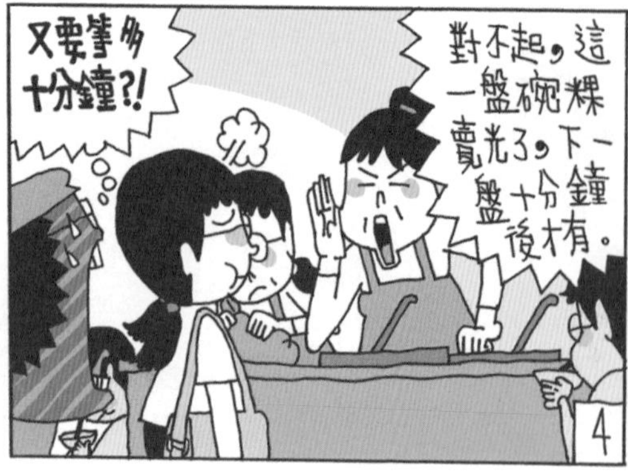
對不起，這一盤碗粿賣光了，下一盤十分鐘後有。
又要等多十分鐘?!

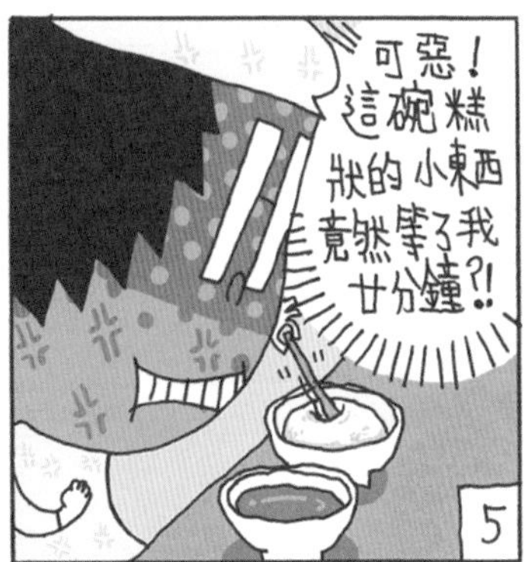
可惡！
這碗糕狀的小東西竟然等了我廿分鐘?!
5

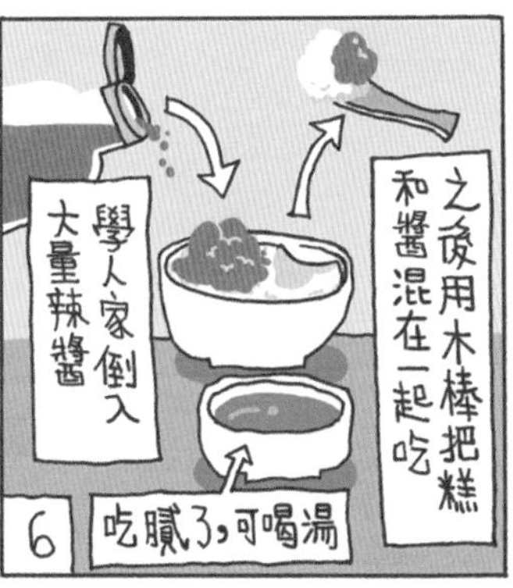
6
學人家倒入大量辣醬
之後用木棒把糕和醬混在一起吃
吃膩了，可喝湯

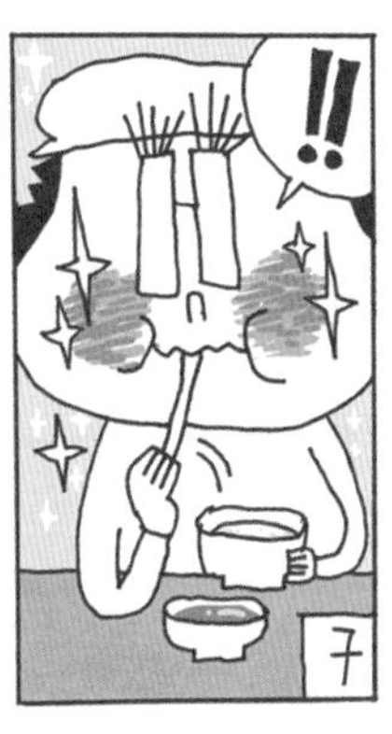
!!
7

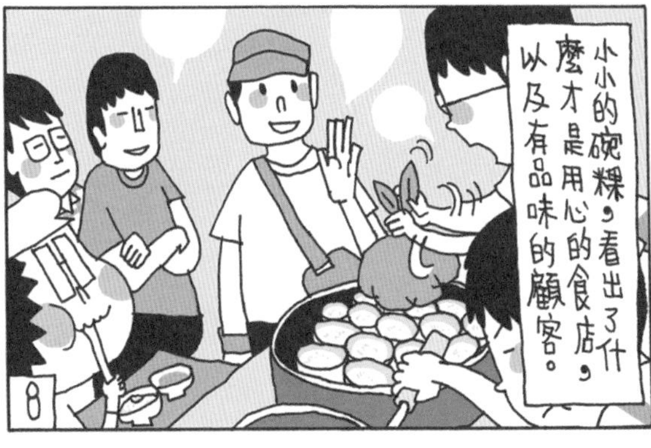
8
小小的碗粿，看出了什麼才是用心的食店，以及有品味的顧客。

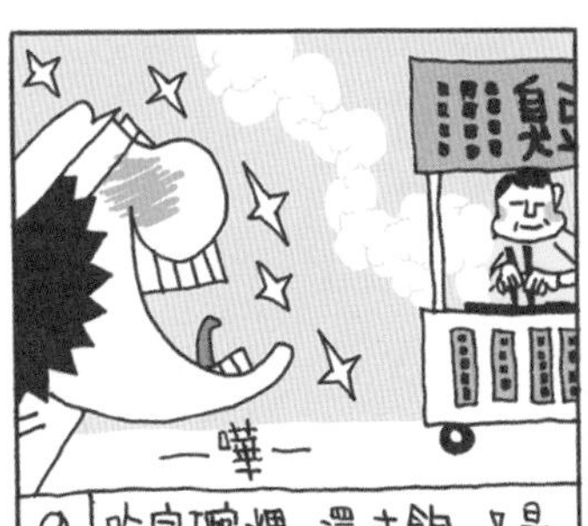
—嘩—
9 吃完碗粿，還未飽，又是時候繼續尋找台南美食了。

L小姐．六 夜市篇

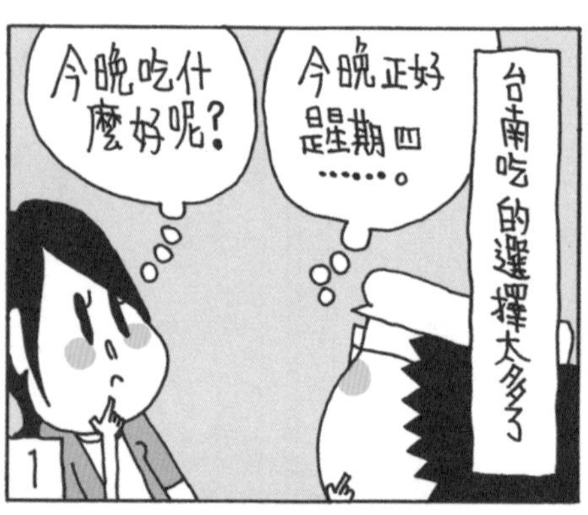
台南吃的選擇太多了
今晚吃什麼好呢？
今晚正好是星期四……。

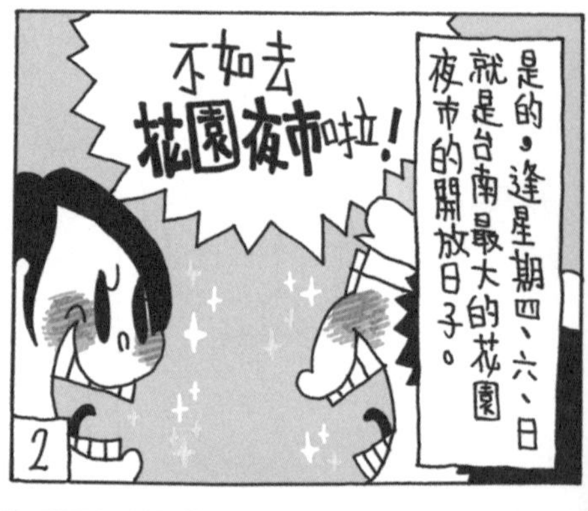
是的，逢星期四、六、日就是台南最大的花園夜市的開放日子。
不如去花園夜市啦！

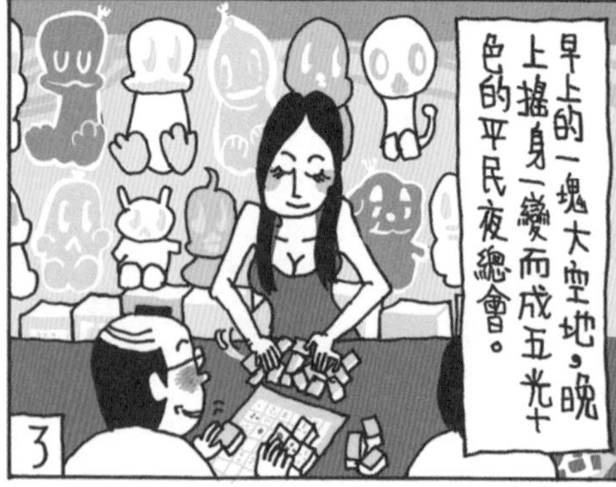
早上的一塊大空地，晚上搖身一變而成五光十色的平民夜總會。

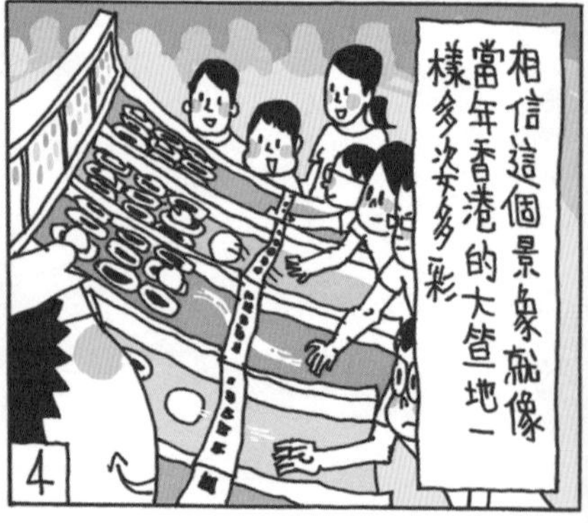
相信這個景象就像當年香港的大笪地一樣多姿多彩

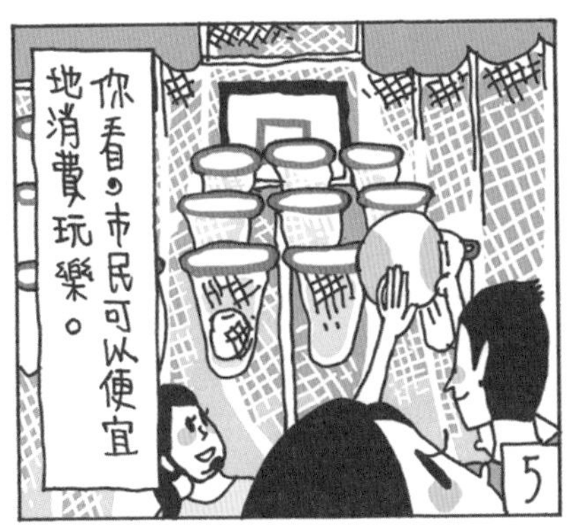
你看，市民可以便宜地消費玩樂。
5

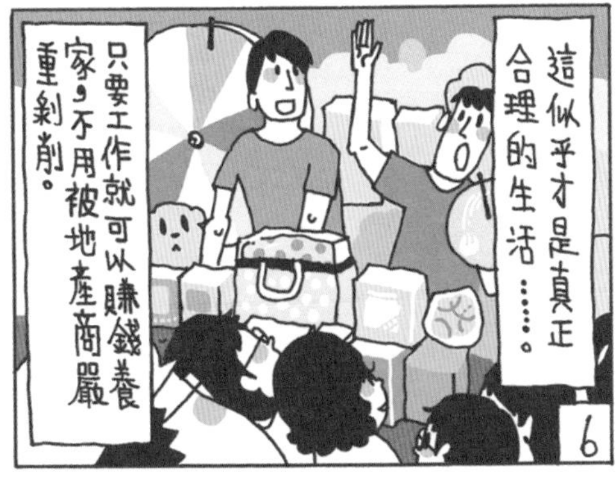
這似乎才是真正合理的生活……。
只要工作就可以賺錢養家，不用被地產商嚴重剝削。
6

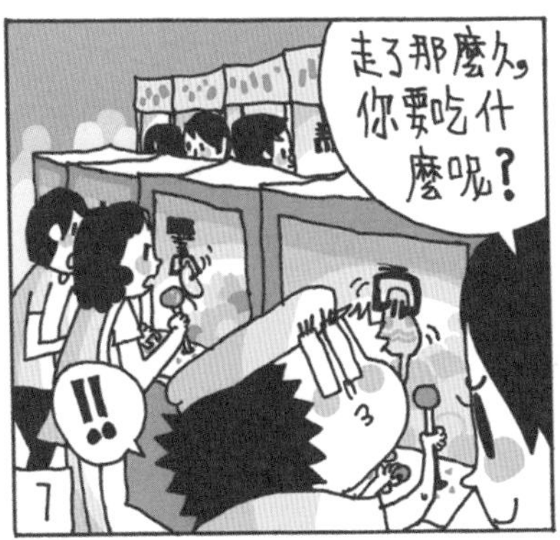
走了那麼久，你要吃什麼呢？
!!
7

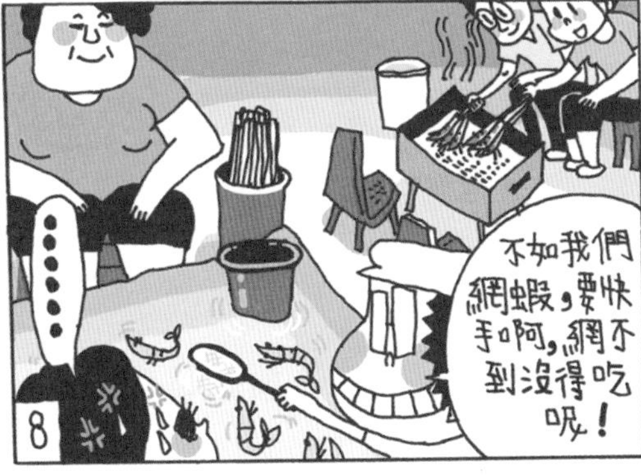
……
不如我們網蝦，要快手啊，網不到沒得吃呢！
8

L小姐・七 化妝品店

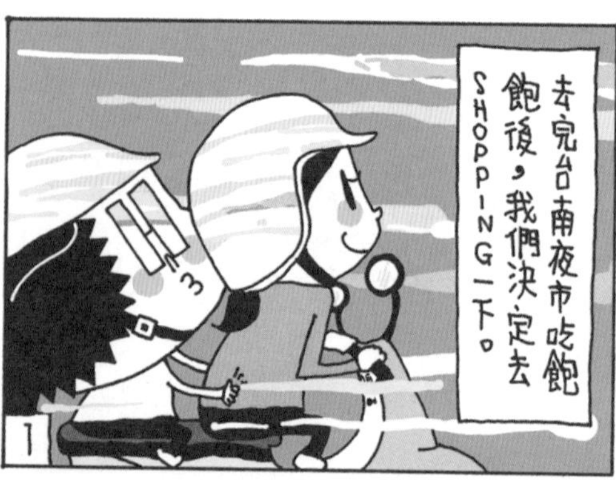
去完台南夜市吃飽飽後，我們決定去SHOPPING一下。
1

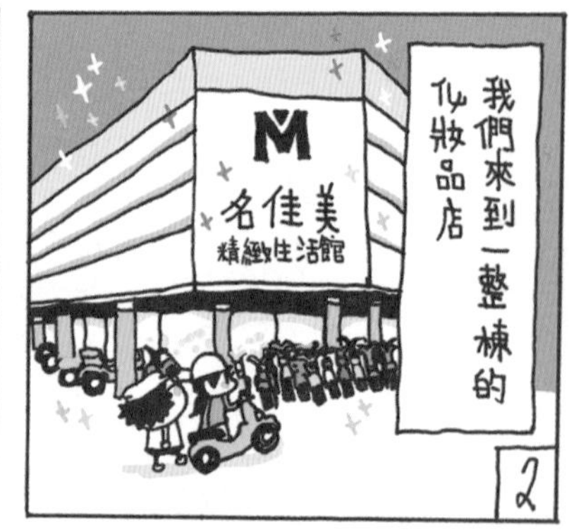
我們來到一整棟的化妝品店
名佳美
精緻生活館
2

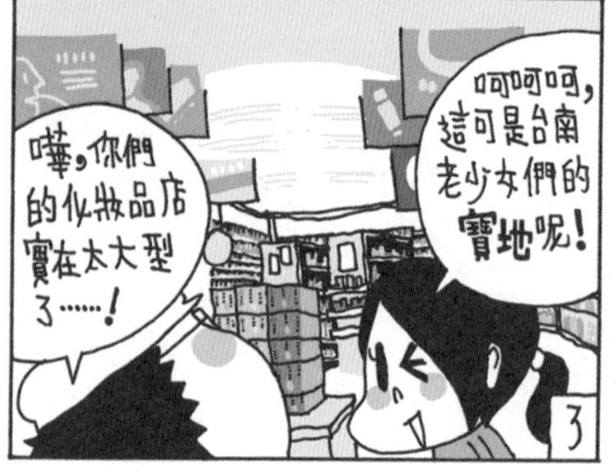
呵呵呵，這可是台南老少女們的寶地呢！
嘩，你們的化妝品店實在太大型了……！
3

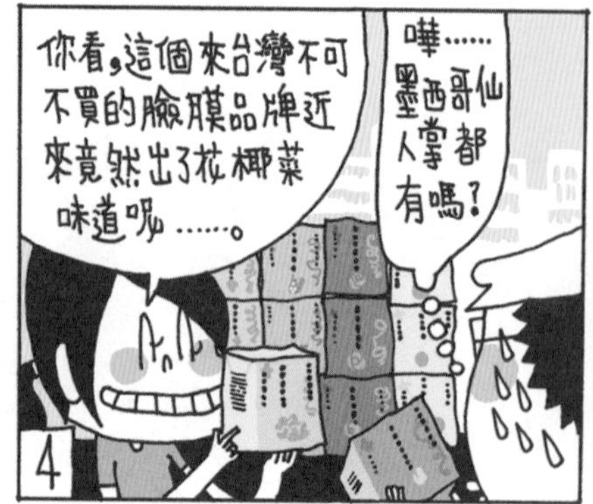
嘩……墨西哥仙人掌都有嗎？
你看，這個來台灣不可不買的臉膜品牌近來竟然出了花椰菜味道呢……。
4

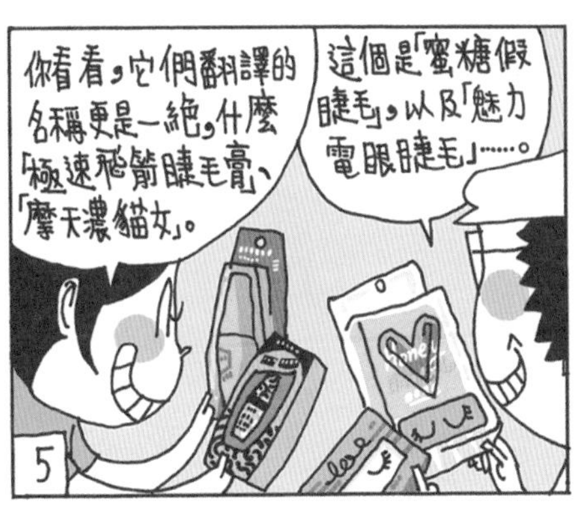
你看看，它們翻譯的名稱更是一絕，什麼「極速飛箭睫毛膏」、「摩天濃貓女」。
這個是「蜜糖假睫毛」，以及「魅力電眼睫毛」……。
5

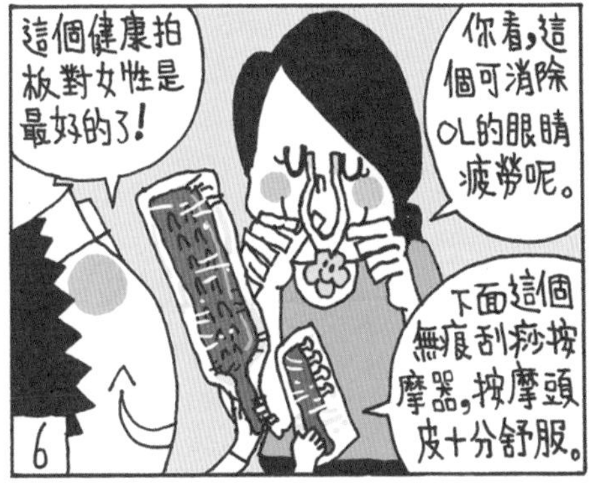
這個健康拍板對女性是最好的了！
你看，這個可消除OL的眼睛疲勞呢。
下面這個無痕刮痧按摩器，按摩頭皮十分舒服。
6

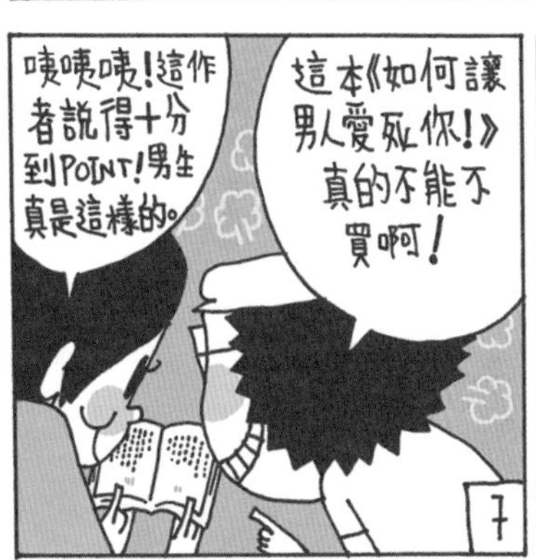
噢噢噢！這作者說得十分到POINT！男生真是這樣的。
這本《如何讓男人愛死你！》真的不能不買啊！
7

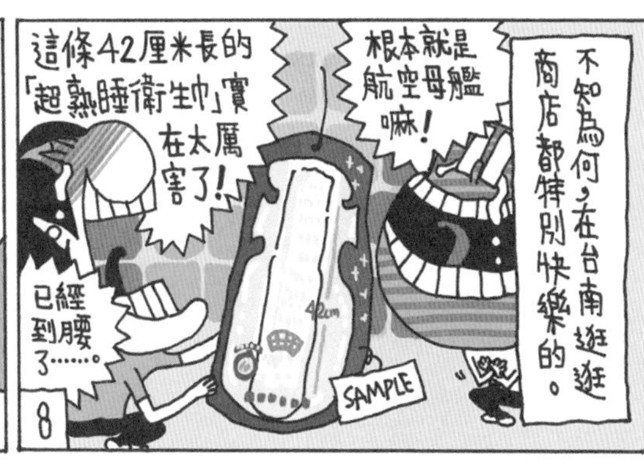
這條42厘米長的「超熟睡衛生巾」實在太厲害了！
根本就是航空母艦嘛！
已經到腰了……。
42cm
SAMPLE
不知為何，在台南逛逛商店都特別快樂的。
8

老少女遙距茶聚

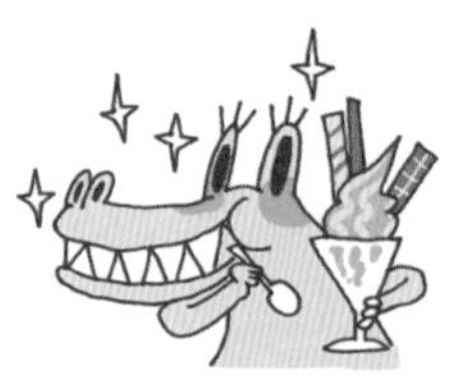

唉，年中總有想不出題材的日子……。
叮噹！

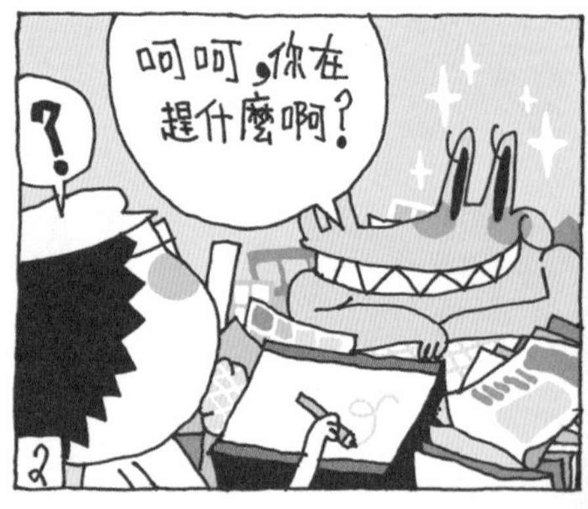
呵呵，你在趕什麼啊？
?!

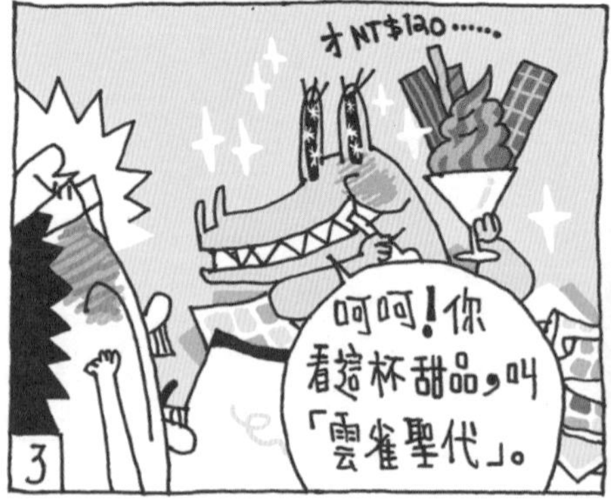
才NT$120……
呵呵！你看這杯甜品，叫「雲雀聖代」。

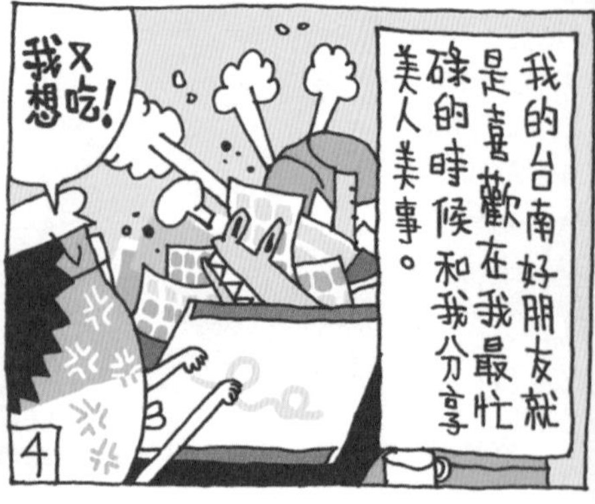
我又想吃！
我的台南好朋友就是喜歡在我最忙碌的時候和我分享美人美事。

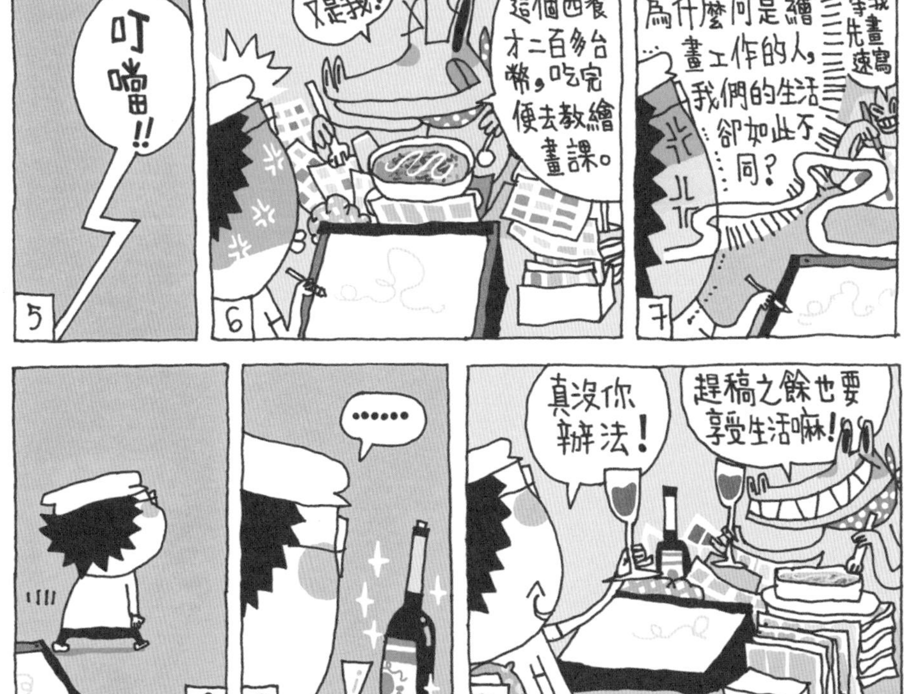

5
叮噹!!
6
又是我!
這個西餐才二百多台幣，吃完便去教繪畫課。
7
為什麼同是繪畫工作的人，我們的生活卻如此不同？
等我先畫速寫
8
9
……
10
真沒你辦法！
趕稿之餘也要享受生活嘛！

回來了!

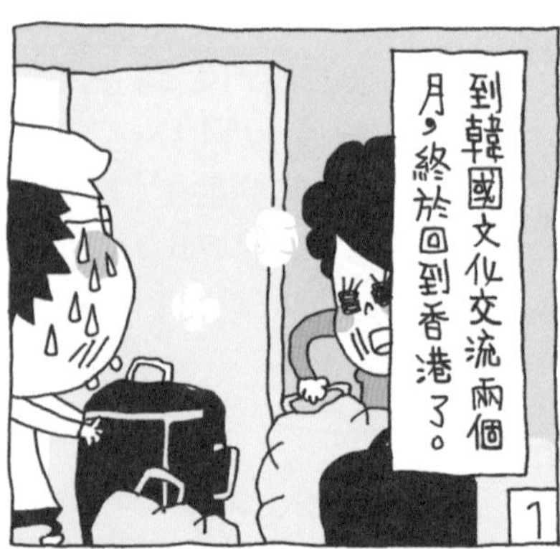
到韓國文化交流兩個月，終於回到香港了。

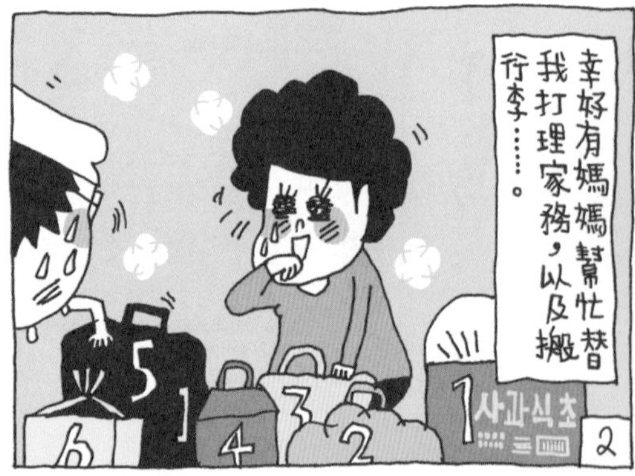
幸好有媽媽幫忙替我打理家務，以及搬行李……。
사과식초

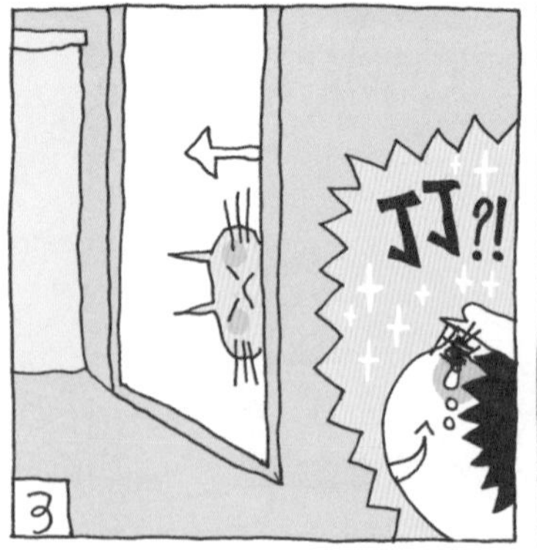
JJ?!

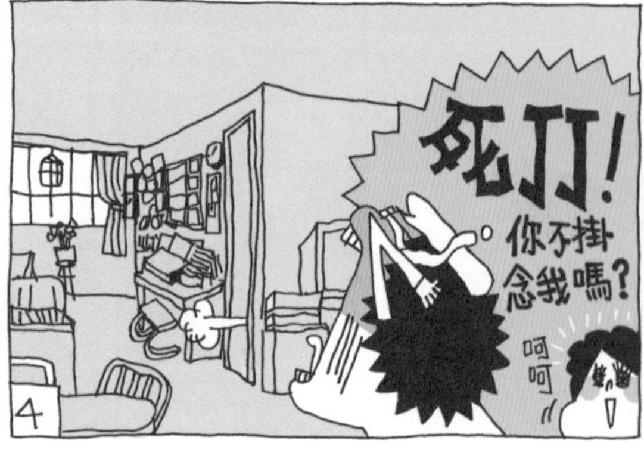
死JJ!
你不掛念我嗎?
呵呵

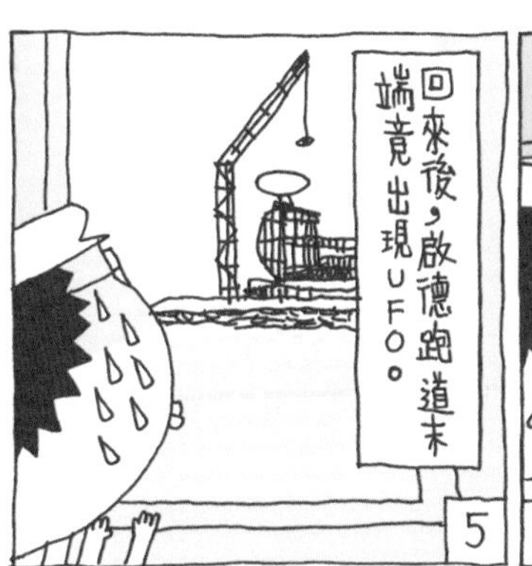
回來後，啟德跑道末端竟出現UFO。

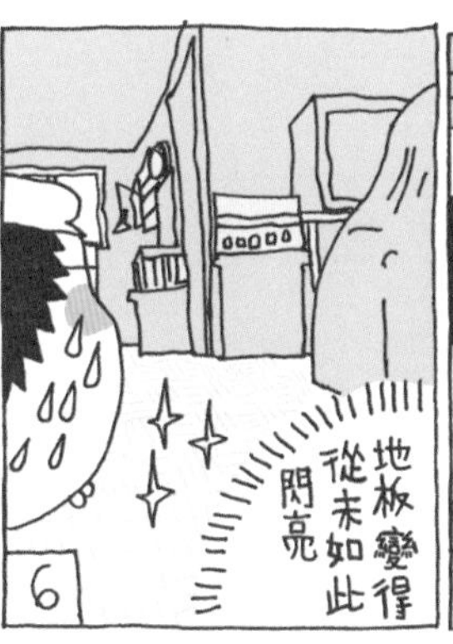
地板變得從未如此閃亮

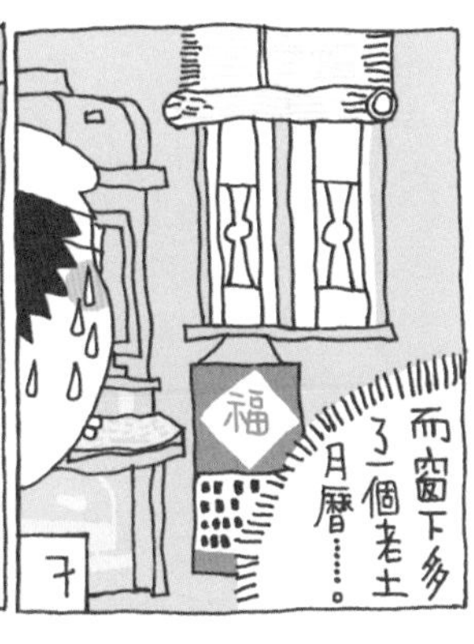
而窗下多了一個老土月曆……。
福

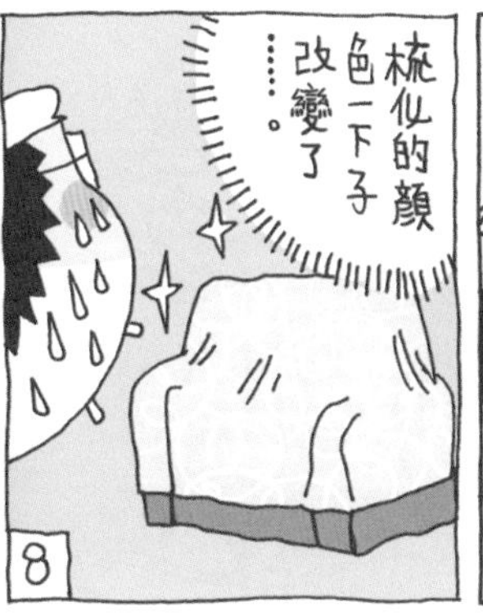
梳化的顏色一下子改變了……。

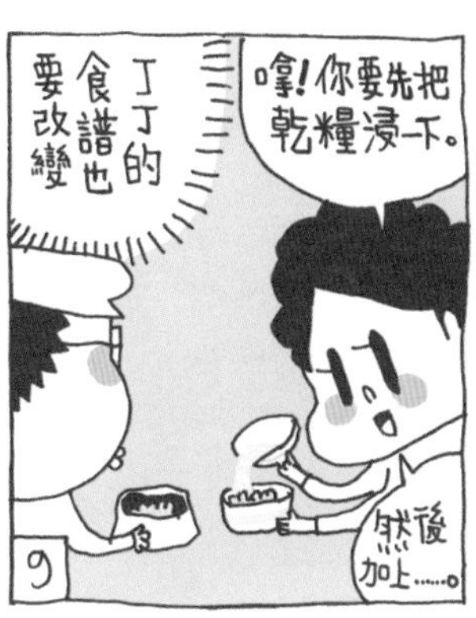
丁丁的食譜也要改變
嗱！你要先把乾糧浸一下。
然後加上……。

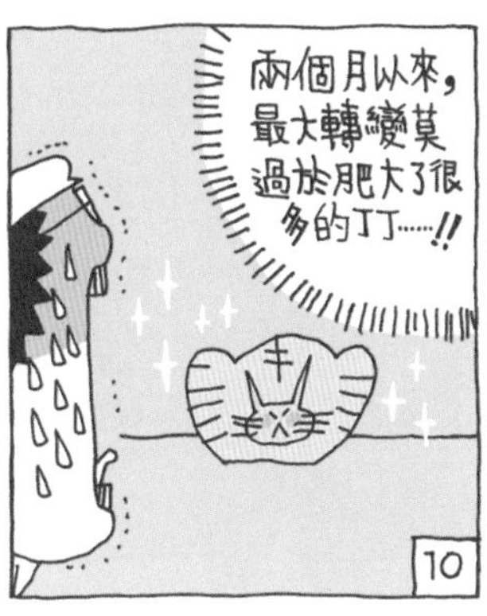
兩個月以來，最大轉變莫過於肥大了很多的丁丁……!!

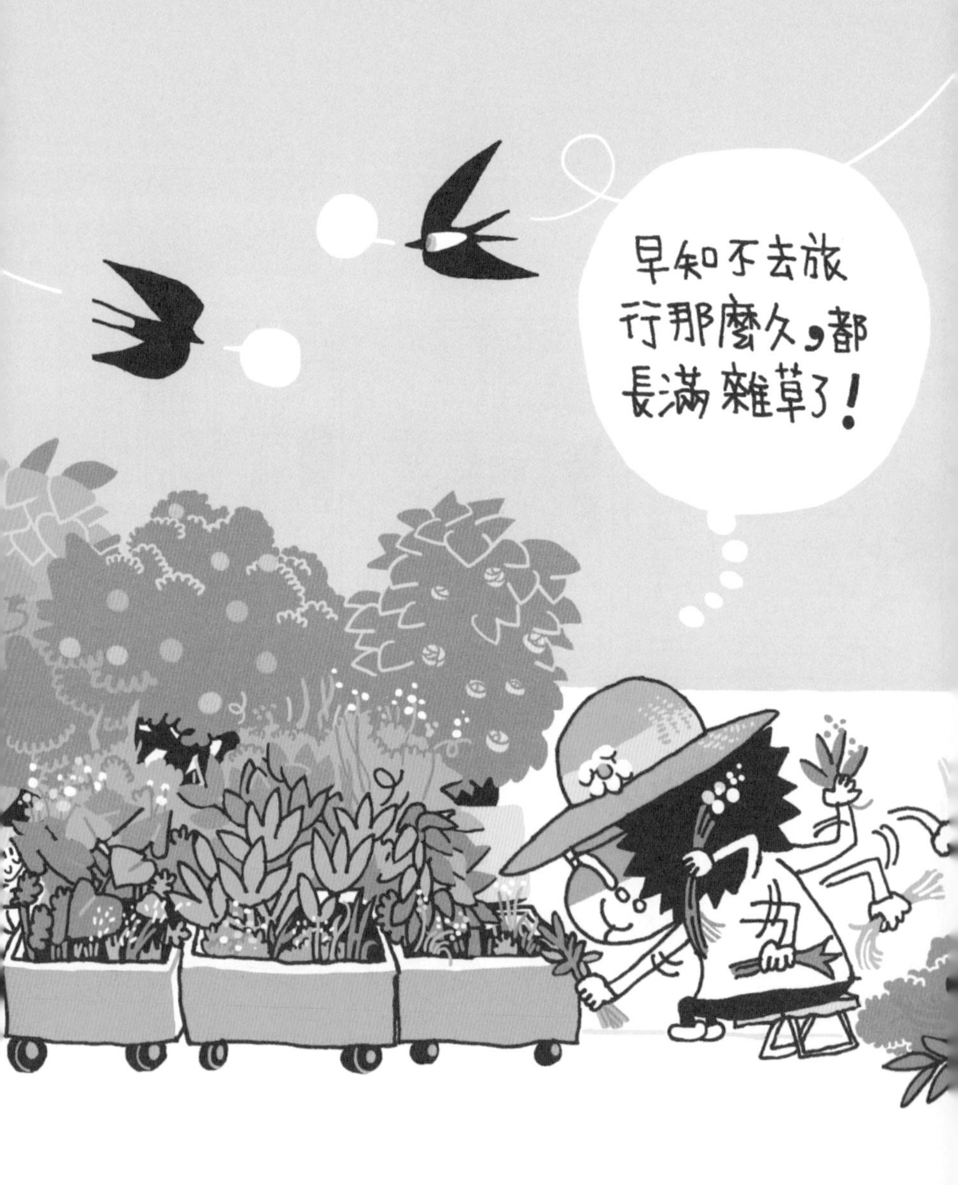
早知不去旅
行那麼久，都
長滿雜草了！

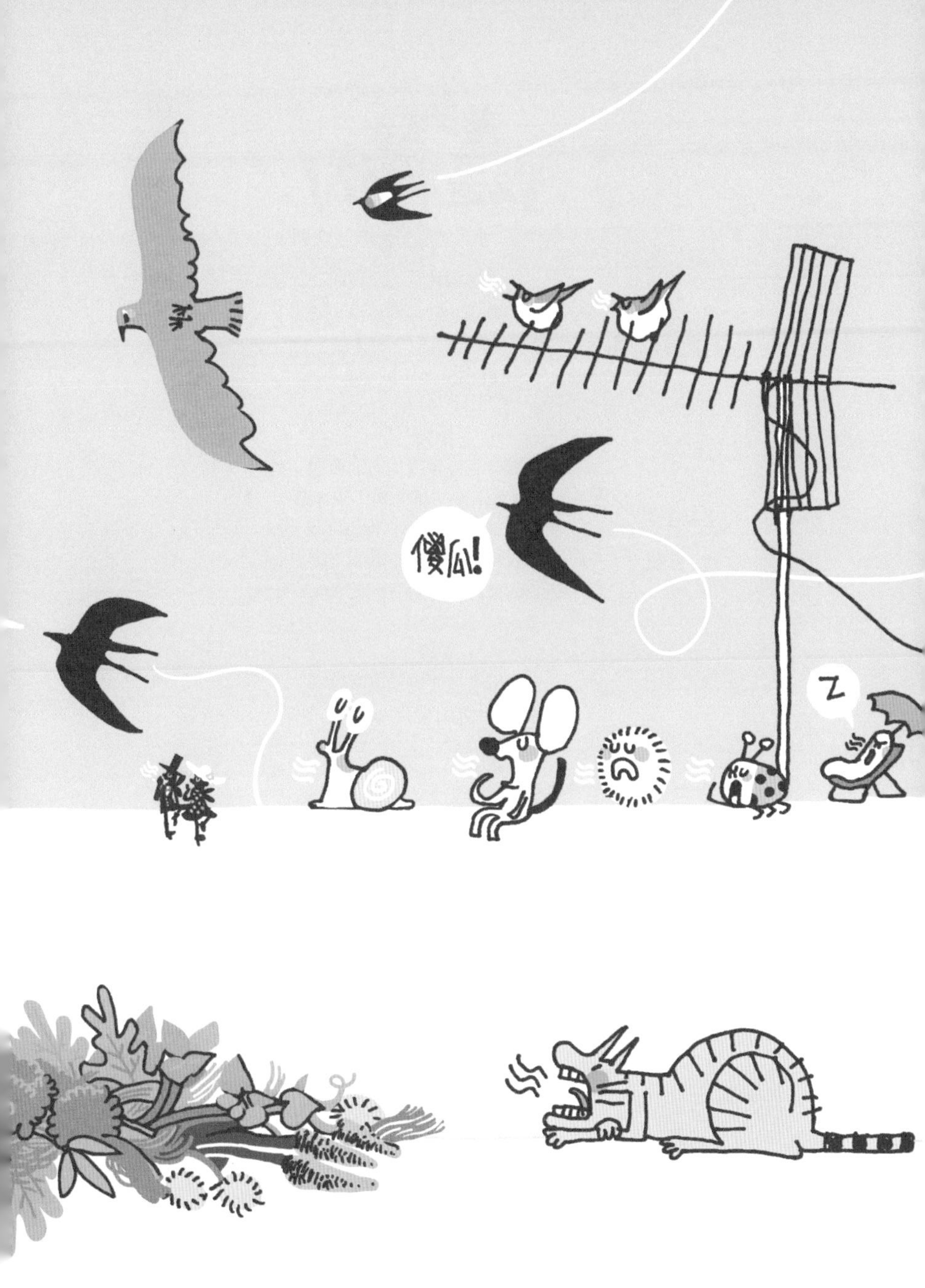
傻瓜!
Z

老少女之我是村姑！

責任編輯｜李宇汶
書籍設計｜嚴惠珊

作者｜ Stella So

出版｜
三聯書店（香港）有限公司
香港北角英皇道 499 號北角工業大廈 20 樓
Joint Publishing (Hong Kong) Co., Ltd.
20/F., North Point Industrial Building,
499 King's Road, North Point, Hong Kong

發行｜
香港聯合書刊物流有限公司
香港新界大埔汀麗路 36 號 3 字樓

印刷｜
中華商務彩色印刷有限公司
香港新界大埔汀麗路 36 號 14 字樓

版次｜
2015 年 7 月香港第一版第一次印刷

規格｜
特 16 開（148mm × 185mm）192 面

國際書號｜
ISBN 978-962-04-3471-6

Published in Hong Kong